弗布克人力资源管理全案系列

员工胜任素质模型与任职资格全案

杨雪 编著

人民邮电出版社
北 京

图书在版编目（CIP）数据

员工胜任素质模型与任职资格全案 / 杨雪编著．—
北京：人民邮电出版社，2014.1（2024.2 重印）
（弗布克人力资源管理全案系列）
ISBN 978-7-115-33789-4

Ⅰ.①员… Ⅱ.①杨… Ⅲ.①企业管理—人事管理
Ⅳ.①F272.92

中国版本图书馆 CIP 数据核字（2013）第 276896 号

内容提要

本书从胜任素质模型和任职资格具体应用的角度给出了企业岗位设置中每一岗位的分级定义，作者针对高层管理、市场、销售、生产、安全、质量、技术、研发、采购、客服、财务、人力资源、行政共 13 个类别的 293 个岗位设计了胜任素质模型和任职资格；通过对这些岗位每一项能力素质的定级，本书所构建的模型和提供的任职资格描述更加客观、更加符合岗位的实际需求。

本书适合企业人力资源管理者、企业培训师、管理咨询师以及高校相关专业师生阅读、使用。

◆ 编　　著　杨　雪
　责任编辑　乔永真
　责任印制　杨林杰
◆ 人民邮电出版社出版发行　北京市丰台区成寿寺路 11 号
　邮编 100164　电子邮件 315@ptpress.com.cn
　网址 http://www.ptpress.com.cn
　北京七彩京通数码快印有限公司印刷
◆ 开本：787×1092 1/16
　印张：31.5　　2014 年 1 月第 1 版
　字数：240 千字　　2024 年 2 月北京第 38 次印刷

定　价：85.00 元（附光盘）

读者服务热线：（010）81055656　印装质量热线：（010）81055316
反盗版热线：（010）81055315
广告经营许可证：京东市监广登字20170147号

前言

员工胜任素质模型与任职资格是人力资源开发与管理的重要工具，可以为企业的员工招聘、培训、晋升、绩效考核和薪酬设计提供依据和标准。

企业构建员工胜任素质模型和任职资格后，还须将其融入具体的人力资源管理工作中，只有这样才能真正发挥它们的作用。

为方便广大人力资源管理工作者根据本企业的实际制定出实用性、针对性兼具的员工胜任素质模型与任职资格说明书，我们经过研究，特向读者奉献了《员工胜任素质模型与任职资格全案》一书。

本书特点如下。

1. 分五个维度对素质进行三级定义

本书首先从通用能力、管理能力、专业技能、职业素养、知识这五个维度搭建了企业员工的胜任素质模型，然后分三级对107项素质进行了具体的定义或描述。这为读者构建与运用胜任素质模型和任职资格提供了极大的帮助。

2. 按部门、分岗位构建胜任素质模型和任职资格

在对107项素质进行三级定义或描述的基础上，本书分别针对高层管理部门、市场部、销售部、生产部等13个部门相应的293个岗位设计了胜任素质模型与任职资格。同时，本书根据各项素质的三级定义或描述，对每一项素质进行了定级，方便了读者随时查阅和参照。

本书基本涵盖了企业各个部门及部门内部各个岗位的胜任素质模型与任职资格，便于各类企业的人力资源管理工作者参考使用。

3. 图表结合进行素质定义与模型构建

本书运用113幅表格对素质进行了三级定义或描述，运用293个图形与表格构建了相关岗位的胜任素质模型与任职资格，广大人力资源管理工作者可以结合本企业各类岗位的能力要求将其“拿来即用”。

4. 107项素质分表格定义，便于查阅运用

本书先将107项素质集结在一起，然后分表格对每项素质进行定义或描述。这极大地方便了读者查阅和运用。

编者还为读者精心准备了配套光盘，将本书部分素质定义和岗位的胜任素质模型与任

职资格随书附赠。读者在使用本书时，可根据实际情况和工作的具体要求，对相关内容修改套用，提高自身的工作效率。

本书适合企业人力资源管理者、企业培训师、管理咨询师以及高校相关专业师生阅读、使用。

在本书编写的过程中，孙立宏、孙宗坤、阎晓霞、刘井学、刘伟、程富建、严刘建、毕汪峰负责资料的收集和整理，郑超荣、王锋锐、廖应涵、王建霞、李苏洋、王玉凤、任玉珍、赵莉琼负责图表的编排，姚小风、赵全梅参与编写了本书的第 1 章，薛显东、杨晓溪参与编写了本书的第 2 章，韩伟静、张俊娟参与编写了本书的第 3 章，单伟伟、徐朝阳参与编写了本书的第 4 章，李育蔚、刘俊敏参与编写了本书的第 5 章，滕晓丽、李健参与编写了本书的第 6 章，屈玉侠、姜东青参与编写了本书的第 7 章，王胜会、樊林昕参与编写了本书的第 8 章，田玲、毕春月参与编写了本书的第 9 章，高春燕、权锡哲参与编写了本书的第 10 章，王海燕、袁艳烈参与编写了本书的第 11 章，程淑丽、高玉卓参与编写了本书的第 12 章，滕金伟、薛显东参与编写了本书的第 13 章，李作学、齐艳霞参与编写了本书的第 14 章，王淑燕、王兰会参与编写了本书的第 15 章，全书由杨雪统撰定稿。

目　录

第1章

员工胜任素质模型与任职资格

1.1 胜任素质模型的基本内容

1.1.1 胜任素质简述

胜任素质（Competency）又称能力素质，在组织管理中，胜任素质是指驱动员工作出卓越绩效的一系列综合素质，是员工通过不同方式表现出来的知识、技能/能力、职业素养、自我认知、特质和动机等的素质集合。

哈佛大学教授麦克利兰是将胜任素质用于实践的第一人。20 世纪 70 年代初，麦克利兰应美国政府邀请，为之设计了一种能够有效预测驻外联络官（FISO）绩效的方法。麦克利兰首先采用行为事件访谈法收集第一手材料，然后通过分析工作表现优秀的和一般的驻外联络官的具体行为特征及各项差异，最终提炼出了驻外联络官胜任工作且能作出优秀绩效所应具备的能力素质。

胜任素质模型自诞生之日起就被应用到了人力资源工作中的各个方面。实践证明，胜任素质模型可以提高企业的人力资源质量，提升组织的竞争力，还能推动企业发展战略的实现。

1.1.2 胜任素质识别

能否显著区分员工的工作绩效差异是判断某项胜任素质的唯一标准，即实际工作业绩卓越和业绩一般的员工在该项胜任素质上的行为表现是有明显差别的。识别员工的能力素质或岗位胜任特征可从以下三个层面进行。

1. 知识

知识层面既包括员工在某一职业领域从事工作所必须具备的专业信息，如财务管理、人力资源管理、市场营销等学科的专业知识，也包括员工在某一组织中所必须掌握的相关信息，如公司知识、产品知识和客户信息等。

2. 技能/能力

技能指掌握和运用某项专业知识完成具体工作的技术/能力，如计算机操作技能、财务分析能力等各项岗位专业技能。

能力指员工天生具备或在外部环境影响下不易改变的特质，如人际协调能力、问题分析能力、市场拓展能力、判断推理能力等。

3. 职业素养

职业素养是指员工从事具体职务或岗位时所应具备的思想道德、意识及行为习惯，如主动性、责任心、成就欲、忠诚度、诚信意识、团队意识等。

1.1.3 胜任素质优化

员工所具备的素质不同，从事的岗位不同，所处的组织环境不同，都会影响其工作绩效的发挥。企业若想优化员工的能力素质，使其表现出最佳工作绩效，可从以下三个方面考虑。

1. 员工胜任素质

员工胜任素质是指员工个体所具备的综合能力素质。员工所具备的能力素质有很多，其中总有某项或某些素质使其适合或善于从事某项工作。员工个体的胜任素质集合决定了其适合从事什么样的工作以及能够达到什么样的绩效标准。

2. 岗位胜任特征

企业中具体的岗位对任职者有不同的胜任特征要求，不同的岗位需要具有不同能力素质的员工来担任。岗位的胜任特征集合决定了适合什么样的员工来担任。

3. 组织环境特征

组织的企业文化及经营环境对选择不同能力素质的员工有很大影响。组织的环境特征决定了对具有不同素质倾向的员工作出取舍。

员工的胜任素质、岗位的胜任特征、组织的环境特征三个集合的交集越大，员工的绩效越高。因此，人力资源管理者需尽力提高三者的契合度，使三者的交集最大。

1.1.4 胜任素质模型图

构建胜任素质模型首先要了解企业中从事某岗位的员工所应具备的胜任素质，然后从知识、技能/能力、职业素养三个层面综合考虑，具体内容如图 1-1 所示。

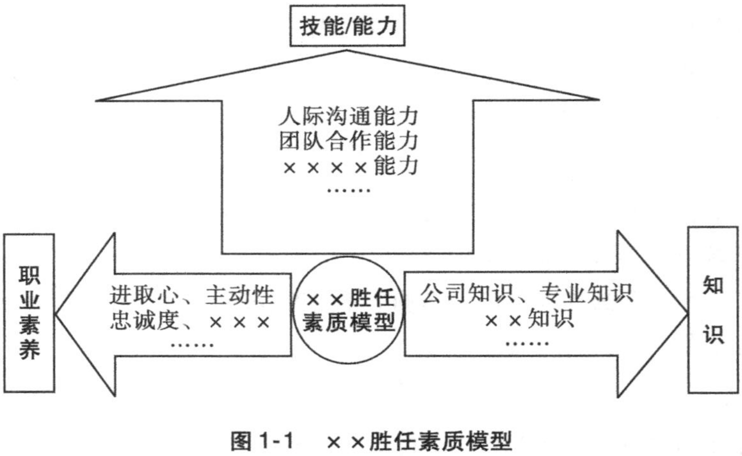

图 1-1 ××胜任素质模型

1.2 胜任素质模型的建立步骤

1.2.1 模型构建的步骤

1. 明确战略目标

企业的发展战略目标是建立胜任素质模型的总指导方针。人力资源管理者应首先分析影响战略目标实现的关键因素，研究企业面临的挑战，然后提炼出企业要求员工应具备的胜任素质，最终构建出符合企业文化及环境的胜任素质模型。

2. 确定目标岗位

企业战略规划的实施往往与组织中的关键岗位密切相关。因此，人力资源管理者在建立胜任素质模型时应首先选择那些对企业战略目标的实现起关键作用的核心岗位作为目标岗位，然后分析目标岗位要求员工所应具备的胜任素质特征，最终构建出符合岗位特征的胜任素质模型。

3. 界定绩优标准

完善的绩效考核体系是界定绩优标准的基础。通过对目标岗位的各项构成要素进行全面评估，区分员工在目标岗位绩效优秀、一般和较差的行为表现，从而界定绩优标准，然后再将其分解细化到各项具体任务中去，最终识别任职者产生优秀绩效的行为特征。

4. 选取样本组

根据目标岗位的胜任特征，在从事该岗位工作的员工中随机抽取绩效优秀员工（3~6名）和绩效一般员工（2~4名）作为样本组。

5. 收集、整理数据信息

收集、整理数据信息是构建胜任素质模型的核心工作，一般通过行为事件访谈法、专家数据库、问卷调查法等方式来获取样本组有关胜任特征的数据资料，并将获得的信息与资料进行归类和整理。

6. 定义岗位胜任素质

根据归纳整理的目标岗位数据资料，对实际工作中员工的关键行为、特征、思想和感受有显著影响的行为过程或片断进行重点分析，发掘绩效优秀员工与绩效一般员工在处理类似事件时的反应及行为表现之间的差异，识别导致关键行为及其结果的具有显著区分性的能力素质，并对识别出的胜任素质作出规范定义。

7. 划分胜任素质等级

定义了目标岗位胜任素质的所有项目后，应对各个素质项目进行等级划分，并对不同的素质等级作出行为描述，初步建立胜任素质模型。

8. 构建胜任素质模型

结合企业发展战略、经营环境及目标岗位在企业中的地位，将初步建立的胜任素质模型与企业、岗位、员工三者进行匹配与平衡，构建并不断完善胜任素质模型。

1.2.2 模型构建流程图

构建胜任素质模型的流程如图 1-2 所示。

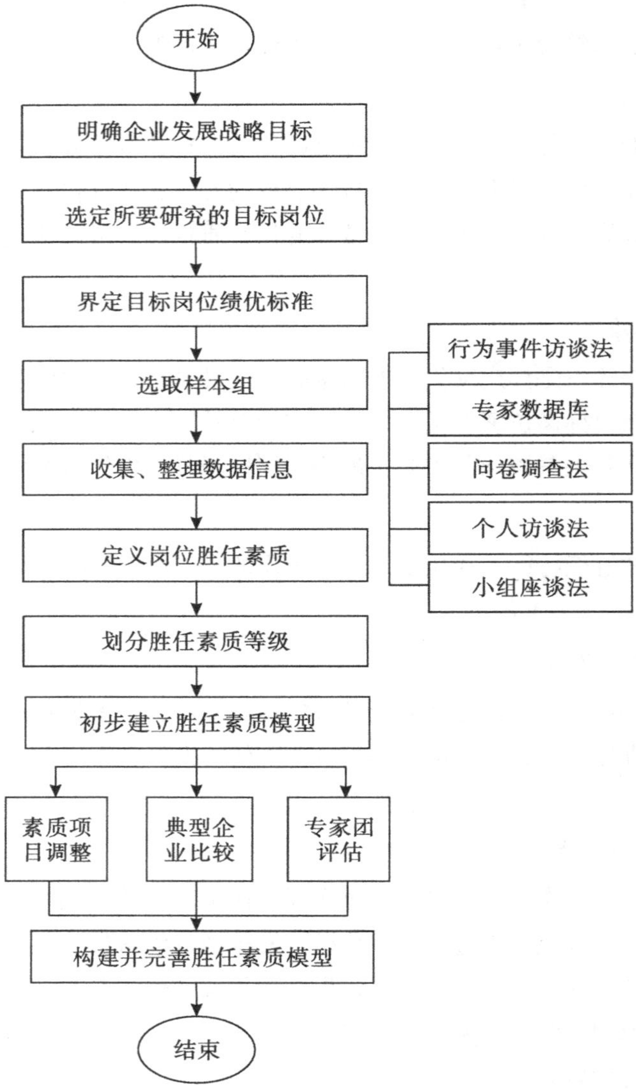

图 1-2 构建胜任素质模型流程图

1.3 胜任素质模型的构建方式

1.3.1 行为事件访谈法

1. 行为事件访谈程序

行为事件访谈法是目前在构建素质模型过程中使用最为普遍的一种方法，由美国哈佛大学教授麦克利兰开发。它通过对绩优员工和一般员工的访谈，获取与高绩效有关的素质信息的方法。

行为事件访谈法是一种开放式的行为回顾式调查技术，类似于绩效考核中的关键事件法。行为事件访谈法主要以目标岗位的任职者为访谈对象，通过对访谈对象的深入访谈，收集访谈对象在任职期间所做的成功和不成功的事件描述，挖掘出影响目标岗位绩效的细节性行为；然后，对收集到的具体事件和行为进行汇总、分析、编码；最后在不同的被访谈群体（绩效优秀群体和绩效普通群体）之间进行对比，找出目标岗位的核心素质。行为事件访谈法的具体操作程序如图 1-3 所示。

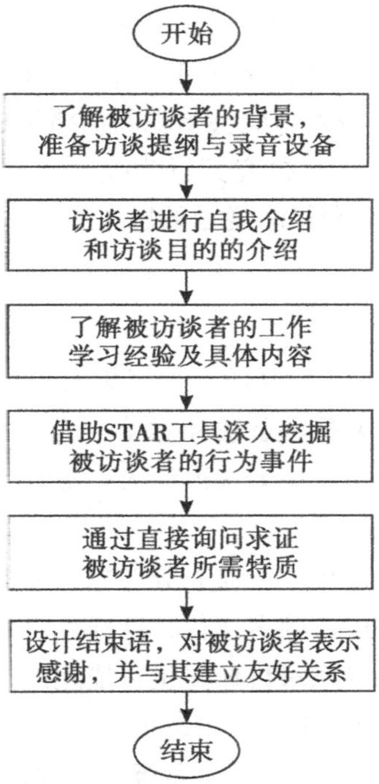

图 1-3 行为事件访谈法操作程序图

2．STAR 工具在行为事件访谈中的应用

行为事件访谈法对访谈者的要求非常高。在访谈过程中，只有经过专业培训的访谈者才能通过对访谈对象不断地有效追问，获得目标岗位相关的具体信息。在进行行为事件访谈时，访谈者访谈的重点应是在过去确实的情境中采取的措施和行动方面，不应是假设性的答复或包含哲理性、抽象性及信仰性的行为。因此，访谈者需借助 STAR 工具来深层次挖掘出具体的行为细节。

STAR 工具主要有以下四个问题。

（1）S（situation）：那是一个怎么样的情境？什么样的因素导致了这样的情境？在这个情境中有谁参与？

（2）T（task）：您面临的主要任务是什么？为了达到什么样的目标？

（3）A（action）：在那样的情境下，您当时心中的想法、感觉和想要采取的行为是什么？

（4）R（result）：最后的结果是什么？过程中又发生了什么？

STAR 是一项比较复杂的技术，其关键点有以下六点。

（1）从正向的事件开始。

（2）遵循事件本身的时间顺序。

（3）探究相关的时间、地点和心情，这有助于被访谈人回忆当时的情节。

（4）让被访谈者多说有用的素材。通过强化培训，使被访谈人学会描述此类事件。

（5）了解访谈过程以及被访谈人可能会出现的情绪反应。

（6）一次只描述一个情况，注意探究其行为模式。探究思想上的起因 S 和行为过程 A，即实例中技术问题的解决模式和策略规划的思考程序。

1.3.2 专家小组法

专家小组法又称“德尔菲法”，主要任务是召集对目标岗位有充分了解和深刻认识的专家，收集他们对目标岗位核心素质的看法和意见。这里的专家可以是组织内部有多年目标岗位工作经验的资深员工、直接管理者或退休人员等，也可以是组织外部对企业有深入研究和充分了解的研究型专家。

企业在选取专家小组成员的过程中，应充分考虑企业的实际需要，采用内外部专家相结合的方式，尽量保持专家小组成员的多样化，这样可以从不同角度对目标岗位提出不同的素质要求。同时，应注意各位专家对目标岗位所描述的行为要求（包括其定义和具体说明），这是以构建素质模型为目的，是专家小组成员访谈中的关键点。有了上述行为的描述，才易于确定素质要素的操作定义和评价等级。专家小组法的具体操作程序如图 1-4 所示。

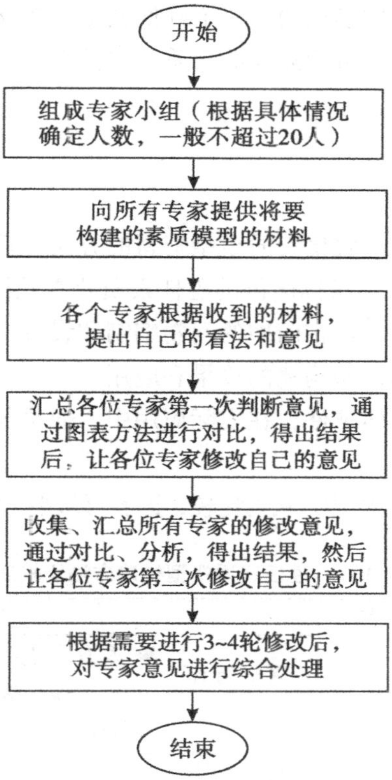

图 1-4 专家小组法操作程序图

在企业投入的人力、财力和物力方面，与行为事件访谈法相比，专家小组法要节省许多，但由于样本量的限制，单纯使用这一方法，效度会比行为事件访谈法低。在实际工作过程中，专家小组法更多地是与简化的行为事件访谈组合实施，即用专家小组法确定素质模型的要素，再用简化的行为事件访谈法对目标岗位的任职者进行访谈，收集具体的行为和事件，以确定各个要素的操作定义和评价等级。

1.3.3 评价中心法

在构建胜任素质模型和进行人才选拔时，二者都要用到评价中心法，它们尽管在程序上比较相似，但评价的目的不同。评价中心法用于构建胜任素质模型时，主要是对目标岗位的前任和现任任职者实施评价；而用于人才选拔时，主要是对目标岗位的候选人进行评价。

在以构建胜任素质模型为目的的评价中心程序中，人力资源工作者更多地是收集与目标岗位任职者相关的行为表现，之后对其进行编码并与不同群体作比较。用评价中心法构建胜任素质模型虽然同样需要花费企业大量的财力和物力，但由于其能够在模拟的情境中收集到比较真实的具体行为，因此效度和准确性也相应较高。

用评价中心法构建胜任素质模型的另一个好处就是，能够利用这种方法选拔和评价人才，观察目标岗位的人选是否具备所需要的素质。评价中心法在岗位素质模型的确定和人选的确定上具有良好的衔接性。

1.3.4 问卷调查法

问卷调查法是一种能够快速收集素质模型资料的方法。目前，比较常用的问卷调查法是360°反馈的方法，其可以收集目标岗位的胜任素质要素及行为表现。问卷调查法的实施过程虽然省时省力，但相关人员需在前期的问卷编制和设计上投入足够的精力——因为问卷设计的好坏直接影响到素质模型构建的成果和应用。

另外，为了收集更多的具体事件，在实际应用中，通常与简化的行为事件访谈法或评价中心法组合实施。

表1-1是前述四种素质模型构建方法的比较，读者可从中了解各种方法的优势和不足。

表1-1 胜任素质模型构建方法比较表

构建方法	优势	不足	效度
行为事件访谈法	◆ 准确度高，便于对任职者进行评价和考核	◆ 人力、财力、物力投入较大，对访谈者要求非常高，所需的样本量较大，不易获取	★★★★★
专家小组法	◆ 操作方便，节省人力、财力和物力，便于专家对候选人直接进行素质评定和考核	◆ 不够全面，准确度不高	★★★
评价中心法	◆ 在模拟情境中可直接观察到任职者的表现，准确度较高，而且便于对其进行评价和考核	◆ 人力、财力、物力投入较大，对技术专业要求较高	★★★★
问卷调查法	◆ 省时省力，便于用360°反馈对任职者进行评价和考核	◆ 问卷编制和设计复杂，对设计人员要求较高	★★★

1.4 胜任素质模型在人力资源管理中的应用

1.4.1 在招聘录用中的应用

1. 工作分析

工作分析是企业实施招聘的基础，如果仅对岗位的组成要素，如岗位性质、特征、职责权限、劳动条件和环境进行分析，将很难识别岗位的胜任特征要求。

基于胜任素质模型的工作分析侧重于研究岗位要求的与优秀绩效表现相关联的特征及

行为。工作分析结合胜任特征及其行为表现定义了岗位的任职资格，使胜任素质模型具有了较强的绩效预测性，从而为企业招聘与录用人员提供参考标准。

2. 录用决策

企业招聘之难在于识别应聘人员的潜在素质，即如何从应聘人员过去的工作表现预测其未来的工作绩效。企业以应聘人员的知识、技能及经验背景等外在特征作出录用决策，缺乏对应聘人员未来绩效的科学判断与预测，将给企业带来很大的风险。基于员工胜任素质模型的招聘与甄选，旨在从应聘人员过去经历中的行为表现发现其潜在素质（能力素质是其深层次特质，不易改变），分析其与应聘岗位胜任能力的契合度，并预测其未来工作绩效，从而作出录用决策。

3. 招聘录用示意图

某岗位基于胜任素质模型的招聘录用流程如图1-5所示。

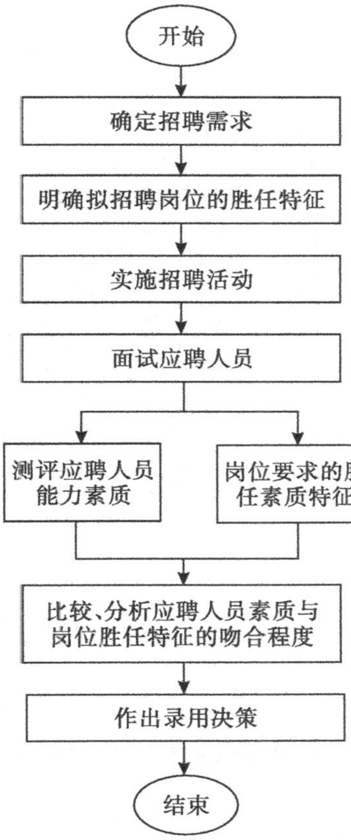

图1-5 某岗位基于胜任素质模型的招聘录用流程图

1.4.2 在员工培训中的应用

企业实施培训是为了帮助员工弥补不足、提高岗位胜任素质，从而使其达到岗位要求。培训的首要环节是科学、合理地分析员工培训需求，只有结合员工和岗位的实际培训需求，才能制定出有针对性的培训规划。

通过基于胜任素质模型的培训系统，企业可以发现员工的不足，强化其优势并激发其潜能，进而有针对性地培养他们的核心技能。这样有的放矢的培训，不仅能开发员工的潜在素质，还能为企业储备具有核心能力素质的人才。

某岗位基于胜任素质模型的员工培训需求分析如图 1-6 所示。

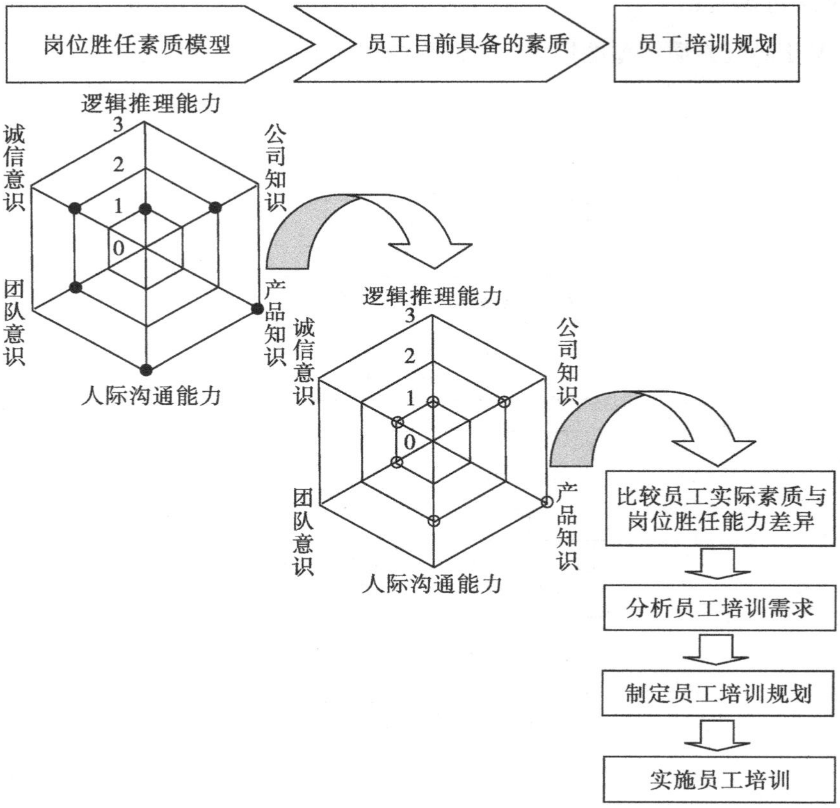

图 1-6 某岗位基于胜任素质模型的员工培训需求分析示意图

1.4.3 在绩效考核中的应用

绩效考核工作的关键环节是建立绩效考核指标并设定相应的绩效标准。其中，考核指标是指关系到员工工作产出的关键项目；绩效标准是对员工在考核指标项目上的行为表现应达到的目标或程度的描述。

胜任素质模型区分了绩效优秀和绩效一般员工的行为表现差异，这就为设定绩效考核指标、标准及目标提供了进一步的佐证和支持。以胜任素质模型为基础的绩效考核体系，能够对员工履行岗位职责和执行岗位任务所取得的成果进行客观的绩效评价，真实地反映他们的综合能力素质。

某岗位基于胜任素质模型的绩效考核如图 1-7 所示。

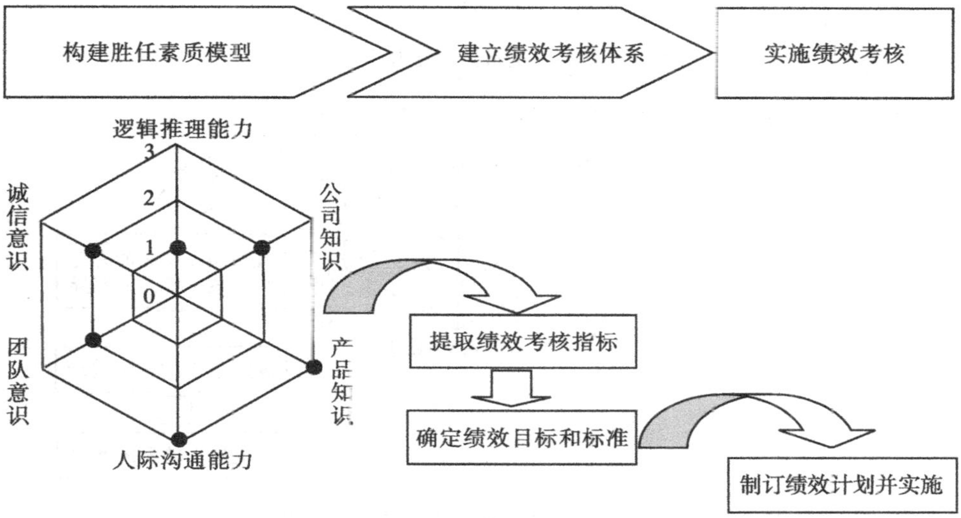

图 1-7 某岗位基于胜任素质模型的绩效考核示意图

1.4.4 在薪酬管理中的应用

薪酬的影响因素包括岗位、能力、绩效三方面。岗位的市场价值和内部价值评估决定了岗位所处的工资浮动范围，绩效决定了个人绩效工资的多少。能力高者在担任了不同级别的岗位后，岗位基本工资所处的区间范围相应就不同；在同一岗位上任职的不同人员的个人基本工资落在区间内的哪个点上，也会与其能力差异关联。

基于胜任素质模型的薪酬体系设计，有利于员工提升自己的知识、技能/能力，有利于企业提升自身人力资源的素质。它能为员工职业生涯铺设多条通道，如技术型通道、管理类通道等，可以帮助员工提升核心专长和技能，还可以培育企业的核心能力，为企业战略的实现提供人力资源支持。

某岗位基于胜任素质模型的员工薪酬管理如图 1-8 所示。

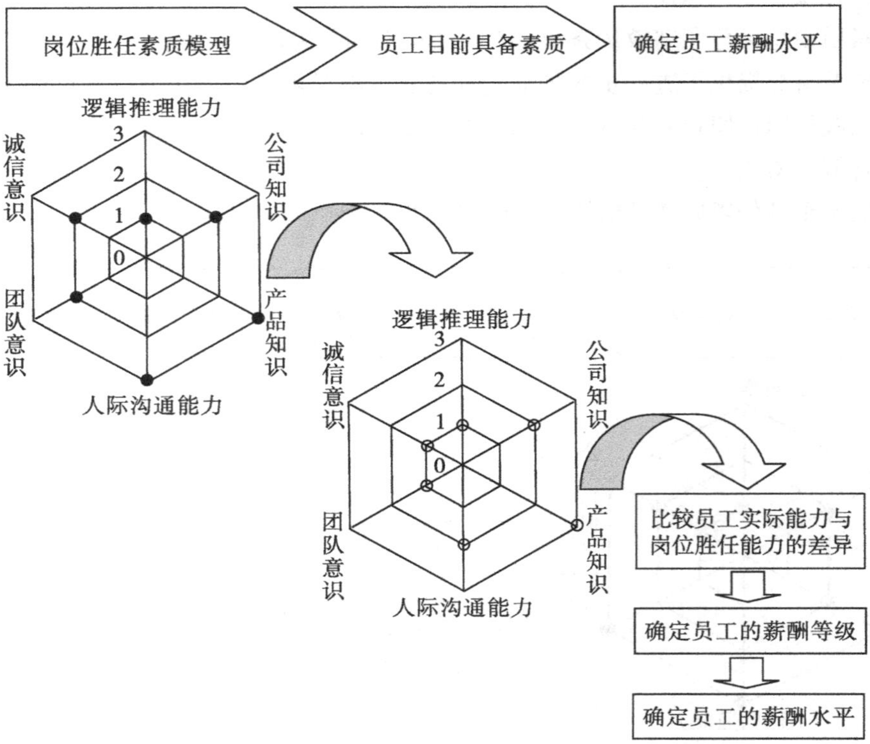

图 1-8 某岗位基于胜任素质模型的员工薪酬管理示意图

1.4.5 在人才测评中的应用

人才测评是一种通过一系列科学的手段和方法对人的心理素质、能力素质、道德品质和工作绩效等进行测量和评定的活动。人才测评综合采用多种科学方法和技术，它能依据人才测评的目的和要求对被测试者进行更为客观和准确的鉴定，并将鉴定的结果以定量或定性的方式表示出来。

基于胜任素质模型的人才测评通过对测试岗位的深入量化研究，判断出岗位所需的关键胜任能力，在人才测评实施中对关键胜任素质作出质和量的解释；同时，对各种胜任素质分配相应的权重，针对关键胜任素质开发出相应的测评试题，从而保证人才测评的针对性和准确性。

某岗位基于胜任素质模型的人才测评如图 1-9 所示。

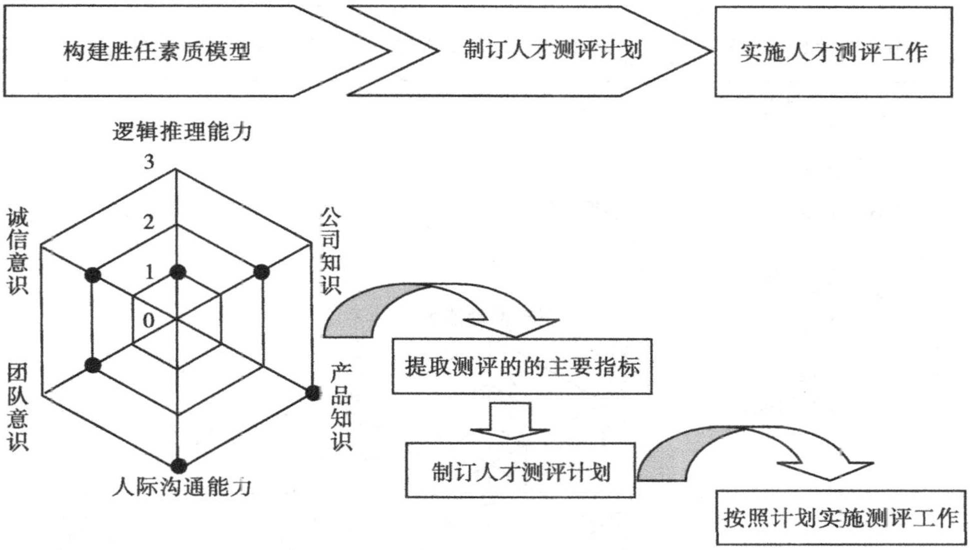

图1-9 某岗位基于胜任素质模型的人才测评示意图

1.4.6 在员工发展中的应用

员工发展可定义为员工职业生涯规划，它是根据员工的个人性格、兴趣等内在特征结合组织环境等因素规划未来的发展通道。通过开发胜任素质模型，企业对员工的胜任潜能进行评价，帮助员工了解个人特质与工作行为特点及发展需要，指导员工设计符合个人特征的职业发展规划，并在实施发展计划过程中对员工提供支持和辅导。这样不仅能帮助员工明确自身的发展目标，也能促使员工努力开发提高组织绩效的关键技能和行为，实现个人目标与组织经营战略之间的协同，达到员工和企业共同成长和发展。

素质模型不仅通过职类、职种的建立为员工提供了多种发展通道，而且提供了员工素质的分析标准，为合理规划员工职业生涯奠定了基础。

某岗位基于胜任素质模型的员工发展规划如图1-10所示。

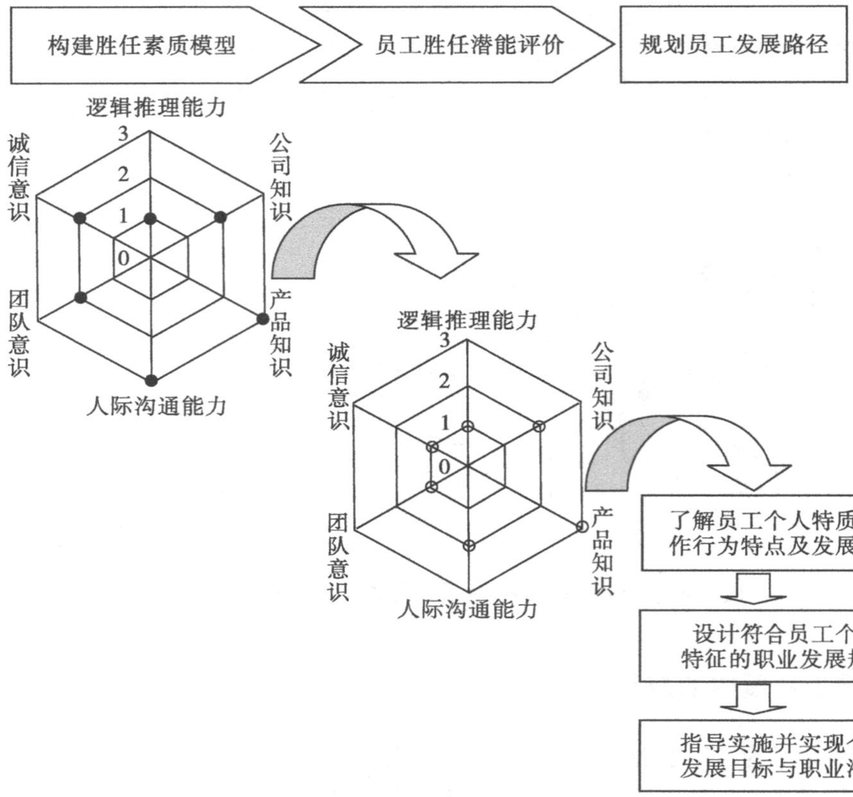

图 1-10　某岗位基于胜任素质模型的员工发展规划示意图

1.5　任职资格标准体系与胜任素质

1.5.1　任职资格标准体系与胜任素质的关系

任职资格指的是员工从事特定工作所需具备的履行职责的能力证明。任职资格标准体系指的是从员工履行工作职责需要具备的基本胜任能力或称职的角度出发，梳理出能够创造关键绩效的行为导向或者结果导向的，定性的各项职责或者定量的可以衡量的工作标准、工作规范、考核标准的系统。

由它们的定义可见，任职资格标准体系与胜任素质既有联系又有区别。

1. 任职资格标准体系与胜任素质的联系

任职资格标准体系与胜任素质的联系具体如图 1-11 所示。

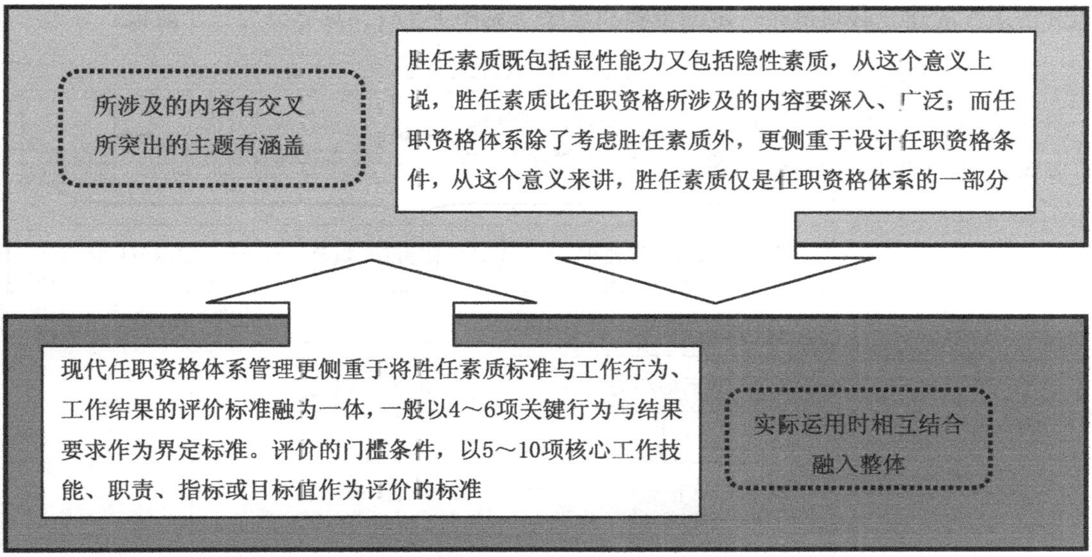

图 1-11　任职资格标准体系与胜任素质的联系

2. 任职资格标准体系与胜任素质的区别

任职资格标准体系与胜任素质的区别具体如表 1-2 所示。

表 1-2　任职资格标准体系与胜任素质的区别

区分点	任职资格	胜任素质
层次不同	对表层和底层的素质进行评价，侧重于对与该职业工作相关的能力评价	对高层的与工作不直接相关的潜质的评价
基础不同	以工作实践为评价基础	以一般行为为测评基础
侧重点不同	与工作绩效紧密相连，注重测评持续产生高绩效的关键行为	侧重于对发展能力的测评
适用范围不同	适用于企业内部各类人才的培养和发展	适用于招聘和职业通道的选择

广义的任职资格标准体系包括胜任素质标准、工作行为标准、结果绩效标准三大方面。狭义的任职资格标准体系即是指任职资格条件，主要是在构建胜任素质模型的基础上，针对员工关键行为、结果要求，设计工作标准、工作规范，并提出考核要求。

1.5.2　任职资格条件的建立步骤

任职资格条件的建立是一项系统工程，从组建项目小组的准备工作开始，涉及组织结构、管理流程、业务活动、管理制度、培训宣传、评估、沟通等相关人员和相关活动。任职资格条件的建立必须遵循一定的步骤和顺序（见图 1-12），具体分为三个阶段。

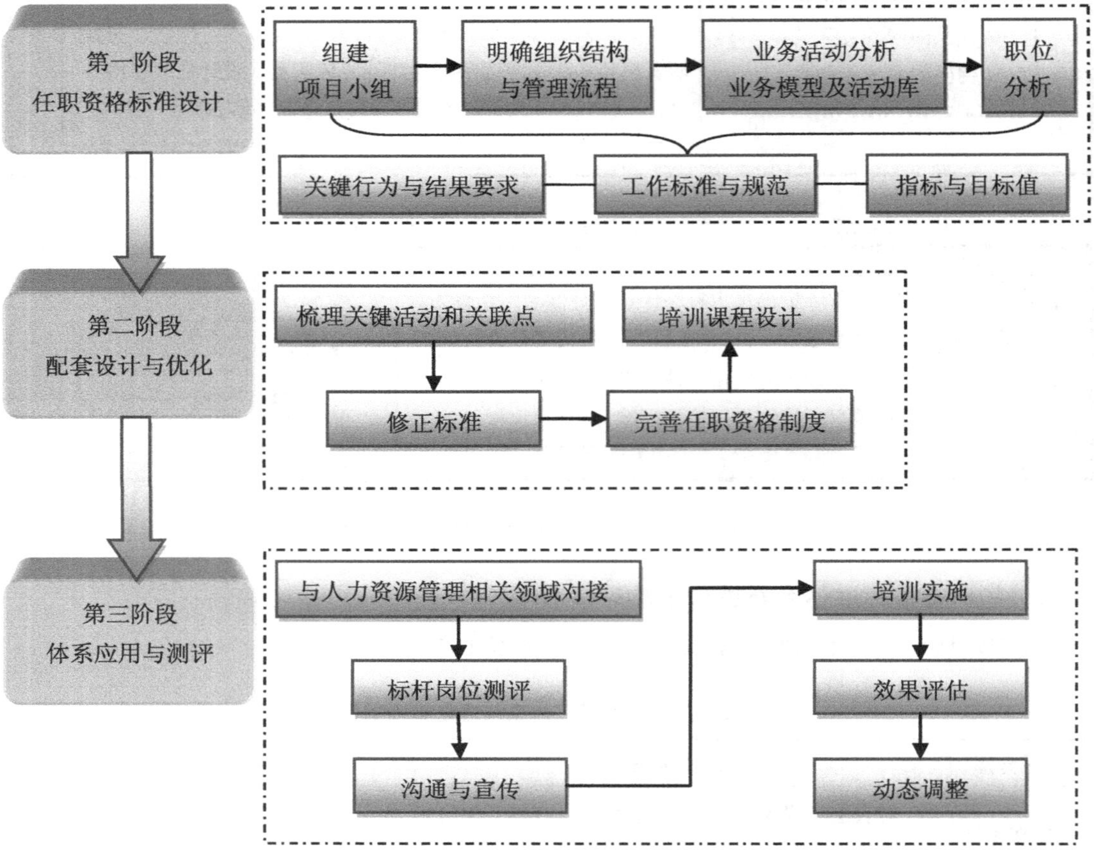

图 1-12　任职资格条件设计步骤

在图 1-12 中，职位分析、完善任职资格制度、与人力资源管理相关领域对接及效果评估是任职资格条件设计的关键步骤，各关键步骤的执行内容具体如表 1-3 所示。

表 1-3　任职资格条件设计步骤的关键点说明

序号	关键点	关键点说明
1	职位分析	· 梳理企业所有职位的名称、职责，明确职位设置的规则和职位职责划分的基本原则，为职位按业务流程分类打好基础 · 按企业战略对未来核心能力的要求，确立职类、职种、职层划分的原则，明确需要强化的业务能力，定义各职类、职种、职层 · 划分各职种级别角色，编写任职资格等级标准

（续表）

序号	关键点	关键点说明
2	完善任职资格制度	·人员如何进入任职资格系统、如何对其进行任职资格升降、其角色如何转换等问题要通过建立和完善任职资格管理制度来解决
3	与人力资源管理相关领域对接	·提出培训、轮岗、薪酬等和任职资格的接口关系 ·任职资格条件不仅能运用在招聘上，而且在培训、考核、薪酬、职业生涯规划等领域也都有极大的发挥空间
4	效果评估	·将评价结果依据相关的调整标准分别对应，并在此基础上开发出一套职能规划对应表等系列工具，以实现人才有序调整

1.5.3 任职资格条件的构建方式

1. 观察法

观察法是指职位分析人员通过对员工正常工作的状态进行观察，获取工作信息，并通过对信息进行比较、分析、汇总等方式，得出职位分析成果的方法。由于不同观察对象的工作周期和工作突发性有所不同，所以观察法可分为三种类型，具体内容如图1-13所示。

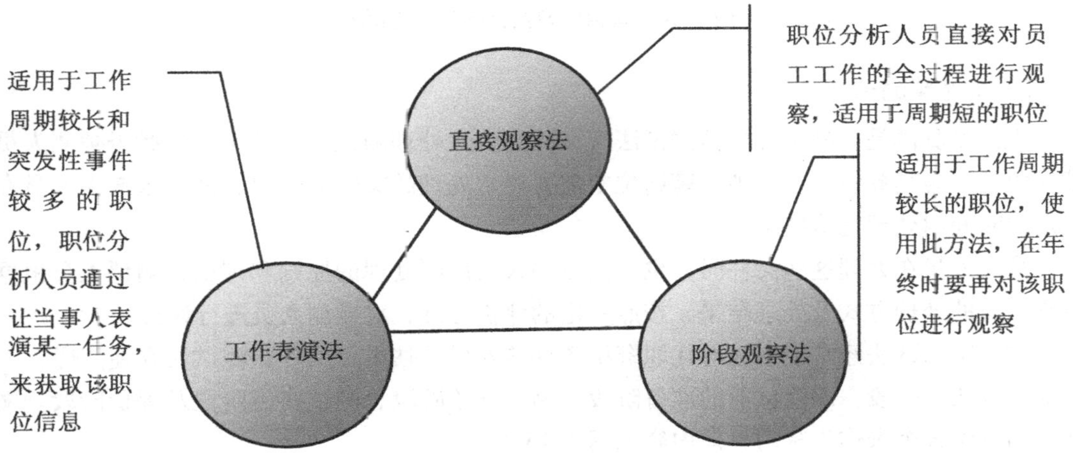

图1-13 观察法的三种类型

使用观察法时，职位分析人员应事先准备好观察表格，以便随时进行记录。另外要注意的是，有些观察的工作行为要有代表性，并且尽量不要引起被观察者的注意，更不能干扰被观察者的工作。

2. 调查问卷法

职位分析中常用的调查问卷法有三种，具体内容如图 1-14 所示。

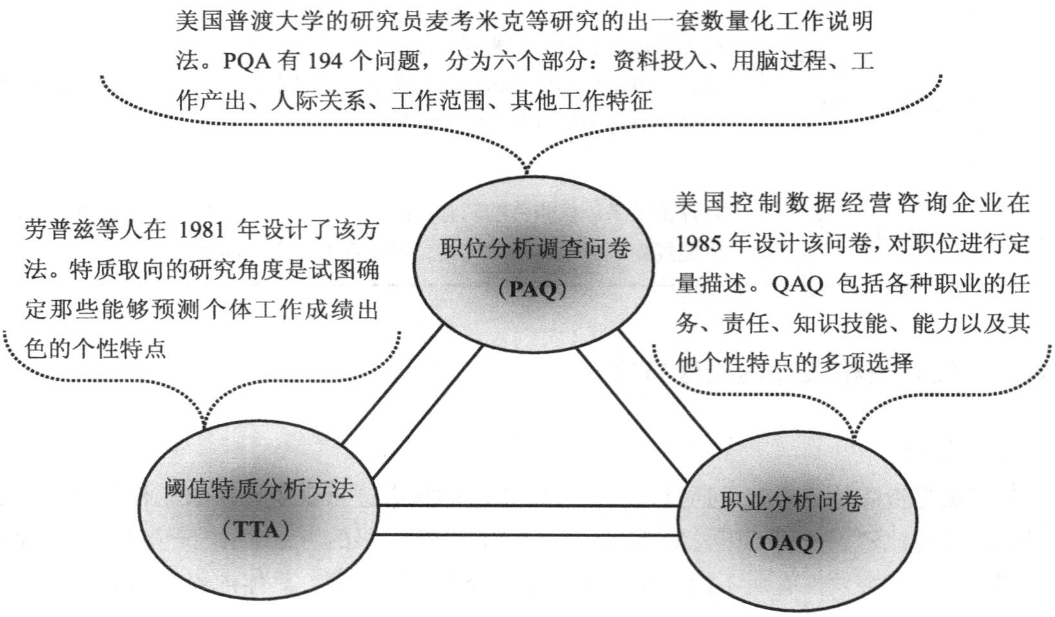

图 1-14　常用的职业分析调查问卷法

3. 文件筐测试法

文件筐测试是一种情境模拟测试法，又称为公文处理测试，文件筐测试赋予被测人员某一角色，为其提供一些其拟应聘岗位中需要经常处理的文件或资料，并要求被测人员在规定的时间内处理完这些文件。

被测人员在处理这些文件时，也应向测评人员说明处理的原则和理由，测评人员根据被测人员的处理方式及处理结果，按照一定的评价标准，对被测人员进行评价。

文件筐测试法经常使用在对任职资格条件的效果评估中。文件筐测试法在使用时，一般要经过四个阶段，即测试前的准备阶段、测试开始阶段、测试实施阶段及评价阶段。文件筐测试法各个操作步骤的具体内容如图 1-15 所示。

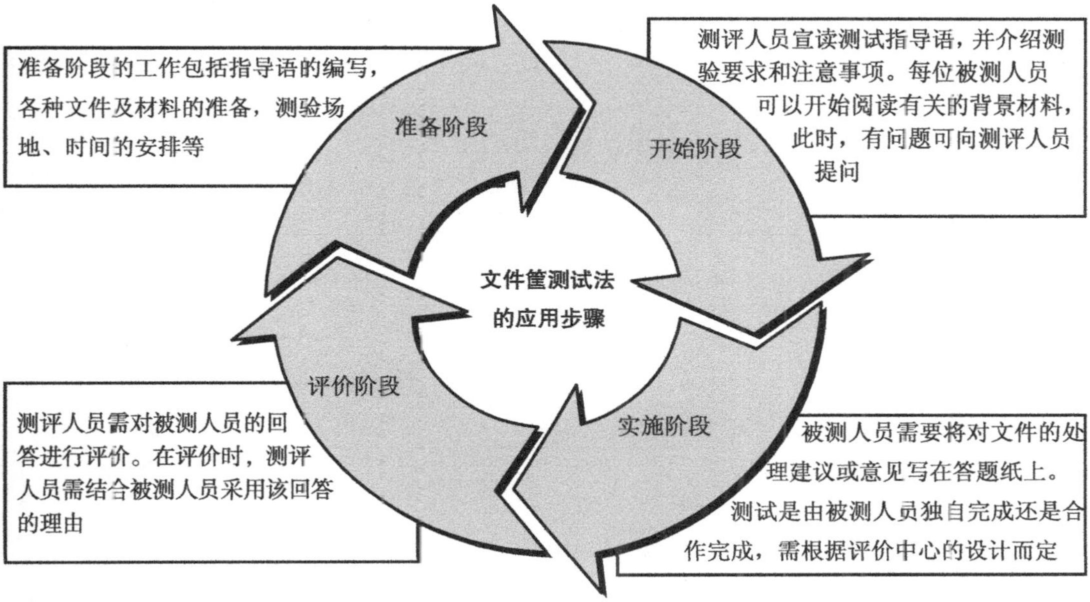

图 1-15　文件筐测试法的应用步骤

1.5.4　任职资格条件的模板设计

根据上述对任职资格的界定和分析，在设计任职资格条件模板时，本书把各类人员的任职资格条件设计为关键行为与结果要求、工作标准与规范及指标界定与目标值三大方面。

各类人员任职资格条件的模板具体如表 1-4 所示。

表 1-4　××任职资格条件

关键行为与结果要求	工作标准与规范	指标界定与目标值

其中，关键行为与结果要求是针对胜任素质模型提取的，工作标准与规范是针对关键行为与结果要求设计的，其界定细项包括岗位职责、工作行为、工作任务与工作结果的规范要求，指标界定与目标值包括指标的定义、公式、具体值，是关键行为与结果应达到的规范要求，可通过定量和定性两种形式进行考核。

第 2 章

107项素质三级定义词典库

2.1 通用能力三级定义

2.1.1 亲和力

亲和力是指个人通过自身的言谈举止给他人一种易于接近的感觉。其分级行为表现如表2-1所示。

表2-1 亲和力分级行为表现

分级	行为表现	备注
1级	1. 与人交往，始终有一种谦和的态度 2. 在倾听别人讲话时，从不打断别人	本分级定义适用于人力资源管理人员、销售人员、客服人员
2级	1. 与人交往时，心态积极、乐观，并能很好地把握交谈的气氛 2. 能耐心解决客户或同事遇到的问题，并提供一些建设性的参考意见	
3级	1. 能够将与他人交往的经验和技巧与下属分享 2. 能够通过一定的交往技巧和亲和魅力，促成与同事、客户的合作关系	

2.1.2 影响力

影响力是指相关人员说服或影响他人接受某一观点、推动某一议程或领导某一具体行为的能力。其分级行为表现如表2-2所示。

表2-2 影响力分级行为表现

分级	行为表现	备注
1级	能清晰地陈述相关事实，并呈现经过充分准备的合理案例，可以运用直接证据（如关于实质特征的数据、意见一致的范围与利益等）支持个人观点，从而说服对方作出承诺或保证	
2级	1. 通过指出他人的忧虑、强调共同利益来说服他人 2. 能预期别人的反应，可以根据需要运用适当的风格和语言应对 3. 能用案例或论据创造出“双赢”的局面，进而实现双方的目标	
3级	1. 与第三者或专家结成联盟，并建立幕后支持，以构成影响别人行为的有利态势 2. 精心策划事件以间接影响他人（如计划时间的安排、策划关键事件、预测有关关键联盟的提议、影响证言等）	

2.1.3 沟通能力

沟通能力是指个人能正确倾听他人倾诉，理解其感受、需要和观点，并作出适当反应的能力。其分级行为表现如表2-3所示。

表2-3 沟通能力分级行为表现

分级	行为表现	备注
1级	1. 不善于抓住谈话的中心议题 2. 自己的观点表达不够简洁、清晰 3. 以自我为中心，缺乏对他人应有的尊重 4. 在沟通中，能够基本理解、使用相关的专业词汇	
2级	1. 能够以开放、真诚的方式接收和传递信息 2. 了解交流的重点，能通过书面或口头的形式、用清楚的理由和事实表达主要观点 3. 尊重他人，能在倾听别人的意见、观点的同时给予适时的反馈 4. 在沟通中，能够理解、使用相关的专业词汇	
3级	1. 与人沟通时的语言清晰、简洁、客观，且切中要害 2. 针对不同听众能采用不同的表达方式，以取得一致性结论 3. 善于说服他人，能有效化解矛盾和抱怨 4. 能拓展并保持广泛的人际网络 5. 熟练掌握专业词汇，能够阅读、理解与专业相关的各种资讯	

2.1.4 执行能力

执行能力是指相关人员在工作中能迅速理解上级的意图，进而形成目标并制定出具体可行的行动方案，然后通过各类资源的合理利用和对任务优先顺序的安排，保证方案的高效、顺利实施，并努力达成工作目标的能力。其分级行为表现如表2-4所示。

表2-4 执行能力分级行为表现

分级	行为表现	备注
1级	1. 能够根据企业或上级的明确要求，结合本岗位的职责，确定自己的短期工作目标 2. 能分解工作目标，较好地协调和控制工作进度，并能顺利高效地完成各项任务 3. 能够较好地执行企业及部门的各项管理规章制度	

（续表）

分级	行为表现	备注
2 级	1. 能够配合企业制定生产目标，并能提出实现目标的建议 2. 能够很好地协调和控制工作进度，积极创造条件完成各项任务 3. 能够很好地执行企业及部门的各项管理规章制度	
3 级	1. 能配合企业制定生产目标，并能把控目标的进度 2. 能够高效地完成各项任务 3. 能够严格执行企业及部门的各项管理规章制度，并能对其中的一些条目提出执行改进意见	

2.1.5 创新能力

创新能力是指相关人员不受陈规和以往经验的束缚，能够不断改进工作与学习方法，以适应新观念、新形势发展要求的能力。其分级行为表现如表2-5所示。

表2-5 创新能力分级行为表现

分级	行为表现	备注
1 级	守旧，敌视所有新事物；教条、死板地执行上级布置的各项工作；遇到问题，习惯用经验来解决，反对创新	
2 级	1. 对新事物具有良好的接受性，解决问题时愿意尝试新的方法 2. 能灵活变通地完成上级交办的各项工作；支持创新	
3 级	1. 能够作为企业创新精神的倡导者 2. 能够创造性地完成上级交办的各项工作 3. 能够鼓励下属多角度思考，提出各种解决思路；决策时，敢于创新但不失稳健；提倡创新	

2.1.6 理解能力

理解能力是指相关人员了解他人的能力。其分级行为表现如表2-6所示。

表 2-6　理解能力分级行为表现

分级	行为表现	备注
1 级	1. 大体能够把握利益相关人的情绪和沟通的内容 2. 大体能够客观评价他人 3. 能够把握别人的感觉和所表达的意思，但不能很好地理解他人过去的行为	
2 级	1. 能够把握利益相关人的情绪和沟通的内容 2. 能够理解潜在的问题和某人行为的原因，能客观评价他人 3. 能把握他人的感觉和所表达的意思，并能理解他人过去的行为	
3 级	1. 能够把握利益相关人的情绪和沟通的内容，并能消除利益相关人的不良情绪 2. 能够了解潜在的问题和某人行为的原因，能客观地评价他人，并根据其特点安排、协调工作 3. 能够很好地把握他人的感觉和所表达的意思，并且能理解他人过去的行为，同时预见他人未来的行为	

2.1.7　表达能力

表达能力是指相关人员通过口头描述或书面文字表达自己意思的能力。其分级行为表现如表 2-7 所示。

表 2-7　表达能力分级行为表现

分级	行为表现	备注
1 级	表达基本清楚。交流过程中思路不太清晰，用词不当，容易让人误解其意，但他人能够知悉其所表达的大概意思；能从事一般性的工作联系	
2 级	1. 表达条理清晰，意思明了。交流过程中思路清晰，他人能非常明确地知悉其所表达内容的重要层次 2. 在不同的场合能够保持适当的语速，但表达不够简明	
3 级	1. 能够准确地以口头、书面等方式进行工作部署或有效沟通，能快速把握工作要领 2. 在交流过程中，思路清晰，表达简洁明了；语言生动，且在必要的时候能够配以手势或面部表情等来增强表达的效果；表达易于让人接近，有亲和力	

2.1.8 判断能力

判断能力是指相关人员利用自身掌握的知识，通过对他人的观点或外界环境的变化进行正确的分析，进而作出准确判断的能力。其分级行为表现如表2-8所示。

表2-8 判断能力分级行为表现

分级	行为表现	备注
1级	1. 对他人的意见或外界的变化有一定的认知能力 2. 能够对获得的直接信息进行分析，并作出一定的判断	
2级	1. 能够利用自身掌握的知识，正确理解他人的意见或外界的变化 2. 能够对直接信息和间接信息进行分析，并准确判断出事件或事物的发展方向	
3级	1. 能够通过他人的举动捕捉到其所思、所想 2. 能够把握事物发展变化的运动规律 3. 能够与他人分享自己判断的经验	

2.1.9 应变能力

应变能力是指相关人员采取行动迎接即将来临的挑战，或提前思考以适应未来的机遇和挑战的能力。其分级行为表现如表2-9所示。

表2-9 应变能力分级行为表现

分级	行为表现	备注
1级	1. 能够意识到工作环境的变化，并对变化有所准备。面对变化较为冷静，没有什么明显的不适应 2. 能够找到变化的原因，并能根据工作经验改善自己的工作流程和工作方法 3. 清楚自身应对变化所需的资源，并能借助这些资源应对变化，克服工作困难，并达成工作目标	
2级	1. 充分了解工作环境的变化特点，清楚该变化对个人、团队或企业造成的影响 2. 能够根据变化适时对自己及整个团队的工作流程、方法及资源分配作出有效调整 3. 能够指导团队和下属正确认识调整过程中出现的问题，并能够有效地控制问题的负面影响，确保在尽可能降低工作成本的前提下达成工作目标	

（续表）

分级	行为表现	备注
3 级	1. 能够正确预见变化发生的可能性，并能够于变化发生时快速地认识到客观环境变化为团队或企业带来的市场机会，并对如何利用该机会提出自己的建议 2. 能够充分把握变化背后的根本原因，并能够提前采取行动以降低不利变化出现的可能性，从而有效降低变化带来的负面影响 3. 能够指导团队或下属制订有效的调整计划，并能够采取必要的行动合理调配资源来支持调整计划的实施	

2.1.10 自控能力

自控能力是指相关人员在面对他人的反对、敌意或在长期重复性工作及压力环境时，保持冷静、控制负面情绪和消极行为，继续完成工作任务的能力。其分级行为表现如表2-10所示。

表2-10 自控能力分级行为表现

分级	行为表现	备注
1 级	1. 有能力抵制可能的诱惑，不会采取不恰当或冲动的行为 2. 有愤怒、沮丧等强烈的情绪时，能抑制其表现出来	
2 级	1. 有愤怒、沮丧等强烈情绪时，不仅能够抑制其表现出来，而且还能够继续平静地进行谈话或开展工作 2. 能够长时间地控制情绪，并能够在持续的压力环境中以一贯的正常状态开展工作	
3 级	1. 能够控制强烈的情绪并承受巨大的压力，能够以建设性的方法回应压力和不良情绪；能够冷静分析问题来源，并能够总结经验教训，以免今后出现类似情形 2. 在群体人员都受到强烈冲击时，不仅能够控制自己的情绪，还能使他人冷静下来，保持良好心态	

2.1.11 商务谈判能力

商务谈判能力是指双方或多方在谈判过程中具有的说服对方、解决争端、讨价还价的能力。其分级行为表现如表2-11所示。

表2-11 商务谈判能力分级行为表现

分级	行为表现	备注
1级	1. 大概了解竞争对手 2. 谈判前有一定的准备，但不充分 3. 知悉谈判的重点和要害，但在谈判过程中无法把握，经常让对手占有先机而陷入被动 4. 能够进行一般性谈判，但无法胜任重大谈判	
2级	1. 谈判前有明确的谈判目标，对谈判过程有充分的准备 2. 谈判过程中始终占有先机，经常处在主动地位 3. 谈判中表现沉着冷静，谈判结果基本令人满意	
3级	1. 谈判前有明确的谈判目标，对谈判过程有充分的准备 2. 谈判过程中密切关注对手的变化，知悉对手的心理，能够巧妙地运用对手的心理变化取得谈判的成功 3. 会运用谈判的气氛和环境来影响谈判的结果，并能够利用各种资源以获取谈判的成功	

2.1.12 逻辑分析能力

逻辑分析能力是指相关人员利用既有信息，经过多角度、多层次的分析，找出其关键点和其他信息之间相关性的能力。其分级行为表现如表2-12所示。

表 2-12　逻辑分析能力分级行为表现

分级	行为表现	备注
1 级	1. 能够运用归纳和演绎等逻辑推理方法，对信息进行简单的汇总、分析 2. 能够预见收集和评估信息时可能遇到的问题，并有尝试解决这些问题的方式、方法	
2 级	1. 能够掌握信息分析模型和框架的使用方法，并能根据相关时间规定进行有效的逻辑分析 2. 能够分析出支撑信息的各种原因，并能根据分析结果作出正确的选择	
3 级	1. 能够对收集到的信息进行客观的分析和判断，并能对相关问题的未来发展趋势作出正确的预测 2. 能够利用相关信息或以往的问题，通过逻辑分析解决现存的问题	

2.1.13　归纳思维能力

归纳思维能力是指相关人员提炼信息、概括大意、透过现象看本质的能力。具体分级行为表现如表 2-13 所示。

表 2-13　归纳思维能力分级行为表现

分级	行为表现	备注
1 级	1. 能够运用浅显的规律或经验常识确定问题的所在 2. 当所面临的情况与以往经历的情况相似时，能够识别出共同之处，并利用经验加以解决	
2 级	1. 能够利用学习到的知识及处理问题时取得的经验，对现有问题进行分析和处理 2. 在面对不完全相同的现象和问题时，能够找到它们的相似之处，并加以解决	
3 级	1. 遇到复杂的情况时，能够对各种观点、问题和信息进行归纳，提炼出核心的观点或得到简洁的结论 2. 在处理问题时，能够运用自己创造的概念反映事物之间的内在联系，并指导下属解决相关问题 3. 在处理问题过程中能够抓住他人没有发现的关键点，并能够深入问题的本质，总结出规律	

2.1.14 系统思考能力

系统思考能力是指相关人员保持思维的广度，在开展业务的过程中能够考虑到自身工作对周围环境的影响，从而制定对全局有益的行动方案。其分级行为表现如表2-14所示。

表2-14 系统思考能力分级行为表现

分级	行为表现	备注
1级	1. 能够综合考虑工作中每个环节的逻辑关系 2. 能够预先设想自身的工作对顾客和同事的影响，并做好事先沟通 3. 能够预测自身决策对程序或团队的影响	
2级	1. 在思考工作问题的过程中，能够在确定解决办法的同时，考虑资源分配的合理性，充分发挥可用的技能和资源 2. 能够预测自身决策对组织的影响，并能联合相关部门共同创造出更出色的解决方案 3. 为了全局的利益，在必要时可以放弃或让步自身的利益 4. 能够分析归纳国家和行业的重要政策，支持和推动变革活动	
3级	1. 能够根据环境的变化及时调整企业资源的组合，以为自身解决问题提供支持 2. 以企业利益为中心，并能够综合考虑各部门之间的工作联系 3. 考虑自身决策对组织和外部的影响 4. 能够预见国家和行业的重要政策，领导企业的变革	

2.1.15 计划管理能力

计划管理能力是指相关人员通过合理配置各种资源，使自己或他人按时完成任务的能力。其分级行为表现如表2-15所示。

表2-15 计划管理能力分级行为表现

分级	行为表现	备注
1级	1. 能够根据上级的指导或要求，简单地制订个人的工作计划 2. 能够按照计划的安排，有条不紊地完成工作任务	
2级	1. 能够将复杂的任务分解为多个可以处理的部分，并能够制定切实可行的方案 2. 在编制大型或复杂的计划时，能够事先预测到可能出现的问题 3. 能够指导他人编制分项工作计划，并能够将分项计划整合为整体方案	

（续表）

分级	行为表现	备注
3 级	1. 能够为较为复杂的工作团队编制有效的、合理的整体工作计划 2. 具备一定的前瞻性及预见性，能够提前对重大潜在风险作出预案	

2.1.16 关注细节能力

关注细节能力是指相关人员在面对事实和细节问题时，既能够考虑到全局，又能够深入了解工作过程中各个环节的关键细节，并能够对细节问题进行预防和控制，确保成果的完美。其分级行为表现如表 2-16 所示。

表 2-16　关注细节能力分级行为表现

分级	行为表现	备注
1 级	1. 较少关注工作过程中的细节问题 2. 较少关注工作中反映出来的问题和隐患	
2 级	1. 工作踏实，关注工作任务过程中的细节问题 2. 能够主动学习和掌握各种可以改进细节的方法，并能够将其运用到工作中去	
3 级	1. 能够带动下属学习和掌握各种改进细节的方法，并能够将这些方法运用到工作中去 2. 工作中以事实为依据，作风严谨 3. 能够对工作过程中的各个环节进行多角度、全方位的考虑，进而确保各项计划的周密性	

2.1.17 团队合作能力

团队合作能力是指相关人员具有全局观，能够服从指挥，能够根据工作目标的需要，与他人通力合作，协调各方面关系、调动各方面的积极性，并能够及时处理和解决工作过程中的各种问题。其分级行为表现如表 2-17 所示。

表 2-17 团队合作能力分级行为表现

分级	行为表现	备注
1 级	1. 全局观一般，计较个人得失，有不同意见时执行比较勉强 2. 合作精神一般 3. 了解组织中的资源现状，基本能够按时将资源调配到工作中去 4. 很少与团队成员分享信息和经验，与他人配合时会出现合作不畅的问题 5. 能够调解组织中出现的冲突，必要时能够借助上级或其他力量保证工作继续开展	
2 级	1. 具有一定的全局观，不太计较个人得失；意见不同时，能保留看法 2. 合作精神较强，乐于与人沟通，能协调好内外关系 3. 组织各种工作时考虑周全，能够根据任务的重要程度，提前分配或调动各种资源 4. 能真诚地评价他人对团队的投入和专长，愿意向他人学习 5. 能够与团队成员分享信息和经验，与他人合作时很少出现问题 6. 擅长与各部门、各方面人员保持融洽的关系，能够在兼顾对方利益的基础上促进相互理解、共同合作，保证团队工作顺利开展	
3 级	1. 全局观强，不计较个人得失，服从指挥，执行命令彻底 2. 合作精神很强，不回避或试图避免冲突，能够通过将冲突公开的方法来推动冲突的化解，能够积极主动与他人合作 3. 有良好的协调能力，社交面宽，善于同外界建立合作关系，能够利用各方的资源为自己的工作服务 4. 能够真诚地评价他人对团队的投入和专长，愿意向他人学习 5. 主动与相关部门协调关系；积极与团队成员分享信息和经验，与他人合作愉快 6. 为培养全体团队成员的协作精神，时常开展相关团体活动 7. 能够对资源进行及时有效的分配和调动，以克服由于其他部门或人员引起的延误，圆满解决超出自己控制范围的问题	

2.1.18 人际交往能力

人际交往能力是指相关人员对人际交往保持高度的兴趣，能够通过主动、热情的态度以及诚恳、正直的人格面貌赢得他人的尊重和信赖，从而营造出良好的人际交往氛围。其分级行为表现如表2-18所示。

表2-18 人际交往能力分级行为表现

分级	行为表现	备注
1级	待人不够真诚，无法获得他人的信任，为人处世不懂得变通，适应能力较差	
2级	1. 能够给人以一种真诚的印象，能获得周围人的支持与信赖；在工作中能考虑他人的感受 2. 具备良好的沟通交流能力，能够恰当地表达和倾听，对不同情境和不同交往对象，能够灵活采取不同的应对策略	
3级	待人友好、真诚，能够获得他人的信赖，能够时时为他人着想；在工作中，人们都愿意与其合作并保持良好的关系	

2.1.19 专业学习能力

专业学习能力是指相关人员提高自己的专业知识或职业知识，与他人分享专业经验的能力与动机。其分级行为表现如表2-19所示。

表2-19 专业学习能力分级行为表现

分级	行为表现	备注
1级	1. 能够在本专业领域展示基本知识，并能够将这些知识有效地应用于实践中 2. 能够积极主动地了解专业领域的最新发展情况 3. 能够运用专业知识和经验解决问题、帮助他人，有时能够促进项目进度或改善当前局面	
2级	1. 能够主动展示非专业领域的知识，并能利用非专业的知识提升业务 2. 能够利用自己的知识促进其他部门工作或项目的进展，以提高其他部门的工作效率 3. 能够吸收利用他人的经验和做法，用于解决自己所遇到的问题	

（续表）

分级	行为表现	备注
3 级	1. 能够不断寻找新的学习机会，掌握新的专业知识和技能，从而提高自己的综合能力 2. 能够在专业期刊上发表论文或作品，展示自己的专业能力 3. 能够从突发或偶发事件中总结经验教训并为我所用 4. 能够在组织内充当新技术、新知识的倡导者与传教士的角色	

2.1.20 问题发现与解决能力

问题发现与解决能力是指相关人员通过自身掌握的专业知识和技能，发现并解决工作过程中存在问题的能力。其分级行为表现如表 2-20 所示。

表 2-20 问题发现与解决能力分级行为表现

分级	行为表现	备注
1 级	1. 能够发现工作中的显性问题，不能发现隐藏的问题 2. 能够初步判断并简单处理工作方面的问题	
2 级	1. 熟练把握工作过程中易产生问题的环节，并有一定的问题发现技巧 2. 能够通过对工作理解，发现隐藏的问题 3. 具有一定的问题分析能力，能够根据现象探求解决问题的途径，并找到答案	
3 级	1. 能够及时消除外界条件的改变对工作产生的不良影响，并能够及时发现问题 2. 能够准确预测工作过程中的各种问题，并将其消灭在萌芽状态 3. 能归纳各类问题发生的规律，并具备指导他人发现问题的能力	

2.1.21 信息收集与处理能力

信息收集与处理能力是指相关人员根据工作任务的需要，不局限于眼前现有的资料，能够主动通过各种方法收集各类相关信息，并对收集的信息进行整理、分析，提出应对方法的能力。其分级行为表现如表 2-21 所示。

表 2-21　信息收集与处理能力分级行为表现

分级	行为表现	备注
1 级	1. 掌握工作所需信息的来源和种类，有获取所需信息的方法与渠道 2. 能够按照既定的方法和渠道收集信息，并能够核实所获信息的完整性和准确性 3. 能够完整准确地记录所得信息，并能够将其按规定的形式进行整理 4. 能够对数据和信息进行初步分析，提供企业、项目或工作所需的各类信息	
2 级	1. 能够拟订信息收集计划，有目的地开展信息收集工作 2. 能够发现有用的信息，并能够确保收集信息的完整性和准确性 3. 通过对数据和信息的分析与研究，能够发现市场隐藏的变化，并能够准确地向上级提供相关信息及个人建议	
3 级	1. 能够建立相关的信息收集系统，并能够设定信息收集的统一内容、方式、流程等；能够有效利用各种技巧，不间断地收集信息，并能够不断挖掘未来可能的潜在信息和信息收集途径 2. 通过分析信息，能够对市场的变化等未来发展趋势作出正确的预测 3. 能够为工作中遇到的问题提供可行的解决方案	

2.2　管理能力三级定义

2.2.1　督导能力

督导能力是指相关人员为了企业及客户的最佳利益，指导员工工作及促使其提升技能与工作绩效的能力。其分级行为表现如表 2-22 所示。

表 2-22　督导能力分级行为表现

分级	行为表现	备注
1 级	1. 能够对员工工作给予较具体的指导 2. 在提出要求和目标的同时，也能够提供明确、具体的参数和标准 3. 能够适时检查员工对工作目标的理解	

（续表）

分级	行为表现	备注
2 级	1. 能够系统、明确地分配日常工作和任务 2. 在分配工作和从别人那里接受工作时坚定而自信，对不合理的要求敢于说“不” 3. 能够给予员工完成常规任务的空间，不乱加干涉	
3 级	1. 能够建立明确、可测量的绩效标准 2. 能够依据绩效标准监督检查员工的工作进度、绩效，并能够将成果和存在的问题及时反馈给员工 3. 纠正员工绩效问题时，行动明确，立场坚定，并能够制订出可行的绩效提升计划	

2.2.2 决策能力

决策能力是指相关人员依据对形势的分析，作出恰当、合理、及时和实际的判断并采取行动的能力。其分级行为表现如表 2-23 所示。

表 2-23　决策能力分级行为表现

分级	行为表现	备注
1 级	1. 根据工作经验，能够对要解决问题的性质和决策目标进行准确定位 2. 能够及时给出可行的常规问题决策方案 3. 掌握决策备选方案的分析技巧，能够迅速且准确地判断各种备选方案的优势和不足 4. 能够借助信息和分析工具给出非常规问题的有效解决方案	
2 级	1. 能够通过纷繁复杂的表面现象，对存在问题的性质进行合理判断，并能够在此基础上迅速确定决策目标 2. 能够根据工作经验和技巧果断、及时地作出合理有效的常规决策 3. 对自己所做的非常规决策可能产生的影响有清晰的认识，并能够借助信息和分析工具在各类备选方案中选择最有效的方案 4. 在复杂且风险高的形势下，通过适度分析多种领域内的各种信息，能够作出有长期影响的战略性决策，并能够承担相关责任和后果	

（续表）

分级	行为表现	备注
3 级	1. 根据工作经验，能够准确确定要解决问题的性质和决策目标 2. 能够及时给出可行的常规问题决策方案 3. 掌握决策备选方案的分析技巧，能够迅速且准确地判断各种备选方案的优势和不足 4. 能借助信息和分析工具给出非常规问题的有效解决方案	

2.2.3 协调能力

协调能力是指相关人员能够通过沟通，与组织内外部人员达成某种共识的能力。其分级行为表现如表 2-24 所示。

表 2-24 协调能力分级行为表现

分级	行为表现	备注
1 级	1. 对组织内外部人员在行动和思想上的不一致问题有清醒的认识 2. 对组织内外部人员可能产生的不和谐因素有一定的了解	
2 级	1. 对组织内外部产生的不和谐行为有一定的调节能力，能够尽量将矛盾消灭在萌芽状态 2. 在处理组织内外部矛盾过程中，能够获得大多数人的拥护与支持	
3 级	1. 能够平衡组织内外部各种关系，确保组织既定目标的完成 2. 能够将自己在协调内部关系过程中的技巧、经验与他人共享 3. 能够通过协调组织内外部关系，发现组织内隐藏的问题或矛盾，并提出相应的解决方法或应对策略	

2.2.4 激励能力

激励能力是指相关人员激发、引导和维持他人工作热情，保证实现预定目标的能力。其分级行为表现如表 2-25 所示。

表 2-25 激励能力分级行为表现

分级	行为表现	备注
1 级	1. 工作中只关心本职工作，忽视员工的发展，从而导致员工工作缺乏主动性和积极性 2. 对员工的工作缺乏肯定，很少给予他们鼓励	

（续表）

分级	行为表现	备注
2 级	1. 了解下属需求，善于引导员工，能够时常从员工的角度出发，基于其特长和兴趣爱好安排工作；适度考虑员工的个人发展 2. 能够为员工工作营造和谐的环境，能够清楚地解释工作的关联性及其意义 3. 能够结合员工的工作成果用奖励、表彰等形式提高其工作积极性 4. 能鼓励员工为企业发展献计献策，并能够以制度等形式推动员工参与企业运作	
3 级	1. 能够有效调动员工的主动性，使员工工作充满激情 2. 能够把职责范围内的可利用资源提供给员工使用 3. 能够为员工创造合适的发展空间，能够针对不同员工制定不同的激励方式，使员工效用达到最大化	

2.2.5 战略管理能力

战略管理能力是指相关人员通过分析外部环境、内部资源，对企业管理和工作业务进行筹划，明确管理和业务战略目标，并根据战略目标设计组织架构、人员配备方案及业务开展策略的能力。其分级行为表现如表 2-26 所示。

表 2-26 战略管理能力分级行为表现

分级	行为表现	备注
1 级	能够正确地执行企业的管理和业务战略，对企业的发展充满信心	
2 级	1. 能够对企业未来几年的自己所负责工作领域的发展作出准确的判断，并能够作出正确的业务开展战略选择 2. 能够根据战略规划要求，合理搭配人员和配置资源，为达成战略目标提供保障 3. 能够及时发现业务开展过程中偏离战略导向的问题，并能够提出可行的解决方案	

（续表）

分级	行为表现	备注
3级	1. 能够正确地分析和判断企业所处的环境与自身拥有的资源，并能够选择有利于企业发展的管理模式和业务战略 2. 能够把握企业的发展方向，指导相关人员开展战略目标的细化工作，还能够制订各类业务的发展目标和计划 3. 能够根据内外部环境的变化，合理判断战略目标的实现程度，并能够根据环境和资源的变化适时调整发展战略 4. 能够及时发现业务开展过程中偏离战略导向的行为和做法，在对其后果进行正确评估的同时，能够迅速采取有效的对策；能够吸取经验教训，制定预防措施	

2.2.6 目标管理能力

目标管理能力是指相关人员通过自身的努力或借助外界力量达成预先设定标准或程度的能力。其分级行为表现如表2-27所示。

表2-27 目标管理能力分级行为表现

分级	行为表现	备注
1级	对企业经营目标中本部门的主要工作及任务理解较浅，无明确的工作计划	
2级	对企业经营目标中本部门的主要工作及任务理解较深，目标分解基本合理，制订出的工作计划相对简单	
3级	对企业经营目标中本部门的主要工作及任务理解透彻，能够有效分解工作目标并制订出详细的工作计划；能够有效跟踪事情的发展，并善于采取补救措施	

2.2.7 团队领导能力

团队领导能力是指相关人员有效地带领其团队，按照既定目标前进的能力。其分级行为表现如表2-28所示。

表 2-28 团队领导能力分级行为表现

分级	行为表现	备注
1级	1. 了解一定的任务分配知识，并能够在执行过程中对任务进行适当的跟踪 2. 能够及时处理团队成员反映的意见，为团队成员提供及时、有效的指导和帮助	
2级	1. 能够根据团队成员的特点，有针对性地分配任务，并全力保证组织目标的达成 2. 能够采取一定的激励手段，提高团队成员的工作积极性 3. 在关注团队工作成果的同时，能够最大限度地凝聚团队力量	
3级	1. 对团队成员的绩效有充分的认识，并能够给予成员适当的反馈 2. 通过对团队成员工作的观察与分析，能够查找出团队合作的不足，并能够采取相应的提升措施 3. 根据团队成员的特点，能够制定相应的绩效激励机制，保障团队绩效的持续达成	

2.2.8 团队建设能力

团队建设能力是指相关人员以团队利益为己任，建立、维护并运作高效团队，使团队绩效表现目标最优化的能力。其分级行为表现如表 2-29 所示。

表 2-29 团队建设能力分级行为表现

分级	行为表现	备注
1级	1. 能够找出阻碍团队目标达成的因素，并试图采取有效措施去解决这些障碍 2. 能够积极参与团队合作，并有意识地鼓励团队成员参与团队讨论和决策，促进团队内部的沟通与合作 3. 能够采取行动加强团队成员之间的相互沟通，促成团队成员的相互理解和支持 4. 能够对团队或团队成员做出的成绩表示赞赏，或有意识地向成员表达这种赞赏和肯定	
2级	1. 能够根据企业的战略目标确定团队建设的目标，并能够使其在全体成员中达成共识，进而得以贯彻实施 2. 能够有意识地开展团队内合作及建立适当的竞争机制，以提高团队的整体绩效 3. 能够公开表扬他人的成绩，并能够针对员工选择不同的激励方式	

（续表）

分级	行为表现	备注
3 级	1. 具有个人魅力或领导气质，能够把握组织或团队成员的发展方向与目标 2. 有意识地创建团队合作精神，能够在团队间合理有效地调配资源，进而加强不同目标和背景的团队间合作 3. 能够制定出团队激励的机制，并能够通过激励机制的贯彻实施使团队成员保持高昂的工作热情	

2.2.9 授权控制能力

授权控制能力是指管理人员对所授权的人员及任务进行监控、指导的能力。其分级行为表现如表 2-30 所示。

表 2-30 授权控制能力分级行为表现

分级	行为表现	备注
1 级	1. 能够根据任务的需要分配工作，并给予相应的权力和责任 2. 能够跟进所授权人员的工作，以确保目标达成 3. 对所授权人员及工作能够及时给出反馈和评价	
2 级	1. 能够准确掌握下属人员的特点，在分配工作任务时能够用人所长，合理有效地分配工作，并给予相应的权力和责任 2. 能够跟进所授权人员的工作，以确保目标达成 3. 能够对所授权人员及工作中的问题给出合理意见，并能够给予被授权人员及时反馈和评价	
3 级	1. 能够根据下属的特点对其进行适当引导，以发挥他们的最大效用 2. 能够跟进所授权人员的工作，以确保目标达成 3. 能够指导并帮助解决所授权人员在工作中遇到的难题，能够给下属及时反馈和评价	

2.2.10 建立信任能力

建立信任能力是指管理人员所拥有的坚持原则且促进信任与尊重的能力。其分级行为表现如表 2-31 所示。

表2-31 建立信任能力分级行为表现

分级	行为表现	备注
1级	追随企业的标准、政策以及与自己工作相关的目标，只在能够实现的情况下才作出允诺	
2级	1. 少说多做，行为、信仰保持一致；对别人尊重、守信用 2. 处事客观，无公报私仇的现象 3. 能够正确对待他人对自己的批评	
3级	1. 能够在多元环境中展示品德修养，为他人充当道德行为的楷模 2. 能够将员工的福利和组织的成功放在个人利益之上 3. 能够主动寻找解决问题的方案，而不是指责个人	

2.2.11 培养他人能力

培养他人能力是指管理人员通过恰当的需求分析，将知识、经验、工作方法和技巧有效地传授给他人，以帮助他们完成工作任务并促进其发展的能力。其分级行为表现如表2-32所示。

表2-32 培养他人能力分级行为表现

分级	行为表现	备注
1级	能够给予员工具体的指导和建议，为员工工作技能提高、个人职业发展提供必要的工具、信息等支持和帮助	
2级	1. 能够把握员工的优势、劣势与发展需要，并能够给予及时的反馈 2. 在员工遇到挫折时，能够给予鼓励，帮助其重新树立信心	
3级	1. 根据组织发展的需要，能够安排并开发适当的正规培训，促进员工的学习与发展 2. 在工作中能够有意识地为他人创造学习机会，并能够随时鼓励他人保持良好的学习习惯	

2.3 专业技能三级定义

2.3.1 市场簇专业技能

1. 市场导向能力

市场导向能力是指相关人员以市场的发展变化作为自己工作的行动指南的能力。其分级行为表现如表2-33所示。

表2-33 市场导向能力分级行为表现

分级	行为表现	备注
1级	1. 市场意识差，很少关注市场情况 2. 市场洞察力差，对影响市场的各要素理解不深刻 3. 工作决策时较少考虑到市场因素	
2级	1. 有一定的市场意识，经常关注市场动向 2. 具备一定的市场洞察力，对影响市场的各潜在要素有一定的了解与把握 3. 工作决策时会考虑到市场因素	
3级	1. 有较强的市场意识，能够对市场保持密切关注，并能够持续思考应对策略 2. 以客户需求、技术发展等市场因素作为自己工作的方向标；具备敏锐的市场洞察力，对影响市场的各潜在因素有深刻的了解与把握 3. 根据对地区的经济环境、文化、价值观、客户习惯等方面的深入了解，能够推出新的产品、服务和竞争策略，从而引导市场潮流，为企业发掘出更大的市场空间	

2. 市场信息分析能力

市场信息分析能力是指相关人员从市场信息收集、整理到分析运用的全程处理能力。其分级行为表现如表2-34所示。

表2-34 市场信息分析能力分级行为表现

分级	行为表现	备注
1级	1. 对市场信息的收集方式、方法有一定的了解 2. 根据主管人员的要求，能够收集到与产品销售相关的信息、数据等 3. 对收集到的市场信息能够进行初步筛选与整合	本分级定义也适用于销售人员、客服人员

（续表）

分级	行为表现	备注
2级	1. 熟悉市场信息收集的方式、方法和技巧 2. 能够将收集到的市场信息按重要程度分类，并能够将其中的重要信息及时反馈给相关领导 3. 通过分析市场信息，能够敏锐捕捉到其中蕴含的市场商机	本分级定义也适用于销售人员、客服人员
3级	1. 能够主动将自己在市场信息收集方面的技巧、方法与他人分享 2. 为保证市场信息分析的科学性与有效性，能够指导相关相关人员建立市场信息分析流程 3. 根据市场信息的分析结果，能够准确预测出未来的市场竞争形势，并能够制定出相应的应对策略	

3. 市场策划实施能力

市场策划实施能力是指相关人员进行市场分析，制定市场策划方案，并指导方案实施的能力。其分级行为表现如表2-35所示。

表2-35　市场策划实施能力分级行为表现

分级	行为表现	备注
1级	熟悉区域内相关产品的客户、竞争、市场资源等状况，能够对市场进行初步分析，能结合区域与产品特点提出一些营销建议	本分级定义也适用于销售管理人员
2级	1. 熟悉区域内所有产品的客户、竞争、市场资源、营销费用预算与使用等状况，能写出相应市场的分析报告与营销策划案（包括目的、目标、营销手段或营销组合、预算、实施计划等） 2. 能够基于企业战略作市场深度分析报告，提出系统、有效的营销策划案，并指导相关人员实施	
3级	熟悉企业所有产品的客户、竞争、市场营销资源、营销费用预算与使用等状况，能够对企业的市场营销活动作战略性筹划，能够提出有前瞻性的市场开发战略与销售管理系统改进方案	

4. 关系网建立能力

关系网建立能力是指相关人员为了达成某种特定的目的，与组织内部和外部相关人员建立合作关系的能力。其分级行为表现如表2-36所示。

表 2-36　关系网建立能力分级行为表现

分级	行为表现	备注
1 级	1. 能够与他人保持一种比较融洽的合作关系 2. 对可能影响合作关系的因素有一定的认识	本分级定义也适用于销售人员、客服人员
2 级	1. 能够主动与团队内部、外部成员建立良好的合作关系 2. 能够将与他人的关系应用到工作中去	
3 级	1. 能够与团队内部、外部成员建立一种超出合作关系的友谊 2. 能够通过自己关系网内的成员，建立更广泛的关系网，使自己的关系圈不断地扩大	

5. 公关能力

公关能力是指相关人员有目的、有计划地为改善或维持某种公共关系状态而进行实践活动的能力。其分级行为表现如表 2-37 所示。

表 2-37　公关能力分级行为表现

分级	行为表现	备注
1 级	1. 能够与外部人员保持工作上的友好接触，从而建立比较融洽的工作关系 2. 了解工作中经常接触的客户及相关部门人员的基本信息	本分级定义也适用于销售人员、客服人员、财务类涉外业务人员
2 级	1. 与外部人员有工作之外的接触，能够与他们建立朋友关系 2. 了解工作中经常接触的客户及相关部门人员的详细信息，能够建立并维持有用的联系资料库	
3 级	1. 能够建立比较广泛的社会关系网络，并能够利用它促进工作的进一步开展 2. 了解外部人员的性格、个人喜好，能够与他们建立并维系长期融洽的合作关系 3. 能够建立并维系广泛的社会关系网络，并能够使其为顺利开展工作服务	

2.3.2　销售簇专业技能

1. 市场拓展能力

市场拓展能力是指相关人员为达成一定的市场拓展目的而需具备的沟通、组织等方面的技能和能力。其分级行为表现如表 2-38 所示。

表2-38 市场拓展能力分级行为表现

分级	行为表现	备注
1级	1. 对市场拓展的相关知识、技能、渠道等有所了解 2. 通过对市场的接触，能够有效收集各类市场信息 3. 在他人的指导和帮助下，能够完成一定的市场开拓任务	本分级定义同样适用于客服部人员
2级	1. 根据自己掌握的市场拓展知识、技能，能够独立完成市场拓展工作 2. 通过分析市场拓展过程中收集的信息，能够预测出市场拓展工作中可能遇到的问题 3. 能够与客户、经销商等建立比较稳固的关系，确保合作关系的长久	
3级	1. 能够结合自身经验，指导他人完成一定的市场拓展工作 2. 能够通过分析自身或他人收集的市场信息，预测出企业可能面临的经营风险，并提出相应的应对方案 3. 面对突如其来的市场变故，能够指导他人采取及时、有效的措施应对，以减少企业的损失	

2. 渠道规划建设能力

渠道规划建设能力是指相关人员通过自身掌握的渠道建设知识，在理解现有渠道的基础上完成渠道布局与规划的能力。其分级行为表现如表2-39所示。

表2-39 渠道规划建设能力分级行为表现

分级	行为表现	备注
1级	1. 对渠道建设的常识、渠道规划以及相关知识有所了解 2. 对企业当前的渠道政策和渠道成员的销售能力比较熟悉，并能够将相关知识和经验应用到渠道建设的实际工作当中 3. 能够通过自己对渠道的了解，为主管领导的渠道规划工作提供建设性意见	
2级	1. 熟练掌握渠道规划所需的各类知识，熟悉渠道规划的具体操作 2. 能够根据已经掌握的渠道信息，独立完成渠道规划的具体工作	
3级	1. 对渠道销售现状非常熟悉，能够指导他人完成渠道规划工作 2. 能够对渠道规划工作的效果进行评估 3. 对未来渠道规划的要求有充分的认识，能够指导他人提前做好相关准备工作	

3. 渠道管理支持能力

渠道管理支持能力是指相关人员拥有的对企业现有渠道提供供货支持、人员支持、物流支持并进行全方位管理的能力。其分级行为表现如表 2-40 所示。

表 2-40　渠道管理支持能力分级行为表现

分级	行为表现	备注
1 级	1. 熟悉企业的各种渠道政策，并能够根据渠道成员的要求给予必要的解释与补充 2. 当渠道政策有所变更时，能够通过渠道成员及时做好相应的调整 3. 熟悉渠道成员、竞争对手的相关销售信息，并能够按时向上级报送	
2 级	1. 通过对渠道成员、竞争对手销售信息的分析，能够为企业渠道政策的制定提供参考性意见 2. 能够平衡辖区内渠道成员的各种利益关系，保证良好的市场秩序 3. 能够通过渠道成员、竞争对手销售数据的变化，找出渠道策略存在的问题	
3 级	1. 能够根据渠道成员的反映，指导下属人员做好渠道支持工作 2. 能够根据渠道成员、竞争对手销售数据的变化，预测出市场可能面临的风险 3. 能够将自己在渠道管理方面的成功经验与他人分享	

4. 客户关系建立与维护能力

客户关系建立与维护能力是指相关人员与企业内部同事和外部业务伙伴及客户建立良好的工作关系，并运用各方资源完成工作的能力。其分级行为表现如表 2-41 所示。

表 2-41　客户关系建立与维护能力分级行为表现

分级	行为表现	备注
1 级	1. 能够给同事、业务伙伴及客户留下较好的印象，建立较好的工作、业务关系 2. 能够有效地整合各方资源，完成工作任务	

（续表）

分级	行为表现	备注
2级	1. 在业务往来中，能够敏锐地把握应建立关系的人员，并能够与其建立并维持信任的关系 2. 发生冲突时，能够迅速识别冲突原因及冲突的整体关系，并能够采取积极的措施，最大限度地减少冲突的不良影响 3. 在主管领导的指导下，能够利用各方资源有效解决合作中的问题，必要时能说服合作方认同己方观点	
3级	1. 能够与不同类型的人迅速建立亲近关系，得到对方认可后能够与其建立长期稳固的合作关系 2. 能够独立解决重大冲突及疑难问题，对企业作出重大贡献（费用节省、项目推进）	

2.3.3 生产簇专业技能

1. 生产调度能力

生产调度能力是指相关人员在安排具体的作业活动、确保计划目标完成的过程中体现出来的能力。其分级行为表现如表2-42所示。

表2-42 生产调度能力分级行为表现

分级	行为表现	备注
1级	1. 对达成计划所需的各种具体条件或资源，有一定的认识和了解 2. 熟悉计划的内容，并知道计划达成的路径 3. 能够辅助他人完成各种资源的调配，保证计划的实现	
2级	1. 能够根据以前计划的完成情况及行业的发展前景，完成计划的编制工作 2. 能够根据已经编制的计划，合理调配各项资源，保证作业顺利进行 3. 对计划执行过程中遇到的问题有充分的认识，能够采取有效措施加以解决	
3级	1. 能够组织相关人员编制主计划的辅助计划，使其构成完整的计划体系 2. 在执行计划之前对可能发生的问题有清醒的认识，能够事先做好相应的应对方案 3. 通过资源的合理配置，能够最大限度提高计划执行效率	

2. 仓储管理能力

仓储管理能力是指相关人员有效开展原辅料、备品备件、产成品的管理，确保仓库的安全、整洁及物资的有效利用，以支持高效仓库管理工作的能力。其分级行为表现如表2-43所示。

表2-43　仓储管理能力分级行为表现

分级	行为表现	备注
1级	1. 具备仓储管理的基本知识，了解各种原辅料、备品备件的质量、特性、构成成分和使用价值 2. 每天能够按照7S的要求对所负责的区域开展整理、清洁、安全、节约等工作，以确保仓储工作有序进行	
2级	1. 熟悉仓储管理的基本知识，熟悉各种原辅料、备品备件的质量、特性、构成成分和使用价值 2. 能够指导有关人员对仓库内的物资进行正确分类和安全有序管理 3. 习惯运用7S对仓库进行管理；通过分析原材料和成品的出入库记录，能够发现潜在的问题，大致判断造成问题的责任方，并能协调处理 4. 能够对仓库管理方案提出合理性意见，并能够根据方案判断原辅料领用的合理性，以达到节约资源、控制生产成本的目的	
3级	1. 掌握仓储管理的基本知识，掌握各种原辅料、备品备件的质量、特性、构成成分和使用价值 2. 能够指导有关人员对仓库内的物资按7S要求进行正确分类和安全有序管理 3. 熟练运用7S对仓库进行管理；能够及时发现潜在的问题，并能够准确判断出造成问题的责任方，将问题消灭在萌芽状态 4. 能够制定仓库管理的合理性方案，判断原辅料领用的合理性，进而达到节约资源、控制生产成本的目的	

3. 设备管理能力

设备管理能力是指相关人员进行有效的设备管理、能源耗用管理和计量管理，延长设备寿命、降低能源消耗及保证计量器具的准确性，为高效生产活动提供支持的能力。其分级行为表现如表2-44所示。

表 2-44 设备管理能力分级行为表现

分级	行为表现	备注
1 级	1. 了解各种设备、能源及计量器具的属性、特征和使用价值 2. 通过对现场设备的检查及对计量器具的鉴定，能够发现设备及计量器具的故障和问题 3. 在进行设备购置、改造、处理或能源分析时，能够以收集的相关信息作为判断依据	
2 级	1. 熟悉各种设备、能源及计量器具的属性、特征和使用价值，能够指导设备操作人员正确使用机器设备 2. 通过分析设备运行记录，能够发现潜在的故障，大致判断出造成故障的责任方，并能够协调设备维修工作 3. 能够对维修方案提出合理性意见，并能够根据检修方案判断备件领用的合理性，进而控制设备维修发生的备件成本 4. 在进行设备购置、改造、处理或能源分析时，能够获得全面的数据和信息，并能够进行简单的分析或提出简单的计划方案	
3 级	1. 能够从企业资源整体出发，提出设备的使用、配备及能源平衡使用的可行性建议 2. 能够根据设备运行记录判断造成故障的责任方，并能够协调设备使用方与设备维修方的关系 3. 通过分析设备故障或隐患，能够找出问题产生的本质原因，并能够提出设备改造建议或改造方案 4. 在设备购置、改造、处理或能源分析前，能够对所收集的信息进行汇总，并能够从经济、技术方面开展可行性分析工作	

2.3.4 安全簇专业技能

1. 安全管理能力

安全管理能力是指相关人员运用已经掌握的安全与消防管理常识或相关经验，做好安全事故的预防与现场处理的能力。其分级行为表现如表 2-45 所示。

表 2-45 安全管理能力分级行为表现

分级	行为表现	备注
1 级	1. 了解生产安全与消防管理知识，熟悉生产过程中一般性安全事件的处理程序 2. 对企业内需要重点防范的安全隐患有清晰的认识，并注意观察 3. 能够将突发性安全事件及时报告相关领导	本分级定义也适用于行政部人员

（续表）

分级	行为表现	备注
2 级	1. 熟悉生产安全与消防管理知识，并能够引导他人学习、掌握安全管理知识 2. 能够及时处理可能引发安全隐患的部位，将隐患消灭在萌芽状态 3. 能够及时处理突发性安全事件，并能够配合国家有关部门做好重大事故的调查取证工作	本分级定义也适用于行政部人员
3 级	1. 能够指导他人做好安全与消防知识的普及与宣传工作，强化企业内部员工的安全意识 2. 能够及时组织排查企业内部可能造成安全隐患的部位，做到防患于未然 3. 能够组织相关人员制定应急性安全事故处理预案，以确保发生安全事件时有章可循	

2. 安全操作能力

安全操作能力是指相关人员能够时刻牢记生产安全操作要领，并严格按照相关操作要求，完成生产作业，避免安全事故发生的能力。其分级行为表现如表 2-46 所示。

表 2-46　安全操作能力分级行为表现

分级	行为表现	备注
1 级	1. 对本行业、本企业的安全生产知识有一定的了解 2. 在生产过程中，能够按照安全生产的要求操控自身所负责的环节	本分级定义也适用于仓储人员、生产人员、设备人员等
2 级	1. 熟悉本行业、本企业的安全生产知识 2. 在生产过程中，不仅能够严格执行安全生产的各项要求，还能对他人的不合理行为进行纠正	
3 级	1. 精通本行业、本企业的安全生产知识，并能够将自己的知识与他人共享 2. 在生产过程中，能够以身作则，严格按照安全操作标准作业，并能够及时发现安全隐患，采取措施消除隐患 3. 能够对他人进行安全操作项目的培训，传授消除安全隐患的措施和技巧	

2.3.5 质量簇专业技能

1. 质量控制能力

质量控制能力是指相关人员通过质量意识教育、关键环节监控、技术调试等手段，保证产品各项质量指标达到要求的能力。其分级行为表现如表2-47所示。

表2-47 质量控制能力分级行为表现

分级	行为表现	备注
1级	1. 遵照质量体系和作业指导书的要求开展工作，始终关注质量指标的达成 2. 能够将发现的质量问题及时汇报给主管领导，并提出整改意见	
2级	1. 严格遵守质量体系文件的要求，准确把握质量关键点，杜绝不合格产品 2. 能够用积极的态度去面对质量分析大会所发现的问题，并能够协助相关人员找到解决质量问题的办法，保证产品质量达到要求	
3级	1. 全面领会企业的质量方针和质量目标，能够按照质量体系要求建立自己质量工作的管理方法，并能够利用完善的程序和稳定的受控状态来保证达到既定或更高水平的质量目标 2. 能够在设定任务进度目标的同时设定质量指标 3. 能够及时发现产品的质量问题，并能够针对具体的问题找到提高产品质量的方法，进而形成文件或规程	

2. 产品质量管理能力

产品质量管理能力是指相关人员通过自身掌握的质量管理知识，对产品生产全过程实施有效的质量监控，确保产品品质的能力。其分级行为表现如表2-48所示。

表2-48 产品质量管理能力分级行为表现

分级	行为表现	备注
1级	1. 对本企业应当遵守的质量标准以及ISO质量体系有比较清楚的认识，并能够将其贯彻到工作中 2. 能够按照质量标准的要求填制和签发各种质量报表、文件等 3. 对企业面临的质量问题有一些模糊的认识	

（续表）

分级	行为表现	备注
2级	1. 能够指导他人按照质量标准的要求开展工作 2. 能够给予质量检验、质量控制等活动一定的指导，确保产品质量 3. 能够分析一般性的质量记录、质量报表，并能够得到有价值的分析结论 4. 能够认识到企业面临的质量问题，并能够提出一些有针对性的解决方案	
3级	1. 不仅精通现行的质量标准，而且对于未来质量标准可能发生的变化有清晰的认识 2. 不仅能够指导相关人员分析质量信息与相关记录，还能够根据分析结论提出独立的见解 3. 通过分析质量问题，能够准确判断出问题产生的根源，并能够提出一些预防性措施	

3. 服务质量管理能力

服务质量管理能力是指相关人员在通过自身管理活动或服务行为达到规定的要求或客户需求的过程中体现出的能力。其分级行为表现如表2-49所示。

表2-49 服务质量管理能力分级行为表现

分级	行为表现	备注
1级	1. 了解本行业的相关服务标准及服务质量认证体系 2. 通过有效的观察、询问等方式，能够获得真实、有效的服务质量信息 3. 能够纠正服务过程中出现的质量问题	本分级定义也适用于客服人员
2级	1. 了解本行业的相关服务标准及服务质量认证体系 2. 熟练掌握服务技巧及服务要求，能够纠正隐藏的和初露端倪的不规范服务行为 3. 通过分析服务质量体系运行报告，能够找到产生质量体系执行偏差的根本原因，并能够从管理的角度对公司的质量管理提出改进建议	
3级	1. 精通本行业相关服务标准及ISO系列质量认证体系，能够指导他人进行服务质量体系审核 2. 通过制定合理的服务质量管理制度以达到规范服务行为、预防服务质量事故的目的 3. 通过对质量问题和质量纠纷的回顾与分析，制定和更新预防措施	

4. 质量问题处理能力

质量问题处理能力是指相关人员运用自身掌握的质量管理知识，解决从原材料到产成品全过程出现的各类质量异常的能力。其分级行为表现如表2-50所示。

表2-50 质量问题处理能力分级行为表现

分级	行为表现	备注
1级	1. 熟悉本行业或本企业的质量标准体系，并能够将其运用到具体工作中 2. 熟悉各类质量检验工具、器皿的使用和操作规程 3. 能够初步判断质量问题和处理质量纠纷 4. 能够看懂各类质量报表，并能够对报表中数据的含义有所了解	
2级	1. 精通本行业或本企业遵守的质量管理体系，并且对完成质量体系审核所需的各类报表有一定的了解 2. 能够自行处理质量检验过程中发现的各类问题 3. 通过质量报表能够了解到企业目前的质量管理水平	
3级	1. 能够指导他人完成质量管理体系审核所需的各类文件、资料 2. 通过质量检验，能够找出企业在质量管理过程中存在的问题，并能够提出相应的应对措施 3. 通过分析相关人员提供的质量报表，能够发现企业在质量控制方面可能遇到的问题，并能够提醒相关人员做好预防准备	

2.3.6 技术簇专业技能

1. 技术创新能力

技术创新能力是指相关人员对企业现有的技术标准、技术规范进行改良、完善，或打破原有规则进行独创，最终实现技术进步或技术突破的能力。其分级行为表现如表2-51所示。

表2-51 技术创新能力分级行为表现

分级	行为表现	备注
1级	1. 能够在客户要求和企业研发任务的压力下学习新技术、新方法 2. 在深入理解企业现有技术标准、技术规范的基础上，能够对产品的技术性能进行改良 3. 能够发现工艺执行中的问题，并找到问题产生的原因，进而提供解决方案的初步建议	

（续表）

分级	行为表现	备注
2 级	1. 喜欢学习当前发展的新技术，能够在全面了解新技术和原有技术的基础上提出更好的技术实现方案 2. 能够根据所收集的技术情报及信息进行技术专题研究及项目可行性研究，并能草拟出技术创新项目的可行性分析报告 3. 能够在技术创新及应用推广工作中担任重要角色，确保技术路线及其创新成果的质量，能够就如何解决技术创新及应用过程中的难题提供建议	
3 级	1. 能够根据企业总体战略目标制定技术创新工作的中长期规划，并能够根据企业战略目标的调整及时调整技术创新工作规划 2. 能够指导相关人员撰写技术创新项目的可行性分析报告，并能够据此编制严谨、逻辑性强的技术创新方案，能够将技术创新任务分割细化 3. 善于总结技术创新工作的规律和经验教训，能够克服创新过程中遇到的关键技术问题，提出切实可行的解决方案	

2. 项目管理能力

项目管理能力是指相关人员规划项目进度，并根据项目进度计划组织实施项目管理，做好项目质量、安全、风险、合同、成本等管理工作的能力。其分级行为表现如表 2-52 所示。

表 2-52　项目管理能力分级行为表现

分级	行为表现	备注
1 级	1. 能够按照项目进度计划开展项目管理工作，落实任务、进度和资源 2. 能够及时发现项目的变化，并能够根据预警机制对其进行正确的处理 3. 能够按照项目要求开展一般的项目质量、安全、风险、合同、成本等管理工作	本分级定义也适用于研发人员
2 级	1. 能够协助相关人员制订项目计划，并能够按照项目计划实施项目管理工作，落实任务、进度和资源 2. 能够协助相关人员做好预测、分析项目风险，制订风险应对计划，并能够正确处理危机事件 3. 能够运用基本的质量管理技术进行项目质量管理 4. 熟悉签约中关键的法律原则，有较强的合同管理技巧 5. 能够处理诸如成本估计、计划预算、成本控制、资本预算以及基本财务结算等事务	

（续表）

分级	行为表现	备注
3级	1. 能够制定完备且详细的工作进度表，并能够在项目实施过程中监督它的执行情况 2. 能够主持做好预测、分析项目风险，制订风险应对计划，并能够在危机事件发生时组织人员正确处理 3. 能够指导他人进行项目质量、安全、风险、合同、成本等管理工作，并能够为其提供相关帮助	本分级定义也适用于研发部人员

3. 技术需求转化能力

技术需求转化能力是指相关人员准确理解企业或客户的技术需求，在技术开发方案中体现他们的实际需求尤其是潜在需求，达到令客户满意的能力。其分级行为表现如表2-53所示。

表2-53 技术需求转化能力分级行为表现

分级	行为表现	备注
1级	1. 能够准确理解企业或客户的技术需求，通过对需求的分析和归纳，能够从中找出技术开发的依据 2. 根据上述依据，能够利用自己掌握的技术完成相关设计工作	
2级	1. 通过分析从客户及同类产品中得到的技术需求信息，能够提炼并引申出基本的技术需求 2. 能够自主选择合适的技术开发工具，还能够设计出满足实际需求并且实用的技术开发方案 3. 通过总结，能够将多方面的技术需求融入到产品技术的开发或改进工作中，从而提高产品的适用范围	
3级	1. 能够全方位了解客户的技术需求和本行业的技术发展方向，通过定性及定量分析各种表面、直观的需求内容，能够将其按实现优先级分类，并最终形成技术开发需求说明书和设计依据 2. 在满足技术要求的情况下，通过分析技术需求及其可实现程度、实现成本等因素，能够准确地把技术需求转化为合适的技术参数和令人满意的技术实现方案 3. 能够从客户需求和对技术实现方案的设计中发现规律和潜在需求，并能够指导相关人员将其转化为完善、有竞争力的技术解决方案	

4. 规划与统筹安排能力

规划与统筹安排能力是指相关人员对工作任务进行合理规划，并统筹安排的能力。其分级行为表现如表 2-54 所示。

表 2-54　规划与统筹安排能力分级行为表现

分级	行为表现	备注
1 级	1. 根据掌握的方法，能够初步制订可行的任务计划 2. 制订的计划与目标基本吻合，并具可操作性 3. 基本上能够按工作计划的要求开展工作，不能同时承担多项工作，时间利用率一般	本分级定义也适用于研发人员
2 级	1. 根据掌握的方法，能够制订出可行的任务计划，并与企业战略基本吻合 2. 制订的计划与目标高度吻合，并具可操作性 3. 计划性较强，能统筹安排自己的工作，时间利用率较高	
3 级	1. 根据掌握的方法，能够制订出可行的任务计划，并与企业战略高度吻合 2. 能够详细分解工作目标或任务，并能够结合现状制订出可执行的项目实施计划，以促进工作目标或任务的达成 3. 计划性强，能合理安排多项工作，时间利用率高	

2.3.7　研发簇专业技能

1. 创意设计能力

创意设计能力是指相关人员通过对市场需求信息的感悟和分析，具备预测相关领域的流行和发展趋势并不断进行创新型设计的能力。其分级行为表现如表 2-55 所示。

表 2-55　创意设计能力分级行为表现

分级	行为表现	备注
1 级	了解本企业品牌的风格与文化、市场定位、战略规划，通过分析和感悟行业或相关领域的流行与发展趋势，能够独立完成简单的创意设计任务	

（续表）

分级	行为表现	备注
2级	熟悉本企业品牌的风格与文化、市场定位、战略规划，通过分析和感悟行业或相关领域的流行与发展趋势，能够独立完成较复杂的创意设计任务	
3级	深谙本企业品牌的风格与文化、市场定位、战略规划，通过分析和感悟行业或相关领域的流行与发展趋势，能够独立完成创意设计任务	

2. 产品设计能力

产品设计能力是指相关人员根据自身掌握的知识、技能，通过对流行趋势的判断，设计出符合市场需求的产品的能力。其分级行为表现如表2-56所示。

表2-56 产品设计能力分级行为表现

分级	行为表现	备注
1级	1. 能够通过市场调研、客户反馈等渠道，获取产品设计相关信息，并形成相关分析报告 2. 熟悉产品设计的相关标准和流程 3. 能够根据领导或客户的要求，独立完成简单产品设计项目的工作	
2级	1. 能够敏锐观察到市场的变化，掌握产品设计的潮流 2. 能够根据具体的设计要求，独立完成较复杂的产品设计工作 3. 能够及时对产品设计流程中存在的问题进行总结和回顾，并能够提出相应的解决方案	
3级	1. 能够根据相关人员的反馈，制定或修改产品设计流程，确保流程的可执行性 2. 能够准确把握国际市场流行的产品设计思路，并能够将其熟练地应用到现实的产品设计过程中 3. 能够指导他人完成产品设计工作，并能够对问题较多的环节进行总结，以供相关人员借鉴	

3. 时间管理能力

时间管理能力是指相关人员通过事先的规划，提醒、引导个体或组织减少时间浪费，以便有效地完成既定目标的能力。其分级行为表现如表2-57所示。

表 2-57　时间管理能力分级行为表现

分级	行为表现	备注
1 级	1. 大体能够通盘考虑，制订出合适的时间管理计划，且能够做到要事优先 2. 大体能够按照既定计划执行，但偶有不能完全在设定的时间内完成任务的情况	
2 级	1. 能够通盘考虑，制订出严谨的时间计划，且能做到要事优先 2. 能够严格按照时间计划完成任务	
3 级	1. 能够通盘考虑，制订出严谨的时间计划，并能进行合理的授权 2. 能够严格遵守时间计划，并能够在计划的执行过程中灵活转变，使工作时间安排更合理	

2.3.8　采购簇专业技能

1. 询价能力

询价能力指相关人员从组织以外采购生产所需的物资、设备时，具备对三家以上供应商提供的报价进行比较，以确保价格具有竞争力的能力。其分级行为表现如表 2-58 所示。

表 2-58　询价能力分级行为表现

分级	行为表现	备注
1 级	在执行采购活动时，有询价和议价意识，但仅局限于目前已有的供应商，不会主动寻找新供应商，没有更多的议价空间，取得的价格竞争力一般	
2 级	在执行采购活动时，不局限于目前已有的供应商，能够主动寻找新供应商，以获得多方的价格信息，通过对比议价，从而取得具有较大竞争力的价格	
3 级	1. 在执行采购活动时，不局限于目前已有的供应商，能够主动寻找新供应商，以获得多方的价格信息，进行对比议价 2. 必要时，能够采取积极的方法影响供应商的报价，取得的价格具有较强的竞争力	

2. 合同管理能力

合同管理能力是指相关人员通过沟通与协调各种关系，保证合同条款有效落实的能力。其分级行为表现如表 2-59 所示。

表 2-59 合同管理能力分级行为表现

分级	行为表现	备注
1 级	1. 能够准确理解合同条款及其承担的责任与享有的权力 2. 能够定期与供应商就合同条款的落实情况进行沟通 3. 能够根据领导的指示，保质、保量完成采购工作	
2 级	1. 能够根据合同约定，定期督促供应商执行合同条款 2. 能够定期将合同的执行情况通报给主管领导，并就可能发生的风险做好应急处理预案	
3 级	1. 能够提前安排合同条款的执行，并同时做好应急处理预案 2. 能够及时组织相关人员处理合同执行过程中出现的异常	

2.3.9 财务簇专业技能

1. 财务管理能力

财务管理能力是指相关人员自身积累的财务信息处理、会计核算、财务控制以及资金资产运营等方面的综合性知识和能力。其分级行为表现如表 2-60 所示。

表 2-60 财务管理能力分级行为表现

分级	行为表现	备注
1 级	1. 能够熟练地完成一般性会计核算、账务处理等工作 2. 熟悉财务信息处理的一般性原则与方法，并能够进行简单的信息分析与处理 3. 了解国家税收政策，熟悉报税流程，能够独立完成报税工作	
2 级	1. 精通会计核算、账务处理等工作，并能够适时指导他人完成会计核算、账务处理等工作 2. 掌握一定的资本运作、金融证券方面的知识，能够提出企业资产保值、增值方面的建议 3. 能够独立完成财务信息的分析以及相关财务分析报告的撰写工作 4. 能够及时将财务运作过程中出现的问题报告给相关领导	
3 级	1. 能够指导他人进行财务信息分析与财务报告编制工作 2. 精通资本运作与金融证券相关知识，能够采取有效措施促进企业资产的保值、增值 3. 通过管理资金、资本运作，能够有效地掌控企业的财务现状 4. 对现阶段企业的财务状况有清醒的认识，能够就可能出现的财务风险提出应对策略	

2. 财务分析能力

财务分析能力是指相关人员对企业的财务和运营数据进行分析，以满足企业管理需求的能力。其分级行为表现如表2-61所示。

表2-61 财务分析能力分级行为表现

分级	行为表现	备注
1级	1. 能够根据财务分析需求对收集到的财务信息和管理信息进行分类，并能勾稽出财务信息间的逻辑关系 2. 根据以往的工作经验，运用财务分析知识和手段，能够得出财务分析的结论并能够作出简单判断	
2级	1. 能够多渠道获取相关的财务和管理信息，通过分析这些信息，能够作出相应的职业判断 2. 会应用企业的财务数理分析模型分析所收集的数据，并能够对分析模型提出改进建议 3. 了解企业价值分析方法，能够对企业的价值进行简单分析	
3级	1. 能够多渠道获取相关的财务和管理信息，并能够分析得出结论；能够制定出财务解决方案并同其他相关业务部门交流 2. 能够将高层次的财务分析要求细化为各种详细的分析需求 3. 可以协助管理层跟踪企业的财务状况、预算的执行情况，并能够对企业的资金运营提出改进建议	

3. 财务内控能力

财务内控能力是指相关人员通过财务法规、财务制度、财务定额、财务计划目标等对资金运动（或日常财务活动、现金流转）等企业经营活动进行指导、组织督促和约束的能力。其分级行为表现如表2-62所示。

表2-62 财务内控能力分级行为表现

分级	行为表现	备注
1级	1. 熟悉财务预算所包含的各项经济指标及其主要组成部分 2. 熟悉财务控制相关的法规、制度条款，并能够在日常工作中认真执行 3. 能够较全面地收集各类财务控制信息	

（续表）

分级	行为表现	备注
2级	1. 熟悉企业财务控制的程序和方法，并能够指导他人的财务控制工作 2. 能够有效控制日常现金流量，最大限度发挥资金的价值 3. 能够对日常财务控制的程序和方法提出改进建议，确保预算目标的达成 4. 能够组织相关人员有效收集财务控制的相关信息	
3级	1. 能够通过相关的制度保证、组织保证等控制形式，确保预算目标的实现 2. 通过建立的财务信息反馈机制，能够对财务预算中出现的偏差进行及时的纠正和调整 3. 能够对财务控制的程序提出合理的修正意见	

4. 会计核算能力

会计核算能力是指相关人员准确、及时、完整反映企业各项经营活动，根据管理需求分类会计信息的能力。其分级行为表现如表2-63所示。

表2-63　会计核算能力分级行为表现

分级	行为表现	备注
1级	1. 熟悉会计法规、会计核算原则、企业会计制度和行业的会计核算原则，了解会计科目之间的勾稽关系，并能够将相关知识熟练运用到日常的会计核算工作中去 2. 能够独立进行会计核算，正确记录、核算交易信息 3. 整理企业经济业务记录，生成会计分录 4. 确保会计记录符合会计法规、会计准则和会计核算制度的要求	
2级	1. 熟悉会计准则、税法和行业法规及其特殊核算要求 2. 能够指导他人对会计信息进行处理与核算，复核他人对经济业务的会计处理 3. 根据交易类型能够选择正确的会计核算原则和处理方法解决复杂的交易	
3级	1. 具备管理会计的知识，能够从管理的角度深入地了解会计工作的实质 2. 能够综合分析和解释各种复杂的会计核算原则，并能够帮助下属理解、运用它们 3. 可以解答复杂的财务核算问题，能够帮助下属处理复杂的交易，还能够独立解决特殊交易的会计处理问题 4. 能够对会计科目的更改和设立提出建议，还能够对企业的会计核算制度和原则的选择提出建议	

5. 投资分析能力

投资分析能力是指相关人员运用一定的方式、方法，对投资项目的预期营收能力进行分析，并辅助主管人员作出投资决策的能力。其分级行为表现如表2-64所示。

表2-64　投资分析能力分级行为表现

分级	行为表现	备注
1级	1. 了解财务管理知识、金融知识和公司法等，有一定的投融资常识 2. 根据主管领导的要求，通过各种方式、方法，能够收集到投资所需参考的基础信息与数据 3. 能够简单地分析投资信息，并得出一些有价值的结论	
2级	1. 熟悉投融资管理常识，精通财务管理、金融学知识，并对相关法律法规有清楚的理解和认识 2. 根据投资项目的要求，能够完成投资分析所需的文书、文件、报告等 3. 通过一定的分析和计算，能够获得目标投资项目的预期营收数据，并能够及时将其上报主管领导	
3级	1. 能够指导他人学习相关的投资分析方法，并完成基础的投资分析工作 2. 能够辅助他人制定投资分析工作的程序与控制点，以确保企业投资分析工作的规范、科学 3. 通过研究，能够准确判断出目标投资项目可能遇到的风险，并能够提出应对措施	

6. 预算管理能力

预算管理能力是指相关人员协调、编制、反馈和控制预算的能力。其分级行为表现如表2-65所示。

表2-65　预算管理能力分级行为表现

分级	行为表现	备注
1级	1. 理解财务预算的编制流程，理解关键预算编制目标，了解参与或负责所编制预算部分的详细要求 2. 了解参与编制的预算所牵扯到的业务部门和预算编制所需的信息	

（续表）

分级	行为表现	备注
2 级	1. 熟悉财务预算的编制流程，理解负责编制预算的详细情况 2. 了解负责的预算编制的详细流程所需的信息、预算目标，以及牵涉的其他相关部门的信息 3. 能够为预算的制定工作提供合理建议	
3 级	1. 能够将上级给予的预算编制指令落实为具体预算和行动计划 2. 发现、记录并反映编制的预算中可能存在的商业风险，并提请相关负责人做好应对方案	

2.3.10 客服簇专业技能

1. 监控能力

监控能力是指相关人员通过有效的方法或手段，掌握被监控对象的业务量及相关作业情况的能力。其分级行为表现如表 2-66 所示。

表 2-66 监控能力分级行为表现

分级	行为表现	备注
1 级	1. 能够借助相关设备，有效监测信息的流向，掌握被监控对象的工作量 2. 能够通过监控设备，及时了解被监控对象的工作进程及服务情况	
2 级	1. 通过监控活动，能够发现被监控对象存在的问题，并能够对其及时进行纠正 2. 通过监控活动，能够发现被监控对象能力和素质方面的不足，并能够给其提出相应的提升方案	
3 级	1. 通过对被监控对象的不定期抽查，能够对其工作业绩作出准确的评价 2. 根据被监控对象的实际表现，能够预测出其将来工作中可能遇到的问题和障碍，并能够提前给予适当的指导	

2. 换位思考能力

换位思考能力是指相关人员遇事能够站在对方的立场上思考问题、提出解决方案的能力。其分级行为表现如表 2-67 所示。

表 2-67　换位思考能力分级行为表现

分级	行为表现	备注
1 级	1. 在与客户或同事交往过程中，虽能够注意对方的感受，但难以改变自己的思考方式 2. 有一定的换位思考意识	
2 级	1. 凡事能够从客户或同事的立场出发，能够与对方坦诚相处 2. 能够设身处地为客户提出的问题谋划解决方案	
3 级	1. 能够通过建立相应的制度或规范，来保障相应服务标准的执行 2. 能够鼓励其他相关人员从客户的角度思考问题	

2.3.11　行政族专业技能

1. 文案写作能力

文案写作能力是指相关人员通过自身掌握的写作技能，保质、保量完成相关文案的书写工作的能力。其分级行为表现如表 2-68 所示。

表 2-68　文案写作能力分级行为表现

分级	行为表现	备注
1 级	1. 熟悉各类文书、合同编写的格式和基本用语 2. 能够将领导的意图转化成相关的文字，并能够得到领导的认可 3. 行文比较流畅，能够遵守相关文案写作要求	
2 级	1. 精通各类商务文书、信函、合同的写作 2. 能够深刻领会领导的意图，完成的文案常常会很精彩 3. 具备一定的写作功底，措辞优美且得当	
3 级	1. 掌握的商务文书专业词汇丰富，并能够将其恰当地应用到文案写作当中 2. 能够将自己的写作经验与他人共享，使团队的写作能力得到共同提升	

2. 档案管理能力

档案管理能力是指相关人员通过对档案的规划与设计，最大限度地满足相关部门对档案的需求的能力。其分级行为表现如表 2-69 所示。

表2-69 档案管理能力分级行为表现

分级	行为表现	备注
1级	1. 熟悉档案的分类、保管等基本常识和相关制度 2. 能够独立完成档案的日常分类、保管等事宜	本分级定义还适用于其他类别的档案管理人员，如供应商管理人员、技术档案管理人员等
2级	1. 精通档案管理的相关制度条款，并能够用于指导实际工作 2. 能够在自己的权限范围内独立完成相关的档案管理工作 3. 能够针对档案管理过程中出现的问题，提出适当的解决方案	
3级	1. 能够根据自身档案管理的经验，结合他人的反馈，组织设计档案管理系统 2. 能够指导他人完成档案管理工作，并将自己的管理经验与他人分享 3. 能够经常性学习先进的档案管理经验或技术，并能够将其转化为具体的、可执行的措施，应用到档案管理的实际工作当中	

3. 行政事务处理能力

行政事务处理能力是指相关人员通过适当的协调与沟通，将各项日常行政事务妥善处理的能力。其分级行为表现如表2-70所示。

表2-70 行政事务处理能力分级行为表现

分级	行为表现	备注
1级	1. 能够将日常行政事务按轻重缓急进行分类 2. 能够处理相关部门一般性的行政服务需求 3. 能够在主管领导的指导下，策划、组织整个企业的中小型集体活动	
2级	1. 能够根据行政事务的轻重缓急独立自主地处理行政事务，并指导下属开展行政事务工作 2. 能够解决相关部门提出的比较复杂、棘手的行政服务需求 3. 根据主管领导的决策，能够策划、组织整个企业的大型集体活动	
3级	1. 能够从企业全局出发，对整个企业的行政事务进行统一规划、设计，保证各项服务工作顺利开展 2. 能够综合运用各类行政资源，满足各部门的行政服务需求 3. 能够通过不断完善行政管理制度和行政工作流程，提高行政事务处理的效率	

4. 固定资产管理能力

固定资产管理能力是指相关人员通过对固定资产申购、使用、保管以及报废等环节的控制，最大限度地发挥固定资产使用价值的能力。其分级行为表现如表 2-71 所示。

表 2-71　固定资产管理能力分级行为表现

分级	行为表现	备注
1 级	1. 熟悉固定资产管理的申购、使用、保管以及报废等方面的基本常识 2. 能够在固定资产使用过程中，做好其保管工作，降低损耗 3. 能够对固定资产改造提供一定的参考性意见	
2 级	1. 掌握固定资产实物与账务处理方法，能够有效地提升固定资产的使用价值 2. 熟悉固定资产的属性与操作要领，能够指导相关人员正确使用固定资产 3. 能够根据固定资产的使用与运行记录，对固定资产发生的问题提出妥善的解决方案	
3 级	1. 通过建立固定资产管理制度和管理规范约束固定资产管理行为，防止固定资产的流失 2. 能够通过自身对固定资产的了解，提出固定资产保值、增值方案 3. 能够根据固定资产的使用记录，准确预判固定资产可能发生的问题，并能制定出应对方案	

2.3.12　人力资源簇专业技能

1. 识人用人能力

识人用人能力是指管理人员识别和发掘下属的优势与潜能，用人之长，使其最大限度地发挥作用，实现团队与成员共同成长的能力。其分级行为表现如表 2-72 所示。

表 2-72　识人用人能力分级行为表现

分级	行为表现	备注
1 级	对下属知之甚少，很少激励下属并给予他们成长的空间	

（续表）

分级	行为表现	备注
2 级	1. 比较了解下属的特点，能够用其所长 2. 能给下属一个发挥潜力的空间，并能经常给予他们支持和鼓励	
3 级	1. 对下属的工作及能力状况了解充分，能够做到人尽其用，充分发挥他们的优势 2. 能够给下属提供一个不断成长的空间，并能激励他们向更高的职业目标迈进	

2. 绩效导向能力

绩效导向能力是指管理人员以结果作为衡量工作成效的主要依据，重点关注提高绩效，实现目标和产出结果的能力。其分级行为表现如表 2-73 所示。

表 2-73 绩效导向能力分级行为表现

分级	行为表现	备注
1 级	1. 有清晰的短期工作目标 2. 密切关注目标的实现状况，熟悉工作进展情况 3. 对团队中表现较差的人员，设计有针对性的改进方案；能够成功地完成大部分工作任务	
2 级	1. 有清晰的中期工作目标 2. 能主动挖掘影响绩效的问题，并能寻求到解决的方法，从而提高绩效 3. 能够成功地完成所有工作任务，并能够达到预期的目标	
3 级	1. 能够为自己、下属和企业及其各业务部门设定清晰明确的绩效目标 2. 领导实施有效的绩效管理体系 3. 运用创新的管理机制来达成挑战性的工作目标 4. 有效整合全企业的整体努力来提升企业的整体绩效	

3. 员工关系管理能力

员工关系管理能力是指相关人员按照法律法规的规定和企业内部的规定，建设和谐的劳资关系的能力。其分级行为表现如表 2-74 所示。

表 2-74 员工关系管理能力分级行为表现

分级	行为表现	备注
1 级	1. 熟悉国家相关法律法规及企业人力资源规章制度，并能够受理员工关于人力资源制度的咨询 2. 能够简单处理员工之间的争议和纠纷阻止事态扩大	
2 级	1. 能够运用相关法律条款解决员工之间的纠纷 2. 能够通过组织相关的集体活动，培育良好的员工关系	
3 级	1. 根据员工关系的现状，能够准确判断其中存在的问题，并提出合理的解决方案 2. 能够根据员工或相关人员的反映制定相关政策，确保员工沟通渠道的畅通	

4. 企业文化建设能力

企业文化建设能力是指相关人员规划、组织、督促、指导及协调企业文化和精神文明工作，努力形成企业员工积极进取的价值观的能力。其分级行为表现如表 2-75 所示。

表 2-75 企业文化建设能力分级行为表现

分级	行为表现	备注
1 级	1. 了解企业文化及其形成的原因，了解企业历史 2. 能够在相关人员指导下完成企业文化建设的一般性工作	
2 级	能够认同并参与企业文化建设，能够提出企业文化建设的思路与办法	
3 级	能够根据企业战略与年度经营管理重点，组织人员制订企业年度企业文化建设计划；并能够通过主题活动营造良好的企业文化氛围，落实企业核心发展理念，进而有力支持年度经营重点工作的完成	

2.4 职业素养三级定义

2.4.1 责任心

责任心指相关人员对自己的所作所为负责，对他人、对组织承担责任和履行义务的自觉态度。其分级行为表现如表 2-76 所示。

表 2-76 责任心分级行为表现

分级	行为表现
1 级	1. 工作中害怕承担责任 2. 出现问题时，有推卸责任的行为
2 级	1. 工作中能够承担部分责任，但不敢承担较大责任 2. 出现问题时能够主动承担大部分责任，但偶有推卸责任的行为
3 级	1. 面对工作中出现的问题，勇于承担责任 2. 能够从企业利益出发，自觉承担责任和履行义务，并监督和指导下属完成工作

2.4.2 主动性

主动性指员工在日常工作中，能够不需他人指派，主动承担相应工作的素质。其分级行为表现如表 2-77 所示。

表 2-77 主动性分级行为表现

分级	行为表现
1 级	1. 只做一般性必要的工作，能按说明书的要求完成工作 2. 自觉完成工作，无需上级催促
2 级	1. 即使没有要求，也会付出额外的精力完成工作 2. 能够超额完成工作 3. 能够独立完成工作，无依赖性
3 级	1. 对工作表现狂热，不需要任何正式的授权形式，能够个人承担风险去完成工作 2. 能够承担远超过要求的工作任务，并积极努力地完成 3. 通过自身努力拓展工作内涵，获取新技能、新经验

2.4.3 忠诚度

忠诚度指员工对工作、团队、组织的信任及在关键事件上以企业利益为重的意识。其分级行为表现如表 2-78 所示。

表 2-78　忠诚度分级行为表现

分级	行为表现
1 级	1. 员工不信任团队和组织 2. 当出现问题时，员工以个人利益为出发点，较少考虑企业利益
2 级	1. 员工信任团队和组织，能够向企业领导或同事表达自己对企业及企业存在问题的想法及意见 2. 当出现问题时，员工在考虑个人利益的同时，能兼顾企业的利益 3. 企业利益受损时，能够主动进行维护，并制止损害行为
3 级	1. 员工高度信任团队和组织，能够积极向企业领导或同事表达自己对企业及企业存在问题的想法与意见 2. 当问题出现时，能够以企业利益为重，必要时会牺牲个人利益 3. 企业利益受损时，能够主动地进行维护，并制止损害行为

2.4.4　坚忍性

坚忍性也可称为耐受力、承压能力、自我控制能力和意志力等，指人们在巨大的压力环境下，克服外部和自身的困难，坚持完成指定任务的倾向。其分级行为表现如表 2-79 所示。

表 2-79　坚忍性分级行为表现

分级	行为表现
1 级	1. 能够承受普通的压力，并进行自我控制，但有时会出现畏惧和懈怠情绪 2. 能够在同事的帮助下克服困难，基本完成指定任务
2 级	1. 能够承受较大的压力，偶尔出现畏惧和懈怠情绪 2. 能够运用自身技能克服困难，偶尔需同事或外界帮助去完成指定任务
3 级	1. 能够承受所有压力，在困难或威胁面前毫不动摇 2. 面对压力时能够进行自我调节，并能够知难而进，坚持不懈地完成任务目标

2.4.5　纪律性

纪律性指个人自觉遵守企业各项管理制度，保证个人行为及工作行为不与企业的管理制度和工作原则相抵触的意愿。其分级行为表现如表 2-80 所示。

表2-80 纪律性分级行为表现

分级	行为表现
1级	偶有违反企业各项管理制度的情况，经指正后虽有所改善，但不能根除
2级	1. 能够基本遵守企业的各项管理制度，偶有违纪行为，但无严重不良影响，且经指正后能够积极改正 2. 能够主动制止同事违反企业管理制度的行为
3级	1. 能够自觉遵守企业的各项管理制度，无违纪行为 2. 能够积极监督或引导同事遵守企业的各项管理制度，且效果显著

2.4.6 自信心

自信心是一种对自己的观点、决定和完成任务的能力、有效解决问题的能力的自我信仰。其分级行为表现如表2-81所示。

表2-81 自信心分级行为表现

分级	行为表现
1级	1. 能够经常自信地展示自我，对自己的能力比较有信心 2. 能够偶尔提出建设性的观点和想法
2级	1. 能够自信地展示自我，对自己的能力充满信心 2. 能够接受比较有挑战性的工作，且能够不断寻求新的工作方法；在遇到困难时会偶尔出现沮丧情绪
3级	1. 能够承担有挑战性、有风险的工作，并能够不断寻找和承担新的责任 2. 敢于接手困难的工作，工作出现问题时仍保持积极的心态，并坚信自己能够解决

2.4.7 成就导向

成就导向又称为成就欲、进取心，指个人希望更好地完成工作或达到某一绩效标准、强烈追求成功的持续性愿望。其分级行为表现如表2-82所示。

表 2-82 成就导向分级行为表现

分级	行为表现
1 级	1. 只专注于本职工作任务，虽然努力工作，但达不到杰出的标准 2. 只管个人表现，能够进行小型创新并提高工作效率，但不明显
2 级	1. 有自己衡量优异的标准，工作努力，能够持续不断地改善绩效 2. 在改善个人绩效的同时，能够与同事分享或影响同事完成工作目标 3. 能够视困难、问题或变化为挑战
3 级	1. 有挑战的目标，并能够通过不断学习或请教同事以高标准的要求来完成工作任务 2. 能够在工作过程中不断总结创新，并能够将其应用于以后的工作中 3. 不满足于平均业绩，追求卓越

2.4.8 敬业精神

敬业精神指个人不断调整自己的行为以使其符合组织要求和组织利益的愿望与能力。其分级行为表现如表 2-83 所示。

表 2-83 敬业精神分级行为表现

分级	行为表现
1 级	有较巩固的专业知识，能够脚踏实地完成本职工作
2 级	1. 有强烈的事业心及无私的奉献精神，能够努力完成工作及相关的事情 2. 会不断调整自己的行为以符合企业利益及整体和谐性
3 级	1. 有非常巩固的专业知识，热爱本职工作，有进取精神，能够利用各种资源使工作成果最大化 2. 能够以企业的利益及整体和谐性为标准，不断调整自己的行为

2.4.9 诚信意识

诚信意识指员工以诚实、善良的心态行使权利、履行义务，不受个人利益、好恶的影响，信守承诺。其分级行为表现如表 2-84 所示。

表 2-84 诚信意识分级行为表现

分级	行为表现
1 级	一般能够以诚实、善良的心态行使权利、履行义务，基本能信守承诺，但有时会发生欺瞒企业的行为
2 级	基本能够以诚实、善良的心态行使权利、履行义务，能信守承诺，偶尔出现欺瞒或未信守承诺的情况
3 级	能够以诚实、善良的心态行使权利、履行义务，并坚守对企业的承诺

2.4.10 成本意识

成本意识指在保证正常工作状态和质量的前提下，相关人员通过控制成本、增加产出、优化流程等手段节约资源，使利润最大化的意识。其分级行为表现如表 2-85 所示。

表 2-85 成本意识分级行为表现

分级	行为表现
1 级	在工作中不浪费资源，提倡节俭
2 级	1. 能够将工作成本控制在预算范围内 2. 能够对成本控制及流程优化等提出合理建议 3. 能够对周围浪费情况进行制止
3 级	1. 能够将工作成本控制在预算范围内，并能够积极寻找降低成本的方法 2. 能够对成本控制及流程优化提出有效建议，且效果显著 3. 能够主动制止周围浪费的情况，并能够与同事分享节约成本及资源的方法

2.4.11 全局观念

全局观念指个人在开展工作或进行决策时，能够考虑他人、其他部门或企业整体的情况，从组织的整体或长远利益出发，顾全大局，为整体利益能够牺牲局部利益或个人利益。其分级行为表现如表 2-86 所示。

表 2-86 全局观念分级行为表现

分级	行为表现
1 级	1. 计较个人得失，很难接受不同意见 2. 基本了解企业各部门或人员的关联性及其他部门的职能

（续表）

分级	行为描述
2 级	1. 不过多计较个人得失，意见不同时，能保留看法，服从整体 2. 比较清楚企业各部门或人员的关联性及其他部门的职能 3. 能够协调自己与其他部门或人员的工作
3 级	1. 不计较个人得失，服从整体 2. 清楚企业各部门或人员的关联性及其他部门的职能 3. 能够与其他部门或人员求同存异，积极开展合作 4. 能够从全局出发，积极协助其他部门或人员完成工作

2.4.12 客户意识

客户意识指个人关注客户不断变化的需求，竭尽全力帮助和服务客户，为客户创造价值的意愿和态度。其分级行为表现如表 2-87 所示。

表 2-87　客户意识分级行为表现

分级	行为表现
1 级	1. 能够考虑客户对问题的认知程度，明白客户的特定情况及其特殊需要 2. 能够与客户保持基本联系，并对客户的情况作出反应
2 级	1. 能够积极与客户建立伙伴关系，对客户的突发性疑虑和期望反应及时 2. 能够接受客户的合理建议，并能够及时给予客户反馈
3 级	1. 能够对客户的各项行为作出反应，与其坦诚交流 2. 能够主动了解客户的期望和要求，鼓励客户参与相关活动 3. 能够与客户共同寻求继续合作的战略规划，使双方达到共赢

2.4.13 风险防范意识

风险防范意识是指对风险的认识和防御能力，它来源于个人的知识面、平常心和敏感性。其分级行为表现如表 2-88 所示。

表 2-88 风险防范意识分级行为表现

分级	行为表现
1 级	1. 对企业可能存在的经营风险、突发事件风险、社会责任风险等的敏感性一般 2. 只能考虑到少数细节问题，能够初步预见到各类因素可能产生的风险和后果 3. 能够提出预防风险的措施和应对方案，但不完善，且不能够有效规避风险
2 级	1. 对企业可能存在的经营风险、突发事件风险、社会责任风险等具有较高的敏感性 2. 能够考虑到大部分细节问题，并能比较全面地预见到各类因素可能产生的风险和后果 3. 能够提出有效预防风险的措施和应对方案，但只能规避较小风险
3 级	1. 对企业可能存在的经营风险、突发事件风险、社会责任风险等具有非常高的敏感性 2. 做事严谨细致，各项细节问题都能考虑到，并能够全面预见各类因素可能产生的风险和后果 3. 能够提出有效预防风险的措施和应对方案，并能够非常有效地规避各类风险

2.5 知识三级定义

2.5.1 通用知识

1. 公司知识

公司知识包括行业知识、企业文化（发展历史、价值观等）、组织结构、基本规章制度和业务流程等。其分级行为表现如表 2-89 所示。

表 2-89 公司知识分级行为表现

分级	行为表现	备注
1 级	了解员工手册与职位相关内容，了解企业发展历史，熟悉与本岗位有关的管理制度、流程	
2 级	了解行业状况，熟悉企业的历史、现状、未来发展方向以及相关管理制度、整体运作流程，了解企业整体战略规划以及战略步骤	
3 级	洞悉行业状况重大变化与趋势，能够基于企业整体战略规划以及战略步骤，对企业整体运作流程与制度提出系统、科学的建设方案，以支持、保证战略目标实现	

2. 产品知识

产品知识包括产品的名称、性能与特点、主要优点、销售状况、与其他企业产品相比的优劣点、价格特点等知识。其分级行为表现如表 2-90 所示。

表 2-90　产品知识分级行为表现

分级	行为表现	备注
1 级	了解企业产品的名称、主要特点，能向客户介绍与自己工作相关的几个产品的详细资料，并能满足客户对该类产品的询问	
2 级	全面掌握企业所有产品的详细资料（名称、性能与特点、主要优点、销售状况、与其他企业产品相比的优劣势、价格特点），并能满足客户对有关产品的需求（询问）	
3 级	精通企业所有产品的详细资料，并能对未来产品的规划与设计提出合理化建议	

3. 客户知识

客户知识包括如何获取目标客户群体的基本情况、性格偏好、质量偏好等内容。其分级行为表现如表 2-91 所示。

表 2-91　客户知识分级行为表现

分级	行为表现	备注
1 级	了解目标客户群体的基本情况	
2 级	1. 熟悉目标客户群体的基本情况及性格偏好、质量偏好等 2. 通过对客户知识的了解，能够主动对质量检验工作作出合理的改变	
3 级	1. 对目标客户群体的基本情况和性格偏好、质量偏好等有比较深入的研究，并能够用于指导他人的工作 2. 通过对客户知识的了解，能对未来产品质量标准或质量检验规范的制定提供参考性意见	

4. 法律知识

法律知识包括公司法、劳动法、合同法、税法、经济法、证券法及国家颁布的有关的各项与本企业及行业有关的法律法规。其分级行为表现如表 2-92 所示。

表 2-92 法律知识分级行为表现

分级	行为表现	备注
1 级	了解与工作相关的各项法律法规，能够使自己的工作在合法合规的范围内展开	
2 级	掌握工作相关法律知识，并能够将其运用到工作中，确保企业的经营在合法的条件下进行	
3 级	精通与企业运营、人力资源、财务等工作相关的全部法律知识，并能够灵活运用；在不违反法律法规的情况下，能够进行税务筹划、投融资等，从而控制经营成本，提高资金运营效率，保障企业经营战略的实现	

5. 办公自动化知识

办公自动化知识包括计算机操作系统、Office 办公软件使用、网络知识以及计算安全管理等知识。其分级行为表现如表 2-93 所示。

表 2-93 办公自动化知识分级行为表现

分级	行为表现	备注
1 级	1. 具备一定的计算机操作常识和网络知识 2. 能够熟练应用 Office 办公软件，完成一般性工作任务	
2 级	1. 熟悉计算机操作系统和网络安全知识，能防止计算机被病毒侵袭 2. 能够运用 Office 办公软件完成绘图等特殊的工作任务	
3 级	1. 精通计算机及网络知识 2. 能够构建内部办公局域网络，完成杀毒软件更新等工作 3. 能够指导他人应用 Office 办公软件，并能将操作过程中经常出现的问题进行归类，集中进行分析讲解	

2.5.2 专业知识

1. 营销知识

营销知识主要包括三大类知识，具体内容如表 2-94 所示。

表 2-94　营销知识分类详表

类别	具体内容
A 类	营销心理学、公共关系学、客户关系管理、营销渠道管理、价格管理、终端管理
B 类	预测与调研、营销信息管理、市场策划、品牌管理、广告学
C 类	推销与销售技巧、客户服务技巧等

营销知识的分级行为表现如表 2-95 所示。

表 2-95　营销知识分级行为表现

分级	行为表现	备注
1 级	了解 A、B、C 类的一般概念及内容框架、一般原理和方法，对市场较敏感，有营销意识，能运用营销的理念进行初级的市场开发工作或客户管理工作	本分级定义适用于市场人员、销售人员
2 级	1. 掌握 A、B、C 中任意一两类营销知识的操作运用原理，对销售工作有所了解，并有一定的经验积累 2. 可综合利用各种营销策划知识，开展部分项目的市场调研、客户调查与分析以及指导销售工作，编制简单的营销策划方案	
3 级	熟练掌握三类营销知识的操作运用原理，精通营销策划知识，编写的营销策划方案可行且有创新，并能在实践中创造品牌效应、创造价值	

2. 客服知识

客服知识包括客户服务技巧、服务理念、服务方法、服务内容、服务环境等。其分级行为表现如表 2-96 所示。

表 2-96　客服知识分级行为表现

分级	行为表现	备注
1 级	1. 了解客户服务基本常识和基本服务理念 2. 具备日常客户服务工作所需的技能或技巧	本分级定义适用于销售人员、客服人员
2 级	1. 全面掌握客户服务所需的各种知识，熟练掌握服务技巧、服务方法等 2. 在与客户沟通过程中，善于营造良好的氛围	
3 级	1. 精通客户服务各方面知识，并能够将自己的心得体会应用到指导相关服务人员的工作中 2. 对客户服务的发展趋势有独到的见解，充分理解各种客户服务工具或系统的作用	

3. 采购知识

采购知识主要包括三大类知识，具体内容如表2-97所示。

表2-97 采购知识分类详表

类别	具体内容
A类	采购需求管理、采购计划管理、采购作业管理、招投标管理、采购物流管理、采购验收管理、仓库管理、合同执行管理、价格管理、市场营销管理
B类	采购市场调研与预测、采购信息管理、采购结算管理、公共关系管理、财税管理、国际采购管理、报关管理、电子商务采购管理、采购相关法律法规
C类	采购谈判技巧、供应商管理技巧、各类运输技巧等

采购知识的分级行为表现如表2-98所示。

表2-98 采购知识分级行为表现

分级	行为表现	备注
1级	了解A、B、C类的一般概念及内容框架、一般原理和方法，了解采购商品的基本知识，能按照采购计划进行初级的采购作业以及供应商的开发与管理工作	本分级定义适用于采购人员
2级	1. 掌握A、B、C中任意一两类知识的操作运用原理，熟悉采购规则、制度、国际惯例，掌握采购技能、商品及其检验、储运、保险、通关知识，并积累有一定的采购经验 2. 可综合利用各种采购相关专业知识，进行采购市场调研与供应预测；可应对采购中出现的问题，以及指导相关人员的采购工作	
3级	熟练掌握三类知识的操作运用原理，精通各种采购、供应商管理以及各类货物运输技巧	

4. 公共关系知识

公共关系知识包括公共关系对象、公共关系行为主体、公共关系过程管理等方面的内容。其分级行为表现如表2-99所示。

表 2-99 公共关系知识分级行为表现

分级	行为表现	备注
1 级	1. 熟悉公共关系管理的基本原理、功能、范畴等 2. 能够利用已掌握的公共关系知识，做好公关调研、公关宣传等工作	本分级定义适用于市场人员、采购人员
2 级	1. 精通公共关系理论，并能够用于指导实践 2. 能够根据领导的要求做好公关策划以及策划的执行工作	
3 级	1. 能够将公共关系理论与企业具体的情况相结合，并能对他人进行指导 2. 能够处理突如其来的公关危机，并能够就其中反映出来的问题做好应急处理方案	

5. 生产管理知识

生产管理知识包括生产战略管理、生产流程管理、生产计划与调度、生产定额与工艺流程管理、生产现场管理、生产成本控制、工艺设备管理、生产安全管理、采购与供应管理、生产领域先进的管理理念与方法等 10 类相关内容。其分级行为表现如表 2-100 所示。

表 2-100 生产管理知识分级行为表现

分级	行为表现	备注
1 级	1. 根据职位需要，了解 10 类知识中的 3～5 类 2. 根据职位需要，掌握 10 类知识中的三类	本分级定义适用于生产人员
2 级	1. 在一级的基础上，根据职位需要，掌握 10 类知识中的 4～7 类 2. 根据职位需要，了解 10 类知识	
3 级	根据职位需要，掌握 10 类知识，并能将相关知识熟练运用到生产管理工作中	

6. 安全管理知识

安全管理知识包括生产安全管理、设备安全管理、仓储安全管理、运输安全管理、信息安全管理、消防安全管理及安全防护等七类相关内容。其分级行为表现如表 2-101 所示。

表 2-101 安全管理知识分级行为表现

分级	行为表现	备注
1 级	1. 根据职位需要，了解七类知识中的 2～4 类 2. 根据职位需要，掌握七类知识中的两类	本分级定义适用于安全人员及其他涉及安全操作及防护的人员
2 级	1. 根据职位需要，掌握七类知识中的 3～5 类 2. 根据职位需要，了解七类知识	
3 级	根据职位需要，掌握七类知识，并能将相关知识熟练运用到安全管理工作中	

7. 仓储管理知识

仓储管理知识包括仓储战略管理、仓储流程管理、仓储计划与调度、仓储现场管理、仓储成本控制、仓储设备管理、仓储安全管理、仓储领域先进管理理念与方法八类相关内容。其分级行为表现如表 2-102 所示。

表 2-102 仓储管理知识分级行为表现

分级	行为表现	备注
1 级	1. 根据职位需要，了解八类知识中的 3～5 类 2. 根据职位需要，掌握八类知识中的三类	本分级定义适用于安全人员
2 级	1. 根据职位需要，掌握八类知识中的 4～7 类 2. 根据职位需要，了解八类知识	
3 级	根据职位需要，掌握八类知识，并能将相关知识熟练运用于仓储管理工作中	

8. 质量管理知识

质量管理知识包括质量管理基础、供应商与客户关系管理、概率论与数理统计、质量体系管理、质量检验、计量管理、质量信息管理等相关内容。其分级行为表现如表 2-103 所示。

表 2-103　质量管理知识分级行为表现

分级	行为表现	备注
1 级	1. 了解质量管理基础知识及质量检验、计量管理等专业知识，掌握本公司质量标准与检验规范 2. 具备日常检验工作所需的技能或技巧	本分级定义适用于质量人员、生产人员
2 级	1. 全面掌握质量管理所需的各种知识，熟悉国际质量管理体系相关知识 2. 具备做好企业质量体系内审及供应商评审等方面工作的能力	
3 级	1. 精通质量管理各方面的知识，并能够将自己的心得体会应用于质量管理的实践中 2. 熟悉国内外最新质量管理理论，并能够领导团队成员做好质量体系审核及质量检验工作	

9. 项目管理知识

通用项目管理知识主要包括三大类，具体内容如表 2-104 所示。

表 2-104　项目管理知识分类详表

类别	具体内容
A 类	项目管理理论知识（包括项目范围管理、项目时间管理、项目成本管理、项目风险管理、项目沟通管理、项目质量管理、项目人力资源管理、项目采购管理、项目综合管理）
B 类	项目招投标管理知识、项目合同管理知识、项目组织实施管理知识、项目相关法律法规知识
C 类	各种项目管理工具知识（项目时间计划、费用计划、项目评估、配置管理等方面的工具）

项目管理知识的分级行为表现如表 2-105 所示。

表 2-105 项目管理知识分级行为表现

分级	行为表现	备注
1 级	1. 了解 A、B、C 类的一般概念及内容框架、一般原理和方法 2. 能够按照项目计划书对所负责的项目进行实施与管理工作	本分级定义适用于生产人员、技术人员、研发人员
2 级	1. 掌握 A、B、C 中任意一两类知识的操作运用原理，熟悉项目管理规则、制度、国际惯例，掌握项目团队中所担任职务必备的知识，并积累一定的所任职项目岗位的工作经验 2. 可综合利用项目管理相关专业知识，进行所担任项目工作的管理，并可解决所负责项目管理中出现的问题，指导项目管理工作	
3 级	1. 熟练掌握三类知识的操作运用原理 2. 精通项目所需的各项工作技巧	

10. 专业技术知识

专业技术知识指相关人员通过教育和工作所获得的顺利完成某一特定工作的特殊知识。其分级行为表现如表 2-106 所示。

表 2-106 专业技术知识分级行为表现

分级	行为表现	备注
1 级	1. 熟悉与本岗位相关的基础理论知识和专业技术知识、技术标准、规范和规程 2. 了解本行业的技术状况和发展趋势，以及其他相关岗位的专业技术知识	本分级定义适用于技术人员、研发人员
2 级	1. 掌握与本岗位相关的基础理论知识和专业技术知识、技术标准、规范和规程，及相关岗位的专业技术知识 2. 熟悉本行业的技术状况和发展趋势，能分析并处理一般性技术问题	
3 级	1. 精通与本领域工作相关的基础理论知识和专业技术知识、技术标准、规范和规程 2. 熟悉本行业的技术状况和发展趋势，能分析并处理重大技术问题，并能够总结经验	

11. 财务管理知识

财务管理知识主要包括四大类，具体内容如表2-107所示。

表2-107　财务管理知识分类详表

类别	具体包括的学科
A类	会计学原理、会计基础知识、会计电算化、企业会计核算与账务处理、统计学、税收等
B类	工业企业财务管理、预算管理、成本管理、资产管理、财务分析与预测、税务筹划等
C类	审计学、审计与内部控制、风险管理
D类	金融、证券、投资融资管理知识

财务管理知识的分级行为表现如表2-108所示。

表2-108　财务管理知识分级行为表现

分级	行为表现	备注
1级	1. 掌握A类所包含的基本知识、原理、方法，能够在企事业中进行会计核算、账务处理等工作 2. 熟悉B类知识，并能够将其灵活运用到实际工作中	本分级定义适用于财务人员
2级	精通A、B类知识，熟悉C类知识，通过预算管理、资产管理、成本管理、税收筹划等工作，能够定期进行财务分析与预测、提交财务报告，为企业的经营决策提供支持	
3级	精通四类知识并能够将其综合运用到企业财务管理工作中；能够全面掌控企业财务工作，实现内部控制，规避财务风险，并对企业的重要经营活动、投资等提供决策支持	

12. 人力资源知识

人力资源知识主要包括三大类，具体内容如表2-109所示。

表2-109　人力资源知识分类详表

类别	具体内容
A类	组织行为学、社会学、人力资源管理概论、劳动法、劳动合同法
B类	人员招聘与配置、员工培训管理、绩效管理、薪酬管理、员工关系管理等
C类	人力资源战略、人力资源规划、人力资源投资分析等

人力资源知识的分级行为表现如表 2-110 所示。

表 2-110 人力资源知识分级行为表现

分级	行为表现	备注
1 级	了解 A、B、C 类的一般概念及内容框架、一般原理和方法，有一定的人力资源管理意识，并能够独立处理人力资源工作	本分级定义适用于人力资源管理人员
2 级	1. 掌握 A、B、C 中任意一两类知识的操作运用原理，了解人力资源工作，并有一定的经验积累 2. 能够综合利用各种人力资源知识，处理员工抱怨等问题	
3 级	熟练掌握三类人力资源知识，能够为企业人力资源建设与规划服务，并能够起到人力资源增值的作用	

13. 行政管理知识

行政管理知识主要包括日常行政事务处理知识、公文处理、档案管理、后勤服务管理等内容。其分级行为表现如表 2-111 所示。

表 2-111 行政管理知识分级行为表现

分级	行为表现	备注
1 级	熟悉基本的行政学原理以及相关法律法规的规定，了解简单的日常行政事务处理原则和公文处理技巧	本分级定义适用于行政管理人员
2 级	1. 精通日常行政事务处理、公文处理、档案管理、后勤服务管理等相关专业知识 2. 能够运用自身掌握的行政管理知识，妥善处理日常行政管理事务	
3 级	1. 具备战略规划知识，能够从企业全局角度，规划行政管理工作 2. 能够妥善协调企业内部各部门关系及企业与政府部门之间的关系、企业与合作方之间的关系等，同时能够做好企业公关与形象宣传工作	

14. 供应商管理知识

供应商管理知识包括供应商的开发、管理及供应商信息管理等内容。其分级行为表现如表 2-112 所示。

表 2-112　供应商管理知识分级行为表现

分级	行为表现	备注
1 级	1. 了解需要采购商品的供应商情况 2. 通过各种渠道详细了解供应商的信息，经采购谈判，能够选择到合适的供应商 3. 能够对现有的供应商进行关系管理，并协调、处理采购中的各种问题	本分级定义适用于采购人员
2 级	1. 能够建立供应商信息库，熟知各供应商的生产状况、财务状况、产品特点、发展趋势、竞争对手状况等，在采购谈判中能够利用掌握的信息获得谈判的优势地位 2. 对采购与合同执行中的各种问题有清楚而全面的了解，能够有预见性地提出各种解决方案	
3 级	1. 能够通过形成战略同盟等形式与供应商建立长期合作关系 2. 能够建立供应商评审体系，定期组织评价供应商，并能够采取各种措施对供应商进行监控	

第 3 章

高层管理类人员胜任素质模型与任职资格

3.1 总经办人员胜任素质模型与任职资格

3.1.1 总经办主任胜任素质模型与任职资格

本书构建的总经办主任胜任素质模型参考了绩优总经办主任的胜任特征和相关的胜任素质模型理论，概括了总经办主任出色完成工作所需的职业素养、知识和技能/能力三个方面，具体内容如图3-1所示。

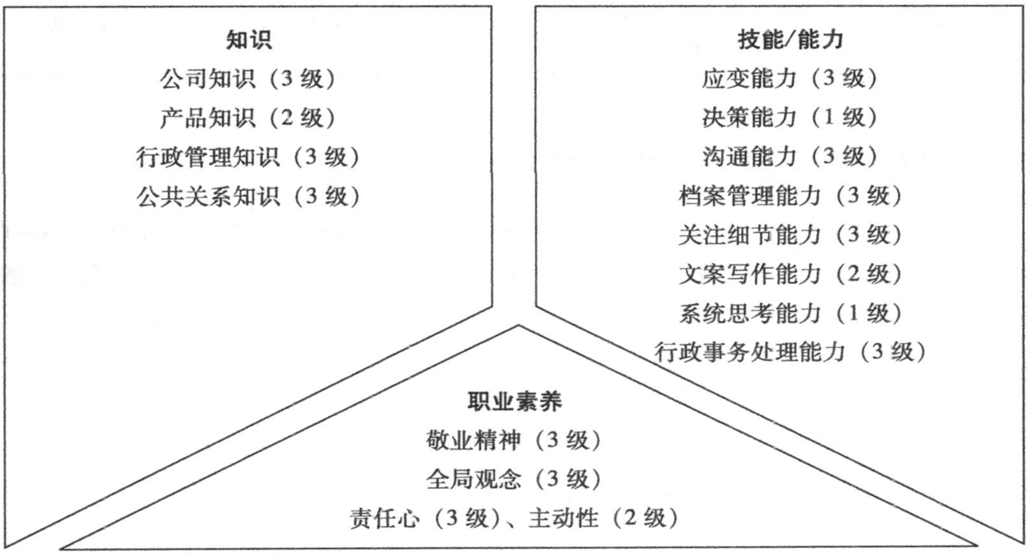

图3-1 总经办主任胜任素质模型

总经办主任的任职资格条件如表3-1所示。

表3-1 总经办主任任职资格条件

关键行为与结果要求	工作标准与规范	指标界定与目标值
企业制度建设	协助总经理完成企业各项制度的拟定、完善和检查落实	主要包括企业各项规章制度出现遗漏的次数，是否定期检查企业规章制度的落实情况等指标
文件撰写	负责公司相关文件的撰写，并按时、按质提交给相关领导审批	文稿提交及时率达到____%，及时率每降低____%，扣____分 文稿提交及时率 $= \frac{\text{及时提交文稿数量}}{\text{应提交文稿总数}} \times 100\%$

（续表）

关键行为与结果要求	工作标准与规范	指标界定与目标值
印章及文件管理	负责公司涉密文件的管理工作，负责公司印章的管理工作，并监督印章的使用	涉密文件归档及时率达到100%以上，每低____%，扣____分；印章使用失误每增加1次，扣____分
会议组织	负责组织总经理办公会议及其他由总经理召集和主持的会议	因会议准备工作失误或不足影响会议顺利进行的次数每出现1次，扣____分
行政经费控制	按照企业年度经费预算，严格控制各项行政费用支出	行政费用预算控制在____%以内

3.1.2 总经理助理胜任素质模型与任职资格

本书依据企业的战略目标、企业文化等各方面的要求，在对总经理助理各个工作要项进行详细分析的基础上，构建了总经理助理胜任素质模型。它参考了其他优秀辅助类人员的胜任行为特征，包括职业素养、知识、技能/能力三个方面，具体内容如图3-2所示。

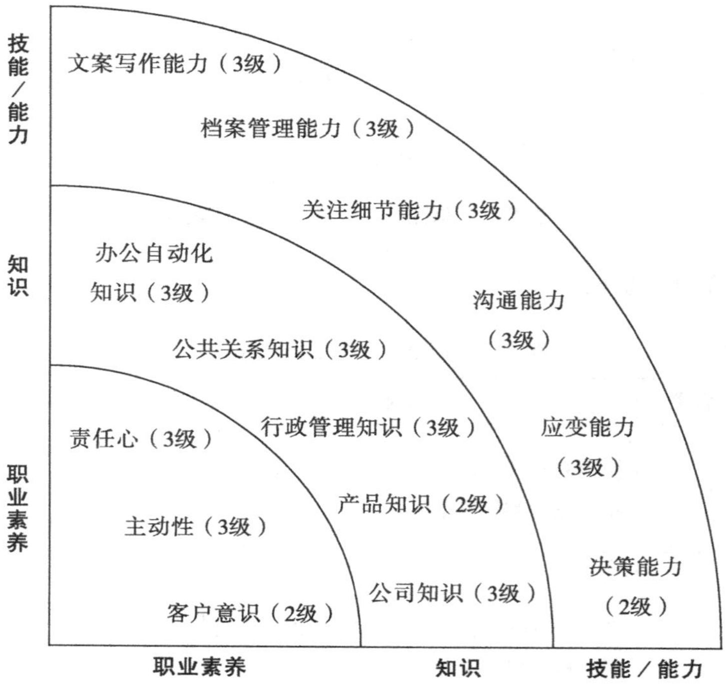

图3-2 总经理助理胜任素质模型

总经理助理的任职资格条件如表3-2所示。

表3-2 总经理助理任职资格条件

关键行为与结果要求	工作标准与规范	指标界定与目标值
调研管理	协助总经理调查研究、了解企业经营管理情况，在企业经营计划、销售策略、资本运作等方面向总经理提供相关解决方案和报告	提交管理报告及时率达到____%，每低____%，扣____分；低于____%，则该项得分为0 报告提交及时率 $=\frac{\text{及时提交的管理报告数量}}{\text{应提交的报告总数}}\times 100\%$
内部管理	协助总经理对企业的运作与各职能部门进行管理，协调内部各部门关系	领导满意度问卷的平均得分在____分以上；每低____分，扣____分；得分低于____分，则该项得分为0
外联工作	做好与外部企业及政府单位的联系	外部联系维护满意度问卷的平均得分在____分以上；得分低于____分，则该项得分为0

3.2 七大高管人员胜任素质模型与任职资格

3.2.1 执行总裁胜任素质模型与任职资格

本书构建的执行总裁胜任素质模型提取了执行总裁出色完成本职工作的核心职业素养、知识和技能/能力，它能够全面、客观地评估执行总裁的工作动机、工作业绩和工作潜力，具体内容如图3-3所示。

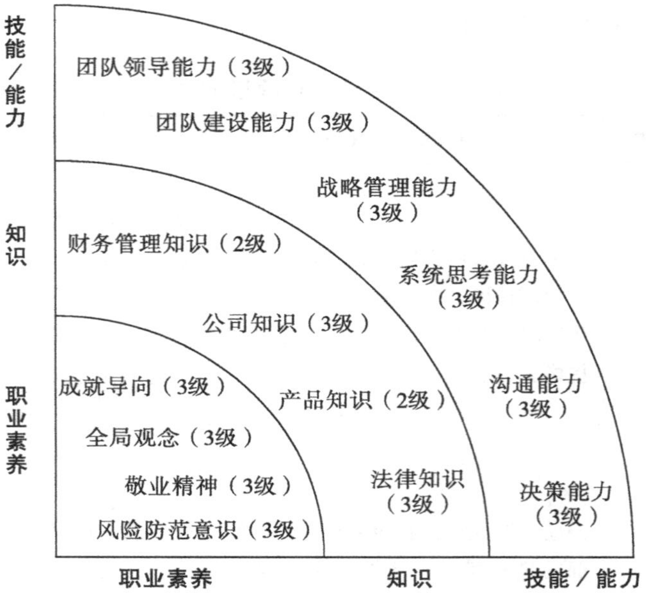

图 3-3　执行总裁胜任素质模型

执行总裁的任职资格条件如表 3-3 所示。

表 3-3　执行总裁任职资格条件

关键行为与结果要求	工作标准与规范	指标界定与目标值
制度管理	管理公司的各项制度、规范、流程等	主要考核制度的完整性、规范的合理性和流程的标准性等
费用管理	审批投资、营销、生产、人力资源、财务等各项经营决策和费用预算方案	公司管理费用率控制在____%以内，每增加____%，扣____分 $公司管理费用率=\frac{实际管理费用}{预算管理费用}\times 100\%$
运营管理	协助董事长召集和主持管理会议，组织讨论和决定企业的发展规划、经营方针及日常运营工作中的重大事项	成本利润率达到____%，每减少____%，扣____分，低于____%，此项得分为0 $成本利润率=\frac{营业利润}{成本费用总额}\times 100\%$
财务管理	定期审阅企业的财务报表和其他重要报表，全盘监控企业的财务状况和管理状况	主要考核财务数据的准确性，财务报告的规范性和合理性等

（续表）

关键行为与结果要求	工作标准与规范	指标界定与目标值
人员管理	提名企业高层管理人员的聘用、决定高层管理人员的报酬、待遇以及解聘事宜，并报董事长批准和备案	关键员工流失率控制在____%以内，每增加____%，扣____分，高于____%，此项得分为0 关键员工流失率 = $\frac{\text{关键员工主动离职数}}{\text{公司关键员工总数}}$ × 100%

3.2.2 营销总监胜任素质模型与任职资格

本书依据企业的发展目标、经营理念、企业文化等要求，在参考了其他优秀高管的胜任行为特征的基础上，构建了营销总监胜任素质模型。该模型包括职业素养、知识、技能/能力三方面内容，主要分析了营销总监的工作事项和工作职素，具体内容如图3-4所示。

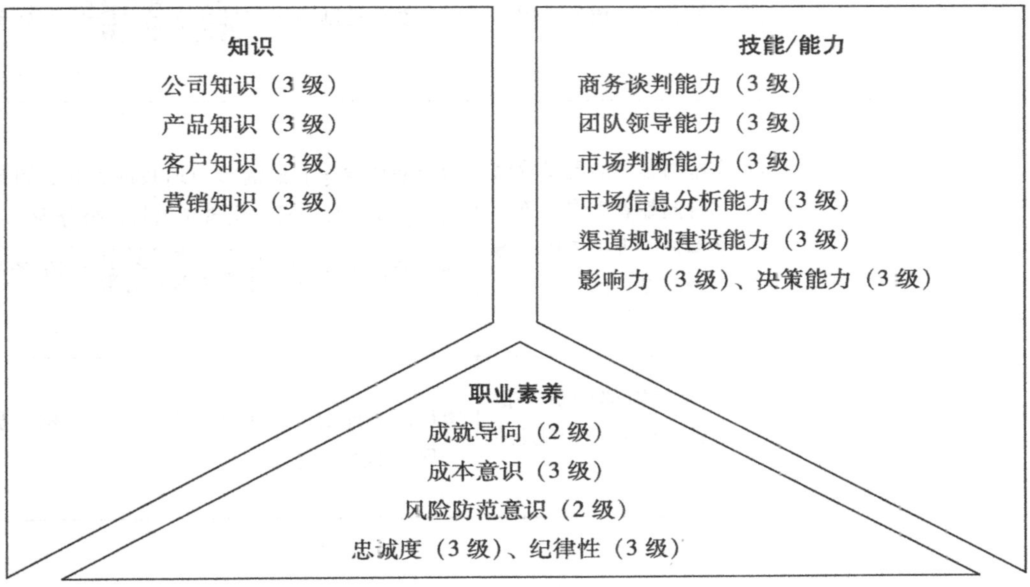

图3-4 营销总监胜任素质模型

营销总监的任职资格条件如表3-4所示。

表 3-4　营销总监任职资格条件

关键行为与结果要求	工作标准与规范	指标界定与目标值
营销业务管理	负责使营销部的各项工作符合各项营销规章制度，使各项工作符合年度、季度、月度营销计划，并监督各业务执行情况	主要对各项业务销售收入总计/销售数量总计进行考核，实现公司销售目标，该项满分；未实现公司销售目标，该项得分为0
企业形象管理	开展各项活动进行企业形象的建设与维护	领导满意度评价目标分为____分，每降低____分，扣____分
营销费用管理	组织编制营销费用预算，监督和控制营销费用的使用	营销费用控制率在____%以内，在预算的____%～____%，扣____分 $营销费用控制率=\frac{实际发生营销费用}{营销费用预算}\times 100\%$
客户管理	组织实施与客户的重要营销谈判和合同签署工作，负责对新老客户的维护工作及潜在客户的开发工作	客户增长率与上期的客户增长率相比，每增加____%，加1分，出现负增长，得分为0 $客户增长率=\frac{当年度新增客户数量}{至上年度末客户总数}\times 100\%$
员工管理	负责管理营销部的员工招聘、配置、培训、薪酬及绩效等事宜	销售培训计划完成率应达到____%，核心员工保有率达到____%

3.2.3　采购总监胜任素质模型与任职资格

本书构建的采购总监胜任素质模型，为采购总监的工作和改进方向提供了参考。该模型包括职业素养、知识、技能/能力三个方面，具体内容如图 3-5 所示。

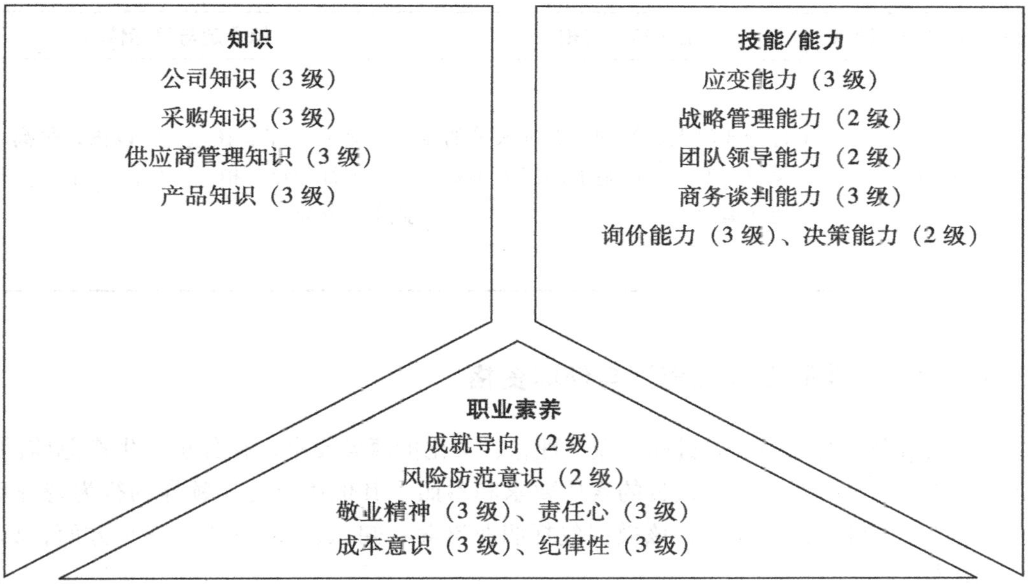

图 3-5　采购总监胜任素质模型

采购总监的任职资格条件如表 3-5 所示。

表 3-5　采购总监任职资格条件

关键行为与结果要求	工作标准与规范	指标界定与目标值
采购计划管理	监督采购计划的制订、执行等情况，及时协调采购计划执行过程中出现的问题	采购计划完成率考核目标值为____%，每降低____个百分点，扣____分，低于____%，此项得分为 0 采购计划完成率 $=\frac{\text{实际完成的采购任务数}}{\text{采购计划任务数}}\times 100\%$
供应商管理	负责开拓供应渠道，对供应商管理制度执行情况、供应商满意度、供应商合同履约情况等进行管理	由于供应商制度不完善寻或制度未能____%得到贯彻执行，致供应商管理出现问题的，每出现____次，扣____分；累计____次以上，得分为 0
采购费用管理	负责对各类物料的采购费用进行预算、控制、协调	实际采购总费用控制在预算之内，得____分，实际采购总费用超出预算____%，此项得分为 0

（续表）

关键行为与结果要求	工作标准与规范	指标界定与目标值
人员管理	进行部门人员管理，促进人员的学习与发展，控制本部门人事费用和编制	员工流失率控制在____%以内，每高于____个百分点，扣____分，高出____%，此项得分为0

3.2.4　生产总监胜任素质模型与任职资格

本书依据企业的战略发展目标、经营理念、文化价值等要求，在分析了生产总监的主要工作事项及该岗位对其任职人员的素质要求和参照了其他优秀高层领导的行为特征后，构建了生产总监胜任素质模型，该模型包括职业素养、知识、技能/能力三个方面，具体内容如图3-6所示。

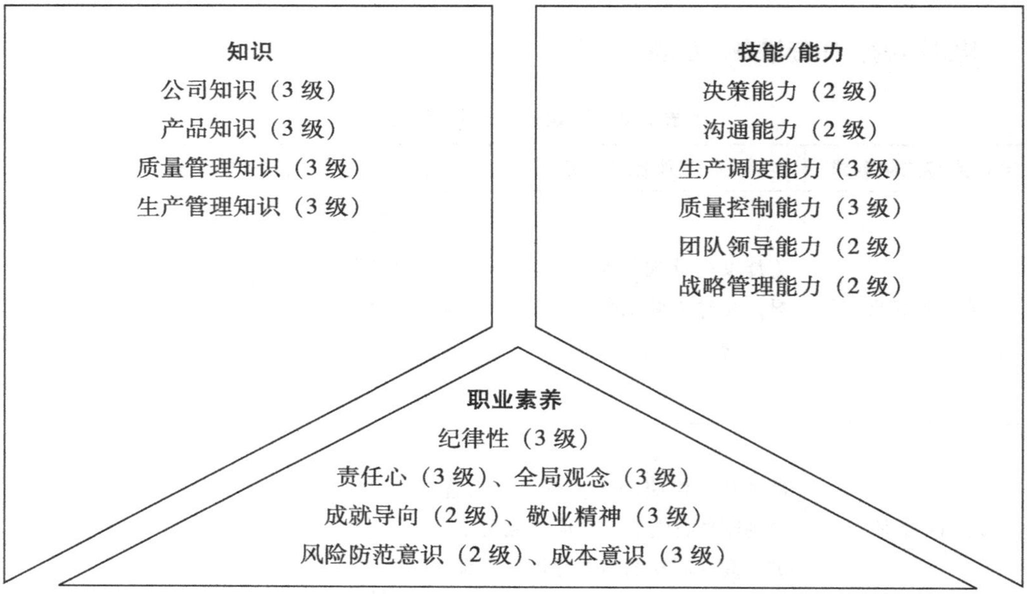

图3-6　生产总监胜任素质模型

生产总监的任职资格条件如表3-6所示。

表3-6 生产总监任职资格条件

关键行为与结果要求	工作标准与规范	指标界定与目标值
生产计划管理	根据企业实际情况，定期编制生产计划及生产进度计划，并监督其实施	主要考核生产计划编制的合理性，生产计划的完成情况等
生产质量管理	负责产品质量控制工作，及时处理产品质量方面存在的重大问题	采取抽查的方式来确定产品质量合格率 产品质量合格率 $=\frac{\text{该种产品质量合格数}}{\text{该种产品总数}}\times 100\%$
生产成本管理	组织落实生产成本控制工作，配合财务总监实施成本考核	生产成本控制率目标值为____%，低于____%，超出预算，得分为0 生产成本控制率 $=\frac{\text{实际生产成本}}{\text{生产预算成本}}\times 100\%$
生产设备管理	负责设备全寿命过程管理的组织、监督、检查和推进工作	生产设备完好率目标值为____%，每降低____个百分点，扣____分，低于____%，得分为0 生产设备完好率 $=\frac{\text{能正常使用的生产设备数}}{\text{生产设备总数}}\times 100\%$
生产安全管理	拟定安全生产责任制，并对安全生产进行监督、检查、考核及整改	一般性生产安全事故发生率保持在____%以内，超过____%，记为0分，每发生1次重大安全事故，扣____分

3.2.5 财务总监胜任素质模型与任职资格

本书构建的财务总监胜任素质模型对驱动财务总监出色完成工作的职业素养、知识和技能/能力等各要素进行了综合描述，它能够帮助企业对在职财务总监的工作完成情况和工作潜力等进行评定，具体内容如图3-7所示。

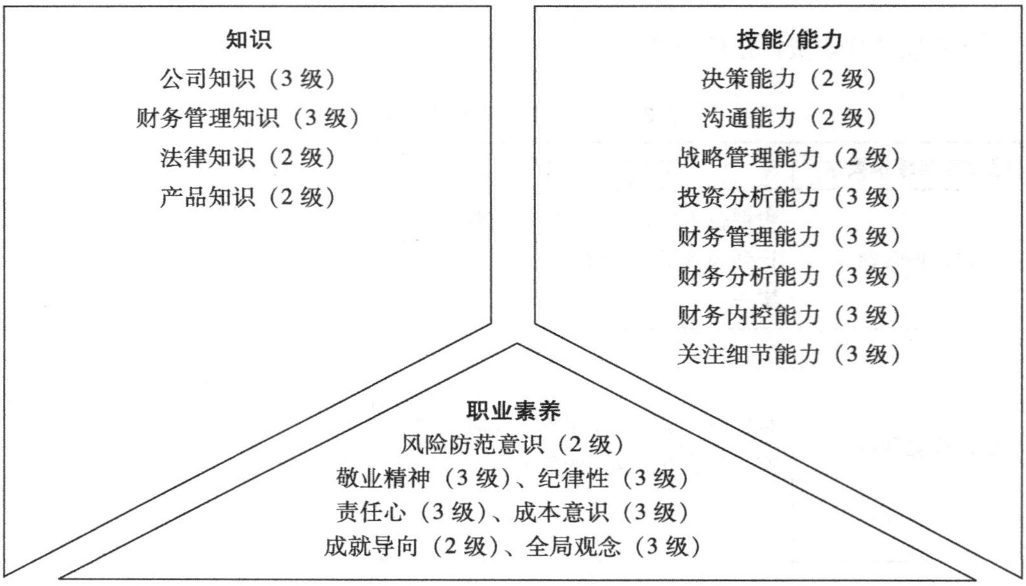

图3-7　财务总监胜任素质模型

财务总监的任职资格条件如表3-7所示。

表3-7　财务总监任职资格条件

关键行为与结果要求	工作标准与规范	指标界定与目标值
预算管理	参与制订、调整企业预算，主持企业月度预算分析与平衡会议	公司财务预算的达成率控制在____%以内，每增加____%，扣____分，低于____%，该项考核得分为0 财务预算达成率 $=\frac{\text{公司实际年度财务支出}}{\text{公司预算年度财务支出}}\times 100\%$
税务管理	负责处理、咨询和安排公司的涉税事宜	一般是指纳税申报延误次数和税务报表的准确性等
资金管理	控制、监督、考核固定资金、流动资金和专项资金的使用计划，使其得以合理利用	资金利用率目标值为____%，每减少____%，扣____分，低于____%，此项得分为0 资金利用率$=\frac{\text{年利润总额}}{\text{资本总额}}\times 100\%$

（续表）

关键行为与结果要求	工作标准与规范	指标界定与目标值
融资管理	负责资金的筹集、供应和管理，疏通融资渠道，保持与金融机构的良好关系	融资计划完成率目标值为____%，每减少____%，扣____分，低于____%，此项得分为0 融资计划完成率 $=\frac{\text{实际融资数额}}{\text{计划融资数额}}\times 100\%$
部门建设	负责部门人员队伍、文化的建设、费用管理等	主要考核部门人员流动的合理性、工作的高效性、部门管理费用的精确性、部门人员的成长能力等

3.2.6 人力资源总监胜任素质模型与任职资格

本书构建的人力资源总监胜任素质模型既考虑了人力资源业务的特点和所处的管理层级对其胜任特征的要求，又结合了其他绩优人力资源总监胜任素质特征，它包括职业素养、知识和技能/能力三个部分，具有很高的实用价值，具体内容如图3-8所示。

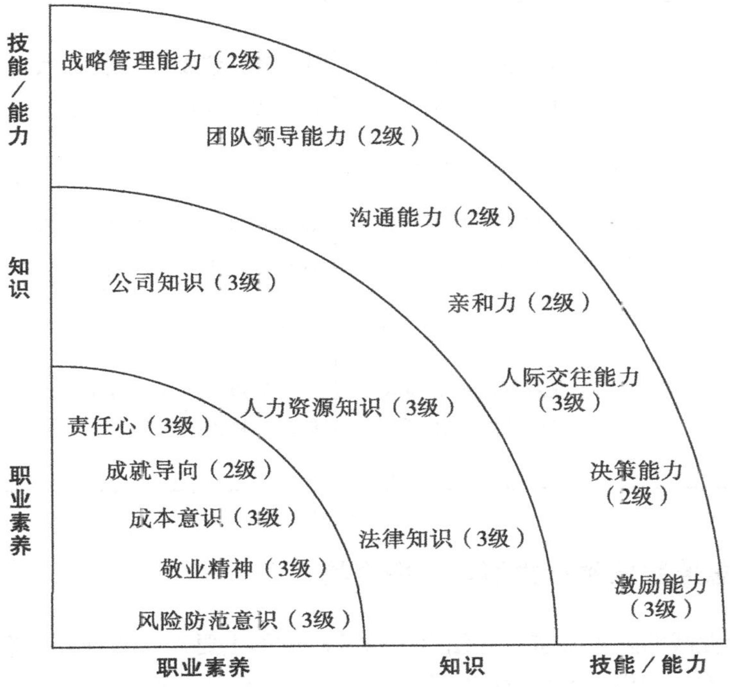

图3-8 人力资源总监胜任素质模型

人力资源总监的任职资格条件如表3-8所示。

表3-8　人力资源总监任职资格条件

关键行为与结果要求	工作标准与规范	指标界定与目标值
人力资源规划	根据本企业的发展目标，制定并实施人力资源战略规划	制定的人力资源发展战略规划的质量要好，提交的人才发展战略规划中不符合企业总体战略的内容不超过____%
招聘管理	负责与人员招聘相关的各项事宜，监督人才库建设，保证所需各类人才的及时到位	招聘计划完成率目标值为____%，每减少____%，扣____分，低于____%，此项得分为0 $招聘计划完成率=\frac{实际招聘到岗的人数}{计划需求人数}\times 100\%$
培训管理	指导和监督下属开展各用人部门的员工培训工作	培训计划完成率目标值为____%，每减少____%，扣____分，低于____%，此项得分为0 $培训计划完成率=\frac{已完成的培训项目}{计划完成的培训项目}\times 100\%$
绩效考核管理	指导和监督下属开展各用人部门的绩效考核工作	主要通过绩效考核报告、投诉率、考核结果汇总表等来设置目标值
薪酬管理	指导和监督下属开展各用人部门的薪酬福利工作	对薪酬设计缺陷或各部门薪酬计算失误未及时发现及更正的，发现1次扣____分
企业文化建设	结合企业发展战略，推动与之相适应的企业文化建设	主要通过促进文化基础工作积极性、宣传活动形式多样性等来衡量

3.2.7　行政总监胜任素质模型与任职资格

本书依据企业战略发展要求，在结合了行政总监的主要工作事项及任职资格要求的基础上，从职业素养、知识、技能/能力三个方面出发，构建了行政总监胜任素质模型，具体内容如图3-9所示。

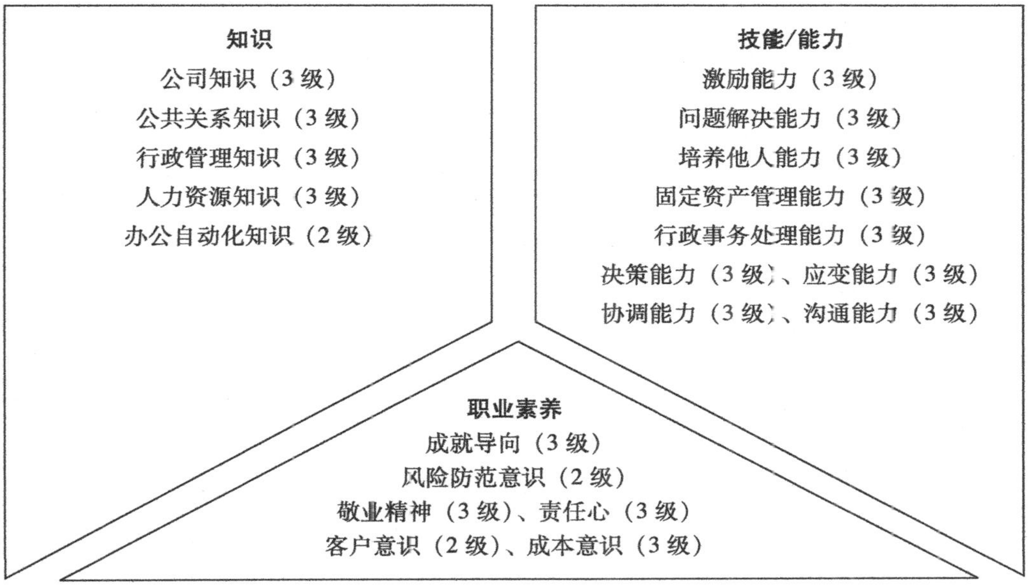

图 3-9　行政总监胜任素质模型

行政总监的任职资格条件如表 3-9 所示。

表 3-9　行政总监任职资格条件

关键行为与结果要求	工作标准与规范	指标界定与目标值
行政制度建设	负责制定办公事务管理、后勤管理、车辆和安全管理的有关规章制度，并监督执行	因规章制度不完善造成管理混乱的情况每发生 1 次，扣减乙方绩效薪资的____%，该项工作成绩合格者，增加其绩效薪资的____%
后勤事务管理	负责安排企业后勤保障工作，并审批各项改善员工工作、生活条件的意见、建议	监督总务后勤工作情况，员工满意度评分在____分以下，扣减浮动工资的____%，每发生 1 次重大的安全事故，扣减浮动工资的____%
固定资产管理	负责管理公司计算机、车辆、打印机等固定资产	行政办公设备完好率目标值为____%，每低于____%，扣____分，实际绩效值＜____%，此项得分为 0 分 行政办公设备完好率 $= \left(1-\frac{\text{故障设备台数}}{\text{行政设备总台数}}\right)\times$ 100%
行政费用管理	编制企业行政性财产、物资的采购计划及预算，严格控制行政办公经费支出	行政费用预算达成率浮动范围控制在____%～____%内，每提高（降低）____%，扣浮动工资的____%

第 4 章

市场类人员胜任素质模型与任职资格

4.1 市场部人员胜任素质模型与任职资格

4.1.1 市场部经理胜任素质模型与任职资格

岗位胜任特征是根据岗位的工作要求，确保该岗位的员工能够顺利完成该岗位工作的个人特征结构。本书结合市场部经理的工作职责及企业实际，制定了市场部经理胜任素质模型，具体内容如图 4-1 所示。

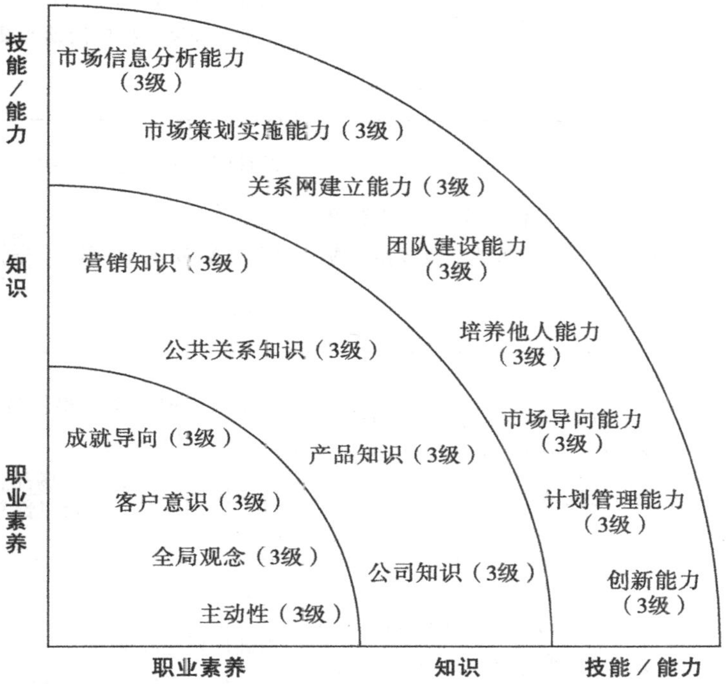

图 4-1 市场部经理胜任素质模型

市场部经理的任职资格条件如表 4-1 所示。

表 4-1 市场部经理任职资格条件

关键行为与结果要求	工作标准与规范	指标界定与目标值
市场调研管理	制订市场调研管理办法、调研计划方案，组织实施分析、诊断并提交报告	报告提交及时率达____% 报告提交及时率 = $\frac{及时提交报告次数}{实际调研次数}$ × 100%

（续表）

关键行为与结果要求	工作标准与规范	指标界定与目标值
市场策划管理	负责编制企业形象手册以及品牌定位、营销战略、公关活动方案等规范	主要考核市场策划各方案的达成情况
市场推广管理	撰写市场调研分析报告、市场推广方案，并进行开拓产品或服务销售渠道	主要考核推广活动费用控制率、推广活动销售增长率、推广活动效果
广告宣传管理	制定广告宣传与费用管理制度，审核广告宣传方式、投放预算等	每月广告播放达____次，每减少1次，扣____分 广告投放有效率 $= \frac{\text{销售收入增长率}}{\text{广告费用增长率}} \times 100\%$
成本控制管理	负责制定费用控制目标，进行市场调研、推广、广告宣传等成本预算与控制	费用预算控制率不得超过100%，每超过____%，扣____分 费用预算控制率 $= \frac{\text{市场部总支出}}{\text{市场部总预算}} \times 100\%$
部门和团队管理	制订市场部日常管理细则、工作规范、招聘计划、培训计划以及团队建设	培训计划完成率达____% 员工绩效考核平均得分在____分以上

4.1.2 市场主管胜任素质模型与任职资格

胜任能力与工作任务相联系，具有动态性。本书结合市场主管的工作职责及企业实际，制定了市场主管胜任素质模型，具体内容如图4-2所示。

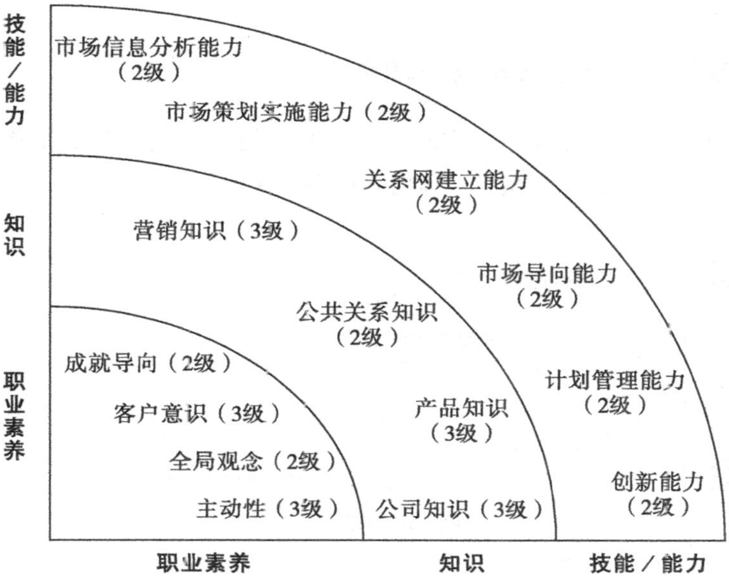

图 4-2 市场主管胜任素质模型

市场主管的任职资格条件如表 4-2 所示。

表 4-2 市场主管任职资格条件

关键行为与结果要求	工作标准与规范	指标界定与目标值
调研计划管理	协助市场经理制订市场调研计划，并推广实施调研计划	调研计划完成率达____% 调研计划推广实施质量达____分
推广活动管理	协助市场部经理撰写市场推广方案，并组织下属实施推广方案	考核市场推广方案的实施质量和效率 市场推广方案按时完成率达____% $按时完成率 = \frac{实际完成时间}{计划完成时间} \times 100\%$
广告宣传方式管理	负责制定和选择广告宣传方式，并报市场部经理审核	制定和选择的广告宣传方式通过率达____% 广告宣传方式通过率 = $\frac{广告宣传方式通过次数}{广告宣传方式总次数} \times 100\%$
预算管理	负责制定一项市场推广活动的预算，报市场部经理审核，组织下属实施	主要考核预算制定的准确性和具体实施过程中的控制情况

4.1.3 市场专员胜任素质模型与任职资格

胜任能力与工作任务相联系，具有动态性。本书结合市场专员的工作职责及企业实际，制定了市场专员胜任素质模型，具体内容如图4-3所示。

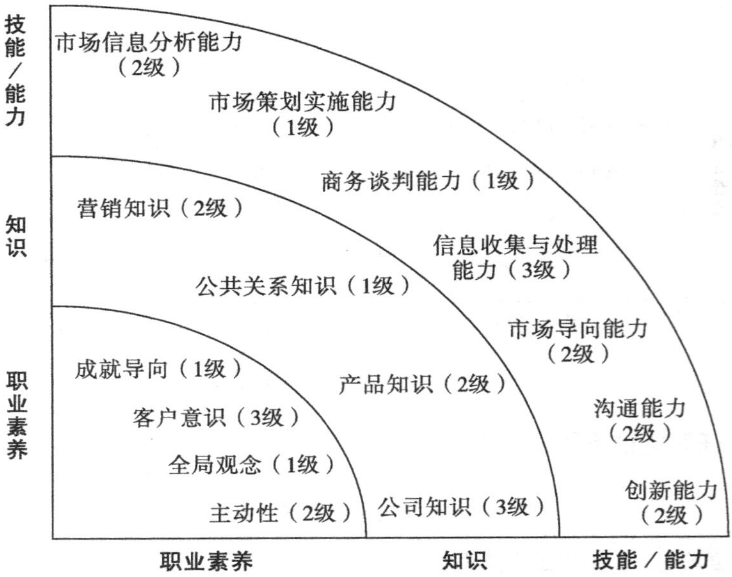

图4-3 市场专员胜任素质模型

市场专员的任职资格条件如表4-3所示。

表4-3 市场专员任职资格条件

关键行为与结果要求	工作标准与规范	指标界定与目标值
市场调研分析	负责制定前期的市场调研分析报告，明确最新产品信息及市场分析报告的编制规范	按时提交市场分析报告 市场分析报告内容准确率达____%
市场实施推广	负责制定前期的市场推广活动方案，年度的总营销目标、市场推广预算和方案编制规范	推广活动完成率达____% 市场推广活动效果评分达____分

（续表）

关键行为与结果要求	工作标准与规范	指标界定与目标值
广告宣传	负责搜集前期广告宣传效果评价结果，广告宣传预算的控制	广告通过率达____% 广告费效比达到____% 广告费效比 = $\frac{广告收益}{广告费用}\times 100\%$
公共关系维护	负责搜集整理专业媒体及大众媒体等相关媒体的信息，执行公共关系管理办法及危机公关应急预案	合作单位满意度达到____% 满意度 = $\frac{满意的问卷数量}{调查问卷数量}\times 100\%$

4.2 调研人员胜任素质模型与任职资格

4.2.1 市场调研经理胜任素质模型与任职资格

胜任素质模型规定了岗位所需的知识、技能/能力、职业素养等各项任职资格。员工通过这些层次的指引，能够顺利完成企业所设定的工作目标。图 4-4 所示为市场调研经理胜任素质模型。

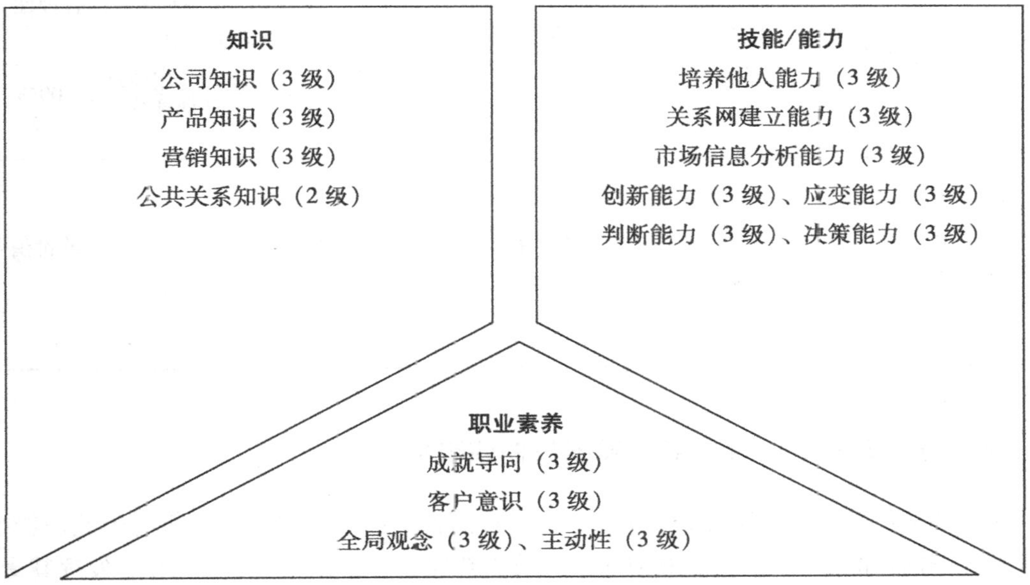

图 4-4 市场调研经理胜任素质模型

市场调研经理的任职资格条件如表4-4所示。

表4-4　市场调研经理任职资格条件

关键行为与结果要求	工作标准与规范	指标界定与目标值
市场调研计划管理	负责制订市场调研计划，并组织相关人员执行市场调研计划	按时提交市场调研计划 市场调研可执行率达____% $可执行率 = \frac{实际执行条款}{调研计划总条款} \times 100\%$
调研环境分析管理	组织进行宏观环境及行业状况调研，对企业内部环境、消费者及用户进行调研	市场调研环境预测准确率达____% $准确率 = \frac{预测准确信息量}{预测的总信息量} \times 100\%$
决策支持管理	建立、健全市场信息系统，加强与相关产业、研究机构的联系，为本部门和其他部门提供信息决策支持	主要考核提供的决策支持的有用性及贡献率
调研费用管理	制定调研费用预算并控制调研费用的支出	主要考核调研费用预算制定的合理性 调研费用预算控制率达____% $预算控制率 = \frac{实际使用预算}{计划预算} \times 100\%$
部门管理	主持市场调研部例会，指导、监督、检查部门人员的日常工作	主要考核市场调研部例会召开的价值及部门员工的绩效考核得分

4.2.2　市场调研主管胜任素质模型与任职资格

员工个体所具有的胜任特征有很多，但企业所需要的不一定是员工所有的胜任特征，企业会根据岗位的要求以及组织的环境，明确能够保证员工胜任该岗位工作、发挥其最大潜能的胜任特征。图4-5所示为市场调研主管胜任素质模型。

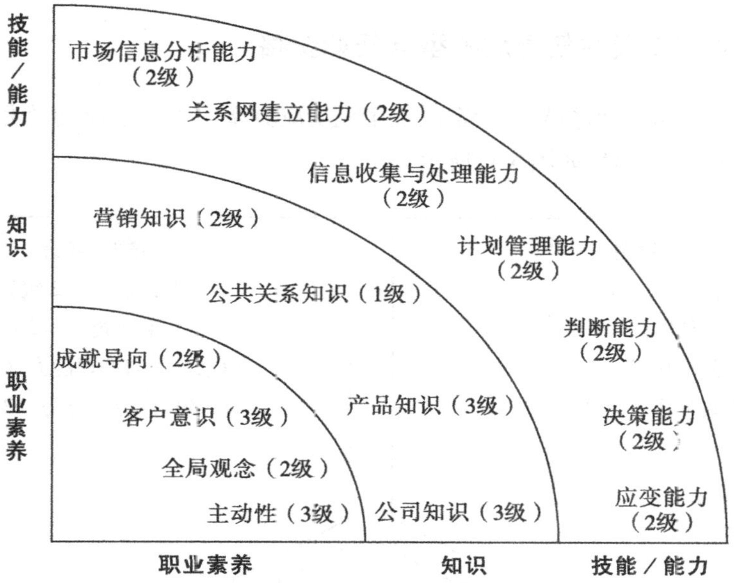

图 4-5　市场调研主管胜任素质模型

市场调研主管的任职资格条件如表 4-5 所示。

表 4-5　市场调研主管任职资格条件

关键行为与结果要求	工作标准与规范	指标界定与目标值
调研计划执行管理	协助市场调研经理制订市场调研计划，并妥善安排计划执行需要的人、财、物	主要考核其为市场调研计划的制订提供资料的可参性和可用性
撰写市场调研报告	协助上级展开产品和市场行销状况的信息资料收集和整理，完成分析报告	市场调研报告提交及时率达____% 市场调研报告提交及时率 = $\frac{实际提交时间}{计划提交时间} \times 100\%$
外部合作关系管理	负责与外部调研机构保持良好的合作关系，配合外部机构完成市场调研项目	主要考核外部合作机构对调研主管合作行为的评价情况
员工培训管理	负责定期向本部门员工提供培训	部门员工培训计划完成率达____% 培训计划完成率 = $\frac{实际完成培训项目}{计划的培训项目} \times 100\%$

4.2.3 市场调研专员胜任素质模型与任职资格

胜任素质模型通常指承担某一特定职位角色所应具备的胜任素质的总和。市场调研专员这一职位的胜任素质模型如图4-6所示。

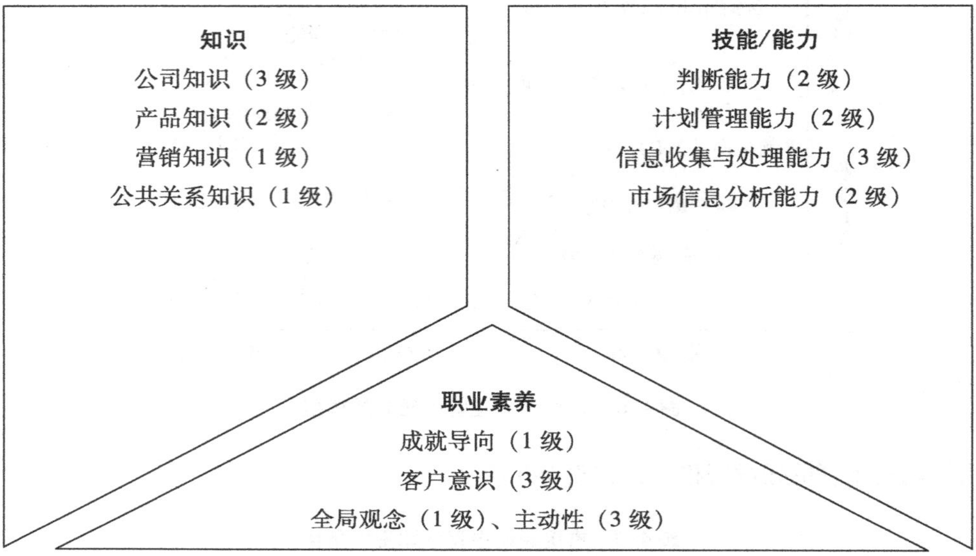

图4-6 市场调研专员胜任素质模型

市场调研专员的任职资格条件如表4-6所示。

表4-6 市场调研专员任职资格条件

关键行为与结果要求	工作标准与规范	指标界定与目标值
调研计划具体执行	根据市场、产品推广进行全方位市场调研工作	调研计划完成率达____%
调研资料整理	负责整理调研资料，并根据主管领导的要求对其进行分析、总结	调研资料整理及时率达____% $整理及时率=\frac{实际整理完成时间}{计划整理完成时间}\times 100\%$
数据信息归档	负责做好市场调研数据信息的归档、使用管理工作	主要考核数据信息归档的及时性、准确性及保密性
参加培训项目	完成部门规定的培训项目的情况	参加培训的积极率达____% $参与积极率=\frac{实际参加培训次数}{部门培训活动次数}\times 100\%$

4.3 企划人员胜任素质模型与任职资格

4.3.1 市场企划经理胜任素质模型与任职资格

胜任素质是潜在的、持久的个人特征，它与一定工作或情境中的、效标参照的、有效或优异绩效有因果关系，不同的岗位对员工的胜任素质要求不同。图 4-7 所示为市场企划经理胜任素质模型。

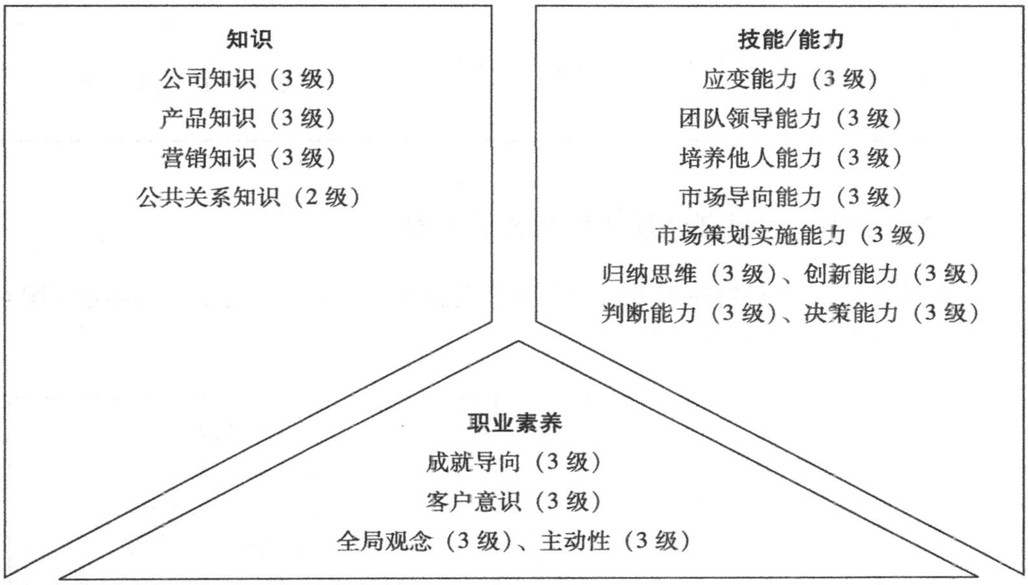

图 4-7 市场企划经理胜任素质模型

市场企划经理的任职资格条件如表 4-7 所示。

表 4-7 市场企划经理任职资格条件

关键行为与结果要求	工作标准与规范	指标界定与目标值
制定企划管理规章制度	负责建立、健全和组织实施企划管理规章制度	主要考核规章制度制定的完善性、实用性及权威性
策划方案管理	组织编制企划方案，并对重要企划方案进行审核	企划方案成功率达____% $企划方案成功率=\frac{实际执行方案}{企划方案总量}\times 100\%$

（续表）

关键行为与结果要求	工作标准与规范	指标界定与目标值
企划费用管理	负责编制企划预算表，确保企划费用的规范使用	企划费用控制率达____% 部门管理费用控制在预算范围之内
企划活动管理	负责会同相关部门开展企业策划与广告活动的管理工作	企划活动目标达成率达____% 企划活动效果得分在____分以上 企划活动目标达成率＝ $\frac{\text{企划目标实际达成数}}{\text{企划目标计划达成数}}\times 100\%$
部门员工管理	负责部门内员工的培训、考核工作	员工绩效考核评分在____分以上

4.3.2 市场企划主管胜任素质模型与任职资格

一个胜任素质模型应该有一定数量的具体胜任素质，其数量没有统一的界定。图4-8所示为市场企划主管胜任素质模型。

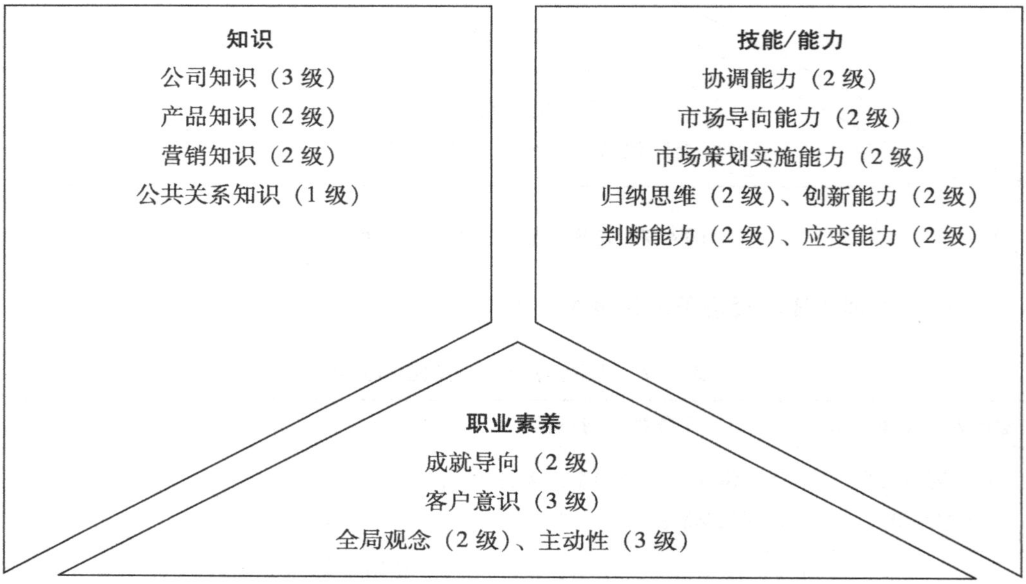

图4-8　市场企划主管胜任素质模型

市场企划主管的任职资格条件如表4-8所示。

表4-8　市场企划主管任职资格条件

关键行为与结果要求	工作标准与规范	指标界定与目标值
企划信息管理	根据企划需要，组织人员收集市场策划与各类创意资料和信息	主要考核信息管理的明确性
编制企划方案	协助企划经理编制企划方案，提供企业阶段性发展的计划与目标	领导满意率达____% 领导满意率 = $\frac{领导使用建议次数}{提供建议次数}\times 100\%$
项目执行总结	负责对企划项目的执行情况进行汇总、分析，撰写项目执行报告	主要考核项目执行报告提交的及时性、内容的准确性和全面性
员工培训管理	负责对所属人员进行策划、创意方面的培训、指导工作	员工参加率达____% 员工参训率 = $\frac{实际参与人数}{计划参与人数}\times 100\%$

4.3.3　营业企划专员胜任素质模型与任职资格

胜任素质是个体完成任务、形成绩效及继续发展的前提。营业企划专员这一职位的胜任素质模型如图4-9所示。

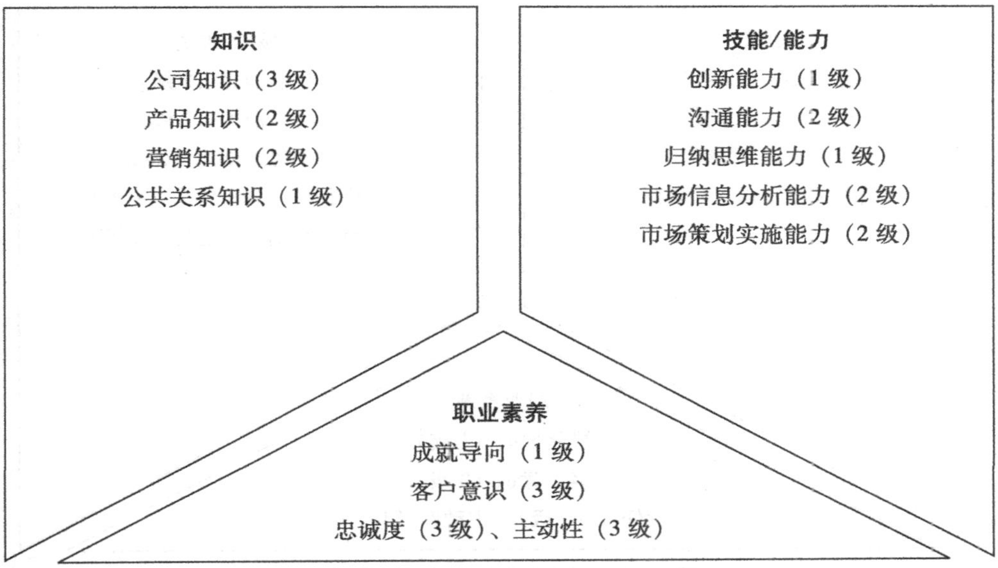

图4-9　营业企划专员胜任素质模型

营业企划专员的任职资格条件如表4-9所示。

表4-9　营业企划专员任职资格条件

关键行为与结果要求	工作标准与规范	指标界定与目标值
企划信息收集	负责收集、整理编制企业宣传资料和经营数据	主要考核信息收集的全面性、准确性
经营数据分析	定期对经营数据进行分析，形成分析报告，为经营决策提供数据支持	经营数据分析准确率达____% $分析准确率=\frac{正确分析数据数量}{实际分析数据数量}\times100\%$
企业形象设计执行	协助企划主管编制企业形象设计纲要，开展企业形象设计工作	主要考核企业形象设计工作的效果
企划任务执行	按照进度安排执行企划方案	企业任务按时完成率达____% $任务完成率=\frac{实际完成时间}{计划完成时间}\times100\%$

4.3.4　产品企划专员胜任素质模型与任职资格

员工个体所具有的胜任特征有很多，但企业所需要的不一定是员工所有的胜任特征，企业会根据岗位的要求以及组织的环境，明确能够保证员工胜任该岗位工作、发挥其最大潜能的胜任特征。图4-10所示为产品企划专员胜任素质模型。

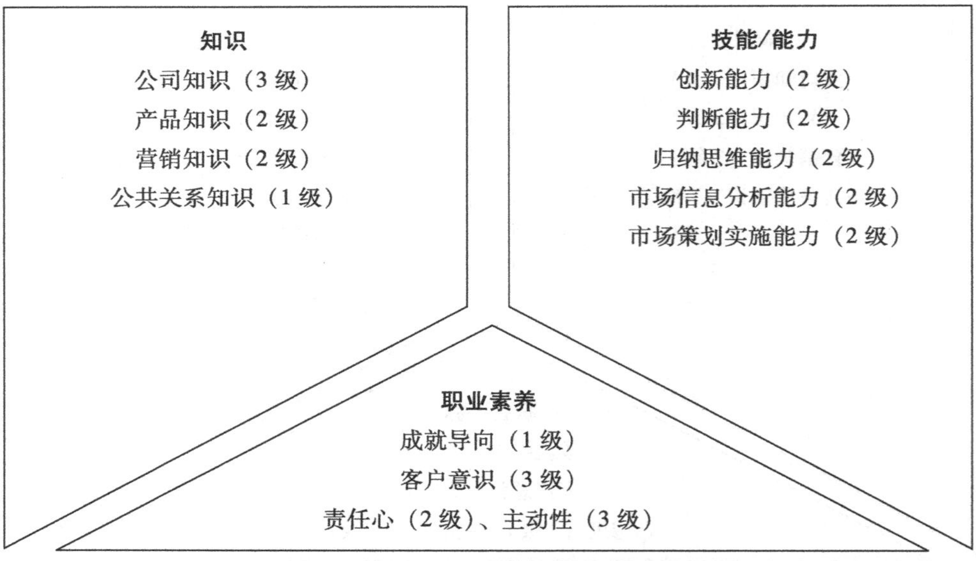

图4-10　产品企划专员胜任素质模型

产品企划专员的任职资格条件如表4-10所示。

表4-10 产品企划专员任职资格条件

关键行为与结果要求	工作标准与规范	指标界定与目标值
产品策略制定	负责拟定公司当前和未来的产品策略，并报领导审核批准	主要考核产品策略的全面性、准确性 产品策略一次性通过率达____%
产品推广	负责制定产品推广方案，提高产品品牌知名度	产品推广成效达____% 推广成效 = $\frac{知晓品牌人数}{产品推广调查人数}\times 100\%$
撰写产品销售评估报告	根据产品销售情况，及时对产品销售情况进行评估，撰写评估报告	产品销售情况评估准确率达____% 评估报告撰写内容全面、表述清晰 评估准确率 = $\frac{准确评估事项数目}{评估事项总数目}\times 100\%$
撰写产品企划方案	负责进行产品企划活动策划，撰写产品企划方案，报主管领导审核	产品企划方案一次通过率达____%

4.4 推广人员胜任素质模型与任职资格

4.4.1 市场推广经理胜任素质模型与任职资格

本书依据企业的发展战略目标、营销管理等各方面的要求，在参照企业优秀高层领导的胜任行为特征的基础上，结合市场推广经理各个工作要项，构建了市场推广经理胜任素质模型。该模型包括职业素养、知识、技能/能力三个方面，具体内容如图4-11所示。

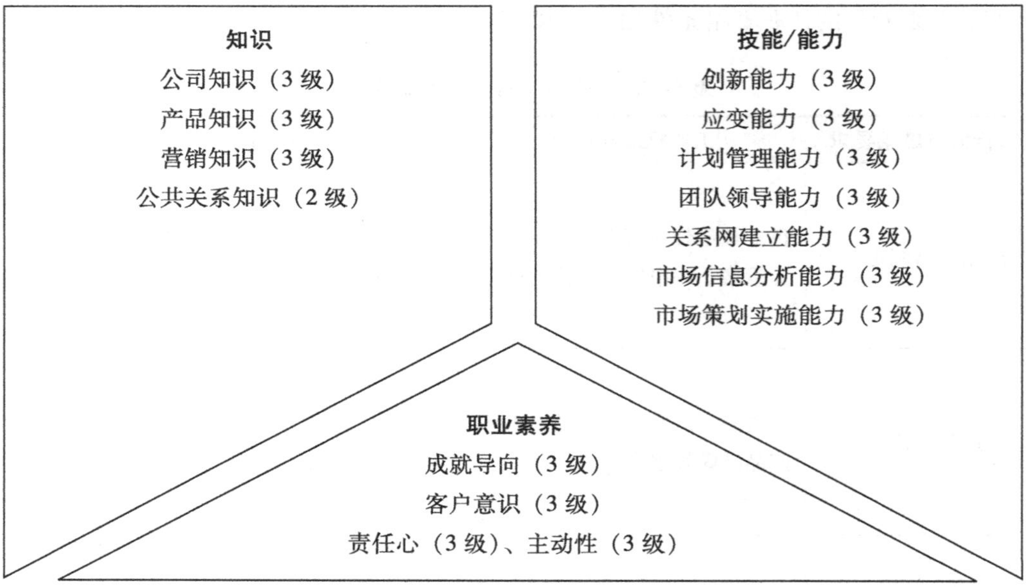

图4-11　市场推广经理胜任素质模型

市场推广经理的任职资格条件如表4-11所示。

表4-11　市场推广经理任职资格条件

关键行为与结果要求	工作标准与规范	指标界定与目标值
市场推广策划管理	规划、组织、实施、协调市场推广策划及广告业务	主要考核部门市场推广计划贯彻执行情况，做到上传下达
市场推广制度制定	制定市场推广的工作规范、行为准则及奖励制度	制度内容覆盖面达____% $制度内容覆盖率=\frac{实际覆盖人数}{计划覆盖人数}\times 100\%$
市场动态调研	把握市场动态，制定产品拓展的整体策略并予以实施	主要考核市场动态掌握的全面性、前沿性及其价值性 通过调研获得的信息价值性达____% $信息价值性=\frac{实际应用的信息量}{获取的市场信息量}\times 100\%$
内外关系管理	组织协调与销售部合作，处理企业内外的各种人际关系	主要考核企业内外部对市场推广经理人际关系的评价
市场推广费用管理	进行推广费用预算，并对费用进行规划与使用控制	市场推广费用使用率达____% $费用使用率=\frac{实际使用预算}{推广费用预算总额}\times 100\%$

4.4.2 市场推广主管胜任素质模型与任职资格

胜任素质是个体完成任务、形成绩效及继续发展的前提。市场推广主管这一职位的胜任素质模型如图4-12所示。

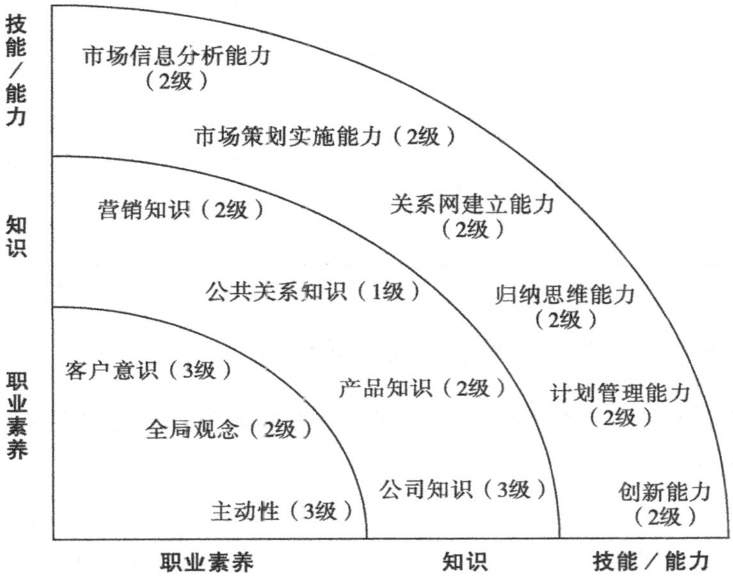

图4-12 市场推广主管胜任素质模型

市场推广主管的任职资格条件如表4-12所示。

表4-12 市场推广主管任职资格条件

关键行为与结果要求	工作标准与规范	指标界定与目标值
市场推广方案制定	配合市场推广经理编制市场推广方案，策划市场推广活动方案	市场推广方案策划完成____件 市场推广方案通过率达____%
市场推广方案实施	组织市场推广方案的实施，并负责监督市场推广活动的进行，编制推广活动评估报告	主要考核推广活动实施的效果，推广活动评估报告的撰写情况 方案实施中，提出的建议有效率达____% $建议有效率=\frac{实际使用数量}{提出建议数量}\times 100\%$

（续表）

关键行为与结果要求	工作标准与规范	指标界定与目标值
市场占有拓展	通过市场推广活动的开展，进一步提高市场占有率	市场占有率达____% 市场占有率 = $\frac{\text{推广期本公司销售额}}{\text{该产品销售总额}}$ × 100%
推广费用控制	监督市场推广方案执行过程中，推广费用的使用情况	推广费用控制在预算范围之内

4.4.3 市场推广专员胜任素质模型与任职资格

胜任素质是个体完成任务、形成绩效及继续发展的前提。市场推广专员这一职位的胜任素质模型如图 4-13 所示。

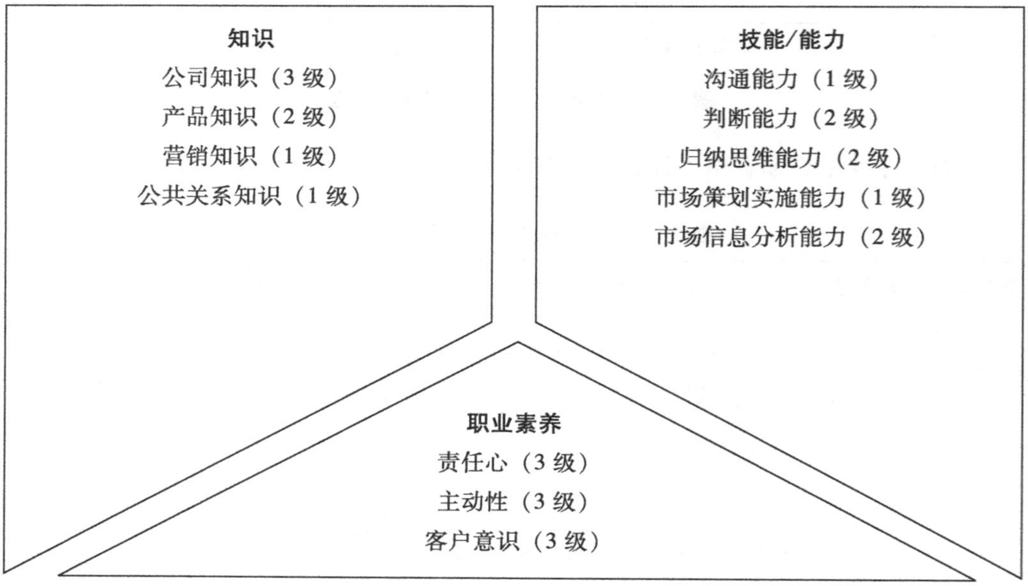

图 4-13　市场推广专员胜任素质模型

市场推广专员的任职资格条件如表4-13所示。

表4-13 市场推广专员任职资格条件

关键行为与结果要求	工作标准与规范	指标界定与目标值
市场推广方案执行	负责各种市场推广活动方案的执行，对推广活动实施后的效果进行评估	市场推广方案执行完成____件 市场推广方案执行率达____%
提出市场推广方案建议	定期收集、整理、分析市场情报，并适时提出市场推广建议方案	提出的建议有效率达____%
合作单位协调	协调、督导合作单位（包括广告制作公司、媒体等）的工作，有效控制成本	通过协调合作单位的工作，成本控制率达____% $成本控制率=\frac{节约的成本}{总成本}\times 100\%$
推广档案整理	负责市场推广文件、资料的管理	通过档案整理，确保资料完整率达____% $资料完整率=\frac{归档资料}{资料总数}\times 100\%$

4.5 促销人员胜任素质模型与任职资格

4.5.1 促销经理胜任素质模型与任职资格

胜任素质模型至少包括两个部分：一是保证获取高绩效的关键胜任素质，即员工胜任某一工作所必须具备的关键胜任素质；二是各项关键胜任素质的等级，即员工胜任某一工作在各项必备素质上必须达到的级别要求。促销经理这一职位的胜任素质模型如图4-14所示。

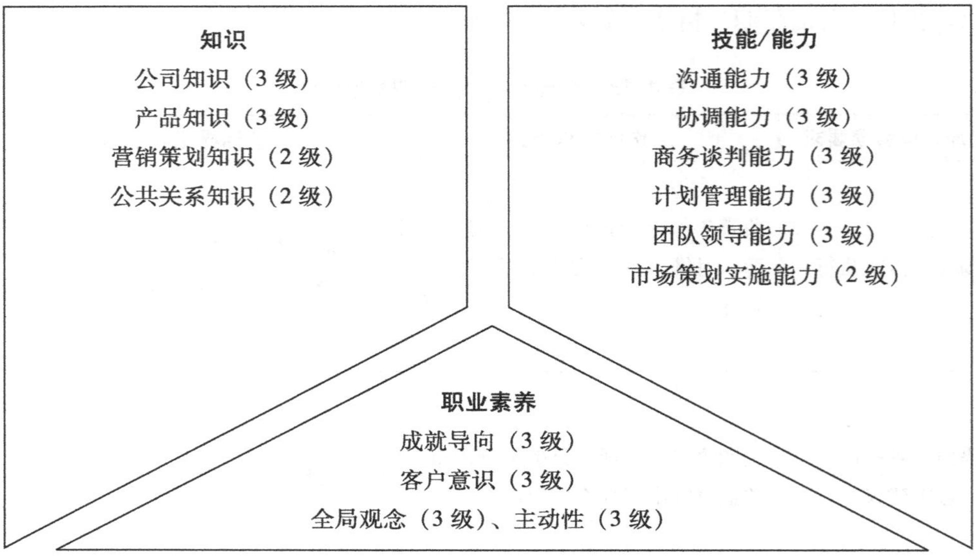

图 4-14　促销经理胜任素质模型

促销经理的任职资格条件如表 4-14 所示。

表 4-14　促销经理任职资格条件

关键行为与结果要求	工作标准与规范	指标界定与目标值
年度促销计划制订	根据企业总体战略，制订年度促销计划，报领导审批	年度促销计划一次性通过率达____% 年度促销计划提交及时率达____% $提交及时率 = \frac{实际提交时间}{计划提交时间} \times 100\%$
促销管理制度编制	组织制定各种促销管理制度并监督实施	主要考核促销管理制度的有用性及可参性
促销现场的管理	负责促销现场的监督与管理工作，发现问题及时解决	主要考核促销现场恶性事件发生的情况
促销活动管理	通过组织编写促销方案，保证促销活动实现预期目标	通过开展促销活动，销售增长率达____% $销售增长率 = \frac{促销活动后销售额}{促销活动前销售额} \times 100\%$
促销费用管理	负责促销预算的编制与促销费用的控制工作	促销费用控制率达____% 促销预算一次性通过率达____%
部门人员管理	负责下属员工的管理工作，组织促销人员的培训工作并对培训效果进行评估	部门员工绩效考核平均分数达____分 培训效果转化成功率达____%

4.5.2 促销主管胜任素质模型与任职资格

胜任素质模型详细规定了企业员工所需要的知识、技能/能力、职业素养。员工通过这三个层次的指引，能够顺利完成企业所设定的工作目标。促销主管这一职位的胜任素质模型如图4-15所示。

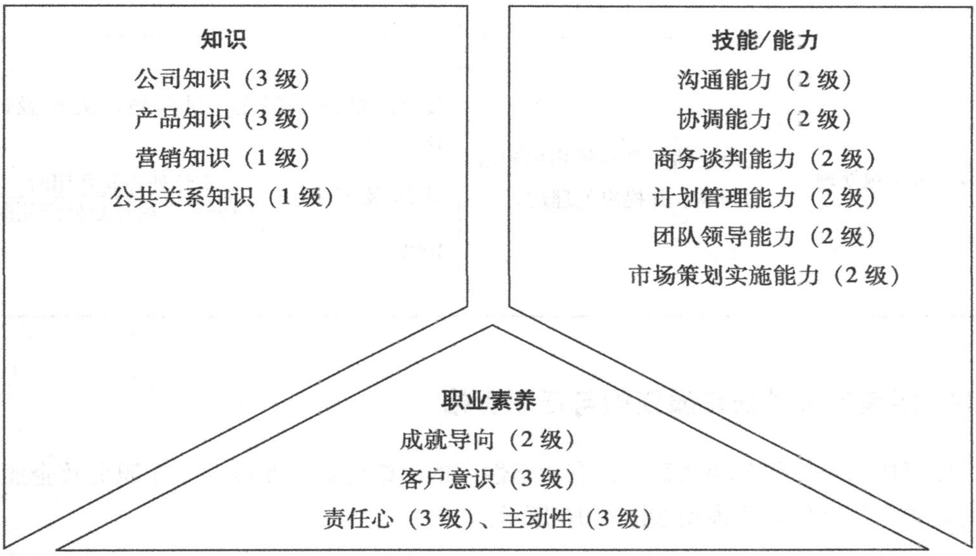

图4-15 促销主管胜任素质模型

促销主管的任职资格条件如表4-15所示。

表4-15 促销主管任职资格条件

关键行为与结果要求	工作标准与规范	指标界定与目标值
促销计划制订数据收集	组织促销前期的市场调查与分析工作，为促销经理制订年度促销计划提供数据支持	主要考核提供的数据对促销计划制订的贡献度
促销方案制定与实施	根据促销计划，编制具体的市场促销方案，并报促销经理审批。方案确定后组织相关人员实施	促销方案一次性通过率达____% 促销方案紧贴市场需求，迎合市场主流方向

（续表）

关键行为与结果要求	工作标准与规范	指标界定与目标值
促销活动监督	负责促销活动的组织管理，并对促销现场进行巡视	巡视有效率达____% 巡视有效率 = $\frac{\text{巡视后恶性事件发生次数}}{\text{不巡视促销现场恶性事件发生次数}} \times 100\%$
促销产品问题处理	及时反馈产品在销售中出现的问题，并提出处理建议	促销产品发生问题，对问题的处理及时率达____% 处理及时率 = $\frac{\text{实际处理问题用时}}{\text{问题发生后计划处理用时}} \times 100\%$

4.5.3 促销专员胜任素质模型与任职资格

胜任素质与工作任务相联系，具有动态性。本书结合促销专员的工作职责及企业实际制定的促销专员胜任素质模型如图4-16所示。

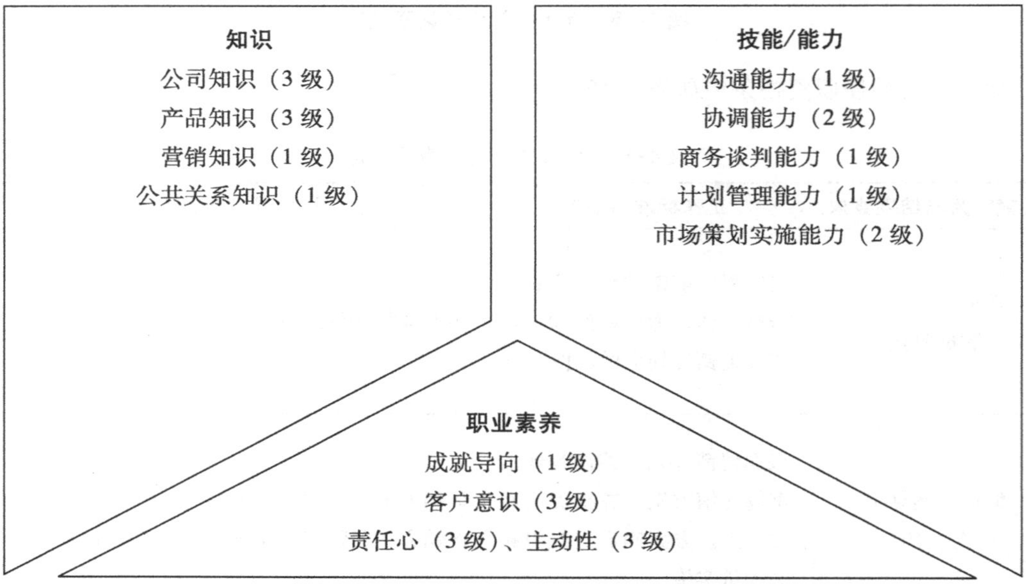

图4-16　促销专员胜任素质模型

促销专员的任职资格条件如表4-16所示。

表4-16 促销专员任职资格条件

关键行为与结果要求	工作标准与规范	指标界定与目标值
促销方案执行	协助组织实施促销方案，指导各区域促销方案的实施	主要考核促销方案的执行情况，通过指导，各区域促销方案的实施情况
促销活动现场安排	负责联络促销活动现场相关事宜，包括展位、地点选择	主要通过促销活动现场安排的情况是否有利于吸引更多消费群体来衡量
促销员管理	负责对促销员的工作进行监督、考察	通过对促销员管理，顾客满意度达____% 促销员绩效考核平均得分达____分 $顾客满意度=\frac{顾客满意数量}{受访顾客总数}\times 100\%$
撰写促销活动成果评价报告	通过对促销活动信息的收集和整理，评价促销活动成果，并撰写成果评价报告	主要考核成果评价报告的价值性及对下次促销活动的指导意义

4.6 广告人员胜任素质模型与任职资格

4.6.1 广告经理胜任素质模型与任职资格

胜任素质模型规定了岗位所需的知识、技能/能力、职业素养等各项任职资格。员工通过这些层次的指引，能够顺利完成企业所设定的工作目标。图4-17所示为广告经理胜任素质模型。

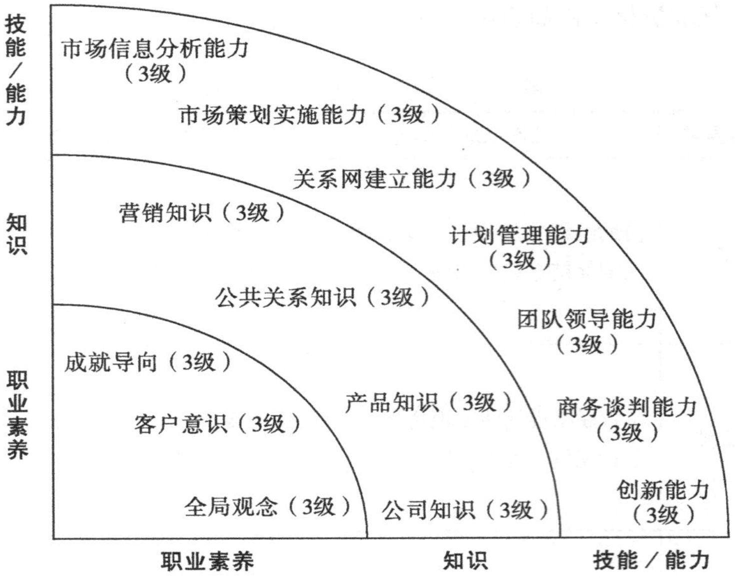

图 4-17　广告经理胜任素质模型

广告经理的任职资格条件如表 4-17 所示。

表 4-17　广告经理任职资格条件

关键行为与结果要求	工作标准与规范	指标界定与目标值
广告规划制定	根据企业整体发展战略，制定短、中、长期广告规划，并组织实施	主要考核广告规划对推进企业整体发展战略实施的作用
广告宣传计划编制	根据企业各阶段的广告规划，负责组织年度广告计划的制订及审核工作	广告宣传计划按时完成率达____% 广告宣传计划审核通过率达____%
广告调研管理	根据市场竞争情况，负责组织实施广告调研工作，并审核调研报告	调研报告提交及时率达____% 调研报告内容全面、细致、分析到位
广告实施管理	监督广告方案实施的全过程，组织广告媒介的策划、选择、合同签订及购买	广告成功率达____% 广告成功率 = $\frac{\text{得到好评数}}{\text{广告播放受众群体数}} \times 100\%$
广告费用管理	根据广告策划方案，组织编制经费预算，报总经理审核	广告预算达成率控制在____%以内 经费预算一次性通过率达____%

（续表）

关键行为与结果要求	工作标准与规范	指标界定与目标值
部门员工管理	负责指导、管理下属员工的日常工作，定期对部门员工培训	培训计划完成率达____% 培训计划完成率 = $\frac{按时完成培训数}{培训计划总数}\times 100\%$

4.6.2 广告主管胜任素质模型与任职资格

一个胜任素质模型首先应该有一定数量的具体胜任素质，其数量没有统一的界定。图4-18所示为广告主管胜任素质模型。

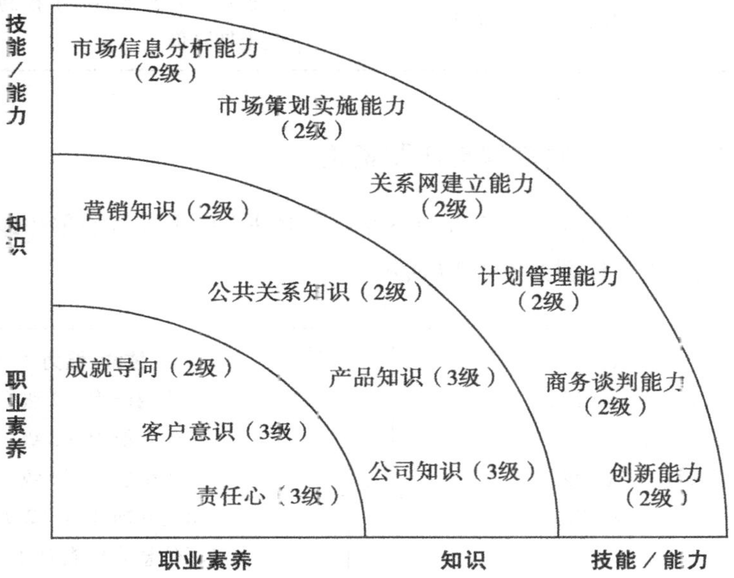

图4-18 广告主管胜任素质模型

广告主管的任职资格条件如表4-18所示。

表4-18 广告主管任职资格条件

关键行为与结果要求	工作标准与规范	指标界定与目标值
广告创意方案制定	根据企业整体发展战略及年度广告计划，编制广告创意方案	广告创意方案通过率达____% 创意方案通过率 = $\frac{实际通过数量}{提交创意方案数量}\times 100\%$

（续表）

关键行为与结果要求	工作标准与规范	指标界定与目标值
广告计划实施	组织相关人员，具体实施广告计划，并对实施过程进行监督	广告计划实施完成率达____% 通过广告计划实施，市场占有率提高____%
广告媒体管理	与外部媒体单位洽谈联络，选择适合企业形象和产品广告宣传的媒体，协助广告经理签订合同	合同签订成功率达____% 合同签订成功率 = $\frac{签订合同数量}{洽谈的媒体数量}\times 100\%$
广告费用控制	根据经费预算，有效使用广告费用，并监督使用过程	合理有效控制广告成本 广告制作和发布的成本控制在预算范围内，较上期降低____%

4.6.3 广告专员胜任素质模型与任职资格

胜任素质与工作任务相联系，具有动态性。本书结合广告专员的工作职责及企业实际制定的广告专员胜任素质模型如图4-19所示。

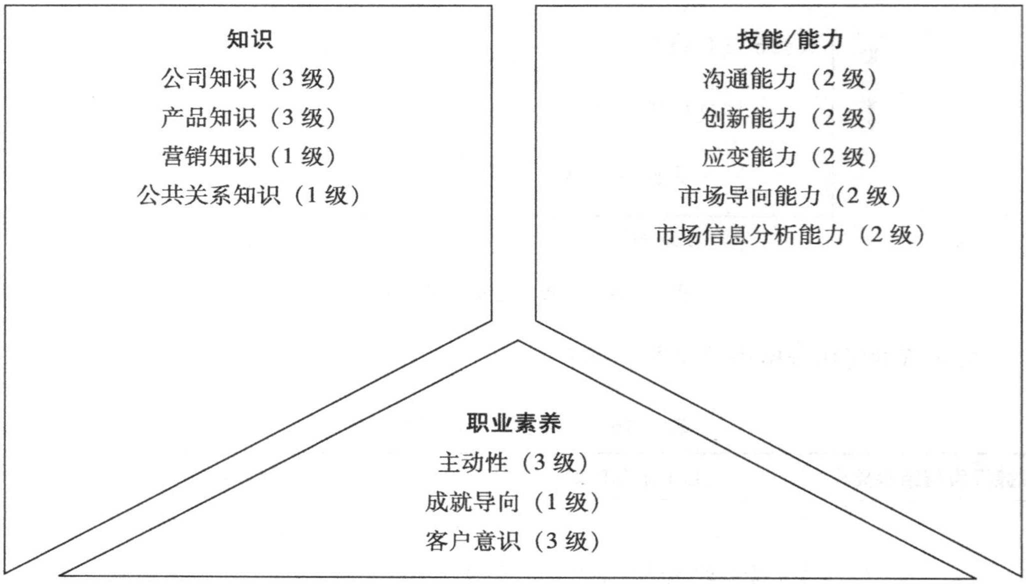

图4-19 广告专员胜任素质模型

广告专员的任职资格条件如表4-19所示。

表4-19 广告专员任职资格条件

关键行为与结果要求	工作标准与规范	指标界定与目标值
广告资料收集	收集、整理各项广告策划、创意资料，并进行分类	在规定时间内收集完整全面的资料 将收集的资料分门别类地整理，便于查找、使用，提高工作效率
文稿创作	结合企业文化和产品特征，撰写各类广告文稿，报广告主管审核	主要考核文稿是否打破常规，有独特性、新奇性，不盲目仿效别人，不落俗套 文稿价值性达____% $文稿价值性=\frac{实际使用文稿数量}{实际创作文稿数量}\times 100\%$
广告费用使用	按照预算编制及适用要求，合理使用广告费用	主要考核指标为千人广告成本。千人广告成本是某一媒介或媒介广告排期表送达1000人所需的成本
广告发布	按照工作计划安排及广告计划需求，定期发布广告	在规定时间内发布广告且内容准确 $广告发布有效性=\frac{销售收入增长额}{广告发布成本}\times 100\%$

4.7 品牌人员胜任素质模型与任职资格

4.7.1 品牌经理胜任素质模型与任职资格

不同的岗位以及企业在不同的发展阶段对岗位能力素质的要求和侧重点都有所不同。图4-20所示为品牌经理胜任素质模型。

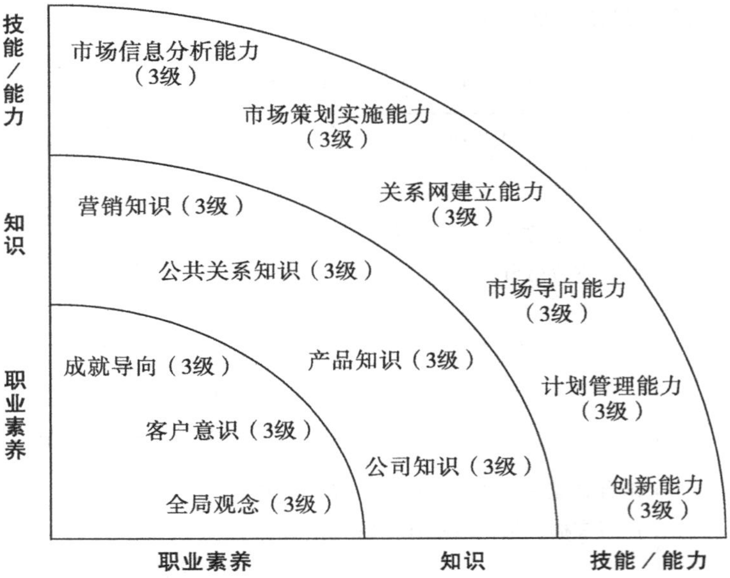

图 4-20　品牌经理胜任素质模型

品牌经理的任职资格条件如表 4-20 所示。

表 4-20　品牌经理任职资格条件

关键行为与结果要求	工作标准与规范	指标界定与目标值
制定品牌战略规划与方案	制定本企业产品品牌战略规划，设计并实施品牌与产品推广方案	在规定时间内提交品牌战略规划与方案 品牌战略规划与方案符合企业发展方向
品牌资源管理	按照企业的总体战略提炼、整合企业品牌资源，提升品牌价值	品牌知名度为____% 每千人中，有____人知晓该品牌 $品牌知名度=\frac{知晓品牌人数}{被调查人员}\times100\%$
品牌运营管理	全面负责企业品牌运营及其服务工作	年度内错用滥用品牌情况的次数为 0 年度媒体正面曝光次数达到____次
品牌推广活动管理	负责品牌推广、宣传与维护等工作	推广品制作完成率达____% $制作完成率=\frac{实际制作种类}{计划制作种类}\times100\%$
品牌运营费用管理	组织相关人员编制经营预算表，监督、控制预算使用	品牌运营费用使用控制在预算范围之内
部门员工管理	负责监督、指导下属工作，并根据市场要求组织实施员工培训	员工绩效考核平均分达____分

4.7.2 品牌主管胜任素质模型与任职资格

胜任素质与工作任务相联系，具有动态性。本书结合品牌的工作职责及企业实际制定的品牌主管的胜任素质模型如图 4-21 所示。

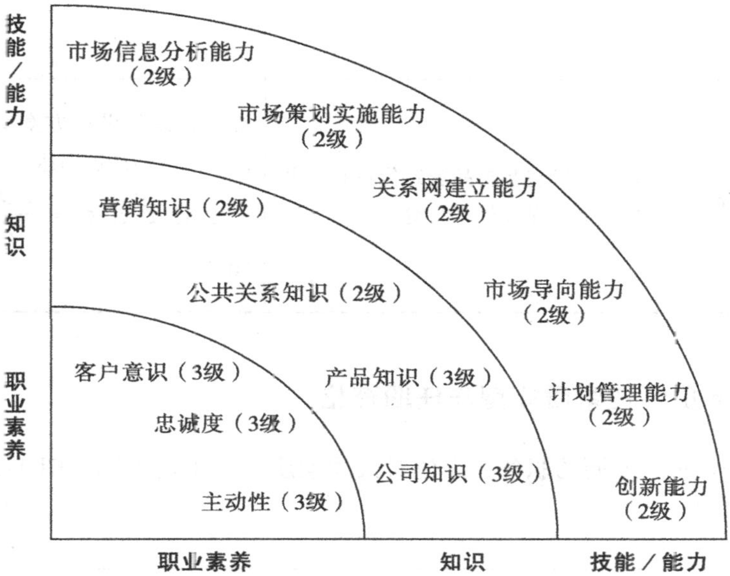

图 4-21 品牌主管胜任素质模型

品牌主管的任职资格条件如表 4-21 所示。

表 4-21 品牌主管任职资格条件

关键行为与结果要求	工作标准与规范	指标界定与目标值
品牌推广方案实施	协助品牌经理编制品牌推广方案，并组织实施本企业品牌推广方案	品牌推广方案一次性通过率达____%
品牌公关活动组织	负责与品牌推广相关的公关活动的组织与策划	主要考核品牌的知名度和忠诚度 每千人中，有____人两次以上购买本产品 品牌忠诚度 $= \frac{二次购买产品人数}{购买产品人数} \times$ 100%

（续表）

关键行为与结果要求	工作标准与规范	指标界定与目标值
撰写品牌阶段性运营报告	负责定期或不定期向品牌经理提交品牌运营阶段性报告	主要考核报告提交的及时性，内容的完整性、准确性
品牌设计管理	负责品牌包装与品牌定位设计，并提交品牌设计创意方案	编写的品牌设计方案有创意，观点新颖，一次性通过率达____% 一次性通过率 $=\frac{\text{一次性通过次数}}{\text{实际提交次数}}\times 100\%$

4.7.3 品牌专员胜任素质模型与任职资格

在同一个企业里，不同的职务和岗位对人才素质的要求就不同。图4-22所示为品牌专员胜任素质模型。

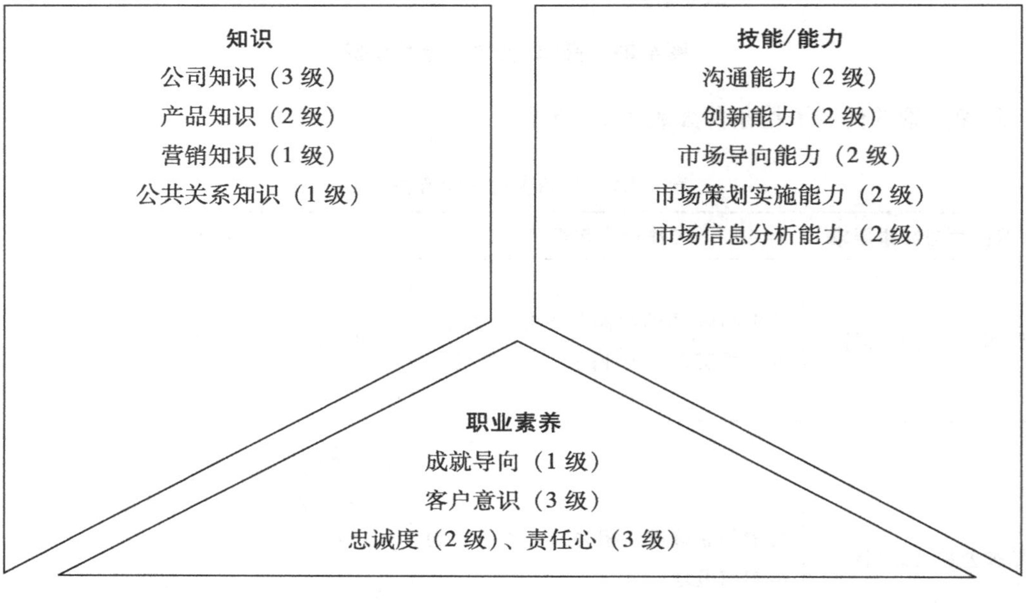

图4-22 品牌专员胜任素质模型

品牌专员的任职资格条件如表4-22所示。

表4-22 品牌专员任职资格条件

关键行为与结果要求	工作标准与规范	指标界定与目标值
品牌信息收集	负责收集竞争对手的品牌信息，对市场进行具体分析	信息收集有效率达____% 信息收集有效率 = $\frac{\text{使用信息数量}}{\text{收集信息数量}} \times 100\%$
品牌推广方案执行	按照品牌推广方案的具体内容，结合市场实际情况，执行品牌推广方案	主要考核推广方案执行的成功度，包括品牌知名度、曝光次数等指标
对外合作	负责与各类媒体进行沟通合作，宣传企业品牌	品牌在媒体的正面曝光率达____% 正面曝光率 = $\frac{\text{正面曝光次数}}{\text{品牌曝光次数}} \times 100\%$
个人提升	按照部门培训计划，个人参加培训的积极性	个人培训计划完成率达____%

4.8 公关人员胜任素质模型与任职资格

4.8.1 公关经理胜任素质模型与任职资格

胜任素质模型的构建对于员工招聘任用、提高培训效果乃至提高组织绩效具有重要意义。本书结合公关经理的工作职责及企业实际制定的公关经理胜任素质模型如图4-23所示。

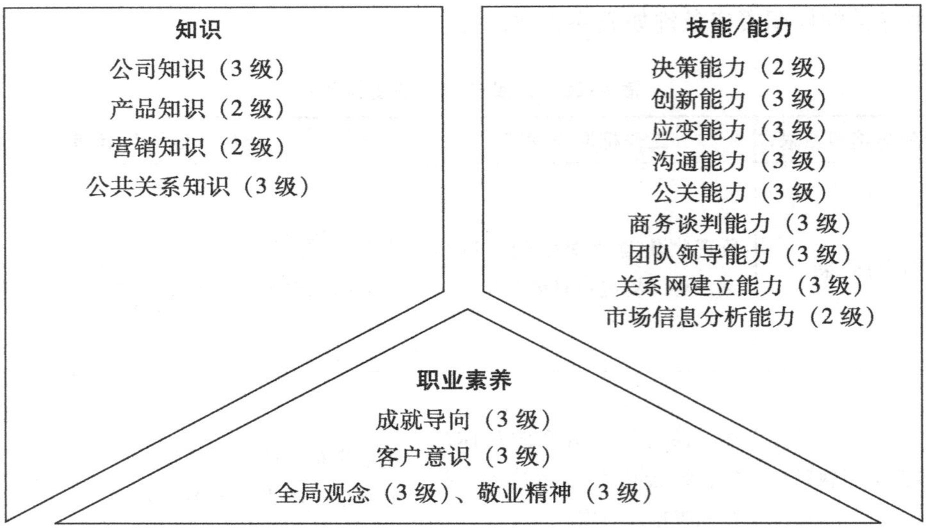

图 4-23　公关经理胜任素质模型

公关经理的任职资格条件如表 4-23 所示。

表 4-23　公关经理任职资格条件

关键行为与结果要求	工作标准与规范	指标界定与目标值
制定公关策划方案	根据企业市场发展目标，策划和制订各种公关计划，编写并审核市场公关策划方案，报总经理审批	通过制定公关策划方案，策划目标实现率达____% 策划目标实现率 = $\frac{实际实现数量}{策划目标数量} \times 100\%$
危机公关管理	负责处理各类突发的公关危机事件，并根据事件的影响及时上报直接上级	通过危机公关的管理，危机公关认可度达____% 公关认可度 = $\frac{妥善处理事件数}{发生危机事件数} \times 100\%$
公关传播管理	根据公关计划，与相关外部部门建立长期稳定的关系，建立本企业特有的社会关系网络	主要考核公关传播的正面效应及社会关系网络的稳定程度
公关费用管理	根据本企业的财务管理制度，编制市场公关活动经费的预算，合理控制部门费用	公关费用控制在预算范围之内 费用预算一次性通过率达____%
部门员工管理	负责下属人员的管理工作及培训工作	员工绩效考核平均分达____分

4.8.2 公关主管胜任素质模型与任职资格

胜任素质模型为企业的工作分析、人员招聘、人员考核、人员培训以及人员激励提供了强有力的依据。本书结合公关主管的工作职责及企业实际制定的公关主管胜任素质模型如图4-24所示。

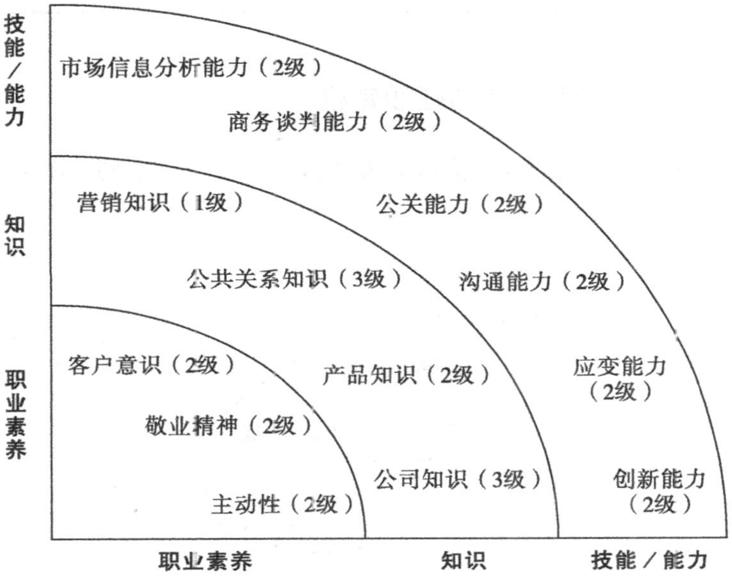

图4-24 公关主管胜任素质模型

公关主管的任职资格条件如表4-24所示。

表4-24 公关主管任职资格条件

关键行为与结果要求	工作标准与规范	指标界定与目标值
实施公关策划方案	根据审批通过的公关活动方案进行人员分配，并对公关活动实施过程进行监督	公关活动实施完成率达____% 实施完成率 = $\frac{\text{实际完成活动数}}{\text{计划公关活动数}} \times 100\%$
公关市场调研	组织开展市场调研，全面收集客户信息，并掌握相关市场动态	主要考核市场调研数据量及数据的准确性和细致性
媒体管理	负责与企业公关活动相关的媒体保持长期联系，与知名媒体保持友好关系	媒体正面曝光次数达____次

（续表）

关键行为与结果要求	工作标准与规范	指标界定与目标值
大型公关活动组织	根据企业公关要求，定期组织大型公关活动	大型社会专题活动超过____次 大型公关活动效用率达____% $公关活动效用率=\frac{组织后销售额}{组织前销售额}\times 100\%$

4.8.3 公关专员胜任素质模型与任职资格

在同一个企业里，不同的职务和岗位对人才素质的要求就不同。图 4-25 所示为公关专员胜任素质模型。

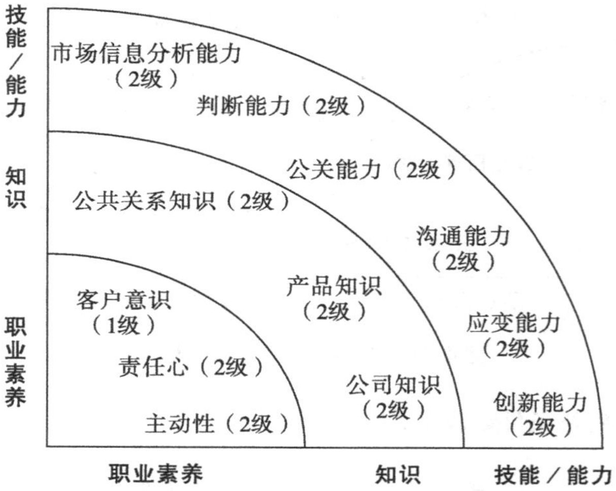

图 4-25 公关专员胜任素质模型

公关专员的任职资格条件如表 4-25 所示。

表 4-25 公关专员任职资格条件

关键行为与结果要求	工作标准与规范	指标界定与目标值
公关策划方案执行	根据公关策划方案，负责公关活动的前期准备工作，撰写与活动有关的宣传资料	公关策划方案完成率达____% $公关策划方案完成率=\frac{实际完成时间}{计划完成时间}\times 100\%$

（续表）

关键行为与结果要求	工作标准与规范	指标界定与目标值
资料收集	收集各类公关良策和典型案例，并对其进行分析，对企业的公关工作提出建议	资料收集及时、准确、新颖、覆盖全面
内部关系维护	协助公关主管处理和相关部门的沟通与合作事宜	内部满意度评分在____分以上 领导满意度评分在____分以上
效果评估报告撰写	评估企业公关活动的效果，在规定时间内编写效果评估报告，并提交主管审核	效果评估报告一次性通过率达____%

4.8.4 媒体专员胜任素质模型与任职资格

胜任素质与工作任务相联系，具有动态性。本书结合媒体专员的工作职责及企业实际制定的媒体专员胜任素质模型如图4-26所示。

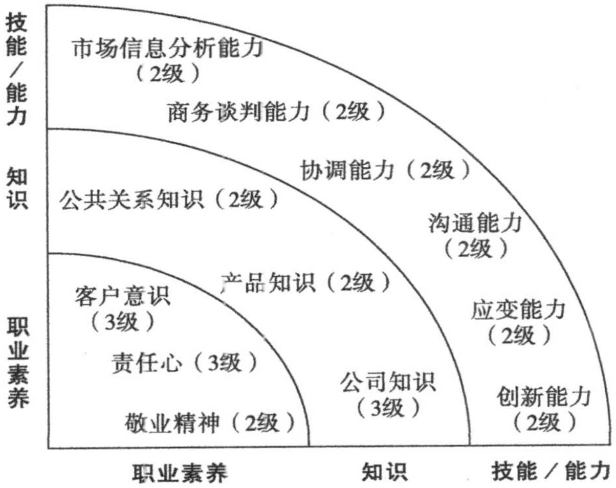

图4-26 媒体专员胜任素质模型

媒体专员的任职资格条件如表4-26所示。

表4-26　媒体专员任职资格条件

关键行为与结果要求	工作标准与规范	指标界定与目标值
媒介资料收集	收集各专业媒体及大众媒体的广告相关资料，及时把握媒体动向	主要考核资料收集的及时性、前沿性 媒体动向预测准确率达____% $预测准确率=\frac{预测准确条数}{动向预测条数}\times 100\%$
媒体方案执行管理	负责跟踪媒体方案的执行效果，收集整理各种效果数据，并对执行结果进行分析，把结果反馈给公司领导和客户	执行效果反馈及时率达____% 执行结果分析的准确率达____% $准确率=\frac{分析正确数量}{分析的结果数量}\times 100\%$
媒体关系维护	协调维护媒体关系，与相关媒体建立良好的合作关系	媒体的负面报道次数为0
媒体资料档案管理	对搜集到的媒体资料及媒体方案执行的资料进行归档	资料归档的及时性、保密性及全面性

第 5 章

销售类人员胜任素质模型与任职资格

5.1 销售部人员胜任素质模型与任职资格

5.1.1 销售经理胜任素质模型与任职资格

本书依据企业的经营理念、文化价值观等要求，结合销售经理的主要工作职责及该职位对任职人员的要求，并参照其他优秀部门经理的行为特征，构建了销售经理胜任素质模型。该模型包括职业素养、知识、技能/能力三个层面，具体内容如图 5-1 所示。

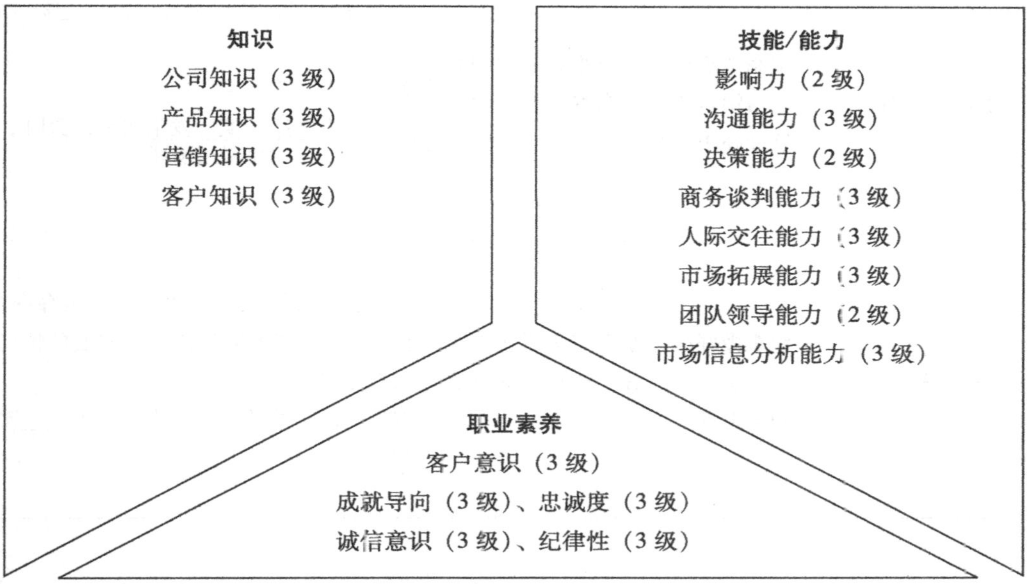

图 5-1 销售经理胜任素质模型

销售经理的任职资格条件如表 5-1 所示。

表 5-1 销售经理任职资格条件

关键行为与结果要求	工作标准与规范	指标界定与目标值
制订销售计划	制订总体销售战略、销售计划及量化销售目标，编写市场推广预算书、销售计划编制规范	销售计划完成率达到____%，每降低____%，扣____分 销售计划完成率 = $\frac{\text{实际销售额}}{\text{计划销售额}} \times 100\%$
开展销售活动	制订详细的销售工作计划，分解销售任务指标，了解市场同类产品相关信息，制定销售预算；负责组织开拓市场，建立销售网络，开展销售渠道的拓展与维护工作	销售额完成率每降低____%，扣____分 销售额完成率 = $\frac{\text{当年销售额}-\text{上年度销售额}}{\text{上年度销售额}} \times 100\%$

（续表）

关键行为与结果要求	工作标准与规范	指标界定与目标值
售后服务管理	收集售后服务数据，制订售后服务计划，售后服务质量标准及管理方案	客户满意率达到____%，每降低____%，扣____分 客户满意率 = $\frac{满意评价数}{总调查人数}\times 100\%$
销售成本控制	编制销售成本分析报告、营销计划与销售预算、成本控制流程和管理办法	销售费用节省率每提高____%，加____分 销售费用节省率 = $\frac{销售费用预算-实际发生的销售费用}{销售费用预算}\times 100\%$
客户关系管理	组织做好客户联系与关系维系工作，及时处理客户投诉，保证客户满意度	客户有效投诉次数代表服务人员存在怠慢客户、不能及时解决客户问题的情况，次数越多服务越差 客户投诉次数低于____次，每多____次，扣____分
销售人员管理	负责销售人员的日常管理、业务培训与考核	培训计划完成率每降低____%，扣____分 培训计划完成率 = $\frac{实际培训次数}{计划培训次数}\times 100\%$

5.1.2 销售主管胜任素质模型与任职资格

本书通过梳理销售主管的主要工作事项及该职位对任职人员的资格要求，并结合其他优秀主管胜任行为特征的分析，从职业素养、知识、技能/能力三个层面出发，构建了销售主管胜任素质模型，具体内容如图 5-2 所示。

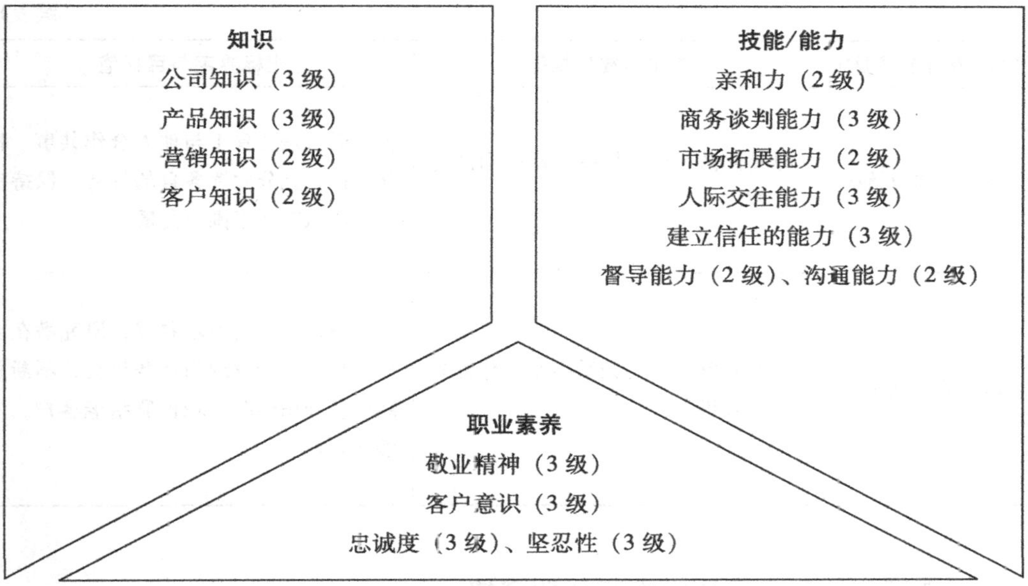

图5-2 销售主管胜任素质模型

销售主管的任职资格条件如表5-2所示。

表5-2 销售主管任职资格条件

关键行为与结果要求	工作标准与规范	指标界定与目标值
完成销售目标	协助销售经理制订销售计划和目标，组织销售专员完成销售任务	销售任务完成率达到____%，每降低____%，扣____分 销售任务完成率 = $\frac{\text{实际完成销售量}}{\text{计划完成销售量}} \times 100\%$
销售费用管理	完成销售款项的回收工作收回账款的及时报账	销售回款率每降低____%，扣____分 销售回款率 = $\frac{\text{实际回款金额}}{\text{计划回款金额}} \times 100\%$
销售增长管理	协助销售专员与客户开展业务谈判，提高成交可能性	销售增长率目标值为____%，每减少____%，扣____分 销售增长率 = $\frac{\text{当期销售额或销售量}}{\text{上期（或去年同期）销售额或销售量}} \times 100\% - 1$

（续表）

关键行为与结果要求	工作标准与规范	指标界定与目标值
销售团队建设情况	维持团队运作，保持良好的团队合作氛围	主要通过是否善于与他人合作共事，相互支持，充分发挥各自的优势，保持良好的团队工作氛围来衡量
客户关系维护	客户日常联系与关系维系工作处理客户投诉	能否系统地分析市场状况，研究潜在客户，是否善于发现新业务机会，不断总结市场开拓经验，积极联络老客户，发展新客户

5.1.3 销售专员胜任素质模型与任职资格

本书依据销售专员的主要工作及该职位对任职人员的资格要求，在参照优秀销售专员胜任行为特征的基础上，从职业素养、知识、技能/能力三个层面出发，构建了销售专员胜任素质模型，具体内容如图 5-3 所示。

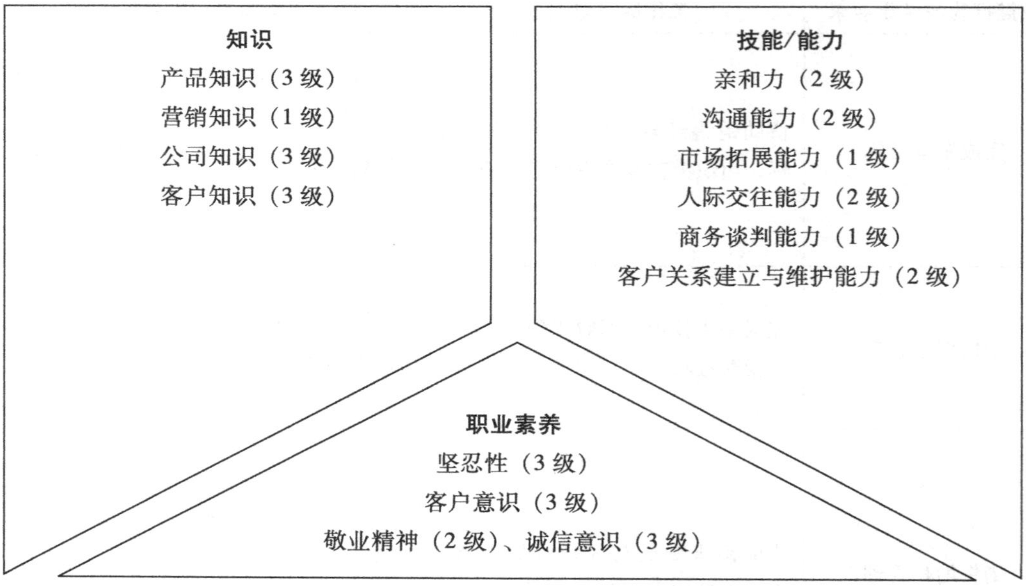

图 5-3 销售专员胜任素质模型

销售专员的任职资格条件如表5-3所示。

表5-3 销售专员任职资格条件

关键行为与结果要求	工作标准与规范	指标界定与目标值
客户开发	执行企业市场销售策略，开展产品销售活动	考核期内开发新增客户数量 新增客户数达到____人，每减____人，扣____分
销售活动	收集产品性能、同类产品信息，制订销售预算、销售计划、销售方案，产品销售实施管理办法	销售任务完成率每降低____%，扣____分 $销售任务完成率=\frac{实际销售额}{计划销售额}\times 100\%$
售后服务	跟踪客户订单的具体落实，保证整个流程的顺利进行	客户投诉解决率每降低____%，扣____分 $客户投诉解决率=\frac{解决的投诉数}{投诉总数}\times 100\%$
销售货款管理	销售货款回收数据、销售货款回收目标，销售货款控制、催收办法	销售货款回收率每降低____%，扣____分 $销售货款回收率=\frac{实际回款额}{计划回款额}\times 100\%$

5.2 业务拓展人员胜任素质模型与任职资格

5.2.1 业务拓展经理胜任素质模型与任职资格

本书依据企业战略发展的需要，结合业务拓展经理的岗位职责及任职要求，在参照其他优秀经理的胜任素质特征，构建了业务拓展经理胜任素质模型，具体内容如图5-4所示。

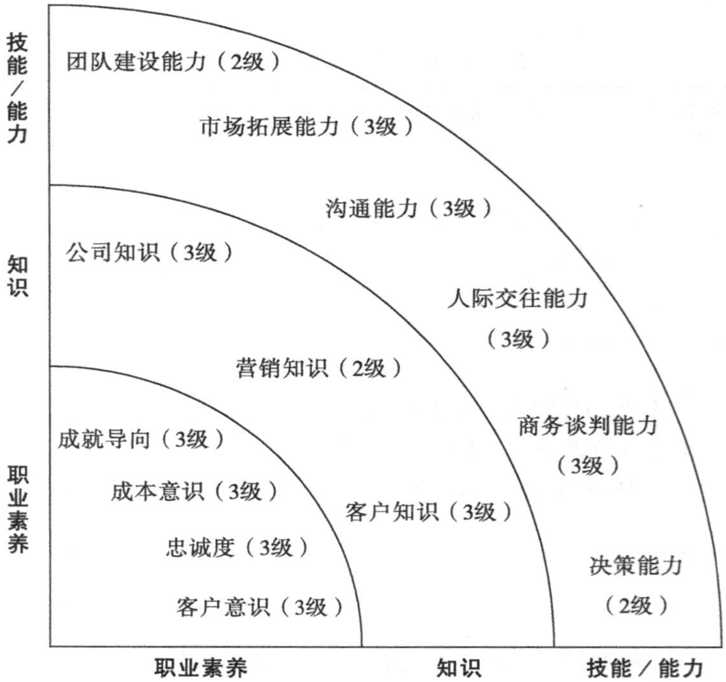

图 5-4　业务拓展经理胜任素质模型

业务拓展经理的任职资格条件如表 5-4 所示。

表 5-4　业务拓展经理任职资格条件

关键行为与结果要求	工作标准与规范	指标界定与目标值
新业务销售管理	组织实施新业务项目的推广工作，参与重要业务项目的谈判、促成工作	新业务领域内所参与的项目与工作的实际销售额 新业务销售额每减少____万元，扣____分
目标利润管理	对部门利润预算进行有效管控，提高利润，增加经济效益	销售收入是指考察时期内销售收入总额 销售收入每减少____万元，扣____分
部门预算管理	部门运营费用预算，进行有效管控，节约成本，提高经济效益	年初制定的成本预算中所规定预算金额与实际成本花费进行对比 预算超出额每超出____万元，扣____分

（续表）

关键行为与结果要求	工作标准与规范	指标界定与目标值
市场占有份额	疏通政府部门、大型企业关系，通过公共关系维护寻找业务拓展途径	市场占有率降低____%，扣____分 市场占有率 = $\frac{\text{当期企业某种产品的销售额或销售量}}{\text{当期该产品市场销售总额或销售量}} \times 100\%$
项目策划方案的合理性	确定项目拓展方向，策划开发策略，并组织本部门员工开展新项目的开发工作	项目策划方案内容翔实、思路清晰，执行结果合理、高效 目标预判失误但没有造成经济损失的情况，每出现1次，扣____分
完成培训计划	负责部门日常管理工作，包括业务拓展任务分配、纪律监督、培训、日常考勤及考核	每季度制订培训计划，并在季度末进行实际完成情况考核 培训计划完成率每降低____%，扣____分

5.2.2 业务拓展主管胜任素质模型与任职资格

本书依据对业务拓展主管的工作职责，在借鉴其他优秀主管的胜任素质行为特征的基础上，构建了业务拓展主管胜任素质模型，具体内容如图5-5所示。

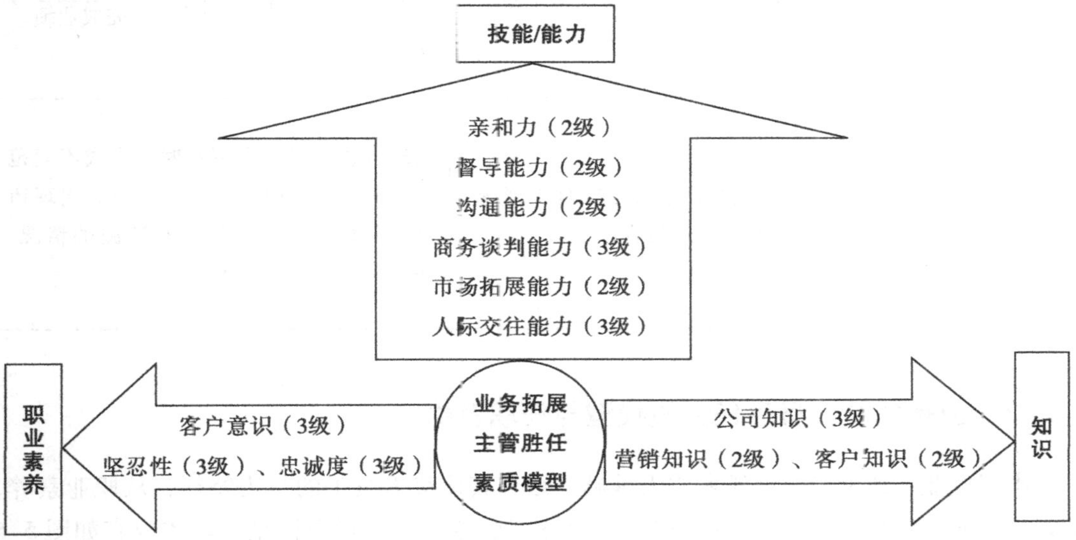

图5-5 业务拓展主管胜任素质模型

业务拓展主管的任职资格条件，具体内容如表5-5所示。

表5-5 业务拓展主管任职资格条件

关键行为与结果要求	工作标准与规范	指标界定与目标值
新增用户管理	建立新增客户档案，新客户联系与关系维系工作，处理投诉，保证客户满意度	考核期内新增合作客户数量 新增用户数量达到____人，每减少____人，扣____分
业务推广计划	实施市场拓展计划，组织人员进行物业市场调查及项目资料的收集、整理	业务推广销售收入指考核时期内新业务销售收入总额 新业务销售额每降低____万元，扣____分
完成调研计划	撰写市场分析报告，分析市场需求动态及行业发展趋势，提出业务拓展工作的完善建议	市场调研完成率每降低____%，扣____分 市场调研完成率 $= \frac{实际市场调研量}{计划市场调研量} \times 100\%$
团队业绩管理	负责团队推广企业的新业务，指导下属开展新业务的拓展工作	团队业绩达标率每降低____%，扣____分 团队业绩达标率 $= \frac{团队实际完成业绩}{团队计划完成业绩} \times 100\%$
市场信息收集	关注市场动态及竞争对手情况，提交市场调研报告	出现市场报告提交不及时、格式不规范的情况，每出现1次扣____分；出现市场报告内容有误、信息有遗漏的情况，每出现1次扣____分

5.2.3 业务拓展专员胜任素质模型与任职资格

本书以业务拓展专员胜任素质为基础，结合其他优秀员工的行为特征，从职业素养、知识、技能/能力三个层面出发，构建了业务拓展专员胜任素质模型，具体内容如图5-6所示。

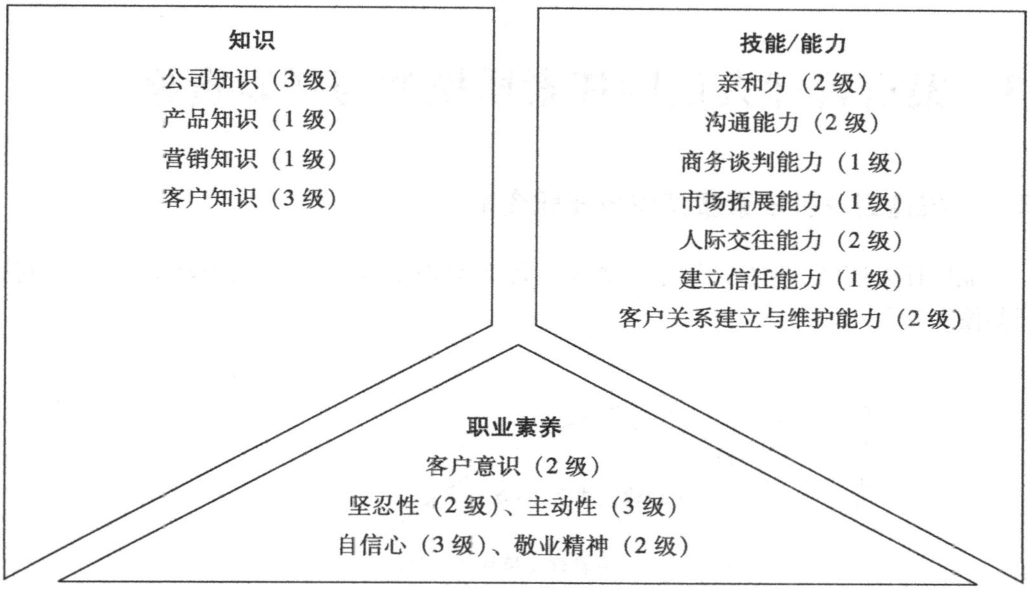

图 5-6　业务拓展专员胜任素质模型

业务拓展专员的任职资格条件如表 5-6 所示。

表 5-6　业务拓展专员任职资格条件

关键行为与结果要求	工作标准与规范	指标界定与目标值
实施业务推广	制定前期市场推广活动方案，总体目标、推广预算及方案编制规范	推广活动完成率达到____%，市场推广活动效果评分达到____分
完成调研任务	开展市场调研工作，进行信息的收集、汇总、整理	按时提交市场业务分析报告，业务分析报告确保准确
拜访大客户	定期进行客户拜访工作，保持良好关系，收集反馈信息	有效拜访的政府部门、大型企业、民间社团等组织机构的数量 拜访大客户数量达到____人，每减少____人，扣____分
工作效率	主动、积极地完成日常工作任务及临时交办任务	能够高标准、高质量完成工作任务 按规定量、规定时间完成任务 不能按时完成任务或完成效果不佳

5.3 渠道管理人员胜任素质模型与任职资格

5.3.1 渠道经理胜任素质模型与任职资格

为能胜任渠道经理岗位的要求，顺利、高效地完成各项工作，渠道经理应具备的胜任素质如图 5-7 所示。

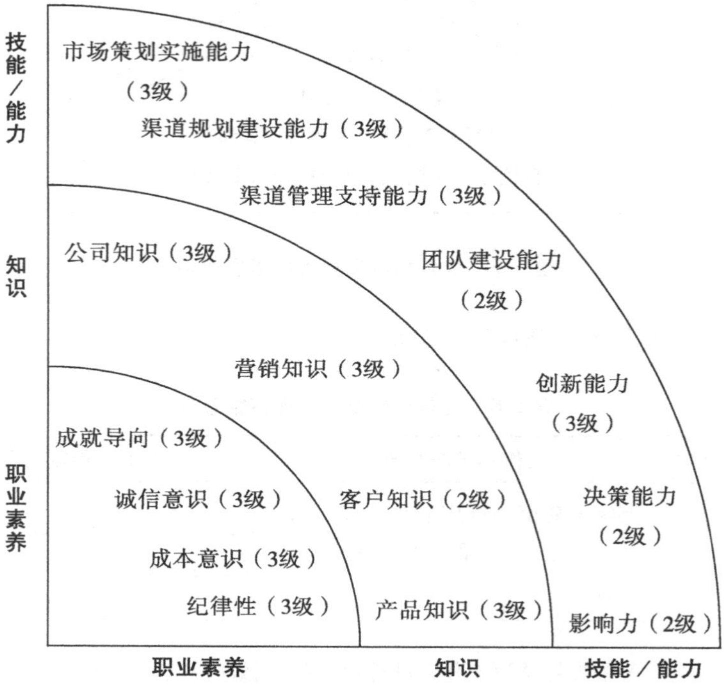

图 5-7　渠道经理胜任素质模型

渠道经理的任职资格条件如表 5-7 所示。

表 5-7　渠道经理任职资格条件

关键行为与结果要求	工作标准与规范	指标界定与目标值
渠道开发	编制企业的营销策略、渠道政策，收集企业前期使用的渠道信息，编写现状分析报告	考核期内，新增加的渠道成员数量 新增渠道成员数量____家 渠道拓展计划一次性通过率达到____%

（续表）

关键行为与结果要求	工作标准与规范	指标界定与目标值
渠道铺货	收集历史铺货数据，编制总体营销计划、销售策略、渠道货物存量控制标准、铺货流程与标准	渠道铺货率达到____% 渠道铺货率 = $\frac{实际上有产品陈列的店头数量}{产品所应陈列的店头数量}\times 100\%$
渠道销售	编写产品市场需求调研报告，制定渠道销售目标、渠道销售方案、管理制度及流程	经销商覆盖率达到____%，经销商销售额达到____万元 经销商覆盖率 = $\frac{签约的经销商数量}{计划开发的经销商数量}\times 100\%$
渠道管控	制定渠道管理政策、管理控制标准、成员管理标准	渠道管理按规定的制度流程运行 渠道成员满意度达到____分
渠道费用管控	收集历史销售渠道管理费用数据，制定总体费用控制目标和销售渠道费用预算	渠道费用节省率高于____% 渠道费用节省率 = $\frac{渠道费用预算-实际发生的渠道费用}{渠道费用预算}\times 100\%$
客户关系维护	编制客户基本信息档案、客户关系维护管理办法、客户关系维护工作标准	通过向客户发放满意度问卷进行综合评分衡量 客户对服务满意度达____分 客户有效投诉次数低于____次

5.3.2 渠道主管胜任素质模型与任职资格

本书依据渠道主管的主要工作职责及任职要求构建的渠道主管胜任素质模型如图5-8所示。

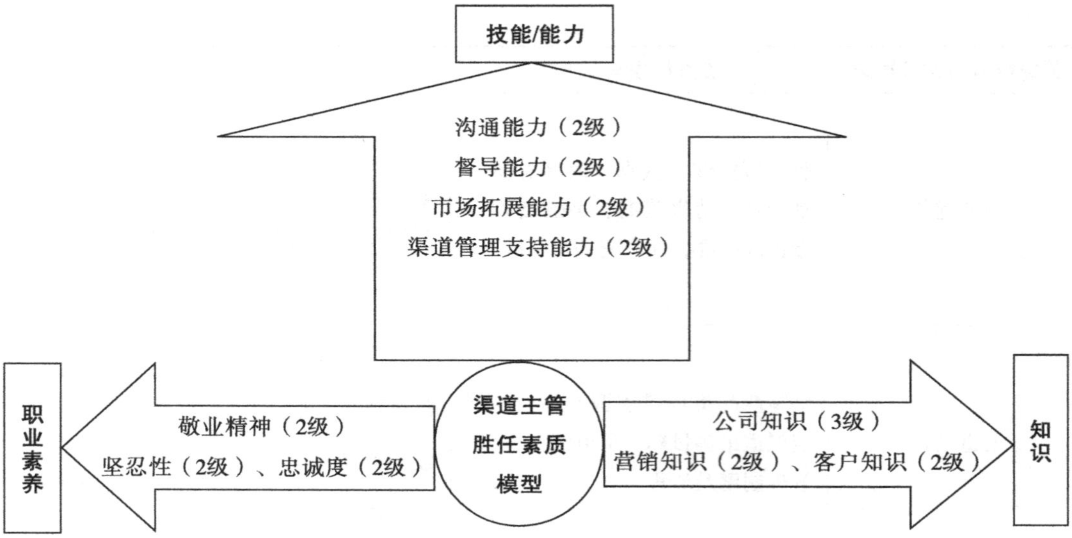

图 5-8　渠道主管胜任素质模型

渠道主管的任职资格条件如表 5-8 所示。

表 5-8　渠道主管任职资格条件

关键行为与结果要求	工作标准与规范	指标界定与目标值
实现渠道拓展任务	编制销售渠道拓展方案，销售渠道开发与管理工作	新业务、项目渠道的开发实施 考核期内，完成率达____%
新产品当月渠道铺货率管理	根据销售渠道拓展方案的要求，具体负责铺货的开发与管理工作	考核期内，新产品月渠道铺货率达到____% 月渠道铺货率 = $\frac{单月渠道实际铺货量}{单月渠道计划铺货量}$ × 100%
新产品销售渠道管理	负责编制新渠道的建设方案，策划新渠道的市场推广活动，并对渠道的销售过程进行组织与管理	对新渠道的建设提出可供选择的方案 被采纳的意见次数在____次以上
窜货行为管理	制定行为规范和工作流程，避免经销商在非厂家指定区域销售企业产品	经销过程中发生窜货的次数 窜货次数控制在____次以下

5.3.3 渠道专员胜任素质模型与任职资格

本书依据渠道专员的工作职责以及任职要求构建的渠道专员胜任素质模型如图5-9所示。

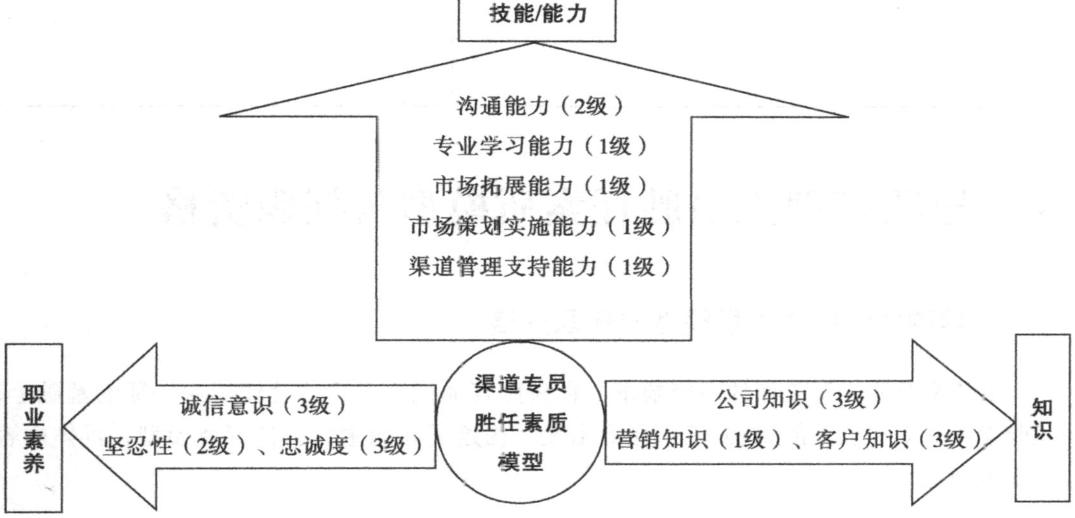

图5-9 渠道专员胜任素质模型

渠道专员的任职资格条件如表5-9所示。

表5-9 渠道专员任职资格条件

关键行为与结果要求	工作标准与规范	指标界定与目标值
提高销售额	根据渠道开发方案的要求，做好渠道销售管理工作	渠道销售任务完成率达到____%，每减少____%，扣____分
提高渠道成员满意度	与渠道成员沟通、协调渠道管理工作，销售渠道的开发与管理工作	对渠道成员意见反馈进行总结 渠道成员满意度评价在____分以上
增加新品当月渠道铺货	根据新产品上市工作要求，负责新产品渠道开发工作	考核期内，新产品月渠道铺货率达到____% 新产品月渠道铺货率＝$\frac{单月渠道实际铺货量}{单月渠道计划铺货量}\times 100\%$

（续表）

关键行为与结果要求	工作标准与规范	指标界定与目标值
发展新渠道成员	扩展渠道新成员数量，对渠道成员、客户服务热情、周到	本考察期比上一考察期渠道新成员增加的数量 考核期内，开发渠道成员的数量达到____人

5.4 导购管理人员胜任素质模型与任职资格

5.4.1 导购主管胜任素质模型与任职资格

本书依据导购主管工作的内容要求，在参照其他优秀主管的胜任行为特征的基础上，从职业素养、知识、技能/能力三个层面出发，构建了导购主管胜任素质模型，具体内容如图5-10所示。

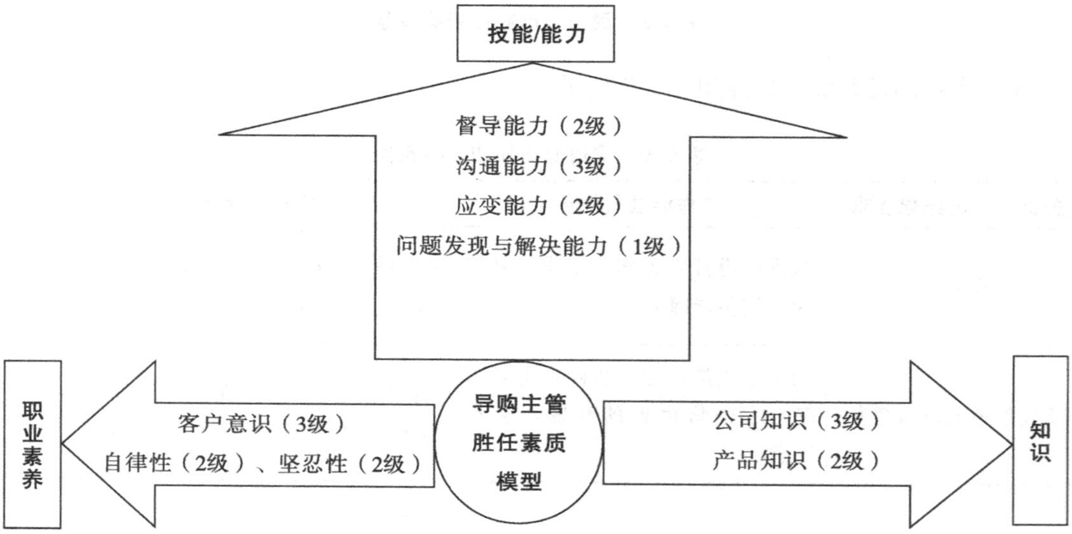

图5-10 导购主管胜任素质模型

导购主管的任职资格条件如表5-10所示。

表5-10 导购主管任职资格条件

关键行为与结果要求	工作标准与规范	指标界定与目标值
销售额管理	编制销售预算、销售计划、销售方案、产品销售实施管理办法	考核期内销售额达到____万元，每减少____万元，扣____分 销售计划完成率 = $\frac{\text{实际完成的销售额}}{\text{计划完成的销售额}}$ × 100%
导购管理工作	进行销售任务分解，明确个人销售目标	导购员陈列商品的不规范、出错次数来衡量 考核期内导购员陈列商品的不规范、出错次数不得超过____次
客户投诉管理	搜集、整理客户反馈及建议，提升反馈效率，提高客户满意度	考核期内客户有效投诉次数 达成目标值，得满分，多1次，扣____分
完成培训计划	导购员及相关人员产品知识、销售技巧的培训工作，定期进行导购员心理辅导	完成企业安排的导购培训计划次数 完成培训次数达到____次，每减少1次，扣____分
核心导购员管理	核心导购人员销售工作考核，制定工作流程规范	核心导购员流失率每增加____%，扣____分 核心导购员流失率 = $\frac{\text{离职核心导购员数量}}{\text{工资册平均人数}}$ × 100%

5.4.2 导购专员胜任素质模型与任职资格

本书依据导购专员主要工作的内容要求，在参照其他优秀导购专员的胜任行为特征的基础上，从职业素养、知识、技能/能力三个层面出发，构建了导购专员胜任素质模型，具体内容如图5-11所示。

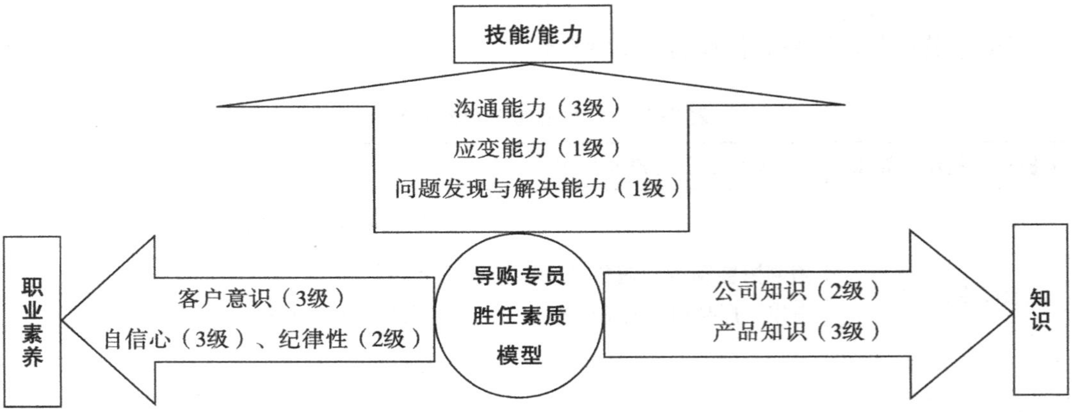

图 5-11　导购专员胜任素质模型

导购专员的任职资格条件如表 5-11 所示。

表 5-11　导购专员任职资格条件

关键行为与结果要求	工作标准与规范	指标界定与目标值
完成导购任务	派发企业或产品的各种宣传资料，接受现场咨询，宣传企业品牌	导购任务完成率达到____%，每减少____%，扣____分 导购任务完成率 = $\frac{\text{实际完成导购数量}}{\text{计划完成导购数量}}$ × 100%
导购产品市场份额	了解导购产品在同类产品中所占份额，提高市场占有率	卖场销售排行，在其他同类产品中所占比例 销售排行下降____位，扣____分；与同类产品相比，比例下降____%，扣____分
销售记录	完成日、周、月销售记录填写工作，及时上交给导购主管	及时准确填写销售记录表得____分，1 次不及时或数据有误，扣____分；2 次以上，扣____分
卖场管理人员反馈	遵守卖场的纪律、服从卖场的管理	违反卖场相关纪律规定，每发生 1 次扣____分；受到商场投诉，每发生 1 次扣____分

5.5 网络销售人员胜任素质模型与任职资格

5.5.1 网络销售经理胜任素质模型与任职资格

本书依据企业的战略发展要求，结合网络销售经理的主要工作事项及任职资格要求，从职业素养、知识、技能/能力三个层面出发，构建了网络销售经理胜任素质模型，具体内容如图5-12所示。

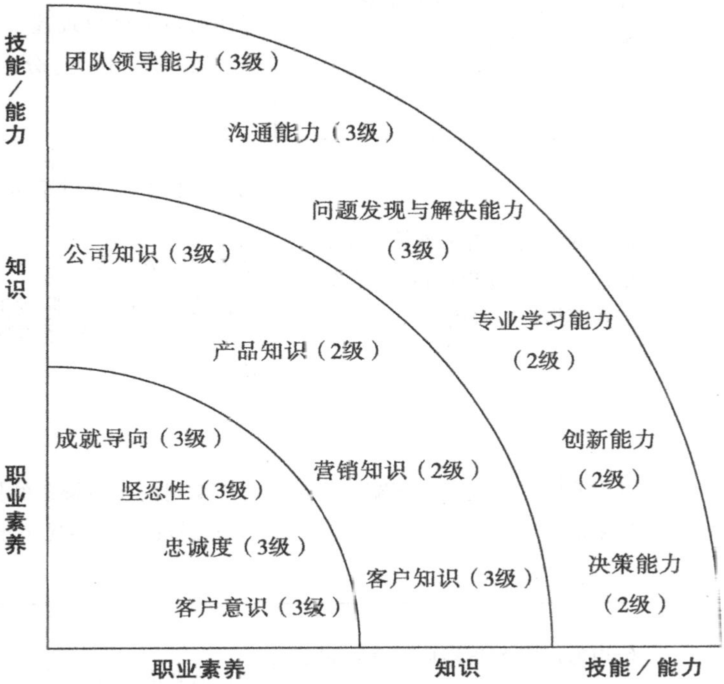

图5-12 网络销售经理胜任素质模型

网络销售经理的任职资格条件如表5-12所示。

表5-12 网络销售经理任职资格条件

关键行为与结果要求	工作标准与规范	指标界定与目标值
销售额管理	制订网络销售费用预算、网络销售计划，控制网络销售的费用	考核期内产品销售额总数 绩效目标达到____万元，每减少____万元，扣____分

（续表）

关键行为与结果要求	工作标准与规范	指标界定与目标值
利润管理	控制成本，提高网络销售利润，并制定相关规范制度	网络销售利润率每减少____%，扣____分 网络销售利润率 = $\frac{\text{网络销售利润总额}}{\text{销售收入总额}}$ × 100%
员工行为管理	制定员工工作行为准则和制度，规范员工工作活动	员工违反相应制度规范次数 考核期内下属出现违反公司规定行为，每发生1次，扣____分
销售费用管理	编制网络销售费用预算方案，严格控制销售过程中的销售费用，节约网络销售费用	网络销售费用节省率每减少____%，加____分 销售费用节省率 = $\frac{\text{销售费用预算} - \text{实际发生的销售费用}}{\text{销售费用预算}}$ × 100%
网络渠道拓展	开展网络销售业务，拓宽网络销售渠道	考核期间内网络渠道的拓展情况，由销售总监根据实际情况评分
客户管理	组织客户服务与售后服务的网络支持工作，并对服务效果进行评价	客户满意度评分达到____分 合作部门满意度评分达到____分

5.5.2 网络销售主管胜任素质模型与任职资格

本书依据网络销售主管的主要工作事项及其任职资格的要求，在参照其他优秀主管胜任行为特征的基础上，构建了网络销售主管胜任素质模型，具体内容如图5-13所示。

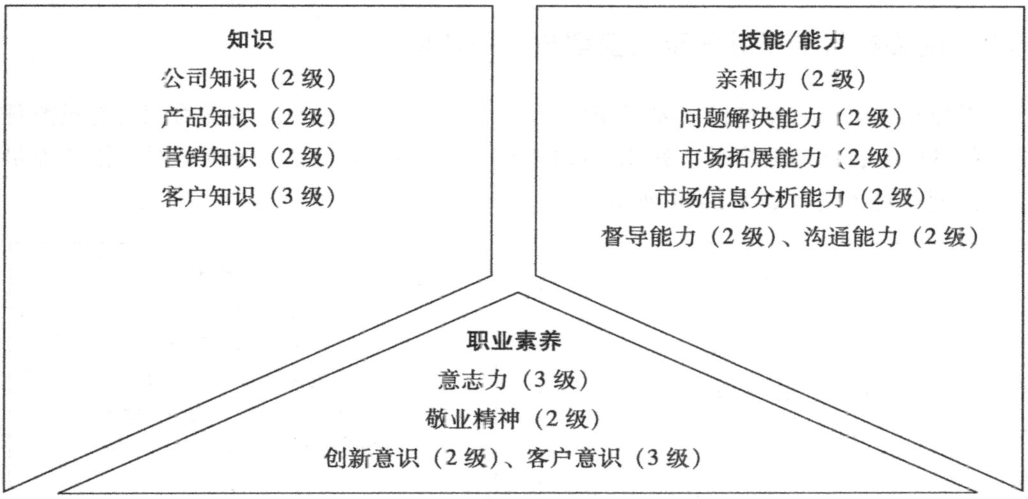

图5-13 网络销售主管胜任素质模型

网络销售主管的任职资格条件如表5-13所示。

表5-13 网络销售主管任职资格条件

关键行为与结果要求	工作标准与规范	指标界定与目标值
销售额控制	协助网络销售经理制定企业产品或项目的网络销售策略	考核期内，累计销售总金额（总数） 销售总金额每减少____万元，扣____分
制订销售计划	制订企业产品或项目的网络销售工作计划，并组织实施	网络销售计划达成率每减少____%，扣____分 网络销售计划达成率＝ $\frac{\text{实际完成的销售额或销售量}}{\text{计划销售额或销售量}} \times 100\%$
新客户管理	整理新客户资料，建立或配合建立客户档案系统	考核期内，通过网络开发并成交的新客户数量 新客户数量每低于____人，扣____分
处理客户有效投诉	及时有效地处理客户咨询或投诉工作，保证客户满意度	客户投诉有效处理率每减少____%，扣____分 客户投诉有效处理率＝ $\frac{\text{客户投诉有效处理的起数}}{\text{客户投诉总起数}} \times 100\%$
员工工作态度管理	评价员工考勤情况、责任心、工作积极性等方面	能够及时处理好工作内容，加____分；未能按时完成工作任务，扣____分

5.5.3 网络销售专员胜任素质模型与任职资格

本书依据网络销售专员的主要工作职责及职位要求，在参照其他优秀销售专员胜任行为特征的基础上，从职业素养、知识、技能/能力三个层面出发，构建了网络销售专员胜任素质模型，具体内容如图 5-14 所示。

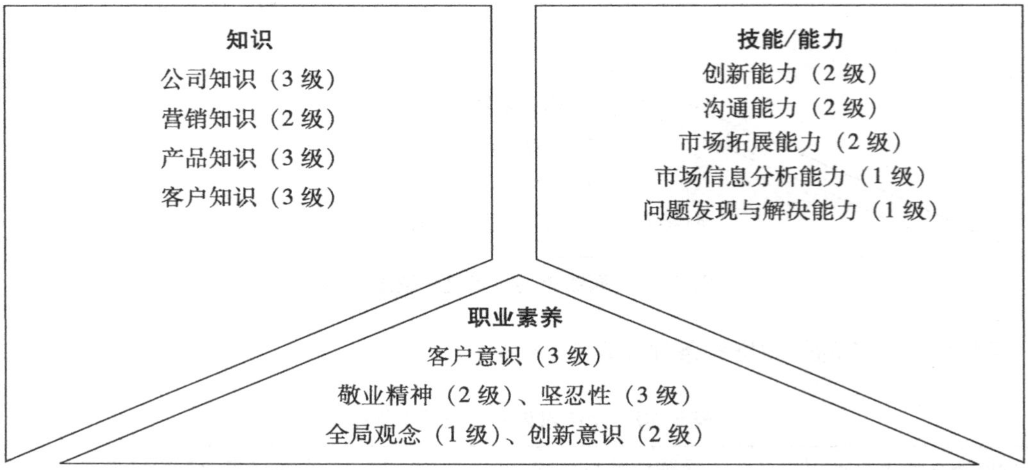

图 5-14　网络销售专员胜任素质模型

网络销售专员的任职资格条件如表 5-14 所示。

表 5-14　网络销售专员任职资格条件

关键行为与结果要求	工作标准与规范	指标界定与目标值
网络销售额	执行产品在网络上的销售工作，完成上级分配的网络销售目标	通过网络销售达到的销售总额 网络销售达到____万元，每减少____万元，扣____分
销售回款	负责销售尾款的追回工作，确保资金回笼	回款任务完成率每减少____%，扣____分 $回款任务完成率=\frac{实际回款率}{计划回款率}\times 100\%$
受理客户咨询	维系客户关系，了解其使用产品的情况，并及时反馈给相关部门	解答客户咨询时的耐心、详细程度 受理客户咨询达到____件，每减少____件，扣____分
提交工作报告	按时撰写工作报告，并提交上级部门审核	不按规定时间提交工作总结报告的次数 每出现____次，扣____分

5.6 电话销售人员胜任素质模型与任职资格

5.6.1 电话销售经理胜任素质模型与任职资格

本书依据电话销售经理的主要工作事项及其任职资格要求，在参照其他优秀销售经理胜任行为特征的基础上，从职业素养、知识、技能/能力三个层面出发，构建了电话销售经理胜任素质模型，具体内容如图5-15所示。

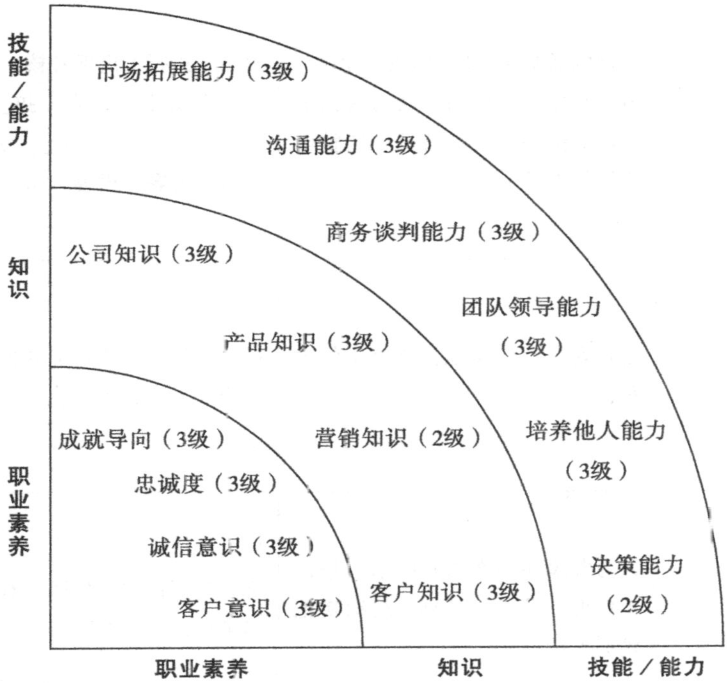

图5-15 电话销售经理胜任素质模型

电话销售经理的任职资格条件如表5-15所示。

表5-15 电话销售经理任职资格条件

关键行为与结果要求	工作标准与规范	指标界定与目标值
市场调研	每月根据市场运作情况（其他企业、替代产品等）、本公司销售情况编写行业市场调研报告	市场调研完成率每减少____%，扣____分 市场调研完成率 = $\frac{实际市场调研总量}{计划市场调研总量}\times$100%

（续表）

关键行为与结果要求	工作标准与规范	指标界定与目标值
销售管理	制订电话销售计划，合理分配销售任务，并制订电话销售专员的个人销售目标、销售工作计划和目标客户群的销售策略	电话销售工作获得的销售金额总数 电话销售额达到____万元，每减少____万元，扣____分
员工管理	管理电话销售人员的素质、形象、电话礼仪等，培训电话销售人员的电话销售技能、技巧，调整电话销售人员工作	对员工进行不定期考核 员工形象不合格者，扣____分；未完成人员调整工作，扣____分；每出现____次有效的客户投诉，扣____分
安全管理	制定安全工作事项，监控工作过程，确保安全	考核工作中出现安全事故的次数 每出现1次，扣____分
培训工作	人力资源部提交当月的部门培训工作重点及培训计划，组织实施培训工作	部门培训计划，公司将不定期进行抽查 培训计划完成率达到____%

5.6.2 电话销售主管胜任素质模型与任职资格

本书依据企业文化的要求，结合电话销售主管的主要工作职责，在参照其他优秀主管胜任行为特征的基础上，从职业素养、知识、技能/能力三个层面出发，构建了电话销售主管胜任素质模型，具体内容如图5-16所示。

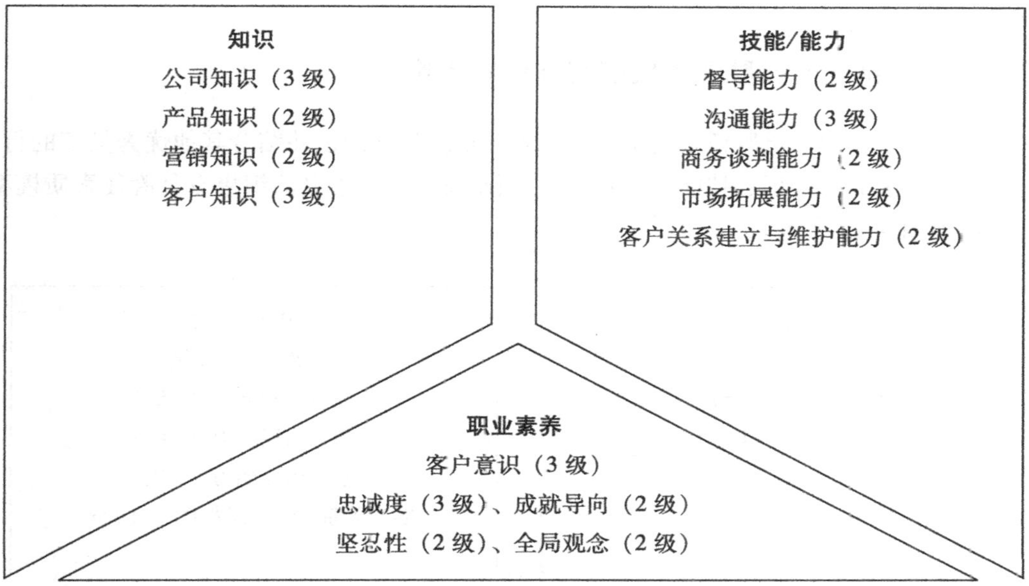

图5-16　电话销售主管胜任素质模型

电话销售主管的任职资格条件如表5-16所示。

表5-16　电话销售主管任职资格条件

关键行为与结果要求	工作标准与规范	指标界定与目标值
部门销售管理	协助电话销售经理确定各类电话销售管理制度及服务标准，完成电话销售部门计划的制订	电话销售部门完成销售任务 考察期内销售总额达到____万元，每减少____万元，扣____分
开发新客户	指导电话销售人员开展客户开发工作，通过电话挖掘潜在客户	考核期比上一时期新客户开发数量 每增加____人，加____分
员工督导	了解下属的需求，通过一对一的反馈和培训使员工获得成长与发展	考核员工工作积极性，提供必要的激励措施
监督回款	监督应收账款的及时回收，加强应收账款的管理	应收账款逾期率每降低____%，加____分 $应收账款逾期率 = \frac{逾期账款}{合同应收账款} \times 100\%$
团队协作管理	定期评估电话销售人员的工作表现，采取有效激励措施，与小组成员分享电话销售经验	考察电话销售员工工作过程中相互尊重、信任，团队意识，协调配合、有效合作关心和帮助他人、愿意分享的情况

5.6.3 电话销售专员胜任素质模型与任职资格

本书以电话销售专员胜任该岗位所需的胜任素质为基础，并结合其他优秀员工的行为特征，从职业素养、知识、技能/能力三个层面出发，构建了电话销售专员胜任素质模型，具体内容如图 5-17 所示。

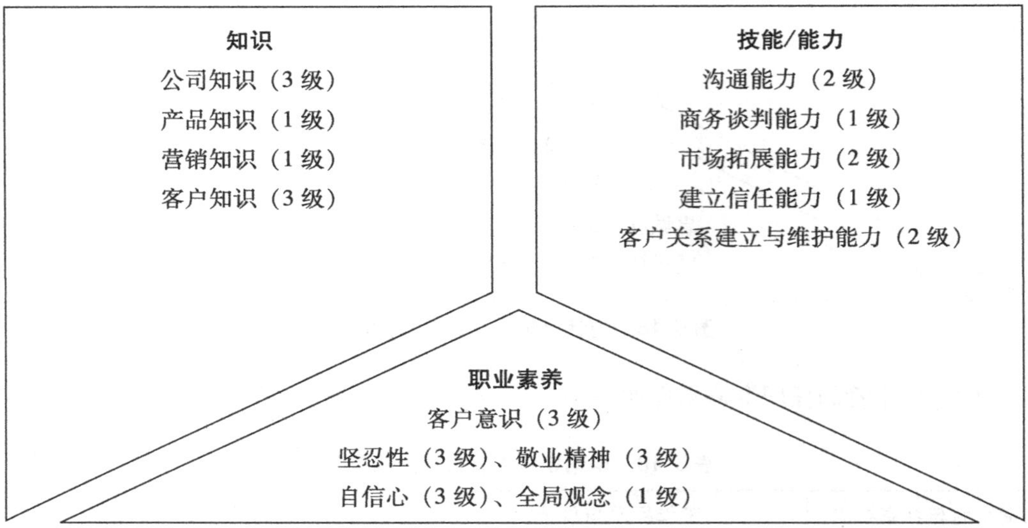

图 5-17 电话销售专员胜任素质模型

电话销售专员的任职资格条件如表 5-17 所示。

表 5-17 电话销售专员任职资格条件

关键行为与结果要求	工作标准与规范	指标界定与目标值
完成电话销售计划	通过电话调研从目标客户中寻找潜在客户，形成可销售的客户资源，按要求完成公司规定的销售任务	考核期内电话销售人员个人总销售额 销售计划达到____万元，每减少____万元，扣____分
客户访问	主动联系客户，通过电话与客户沟通，解答顾客疑虑，促成订单销售	电话销售人员平均每日拜访客户的电话数量 拜访客户数量达到____人，每减少____人，扣____分

（续表）

关键行为与结果要求	工作标准与规范	指标界定与目标值
客户投诉处理	处理及跟进客户投诉，保证客户对服务工作的满意，并及时反馈客户投诉处理结果	客户需求反馈或投诉次数 每增加____次良好反馈，加____分；每增加____次投诉，扣____分
客户档案保管	建立完整的客户数据库并对客户归类，维护客户资源	新增客户资料以及电话拜访情况记录增整理情况

5.7 直销管理人员胜任素质模型与任职资格

5.7.1 直销经理胜任素质模型与任职资格

对于直销经理这一职位而言，其工作主要体现在直销队伍的建设、直销工作的推进、销售终端的管理等多个方面，这些工作对其任职人员的素质要求相当高。本书依据企业文化对直销经理胜任素质的要求，在参照其他优秀经理胜任行为特征的基础上，从职业素养、知识、技能/能力三个层面出发，构建了直销经理胜任素质模型，具体内容如图5-18所示。

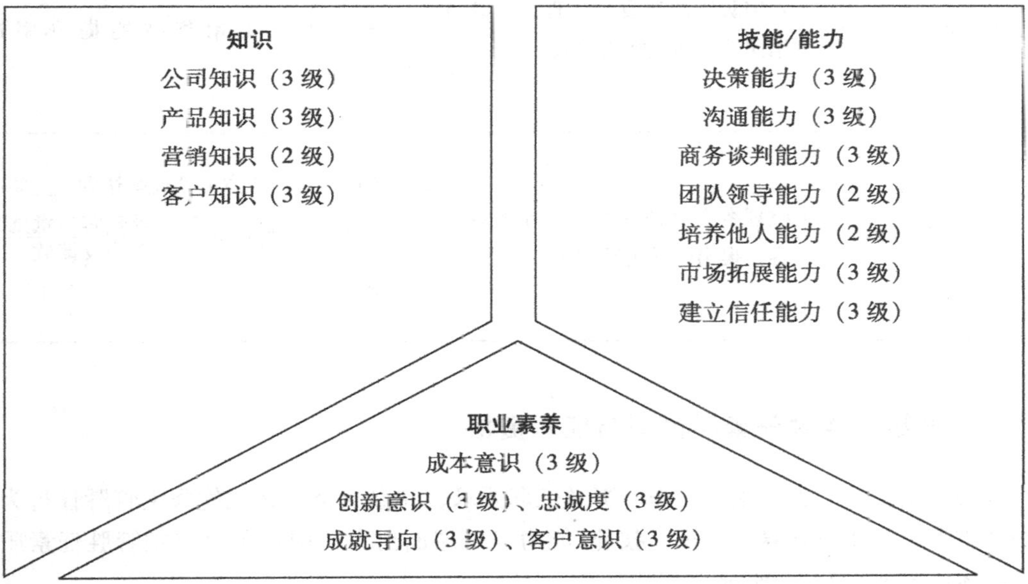

图5-18 直销经理胜任素质模型

直销经理的任职资格条件如表 5-18 所示。

表 5-18　直销经理任职资格条件

关键行为与结果要求	工作标准与规范	指标界定与目标值
销售管理	制定与直销工作相关的管理制度，并监督其执行，合理使用规定的销售费用	直销获得销售总金额，直销成本控制 考核期内销售额达到____万元；考核期内控制销售费用，节省____万元
直销渠道管理	负责直销渠道的开发与管理工作，维系与直销渠道的良好合作关系	直销过程中，新开发客户和渠道的数量 新开发客户和渠道数达____家，加____分
直销回款管理	控制应收账款的额度，避免产生呆账、死账	直销回款率每减少____%，扣____分 $直销回款率=\frac{实际回款金额}{计划回款金额}\times 100\%$
员工销售技能管理	直销队伍的建设与管理，提高直销团队整体技能与绩效	对直销员工进行定期或不定期考核 考核期内员工销售技能提升率达到____%
客户反馈管理	整理客户反馈内容，指导下级对客户提出问题进行解决	考核期内对客户意见处理率达到____% $客户意见处理率=\frac{实际处理客户意见数}{客户反馈数}\times 100\%$

5.7.2　直销主管胜任素质模型与任职资格

本书依据直销主管的主要工作职责及任职要求，在参照企业其他优秀主管胜任行为特征的基础上，从职业素养、知识、技能/能力三个层面出发，构建了直销主管胜任素质模型，具体内容如图 5-19 所示。

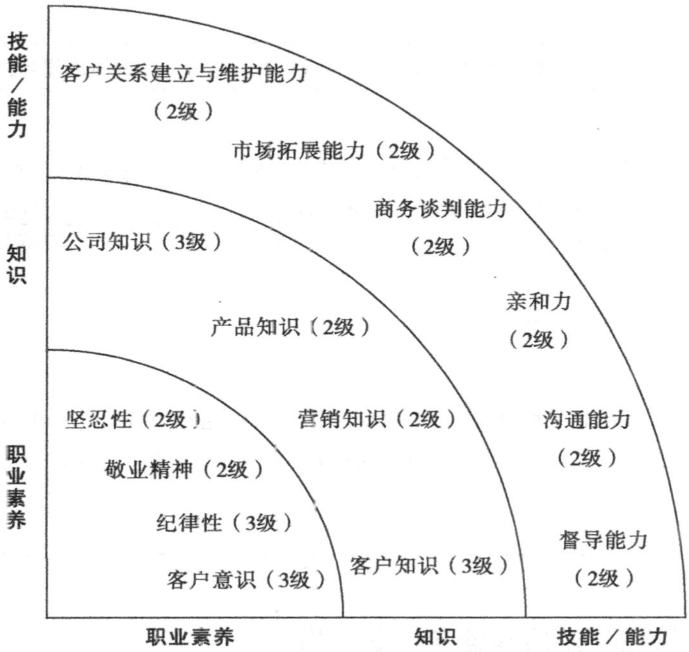

图5-19　直销主管胜任素质模型

直销主管的任职资格条件如表5-19所示。

表5-19　直销主管任职资格条件

关键行为与结果要求	工作标准与规范	指标界定与目标值
完成销售任务	制订企业的直销计划和直销策略，分解销售目标；制订所辖小组或团队的销售工作计划，合理分配销售任务并组织实施	销售任务完成率达到____%，每减少____%，扣____分 销售任务完成率 = $\frac{\text{实际完成任务额}}{\text{计划完成任务额}}$ × 100%
销售费用管理	控制销售工作过程中的费用支出，降低销售成本	直销工作进行过程中，费用节省总金额每节省____万元，加____分
维护客户关系	保持与重要客户的联系，及时有效地处理客户投诉，保证客户满意度	大客户流失率为____%，每增加____%，扣____分 大客户流失率 = $\frac{\text{应到店客户数}-\text{实际到店客户数}}{\text{应到店客户数}}$ × 100%

（续表）

关键行为与结果要求	工作标准与规范	指标界定与目标值
管理销售回款	做好销售款项的及时回收工作，协助直销代表做好应收账款的催收工作	直销回款率每降低____%，扣____分 直销回款率 = $\frac{实际回款金额}{计划回款金额} \times 100\%$
人际沟通	倾听别人的倾诉，了解倾诉人的想法和要点，语言表达简明扼要	直销主管在工作过程中与下属沟通次数 沟通每增加____次，加____分

5.7.3 直销代表胜任素质模型与任职资格

本书依据企业文化要求，结合直销代表的工作职责及该职位对任职人员的素质要求，在参照其他优秀销售人员行为特征的基础上，构建了直销代表胜任素质模型，具体内容如图 5-20 所示。

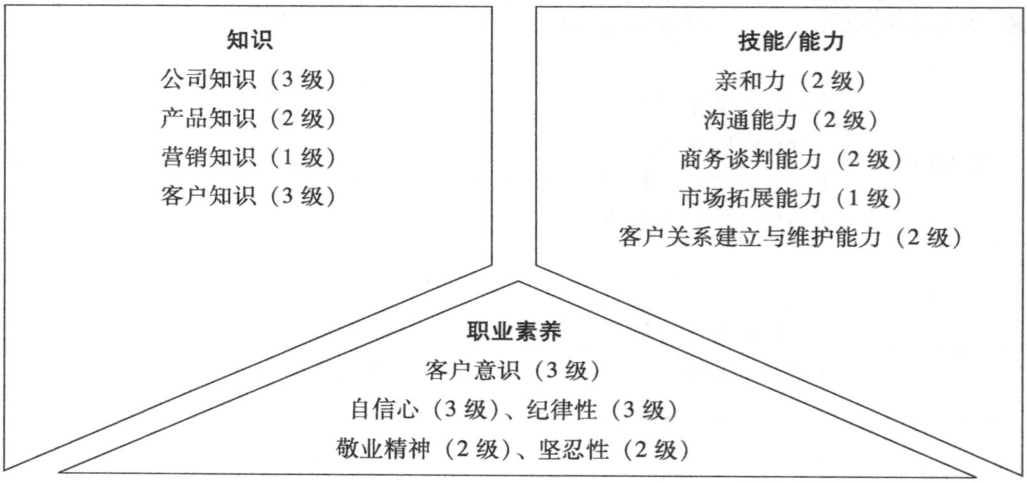

图 5-20　直销代表胜任素质模型

直销代表的任职资格条件如表 5-20 所示。

表 5-20 直销代表任职资格条件

关键行为与结果要求	工作标准与规范	指标界定与目标值
完成销售计划	根据部门的销售目标和销售计划开展具体工作，完成销售任务	直销代表考核期内完成的销售总额 销售额达到____万元，每减少____万元，扣____分
销售尾款	负责销售尾款的追回工作，确保资金回笼	回款率每减少____%，扣____分，低于____%不得分 $回款率=\frac{实际回款金额}{计划回款金额}\times 100\%$
掌握产品知识	熟悉产品功能、原理、市场占有率等参加产品知识测试考核	考核分数达到____分，低于____分应重新进行培训并再次接受考核
客户关系	定期联系客户，了解其使用产品的情况，并及时反馈给相关部门	用客户满意度问卷对直销代理工作评估 问卷得分达到____分，低于____分时不得分

5.8 区域管理人员胜任素质模型与任职资格

5.8.1 区域销售经理胜任素质模型与任职资格

本书依据区域销售经理的工作职责及企业对其素质的要求，在参照其他优秀经理胜任行为特征的基础上，从职业素养、知识、技能/能力三个层面出发，构建了区域销售经理胜任素质模型，具体内容如图 5-21 所示。

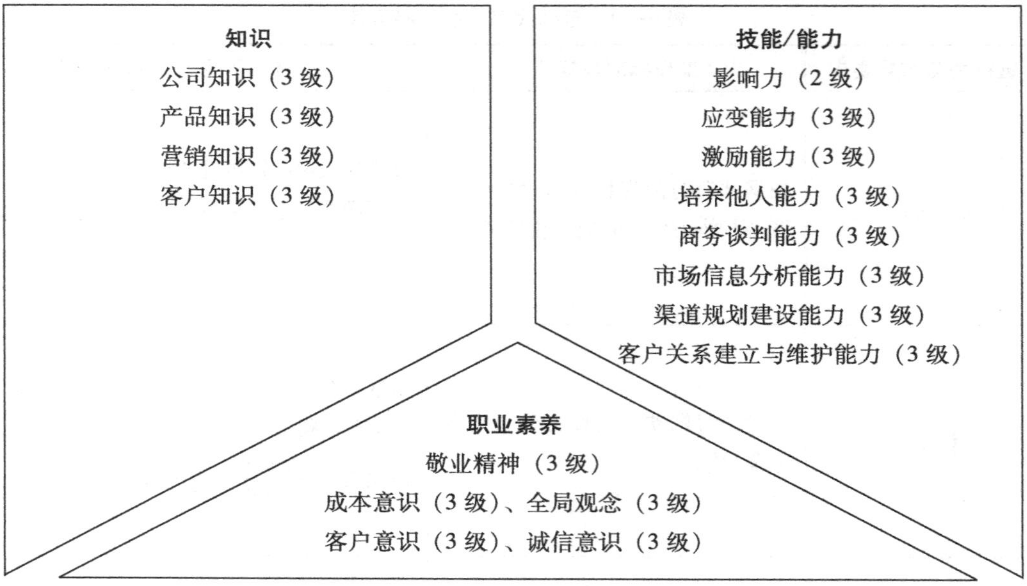

图5-21　区域销售经理胜任素质模型

区域销售经理的任职资格条件如表5-21所示。

表5-21　区域销售经理任职资格条件

关键行为与结果要求	工作标准与规范	指标界定与目标值
运营管理	执行总部产品营销策略，制订区域营销计划、本区域销售目标，编制市场分析报告、区域销售预算、计划编制规范	区域市场销售计划完成率达到____%，每减少____%，扣____分 区域市场销售计划完成率＝ $\frac{\text{区域市场销售实际完成金额}}{\text{区域市场销售计划金额}} \times 100\%$
市场推广	制订区域市场开发计划，总结市场占有率，编制市场推广分析报告、年度销售计划、产品规划、市场控制推广办法	每个考核期内组织区域市场推广活动的次数 活动次数达到____次，每减少____次，扣____分
销售管理	根据总公司营销战略和目标，制订区域计划、销售策略、新产品计划以及网络销售办法	区域销售增长率每减少____%，扣____分 区域销售增长率＝ $\frac{\text{区域当年销售额}-\text{区域上年度销售额}}{\text{区域总销售额}} \times 100\%$

（续表）

关键行为与结果要求	工作标准与规范	指标界定与目标值
经销商管理	根据上年度经销商考核结果，制定经销商管理办法、区域销售计划、渠道控制流程	经销商数量增加说明经销商开发工作开展顺利，经销商关系良好 新增客户数达到____家，每降低____家，扣____分
市场信息管理	根据区域产品销售计划，制定市场信息处理办法、信息系统管理办法	市场信息准确性反映了市场信息与实际情况的差距 每发现____次信息错误，扣____分
销售费用管理	制定市场推广、产品销售渠道、区域销售费用预算，实施流程管理办法	区域市场推广活动费用控制率控制在100%以内，每超过100%的____%，扣____分 区域市场推广活动费用控制率＝ $\frac{\text{区域市场推广活动实际费用支出}}{\text{区域市场推广活动费用预算}}\times 100\%$

5.8.2 区域销售主管胜任素质模型与任职资格

本书依据区域销售主管的主要工作事项，在参照同类主管人员胜任行为特征的基础上，经过分析和总结，构建了区域销售主管胜任素质模型，具体内容如图5-22所示。

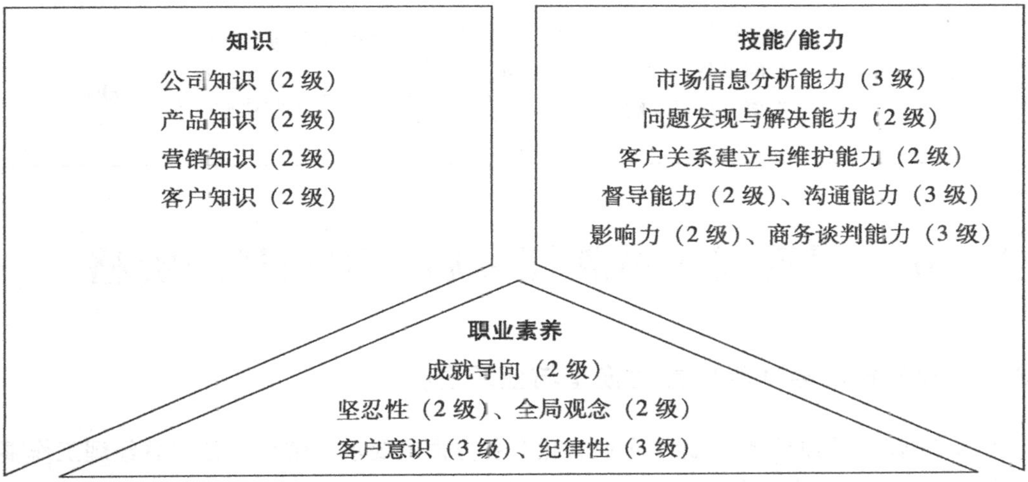

图5-22　区域销售主管胜任素质模型

区域销售主管的任职资格条件如表 5-22 所示。

表 5-22　区域销售主管任职资格条件

关键行为与结果要求	工作标准与规范	指标界定与目标值
核心产品销售管理	制订区域内核心产品年度销售计划、月度计划等，提出建设性意见，组织开展业务拓展、客户考察、合约签订、货款回收等各项工作	核心产品销售计划完成达到____%，每减少____%，扣____分 核心产品销售计划完成率 = $\frac{\text{当期实际完成的销售额(销售量)}}{\text{当期计划的销售额(销售量)}}\times 100\%$
搜集市场信息	关注区域市场发展变化情况，收集市场信息并汇总分析	市场信息收集做到及时、准确，并能够迅速向上级汇报
市场拓展投入管理	按照销售计划要求及企业的营销策略，组织进行业务拓展、客户考察、合约签订、货款回收等各项工作	市场拓展投入产出比达到____%，每增加____%，扣____分 市场拓展投入产出比 = $\frac{\text{市场拓展投入总额}}{\text{市场拓展产出总额}}\times 100\%$
客户关系管理	开发重点客户，并对重点客户进行维护和管理	客户投诉解决满意率达到____% 客户投诉解决满意率 = $\frac{\text{客户对投诉解决结果满意的数量}}{\text{当期总投诉数量}}\times 100\%$
账目管理	建立销售台账，负责经销商、客户的供货协调工作，按规定开具发票，降低坏账发生率	坏账率降低到____% 坏账率 = $\frac{\text{坏账损失}}{\text{主营业务收入}}\times 100\%$

5.9　分公司管理人员胜任素质模型与任职资格

5.9.1　分公司总经理胜任素质模型与任职资格

本书依据总公司的战略目标、企业文化等各方面的要求，结合分公司总经理工作事项及职责，在参照企业优秀高层领导胜任行为特征的基础上，从职业素养、知识、技能/能力三个层面出发，构建了分公司总经理胜任素质模型，具体内容如图 5-23 所示。

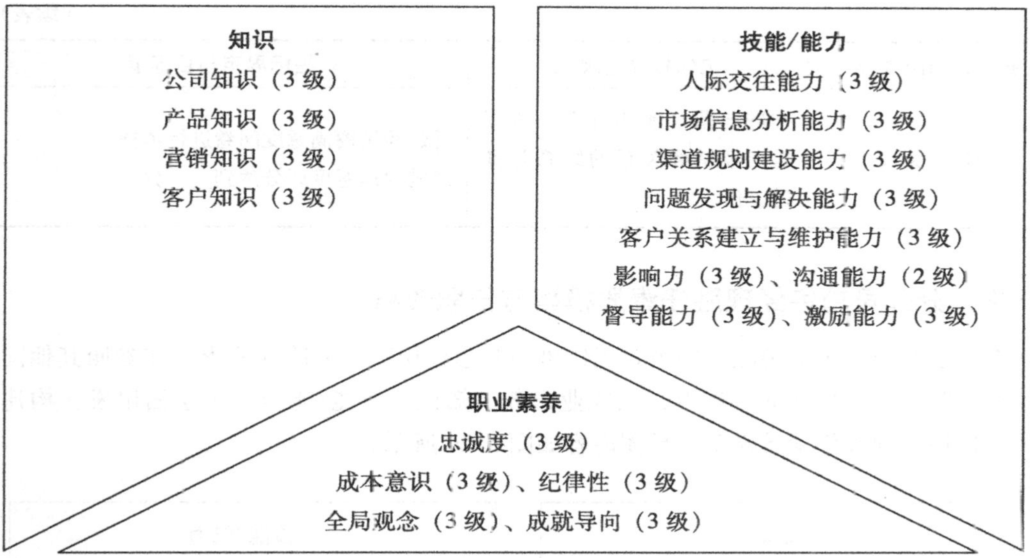

图5-23　分公司总经理胜任素质模型

分公司总经理的任职资格条件如表5-23所示。

表5-23　分公司总经理任职资格条件

关键行为与结果要求	工作标准与规范	指标界定与目标值
销售管理	依据销售分公司的具体情况，制定各项制度并监督实施，规划营销体系，并指导营销体系的建立与完善	销售计划完成率达到____%，每减少____%，扣____分 销售计划完成率 $= \frac{\text{实际完成的销售量}}{\text{计划完成的销售量}} \times 100\%$
销售费用管理	制定销售费用控制目标，降低成本，减少销售费用超标的可能性	当月销售费用超标率低于____% 当月销售费用超标率 = $\frac{\text{当月销售费用} - \text{月销售费用核定标准}}{\text{月销售费用核定标准}} \times 100\%$
组织协调管理	协调分公司内外部关系，理顺与分公司所在地政府主管部门的关系	在工作过程中进行组织内外协调的情况 组织协调能力评分达到____分
市场推广管理	监督与指导产品品牌推广、市场促销等各项活动的开展	按照分公司市场占有份额的名次进行评估 分公司市场份额位居第一，则得满分，每降低____个名次，扣____分

（续表）

关键行为与结果要求	工作标准与规范	指标界定与目标值
经销商关系	推进与落实重点业务，负责重点经销商关系的维系与推进工作	通过经销商满意度问卷进行考核 经销商满意度评分达到____分

5.9.2　分公司销售经理胜任素质模型与任职资格

本书依据分公司销售经理的主要工作事项及总公司对其素质的要求，在参照其他同级销售经理胜任行为特征的基础上，从职业素养、知识、技能/能力三个层面出发，构建了分公司销售经理胜任素质模型，具体内容如图5-24所示。

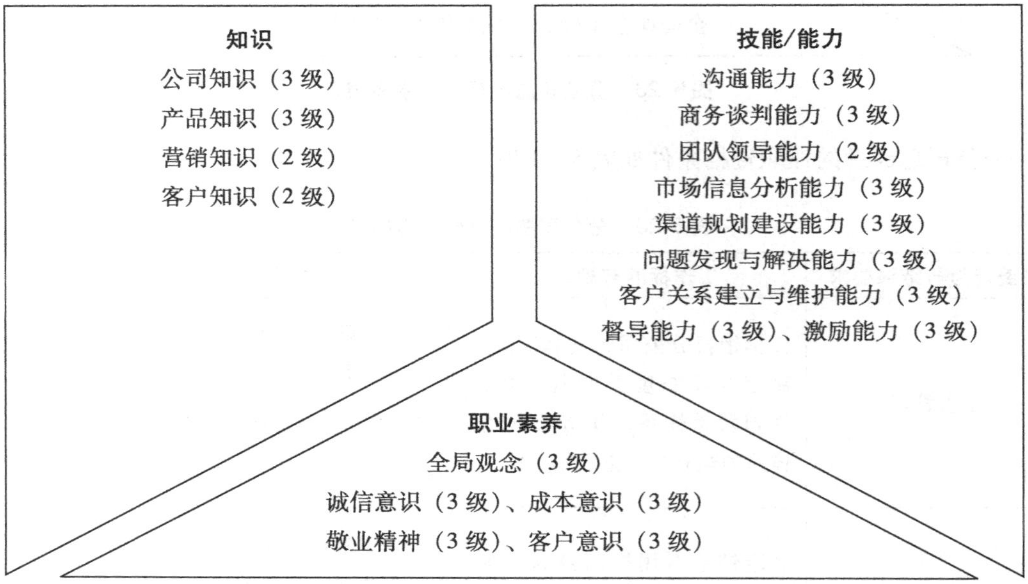

图5-24　分公司销售经理胜任素质模型

分公司销售经理的任职资格条件如表5-24所示。

表5-24　分公司销售经理任职资格条件

关键行为与结果要求	工作标准与规范	指标界定与目标值
销售额管理	制订分公司年度、月度销售计划，根据企业年度销售计划和营销策划案，负责完成分公司所辖区域的执行与组织实施工作	销售额达到____万元，每减少____万元，扣____分 销售额 = $\sum$ 产品单价 × 销售量

（续表）

关键行为与结果要求	工作标准与规范	指标界定与目标值
货物管理	对货物进行监控管理，督促货物准时交接，保证产品的及时流通和销售	交货准时率达到____%，每减少____%，扣____分 $交货准时率=\left(1-\frac{交货延迟次数}{交货总次数}\right)\times 100\%$
客户关系管理	负责客户关系管理工作，接受客户投诉，并提供满意的服务，组织销售渠道的拓展与渠道伙伴关系的维护工作	客户投诉获得满意处理结果 客户投诉满意结果达到____次，每减少____次，扣____分
销售回款管理	负责销售回款的管理，确保销售回款及时，尽量减少呆、坏账的发生	销售回款率达到____%，每减少____%，扣____分 $销售回款率=\frac{实际回款金额}{计划回款金额}\times 100\%$

5.9.3 办事处销售主任胜任素质模型与任职资格

本书依据企业对办事处的经营要求及办事处销售主任的职位要求，在参考其他同级优秀员工胜任行为特征的基础上，构建了办事处销售主任胜任素质模型，具体内容如图5-25所示。

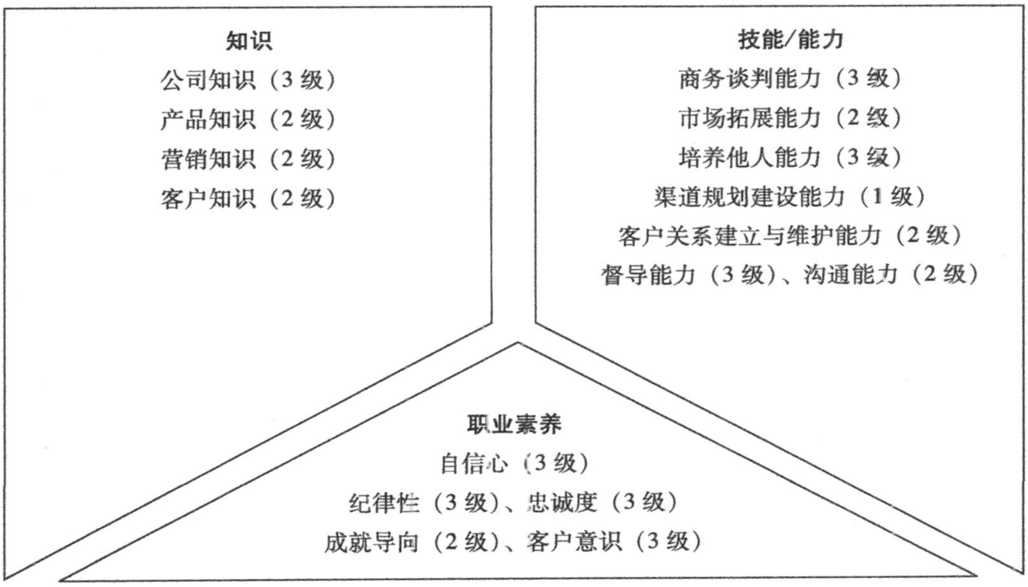

图5-25　办事处销售主任胜任素质模型

办事处销售主任的任职资格条件如表 5-25 所示。

表 5-25　办事处销售主任任职资格条件

关键行为与结果要求	工作标准与规范	指标界定与目标值
销售费用控制	在所辖地销售过程中控制费用支出，降低费用成本，编制费用预算	销售费用预算使用率达到____% 销售费用预算使用率 = $\frac{\text{使用的销售费用总额}}{\text{销售费用预算总额}} \times 100\%$
完成销售计划	执行总公司的各项销售政策、价格政策，维护所辖地的市场秩序和商业规则	销售增长率达到____%，每减少____%，扣____分 销售增长率 = $\frac{\text{当期销售额或销售量}}{\text{上期（或去年同期）销售额或销售量}} \times 100\% - 1$
客户满意度	实施办事处所有地的客户管理工作，有计划地对本地的重点客户进行拜访，加深与客户关系	通过客户满意度问卷进行考核在考核期内，客户满意度评分达到____分

第 6 章

生产类人员胜任素质模型与任职资格

6.1 生产部管理人员胜任素质模型与任职资格

6.1.1 生产经理胜任素质模型与任职资格

本书依据企业的发展战略和文化要求，结合生产经理的主要工作事项及任职资格要求，在参照其他优秀经理胜任行为特征的基础上，构建了生产经理胜任素质模型，具体内容如图 6-1 所示。

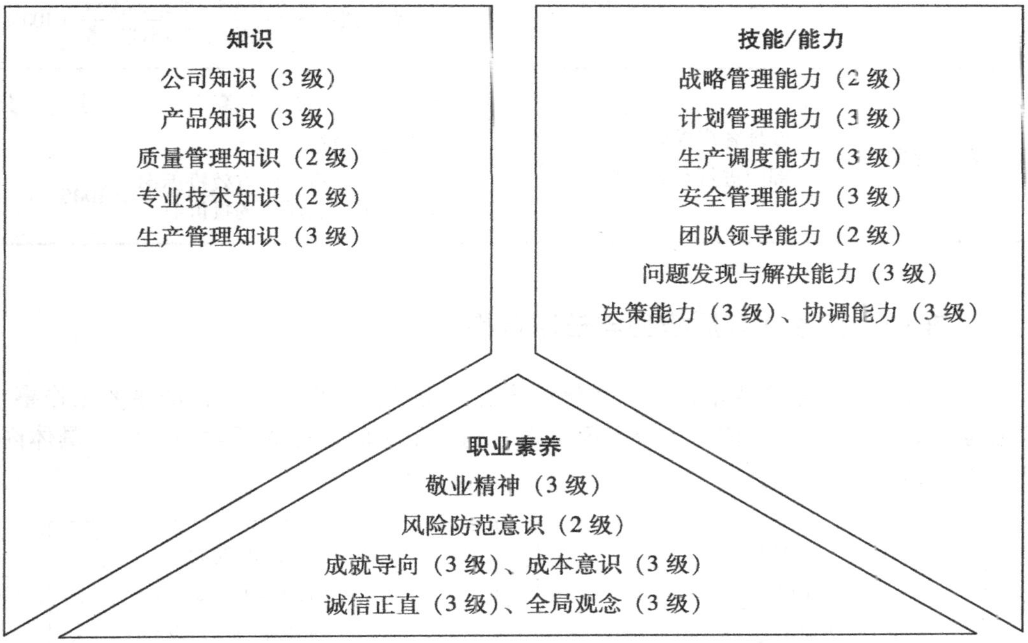

图 6-1 生产经理胜任素质模型

生产经理的任职资格条件如表 6-1 所示。

表 6-1 生产经理任职资格条件

关键行为与结果要求	工作标准与规范	指标界定与目标值
生产运营	编制企业制订生产计划管理制度，预测生产产能，有效开发生产潜力，实现最优产能水平	产量计划完成率目标为____%，每减少____%，扣____分 $产量计划完成率=\frac{实际完成的产量}{计划完成的产量}\times 100\%$

（续表）

关键行为与结果要求	工作标准与规范	指标界定与目标值
成本管理	根据上年度财务数据，制订本年度生产成本计划、财务状况变动表、成本控制表等	生产成本下降率达到____%，每降低____%，扣____分 生产成本下降率 = $\frac{\text{上期生产成本}-\text{本期生产成本}}{\text{上期生产成本}}\times 100\%$
部门管理	培训数据分析，培训计划完成及员工满意度评价	培训计划完成率达到____%，每降低____%，扣____分 培训计划完成率 = $\frac{\text{实际完成的培训次数}}{\text{计划完成的培训次数}}\times 100\%$
客户管理	处理客户投诉，与组织内各部门进行有效合作	投诉率达到____%，每高出____%，扣____分 产品质量有效投诉率 = $\frac{\text{客户有关产品质量的有效投诉率}}{\text{客户有关产品质量的投诉数}}\times 100\%$

6.1.2 车间主任胜任素质模型与任职资格

本书依据企业的生产战略目标、文化价值观等要求，结合车间主任的主要工作事项，从职业素养、知识、技能/能力三个层面出发，构建了车间主任胜任素质模型，具体内容如图 6-2 所示。

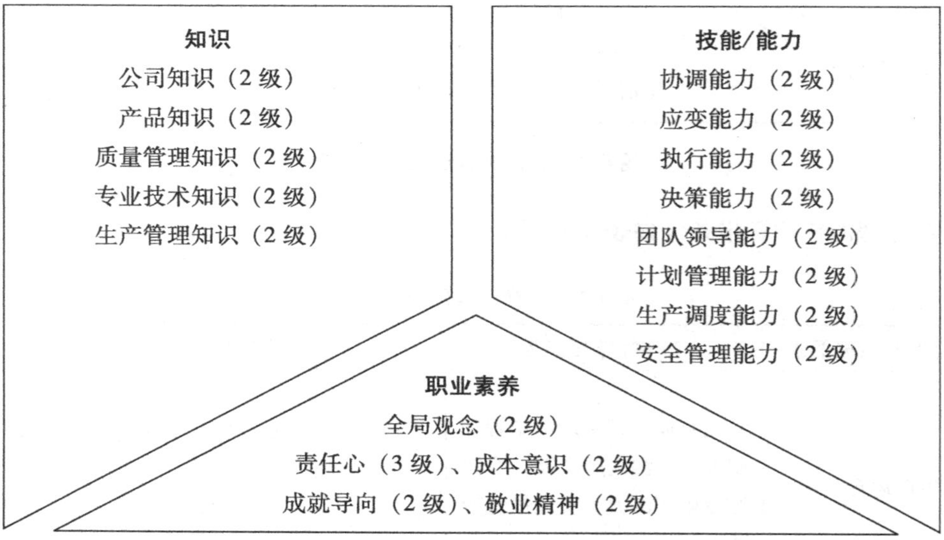

图 6-2　车间主任胜任素质模型

车间主任的任职资格条件如表6-2所示。

表6-2 车间主任任职资格条件

关键行为与结果要求	工作标准与规范	指标界定与目标值
完成车间生产任务	根据上年度车间任务完成数据，制订本年度生产任务计划、任务完成标准及目标	车间任务完成率达到____%，每降低____%，扣____分 车间生产任务完成率 = $\frac{\text{车间实际生产产品产量}}{\text{车间计划生产产品产量}} \times 100\%$
降低生产成本，提高产品质量	制定生产成本控制管理规定、成本预算报表、质量管理工作计划表	生产成本下降率达到____%，每降低____%，扣____分 生产成本下降率 = $\frac{\text{上期生产成本} - \text{本期生产成本}}{\text{上期生产成本}} \times 100\%$
安全生产工作	安全生产管理制度，安全生产考核规定，安全计划表及检查报告书	所辖车间出现安全事故造成的损失额度目标值达到____元，每超出____员，扣____分
车间设备管理	企业固定资产管理制度，设备选择使用管理规定，设备维护办法	所辖车间出现累计停产时间 目标值达到____小时，每多____小时，扣____分
车间员工管理	制订车间培训计划、部门协作满意度评价表、员工培训规范	员工技术考核合格率达到____%，每降低____%，扣____分 员工技术考核合格率 = $\frac{\text{通过技术考核的员工数}}{\text{参加技术考核的员工数}} \times 100\%$

6.1.3 生产班长胜任素质模型与任职资格

本书依据生产班长的主要工作事项，结合其他优秀班长、组长的行为表现，从职业素养、知识、技能/能力三个层面出发，构建了生产班长胜任素质模型，具体内容如图6-3所示。

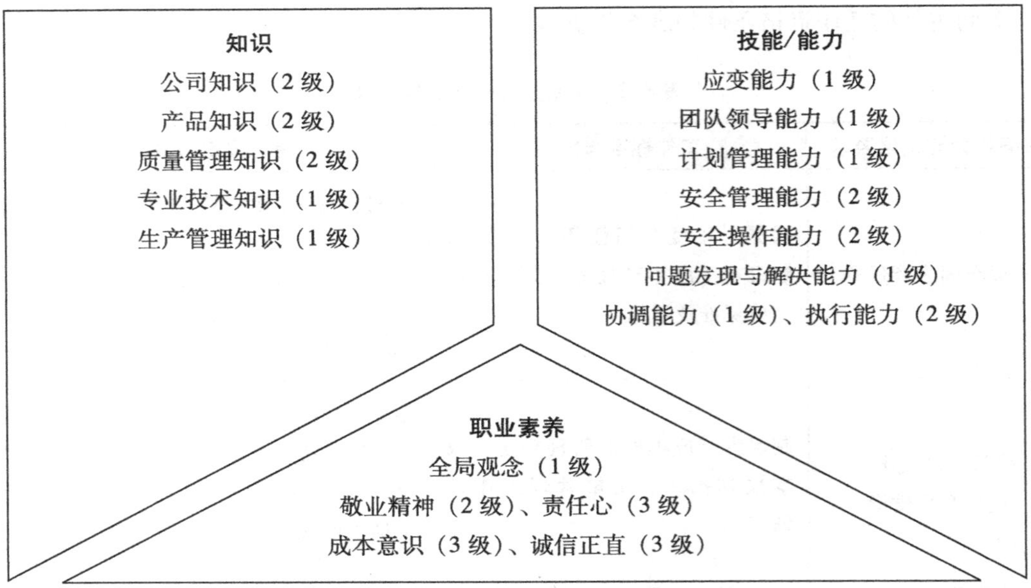

图6-3　生产班长胜任素质模型

生产班长的任职资格条件如表6-3所示。

表6-3　生产班长任职资格条件

关键行为与结果要求	工作标准与规范	指标界定与目标值
完成生产计划	执行本年度生产计划、班组生产任务、产值统计表、生产作业规范	产值达成率达到____%，每减少____%，扣____分 产值达成率 $= \frac{实际产值}{计划产值} \times 100\%$
监督产品生产过程	执行产品质量标准管理规定，制定月度产品质量检查表、生产作业规范	产品质量合格率目标值为____%，每减少____%，扣____分 产品质量合格率 $= \frac{合格产品总数}{总产品数量} \times 100\%$
安全生产	执行安全生产操作规范、生产作业规范、生产违规操作处理办法、设备使用与维修保养规定、安全事故处理办法	考核期内生产事故发生次数 目标值0次，每发生____次，扣____分
班组员工管理	关注车间的工作状态和发展，加强班组管理工作，做好班组建设，考核操作工的工作	考核期内班组员工违反纪律次数 目标值0次，每出现____次，扣____分

6.2 计划与调度人员胜任素质模型与任职资格

6.2.1 生产计划经理胜任素质模型与任职资格

本书依据生产计划经理主要工作事项，结合其任职资格及素质要求，在参照其他优秀经理胜任行为特征的基础上，从职业素养、知识、技能/能力三个层面出发，构建了生产计划经理胜任素质模型，具体内容如图6-4所示。

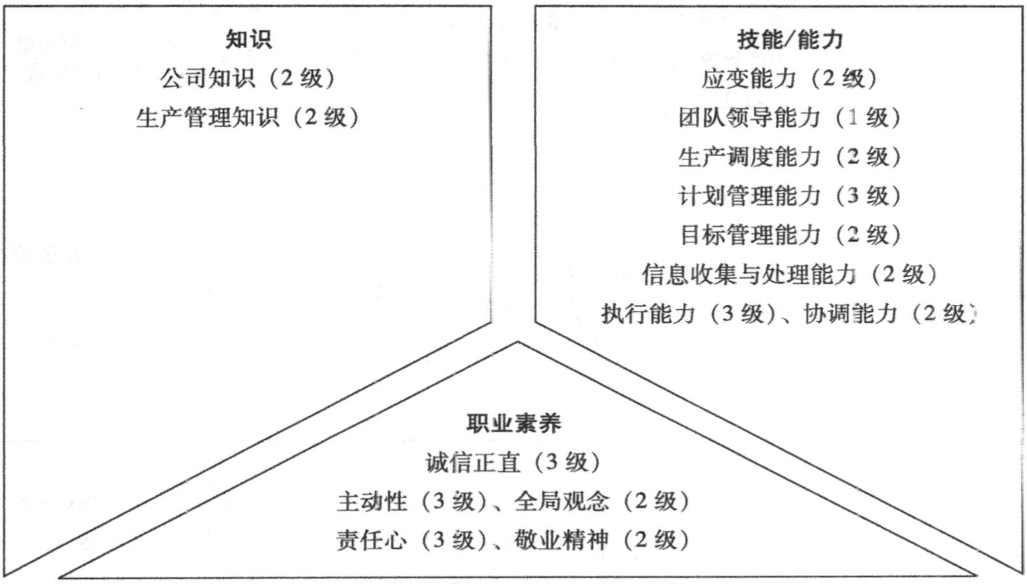

图6-4 生产计划经理胜任素质模型

生产计划经理的任职资格条件如表6-4所示。

表6-4 生产计划经理任职资格条件

关键行为与结果要求	工作标准与规范	指标界定与目标值
生产计划编制工作	根据企业经营目标、市场需求、产品库存及产能水平等情况，定期组织相关人员编制生产计划及生产进度计划	生产计划编制工作按时完成率目标值为____%，每减少____%，扣____分 生产计划编制工作按时完成率 = $\frac{\text{按时交付生产的生产计划份数}}{\text{应交付的生产计划总分数}} \times 100\%$

（续表）

关键行为与结果要求	工作标准与规范	指标界定与目标值
生产排程	召开生产计划会议，协调生产管理工作顺利进行，有效组织生产排程	生产排程准确率目标值为____%，每减少____%，扣____分 生产排程准确率 = $\frac{\text{生产排程无误次数}}{\text{排程总次数}}$ × 100%
订单交付	协调处理外协订单、紧急订单和生产异常情况，保证生产进度按计划进行	考核期内，订单按期交付率达到____% 订单按期交付率 = $\frac{\text{按期交付的订单数}}{\text{应交付的订单数}}$ × 100%
生产调度	协调与生产车间、采购、销售、仓库、物流、质量等相关部门的工作关系	在考核期内，水、电、材料、人员等生产调度工作的失误次数 目标值为 0 次，每增加____次，扣____分
多品种生产均衡	保证生产效率，规定员工工作程序，实施绩效考核激励手段，促使作业计划的完成	按作业计划完成的生产均视为均衡生产 考核期内，多品种生产均衡率达____% 多品种生产均衡率 = $\frac{\text{各种产品每日完成计划的百分数之和}}{\text{各种产品生产日数之和}}$ × 100%

6.2.2 生产计划主管胜任素质模型与任职资格

本书依据生产计划主管的主要职责及对任职人员的素质要求，在参照其他优秀主管人员胜任行为特征的基础上，构建了生产计划主管胜任素质模型，具体内容如图 6-5 所示。

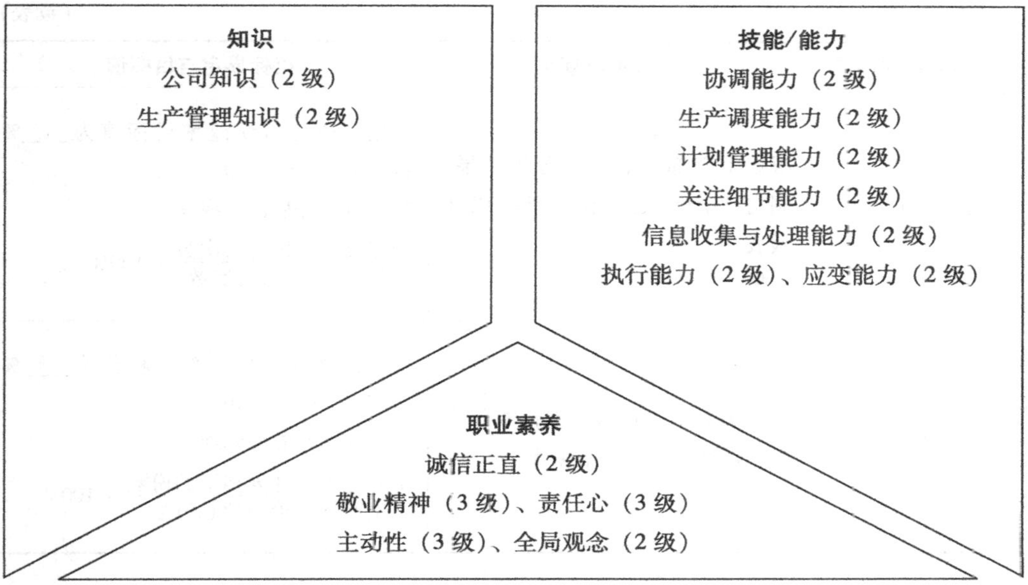

图6-5　生产计划主管胜任素质模型

生产计划主管的任职资格条件如表6-5所示。

表6-5　生产计划主管任职资格条件

关键行为与结果要求	工作标准与规范	指标界定与目标值
生产计划编制	根据上年度历史数据，编制本年度生产计划规范、生产计划完成情况分析报告	生产计划编制按时完成率目标值为____%，每减少____%，扣____分 生产计划编制按时完成率＝$\frac{\text{按时完成的生产计划份数}}{\text{完成的生产计划总份数}} \times 100\%$
订单处理	整理生产订单数据，编制生产订单处理规定，订单登记安排规范和生产排程原则	生产订单处理及时率目标值为100%，每降低____%，扣____分 生产订单处理及时率＝$\frac{\text{及时处理生产订单的数量}}{\text{护理生产订单的总数量}} \times 100\%$
下属人员管理	根据历史培训数据，制订年度培训计划、人员满意度评价表及执行规范	培训计划完成率目标值为____%，每降低____%，扣____分 培训计划完成率＝$\frac{\text{实际完成的培训数}}{\text{计划完成的培训数}} \times 100\%$

（续表）

关键行为与结果要求	工作标准与规范	指标界定与目标值
产能负荷分析	根据生产部产能负荷分析结果，制订生产计划、生产产能统计报表	产能负荷分析误差率目标值为____%，每高出____%，扣____分 产能负荷分析误差率 = $\frac{\text{产能负荷分析有误次数}}{\text{产能负荷分析总次数}} \times 100\%$
生产计划档案	根据历史生产计划，制订本年度生产计划档案并实施保管	生产计划档案确实率目标值为____%，每高出____%，扣____分 生产计划档案确实率 = $\frac{\text{不完整生产计划档案的份数}}{\text{生产计划档案的总份数}} \times 100\%$

6.2.3　生产调度主管胜任素质模型与任职资格

本书依据生产调度主管的主要职责及对任职人员的素质要求，在结合其他优秀主管人员胜任行为特征的基础上，构建了生产调度主管胜任素质模型，具体内容如图6-6所示。

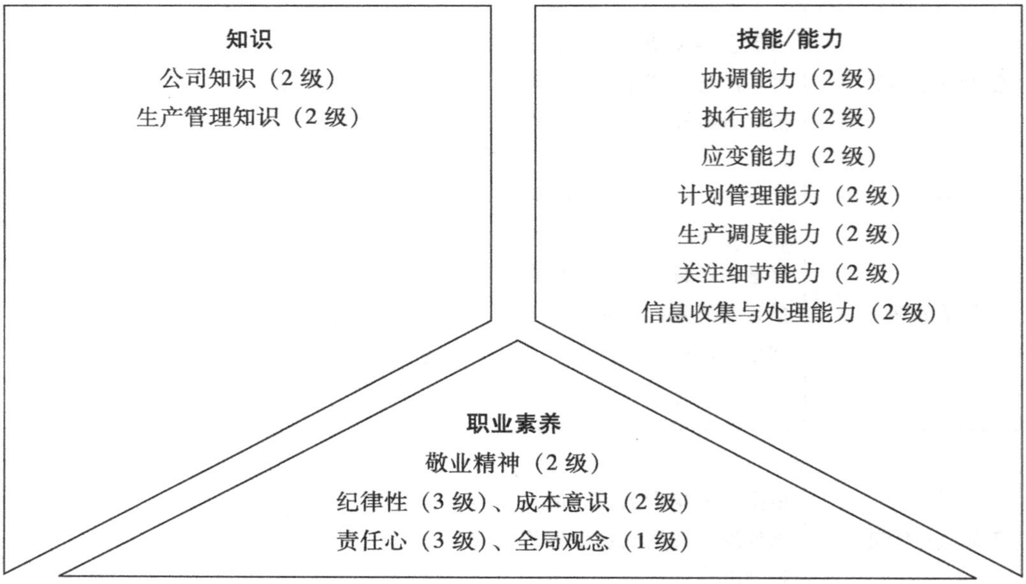

图6-6　生产调度主管胜任素质模型

生产调度主管的任职资格条件如表6-6所示。

表6-6 生产调度主管任职资格条件

关键行为与结果要求	工作标准与规范	指标界定与目标值
资源调度	根据主生产计划和各项生产进度计划，进行生产、物料、设备、人员的协调配合，确保生产计划顺利完成	生产用原辅料、零部件、外协件、水、电等不能按时到位，造成不能开工或停工的次数 目标值为0次，每增加____次，扣____分
监督车间生产	督促、协调各生产车间零部件、各工序产成品的流转	生产排程达成率目标值为____%，每减少____%，扣____分 $生产排程达成率=\frac{实际生产排程次数}{计划排程总次数}\times 100\%$
处理突发事件	处理生产过程中出现的突发事件，组织相关领导及车间召开临时性或专题性现场调度会议，及时下发调度令	考核期内，处理突发时间的次数 目标值为0次，每增加____次，扣____分
调度车间开展生产	分析、研究生产计划完成情况的统计资料和其他生产信息，为下一阶段生产调度工作提供参考依据	考核期内，多品种生产均衡率达____% 多品种生产均衡率 = $\frac{各种产品每日完成计划的百分数之和}{各种产品生产日数之和}\times 100\%$

6.2.4 生产计划专员胜任素质模型与任职资格

本书依据生产计划专员的主要工作事项及该岗位对其任职人员的素质要求，在参照其他优秀专员胜任行为特征的基础上，从职业素养、知识、技能/能力三个层面出发，构建了生产计划专员胜任素质模型，具体内容如图6-7所示。

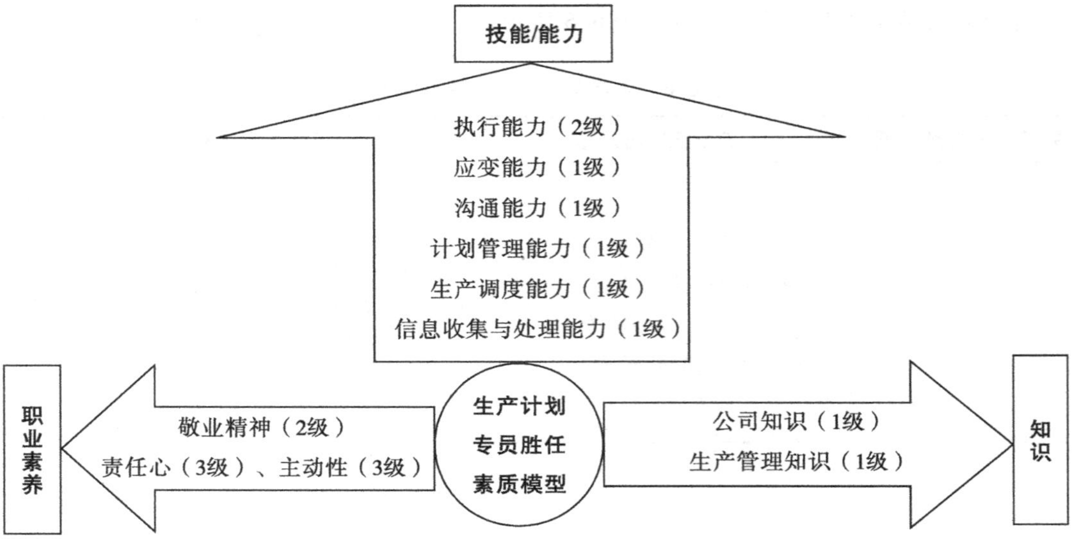

图6-7　生产计划专员胜任素质模型

生产计划专员的任职资格条件如表6-7所示。

表6-7　生产计划专员任职资格条件

关键行为与结果要求	工作标准与规范	指标界定与目标值
传达生产指令	根据制订的生产进度计划，传达各项生产指令，并负责生产计划及生产指令的变更通知工作	生产指令传达及时率、准确率分别达____%、____%，与目标相比，分别提高（降低）____%、____%
紧急订单处理	根据生产变更指令和订单紧急情况，对生产线正在生产的产品、生产顺序进行合理地调整	订单处理及时率目标值为____%，每降低____%，扣____分 $订单处理及时率=\frac{及时处理紧急订单的数量}{处理紧急订单的总数量}\times 100\%$
完成补货订单	受理补货生产订单，并及时追踪订单完成情况	补货订单完成率目标值为____%，每降低____%，扣____分 $补货订单完成率=\frac{完成补货订单的数量}{完成生产订单的总数量}\times 100\%$
提交生产进度报表	负责各车间生产进度数据的汇总、分析，及时提交生产进度报表，定期反馈各车间对生产计划的执行情况	考核期内，提交生产进度报表无延期状况目标值为0次，每增加____次，扣____分

6.2.5 生产调度专员胜任素质模型与任职资格

本书依据生产调度专员这一岗位及其对任职人员的资格与素质要求，结合其他优秀员工的行为特征，构建了生产调度专员胜任素质模型，具体内容如图6-8所示。

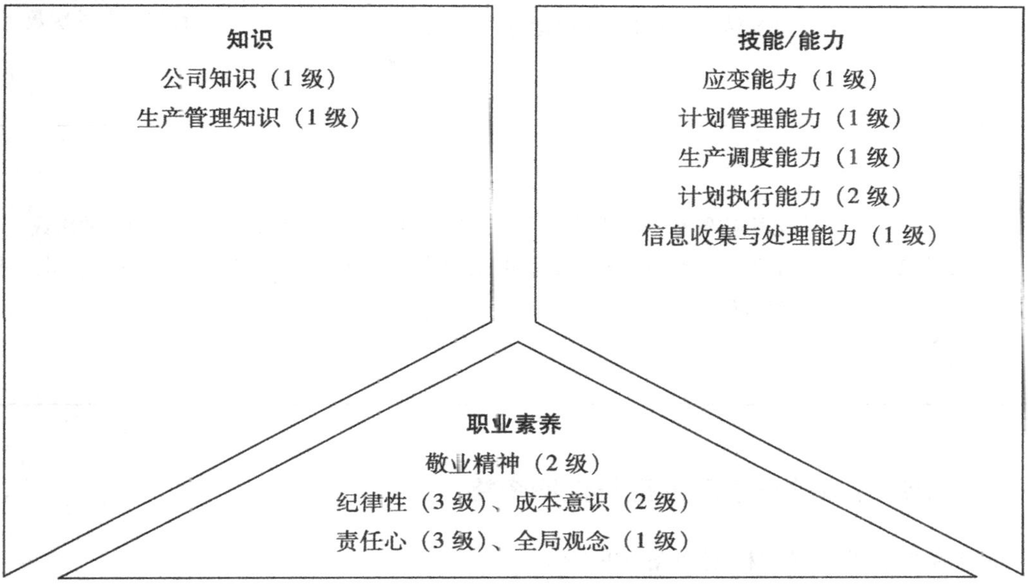

图6-8 生产调度专员胜任素质模型

生产调度专员的任职资格条件如表6-8所示。

表6-8 生产调度专员任职资格条件

关键行为与结果要求	工作标准与规范	指标界定与目标值
交货情况	及时安排并协调紧急订单或补货订单的生产	交期达成率目标值为100%，每降低____%，扣____分 $交期达成率=\frac{交货期无误次数}{交货总次数}\times 100\%$
生产调度	监督、检查各生产环节半成品的投入和出产进度，发现问题，及时协调生产所需物料缺损情况，跟催生产环节所需物料，确保物料足量、及时到位	调度会议及时召开率目标值为____%，每减少____%，扣____分 调度会议及时召开率＝ $\frac{及时召开生产调度会议的次数}{召开生产调度会议的总次数}\times 100\%$

（续表）

关键行为与结果要求	工作标准与规范	指标界定与目标值
生产计划	根据生产作业进度，协调、督促生产车间零部件及各工序产成品的流转，保持生产有效运行	生产排程达成率目标值为____%，每减少____%，扣____分 生产排程达成率 = $\frac{实际生产排程次数}{计划排程总次数}$ × 100%
解决问题	运用各种有效的方式、方法解决生产计划实施过程中遇到的困难和问题	考核期内，有效解决生产问题的次数目标值为____次，每减少____次，扣____分

6.2.6　统计专员胜任素质模型与任职资格

统计专员的胜任素质模型如图6-9所示。

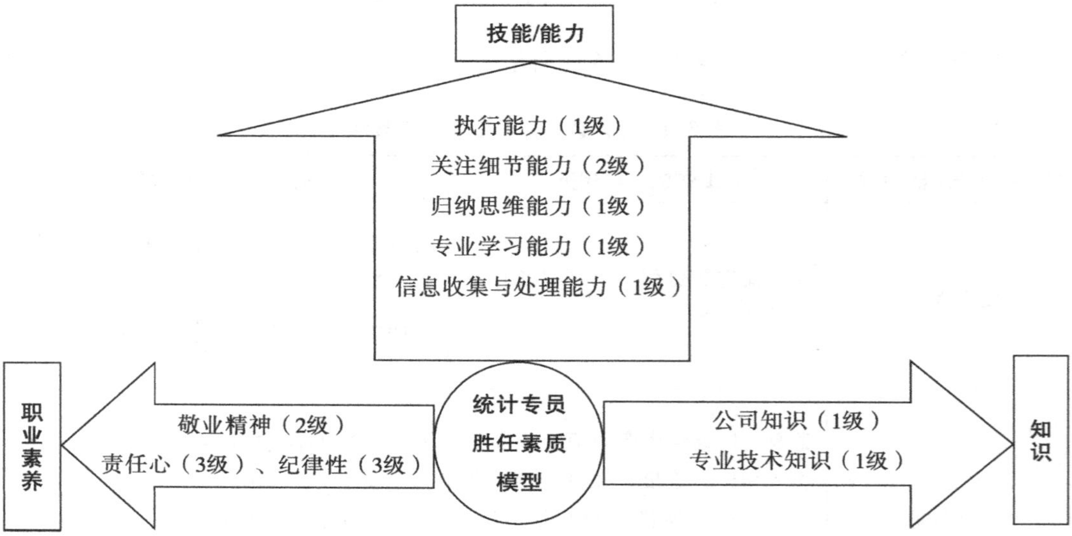

图6-9　统计专员胜任素质模型

统计专员的任职资格条件如表6-9所示。

表6-9 统计专员任职资格条件

关键行为与结果要求	工作标准与规范	指标界定与目标值
完成盘点统计工作	登记生产统计原始记录，负责车间年度、季度、月度生产统计报表和产量日报表等生产报表的制作	考核期内，完成盘点统计工作的次数 目标值为____次，每减少____次，扣____分
提交统计分析报告	定期进行成本、生产统计分析，出具统计分析报告	统计分析报告上交及时率目标值为____%，每减少____%，扣____分 统计分析报告上交及时率 = $\frac{\text{及时提交分析报告的次数}}{\text{进行调查分析的总次数}} \times 100\%$
异常状况统计	在统计和调查过程中，发现问题及时向有关部门汇报并解决	考核期内，统计到的异常状况的次数 目标值0次，每增加____次，扣____分
完善统计资料	统计生产进度数据、机台工时数据等，并负责相关数据的分析、归纳和存档	资料统计差错率目标值为0，每增加____%，扣____分 资料统计差错率 = $\frac{\text{资料统计出错次数}}{\text{资料统计总次数}} \times 100\%$

6.3 物料控制人员胜任素质模型与任职资格

6.3.1 物控经理胜任素质模型与任职资格

本书依据企业的生产战略发展要求，结合物控经理的主要工作事项及任职资格要求，从职业素养、知识、技能/能力三个层面出发，构建了物控经理胜任素质模型，具体内容如图6-10所示。

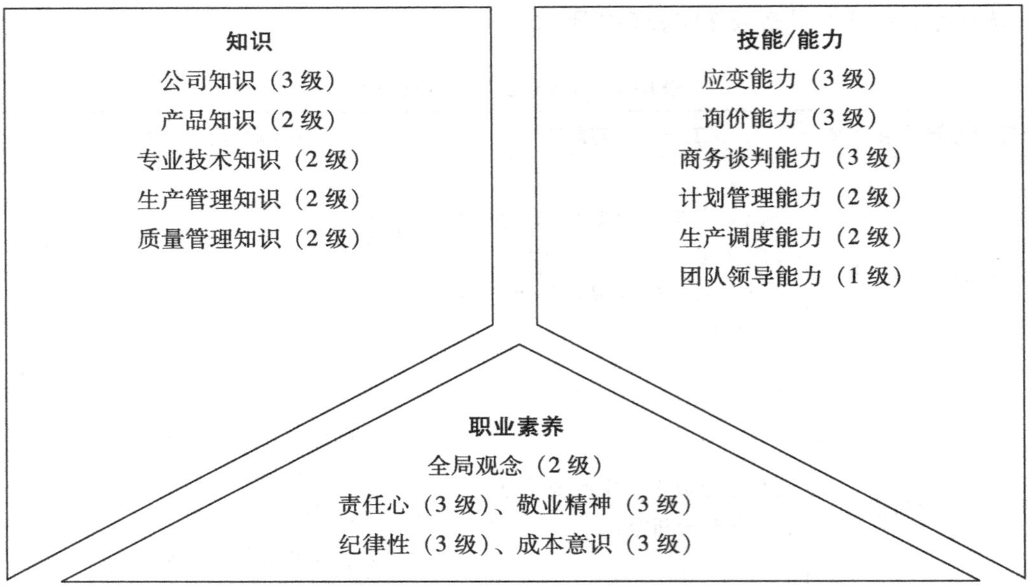

图 6-10　物控经理胜任素质模型

物控经理的任职资格条件如表 6-10 所示。

表 6-10　物控经理任职资格条件

关键行为与结果要求	工作标准与规范	指标界定与目标值
物料采购	制订物料采购计划及紧急物料采购办法，对物料市场价格变动趋势的分析预测	物料采购完成率目标值为____%，每减少____%，扣____分 物料采购完成率 = $\frac{\text{物料采购实际完成数量}}{\text{物料采购计划完成数量}} \times 100\%$
供应商管理	与供应商洽谈，在相关领导的授权下，与供应商签订物料采购合同	考核期内，每月新开发供应商数量 目标值为____家，每减少____家，扣____分
采购成本控制	选择信誉好、物美价廉的供应商，采用适当的采购策略，最大程度上降低采购成本	采购成本占预算比重目标值为____%，每增加____%，扣____分 采购成本占预算比重 = $\frac{\text{采购成本金额}}{\text{采购预算总金额}} \times 100\%$
员工培训	负责组织对下属进行采购技巧、采购策略的培训	员工培训计划完成率目标值为____%，每减少____%，扣____分 员工培训计划完成率 = $\frac{\text{员工培训实际数量}}{\text{员工培训计划数量}} \times 100\%$

6.3.2 物控主管胜任素质模型与任职资格

本书依据物控主管的关键工作事项，结合其对任职人员的资格及素质要求，并参照其他优秀物控主管胜任行为特征，构建了物控主管胜任素质模型，具体内容如图 6-11 所示。

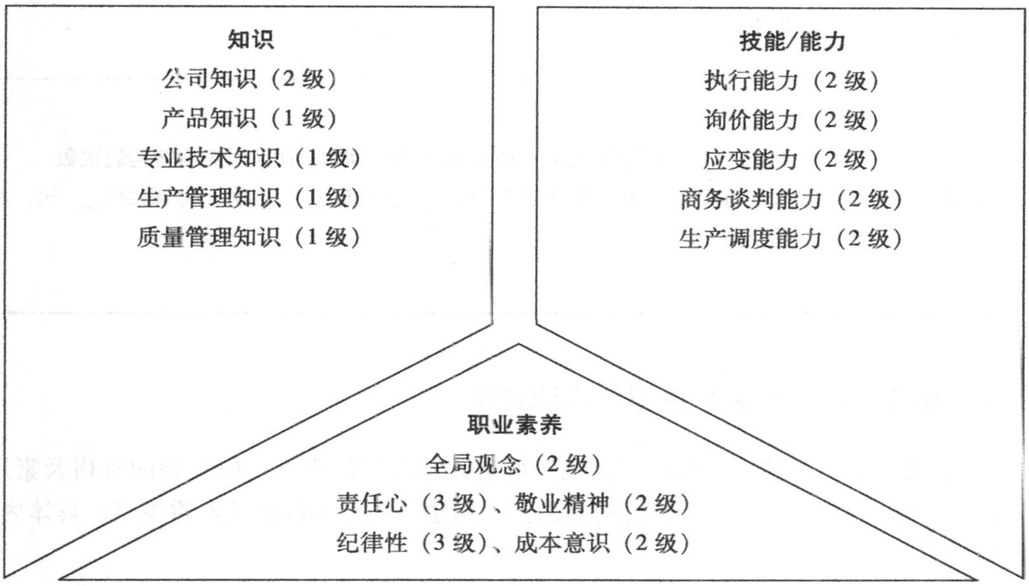

图 6-11　物控主管胜任素质模型

物控主管的任职资格条件如表 6-11 所示。

表 6-11　物控主管任职资格条件

关键行为与结果要求	工作标准与规范	指标界定与目标值
完成采购计划	根据物料采购计划，安排并对采购的过程予以监控	物料采购计划完成率目标值为____%，每减少____%，扣____分 物料采购计划完成率 = $\frac{\text{物料采购实际完成数量}}{\text{物料采购计划完成数量}} \times 100\%$
采购质量管理	选择符合企业要求的供应商，并于接货时做好采购验收工作	采购质量合格率目标值为____%，每减少____%，扣____分 采购质量合格率 = $\frac{\text{物料采购合格数量}}{\text{物料采购总数量}} \times 100\%$

（续表）

关键行为与结果要求	工作标准与规范	指标界定与目标值
供应商管理	定期组织相关人员对供应商的表现、资信情况进行评价，与供应商保持日常联系，并做好关系维护工作	考核期内，供应商评估报告按时完成情况 目标值为____次，每减少____次，扣____分
团队管理	制定员工绩效考核规范，加强团队的协作、沟通，监督工作的顺利实施	考核期内，团队员工有效沟通次数 目标值为____次，每减少____次，扣____分

6.3.3 物控专员胜任素质模型与任职资格

本书依据物控专员这一岗位的主要工作职责，结合其任职人员应具备的资格及素质，并在参照其他物控人员胜任行为特征的基础上，构建了物控专员胜任素质模型，具体内容如图6-12所示。

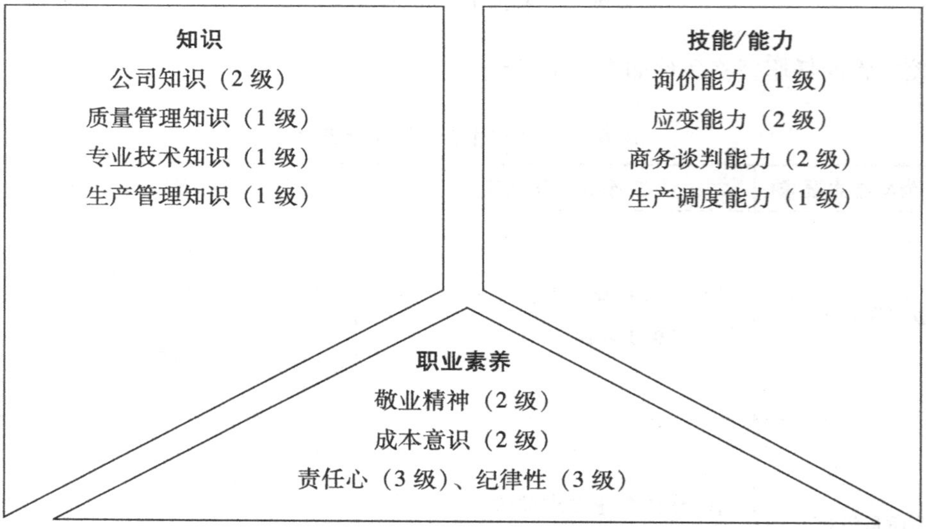

图6-12　物控专员胜任素质模型

物控专员的任职资格条件如表6-12所示。

表6-12 物控专员任职资格条件

关键行为与结果要求	工作标准与规范	指标界定与目标值
控制采购成本	制定物料采购预算，控制成本，与选定的供应商进行采购洽谈，争取优惠价格和较好的供货条件	采购单价降低幅度目标值为____%，每降低____%，扣____分 采购单价降低幅度 = $\frac{\text{上月物料采购价格}-\text{当月物料采购价格}}{\text{上月物料采购价格}}\times 100\%$
及时采购到货	加强对厂商的辅导、评鉴与奖惩，把握采购前置期	采购到货及时率目标值为____%，每减少____%，扣____分 采购到货及时率 = $\frac{\text{采购及时到货的数量}}{\text{采购货物总数量}}\times 100\%$
供应商开发	了解适时资讯，针对供应商集中的物料开发新厂商	考核期内，新开发供应商数量目标值为____家，每减少____家，扣____分
处理呆滞料	定期召开呆滞料处理会议，审核把关订购单，定期追踪生产变更情况	呆滞料库存率目标值为____%，每增加____%，扣____分 呆滞料库存率 = $\frac{\text{呆滞料总量}}{\text{库存物料总数}}\times 100\%$

6.4 仓储管理人员胜任素质模型与任职资格

6.4.1 仓储经理胜任素质模型与任职资格

本书依据仓储经理的工作职责和该岗位对任职人员的素质要求，参照其他优秀经理的行为特征，从职业素养、知识、技能/能力三个层面出发，构建了仓储经理胜任素质模型，具体内容如图6-13所示。

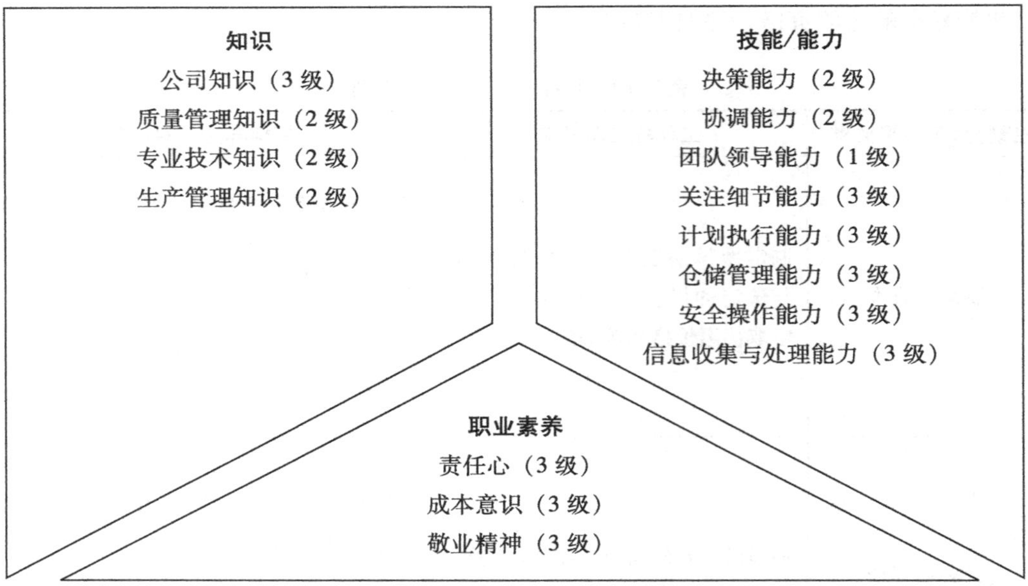

图 6-13　仓储经理胜任素质模型

仓储经理的任职资格条件如表 6-13 所示。

表 6-13　仓储经理任职资格条件

关键行为与结果要求	工作标准与规范	指标界定与目标值
库房管理	编制各项仓库管理制度，经生产总监批准后执行，并对执行情况进行监督	考核期内，库房仓储设备修理次数 目标值为 0 次，每增加____次，扣____分
库存信息管理	负责仓库库存量的筹划与控制，根据公司的生产销售能力，确定原材料及产品的标准库存量	仓储物资损耗率目标值为____%，每增加____%，扣____分 $仓储物资损耗率 = \frac{仓储物资损耗数量}{仓储物资总数} \times 100\%$
库存盘点	负责仓库内物料和成品的出入库工作，按规定手续做好物料和成品的收发，汇报积压和过期原材料的情况	考核期内，库存盘点账实不符次数 目标值为 0 次，每增加____次，扣____分
仓储管理费用控制	制定货物仓储费用预算，控制费用成本的增长	考核期内，仓储管理费用控制在预算范围 目标值为____万元，每增加____万元，扣____分

6.4.2 物料仓储主管胜任素质模型与任职资格

本书依据物料仓储主管的主要工作职责及该岗位对其任职人员的素质要求，结合其他优秀主管的行为特征，从职业素养、知识、技能/能力三个层面出发，构建了物料仓储主管胜任素质模型，具体内容如图6-14所示。

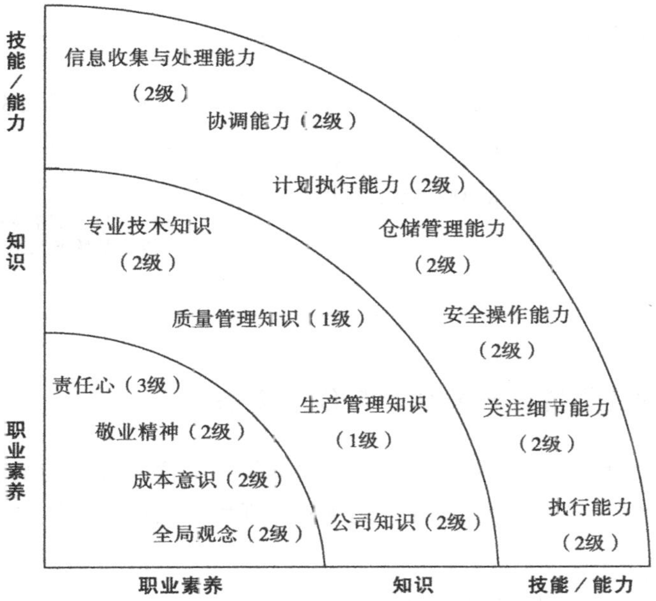

图6-14 物料仓储主管胜任素质模型

物料仓储主管的任职资格条件如表6-14所示。

表6-14 物料仓储主管任职资格条件

关键行为与结果要求	工作标准与规范	指标界定与目标值
物料出入库管理	监督质量体系运行规定和出入库操作程序的执行情况，发现未经检验或检验不合格物料一律禁止入库和发放出库	物料出入库差错率目标值为0，每增加____%，扣____分 物料出入库差错率 = $\frac{\text{物料出入库差错数量}}{\text{物料出入库总数量}}$ × 100%
仓库管理	巡视物料仓库，并检查物料仓管员的物料出入库日记账、库存卡，正确上报原料日报表	考核期内，物料仓库巡检次数目标值为____次，每减少____次，扣____分

（续表）

关键行为与结果要求	工作标准与规范	指标界定与目标值
仓储物料管理	拟定物料保管方案，监督检查仓库“十二防”工作，确保入库物料符合使用要求	考核期内，物料摆放不合格次数 目标值为____次，每增加____次，扣____分
提交物料库存周报	进行仓库盘点工作，按规定填写盘点卡，做到账、卡、物相符	物料库存周报提交率目标值为____%，每减少____%，扣____分 物料库存周报提交率＝ $\left(1-\frac{\text{延误提交的物料库存周报数}}{\text{提交的物料库存周报总数}}\right)\times 100\%$

6.4.3 成品仓储主管胜任素质模型与任职资格

本书依据成品仓储主管的主要工作事项及该职位对其任职人员的素质要求，并参照其他优秀主管胜任行为特征，构建了成品仓储主管胜任素质模型，具体内容如图 6-15 所示。

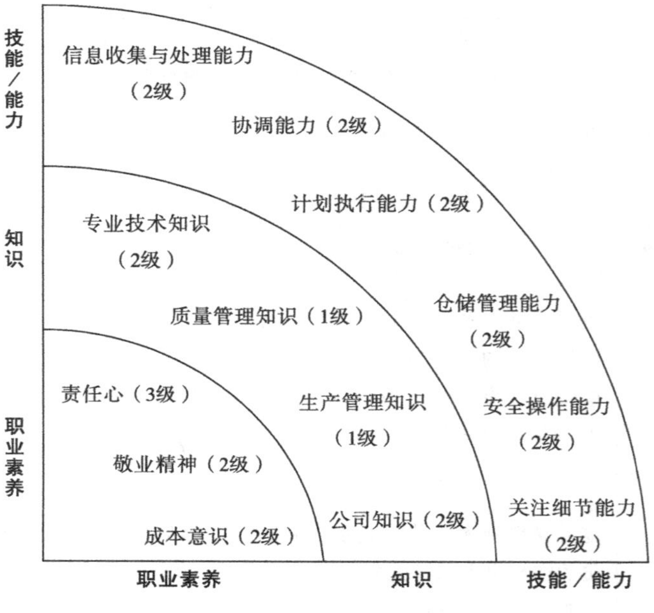

图 6-15　成品仓储主管胜任素质模型

成品仓储主管的任职资格条件如表6-15所示。

表6-15 成品仓储主管任职资格条件

关键行为与结果要求	工作标准与规范	指标界定与目标值
登记成品收发台账	建立成品收发台账，定期与财务部核对，做到账卡物相符	目标值为0，每增加____次，扣____分 成品台账、报表管理出错率 = $\frac{\text{成品台账、报表管理出错次数}}{\text{成品台账、报表管理总次数}} \times 100\%$
成品仓储管理	定期审查仓储环境，以确保现场符合成品仓储作业要求	考核期内仓储安全事故发生次数 目标值为0次，每增加____次，扣____分
成品出入库管理	组织成品仓库管理专员准确、及时地完成成品的出入库工作	成品收发差错率目标值为0，每增加____%，扣____分 成品收发差错率 = $\frac{\text{成品收发差错次数}}{\text{成品收发总次数}} \times 100\%$
成品库房管理	定期开展成品库房现场巡检，检查现场卫生和消防设施	物料库存分析准确率目标值为____%，每减少____%，扣____分 物料库存分析准确率 = $\frac{\text{物料库存分析报告无误的份数}}{\text{提交报告的总份数}} \times 100\%$

6.4.4 仓库管理专员胜任素质模型与任职资格

本书依据仓库管理专员的主要工作事项及其任职资格的要求，结合其他优秀员二胜任行为特征，构建了仓库管理专员胜任素质模型，具体内容如图6-16所示。

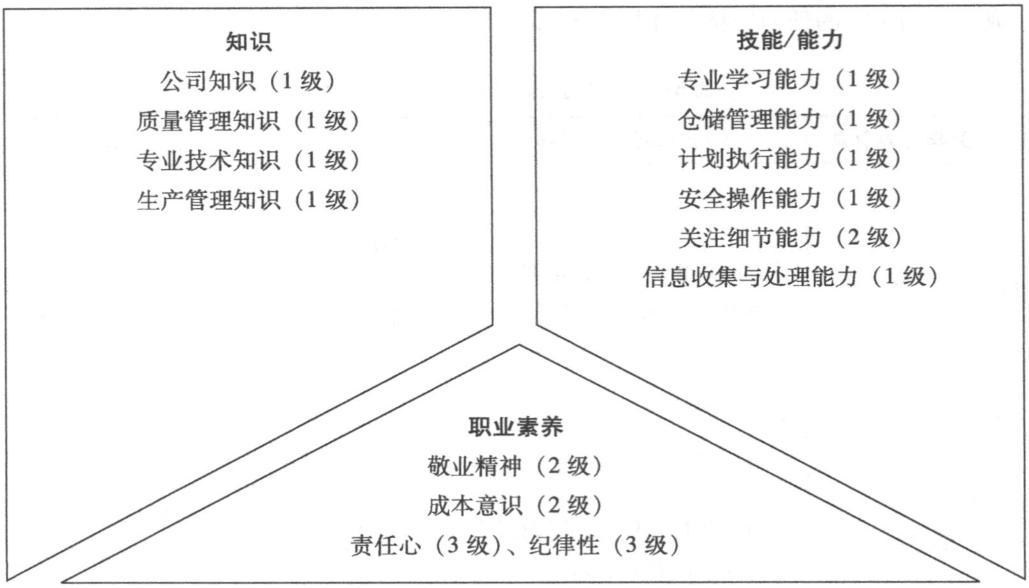

图 6-16　仓库管理专员胜任素质模型

仓库管理专员的任职资格条件如表 6-16 所示。

表 6-16　仓库管理专员任职资格条件

关键行为与结果要求	工作标准与规范	指标界定与目标值
物资管理	对仓库物资盘点清仓，做到账、物、卡相符，协助仓储主管做好盘点、盘亏的处理及调账工作	物资完好率目标值为____%，每减少____%，扣____分 $物资完好率=\frac{仓库完好物资数量}{仓库物资总数}\times 100\%$
仓库现场管理	落实仓库安全防范措施，做好仓库物资的防水、防潮、防爆、防腐蚀、防鼠虫害等日常保养工作	考核期内，巡查仓库现场的次数 目标值为____%，每减少____次，扣____分
库存优化管理	根据物资的物理、化学特性区分摆放物品，避免其吸潮、受热，物资定置合理，标识清晰完整，仓容整洁	考核期内，仓库一般或重大事故发生次数 目标值为 0 次，每增加____次，扣____分
服务质量管理	接受客户的反馈，及时处理错发或迟发物资	错发物资发生率目标值为 0，每增加____%，扣____分 $错发物资发生率=\frac{物资错发次数}{物资发送总次数}\times 100\%$

6.4.5 仓库账管专员胜任素质模型与任职资格

本书依据仓库账管专员的主要工作职责及其对任职人员的素质要求，结合其他优秀员工胜任行为特征，从职业素养、知识、技能/能力三个层面，构建了仓库账管专员胜任素质模型，具体内容如图 6-17 所示。

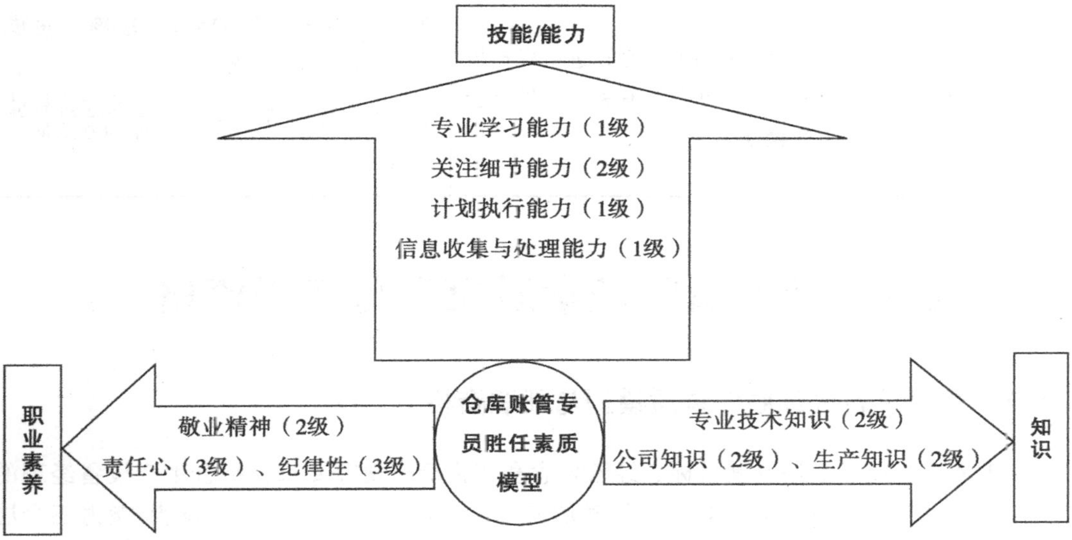

图 6-17 仓库账管专员胜任素质模型

仓库账管专员的任职资格条件如表 6-17 所示。

表 6-17 仓库账管专员任职资格条件

关键行为与结果要求	工作标准与规范	指标界定与目标值
核对账务	及时按物料、成品出入库的数量、价值等记账，按时与财务部相关人员做好账务核对工作	账务登记差错率目标值为 0，每增加____%，扣____分 $账务登记差错率 = \frac{账务登记出错次数}{账务登记总次数} \times 100\%$
整理仓储财务报表	对仓库台账、报表等资料进行整理，并进行分类、归档处理，负责相关档案的借阅、转交工作	考核期内，仓储财务报表出现缺项或数据不真实的次数 目标值为 0 次，每增加____次，扣____分

（续表）

关键行为与结果要求	工作标准与规范	指标界定与目标值
掌握仓储库存	掌握物料和成品的库存变动情况，及时向仓储经理提供和反馈物料和成品的库存信息	库存反馈信息准确率目标值为____%，每减少____%，扣____分 库存反馈信息准确率 = $\frac{库存信息反馈正确次数}{库存信息反馈总次数}\times 100\%$
仓库盘点	月底定期与财务会计进行资产核对工作，并配合有关部门进行仓库盘点	账、卡、物相符率目标值为100%，每减少____%，扣____分 账、卡、物相符率 = $\frac{账、卡、物相符数量}{仓库物资总量}\times 100\%$

6.5 设备管理人员胜任素质模型与任职资格

6.5.1 生产设备经理胜任素质模型与任职资格

本书依据企业的战略发展目标、经营理念和文化价值观等要求，结合生产设备经理的主要工作事项及该职位对其任职人员的素质要求，从职业素养、知识、技能/能力三个层面出发，构建了生产设备经理胜任素质模型，具体内容如图6-18所示。

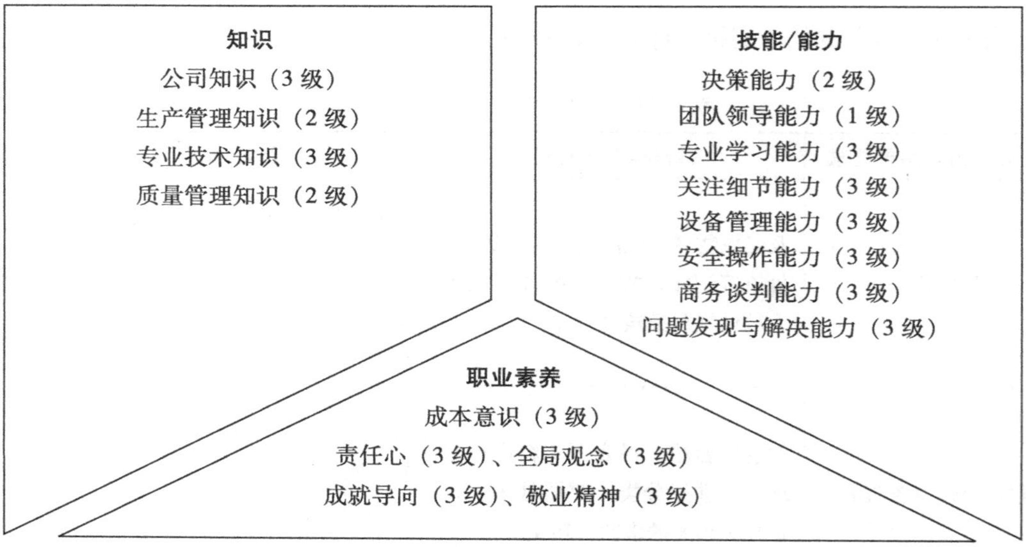

图6-18　生产设备经理胜任素质模型

生产设备经理的任职资格条件如表6-18所示。

表6-18 生产设备经理任职资格条件

关键行为与结果要求	工作标准与规范	指标界定与目标值
费用管理	负责设备全寿命过程管理的组织、监督、检查和推进工作，控制设备维修费用	考核期内，发生外委维修费用的数量 目标值为____万元，每增加____万元，扣____分
设备管理	负责设备全寿命过程管理的组织、监督、检查和推进工作，促进生产设备管理体系的持续改进	设备完好率目标值为100%，每减少____%，扣____分 $设备完好率=\frac{完好的设备数量}{设备总量}\times 100\%$
客户关系管理	保证操作人员和厂家对设备安装、维修等工作配合的满意程度，接受和处理客户投诉	考核期内，生产车间对报修处理工作满意次数 目标值为____次，每减少____次，扣____分
员工管理	负责下属员工的日常管理工作，完成员工定期培训计划	员工培训计划完成率目标值为____%，每减少____%，扣____分 $员工培训计划完成率=\frac{员工培训实际完成数量}{员工培训计划完成数量}\times 100\%$

6.5.2 设备运行主管胜任素质模型与任职资格

本书依据企业的发展战略、经营环境，结合设备运行主管岗位的任职要求，参照同类优秀主管人员的岗位胜任行为特征，从职业素养、知识、技能/能力三个层面出发，构建了设备运行主管胜任素质模型，具体内容如图6-19所示。

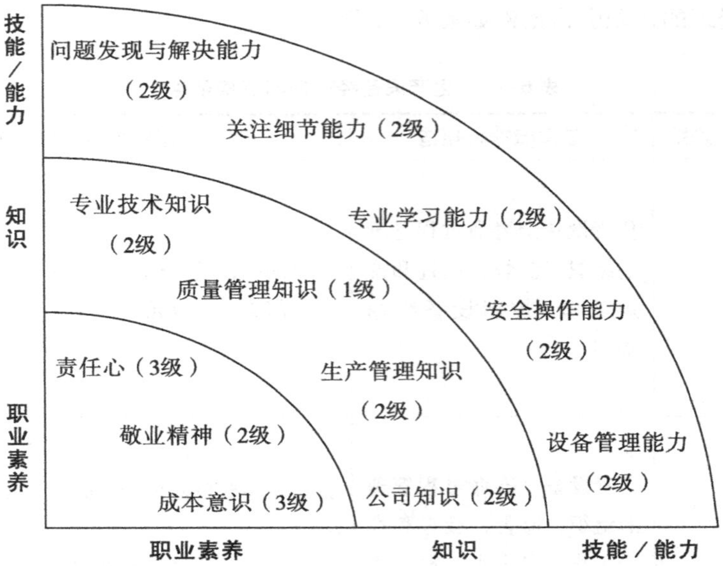

图 6-19　设备运行主管胜任素质模型

设备运行主管的任职资格条件如表 6-19 所示。

表 6-19　设备运行主管任职资格条件

关键行为与结果要求	工作标准与规范	指标界定与目标值
保证设备完好	制定企业生产设备操作规程，确保设备操作人员规范作业，建立企业设备故障的防御预警系统	设备完好率目标值为 100%，每减少____%，扣____分 $设备完好率=\left(1-\frac{故障设备台数}{生产设备总台数}\right)\times 100\%$
设备更新管理	负责公司生产设备更新改造计划的实施工作	更新改造计划完成率目标值为____%，每减少____%，扣____分 $更新改造计划完成率=\frac{实际更新改造设备台数}{计划更新改造设备台数}\times 100\%$
设备运行管理	负责企业生产设备的日常巡视、维护检查工作，记录设备运行状况，发现问题及时通知相关负责人处理	设备运行报告提交及时率目标值为 100%，每减少____%，扣____分 设备运行报告提交及时率＝ $\frac{设备运行报告提交及时数}{设备运行报告总数}\times 100\%$
能源消耗管理	负责统计企业生产设备能耗及材料消耗，编制能源消耗定额标准，报请上级领导审批	能源消耗定额标准编制准确率目标值为 100%，每减少____%，扣____分 能源消耗定额标准编制准确率＝ $\frac{能源消耗定额标准编制正确数}{能源消耗定额标准编制总数}\times 100\%$

6.5.3 设备维修主管胜任素质模型与任职资格

本书依据企业经营战略和发展目标，结合设备维修主管的工作职责，并参照同类岗位优秀人员的绩效表现，构建了设备维修主管胜任素质模型，具体内容如图6-20所示。

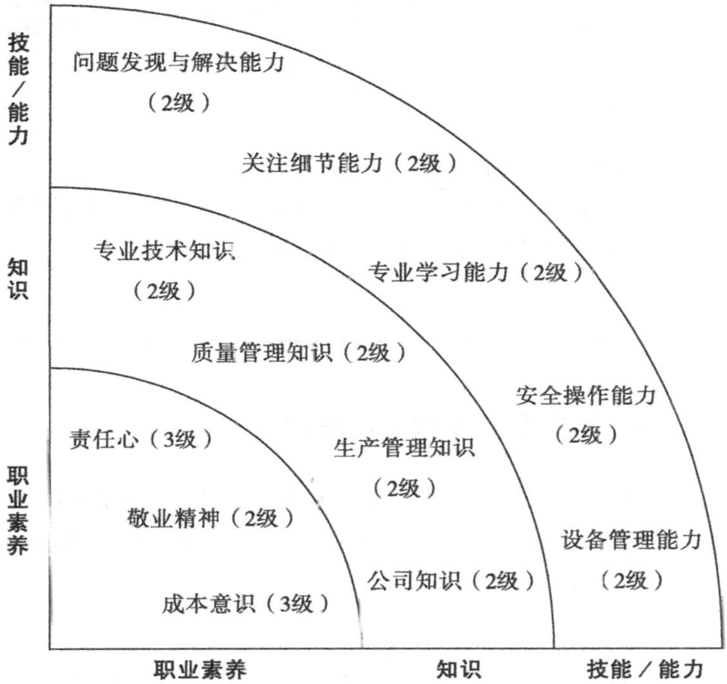

图6-20 设备维修主管胜任素质模型

设备维修主管的任职资格条件如表6-20所示。

表6-20 设备维修主管任职资格条件

关键行为与结果要求	工作标准与规范	指标界定与目标值
设备保养	根据企业的生产设备保养、维修计划，具体负责生产设备的保养和维修工作	设备保养任务完成率目标值为____%，每减少____%，扣____分 设备保养任务完成率 = $\frac{\text{按时完成设备保养台数}}{\text{设备保养任务总台数}}$ ×100%
事故抢修	负责组织设备事故抢修工作，以尽快恢复生产，减少事故损失	设备事故抢修及时率目标值为____%，每减少____%，扣____分 设备事故抢修及时率 = $\frac{\text{设备抢修及时次数}}{\text{设备事故发生总次数}}$ ×100%

（续表）

关键行为与结果要求	工作标准与规范	指标界定与目标值
完成大型维修项目	编制生产设备的维修、技改、大修等维修费用预算，上报领导审核	设备大修理返修率目标值为____%，每增加____%，扣____分 设备大修理返修率 = $\frac{\text{实际发生返修工时}}{\text{同期发生大修全部工时}}$ × 100%
维修费用控制	编制生产设备的维修、技改、大修等维修费用预算，上报领导审核，控制维修费用成本	实际发生的费用是否超出了预算额度 目标值为____万元，每增加____万元，扣____分

6.5.4 生产设备专员胜任素质模型与任职资格

本书依据生产设备专员的主要工作及任职资格要求，参照其他同类岗位人员的优秀绩效表现和行为特征，从职业素养、知识、技能/能力三个层面出发，构建了生产设备专员胜任素质模型，具体内容如图6-21所示。

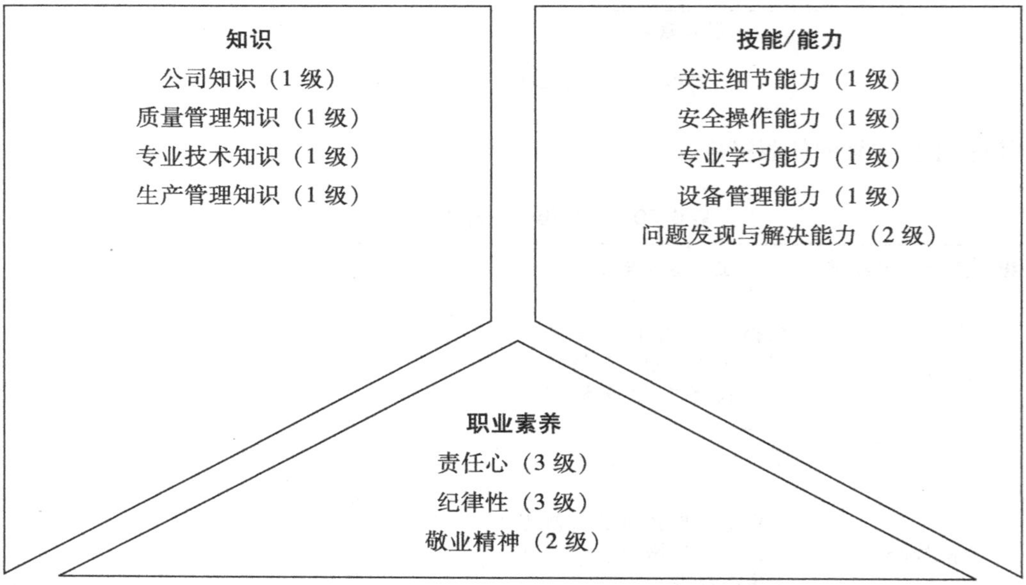

图6-21 生产设备专员胜任素质模型

生产设备专员的任职资格条件如表6-21所示。

表6-21 生产设备专员任职资格条件

关键行为与结果要求	工作标准与规范	指标界定与目标值
点检、保管分管设备	根据企业生产设备点检、保养计划，具体负责设备的点检和保养工作，协助设备运行主管完成公司生产设备的更新改造工作	设备点检任务完成率目标值为____%，每减少____%，扣____分 $设备点检任务完成率=\frac{设备质检实际完成数量}{设备点检计划完成数量}\times 100\%$
处理故障	按照安全作业规程进行作业，及时处理分管设备的技术故障	设备故障修复率目标值为____%，每减少____%，扣____分 $设备故障修复率=\frac{故障设备修复数量}{故障设备总数}\times 100\%$
整理设备资料	负责分管设备的保养、维修等项目的相关记录工作，并按时上报和整理各项记录表单	保养、维修记录完整准确率目标值为____%，每减少____%，扣____分 保养、维修记录完整准确率= $\frac{正确的保养、维修记录数量}{全部保养、维修记录数量}\times 100\%$
设备记录	负责企业生产设备档案、图纸、技术资料的整理和归档工作	设备档案归档率目标值为____%，每减少____%，扣____分 设备档案归档率= $\frac{设备已归档档案数量}{设备全部档案数量}\times 100\%$

第 7 章

安全类人员胜任素质模型与任职资格

7.1 安全部管理人员胜任素质模型与任职资格

7.1.1 安全经理胜任素质模型与任职资格

本书依据企业的经营战略目标和文化价值观等内容，结合安全经理的主要工作事项及其他优秀经理的绩效贡献，从职业素养、知识、技能/能力三个层面出发，构建了安全经理胜任素质模型，具体内容如图 7-1 所示。

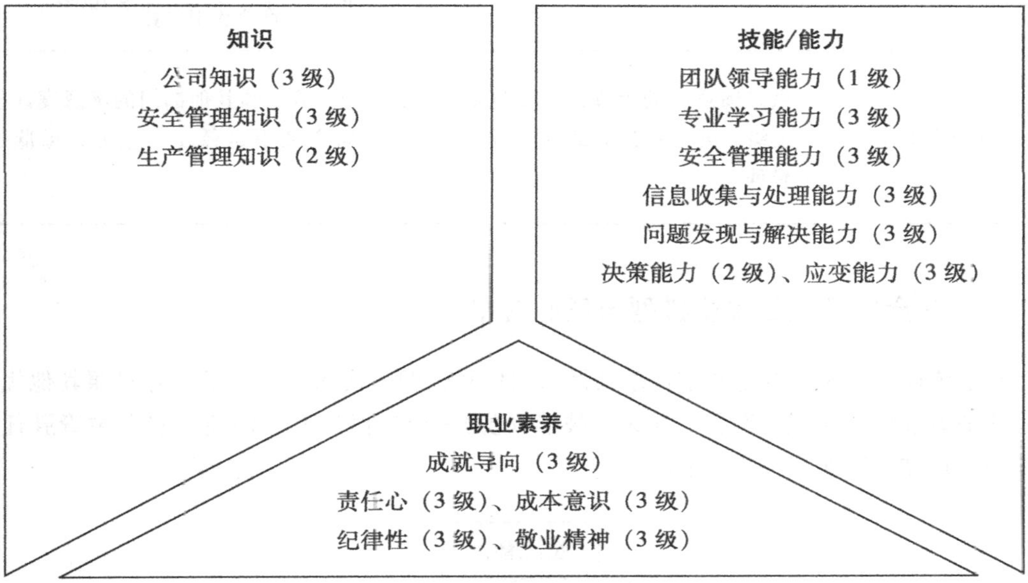

图 7-1 安全经理胜任素质模型

安全经理的任职资格条件如表 7-1 所示。

表 7-1 安全经理任职资格条件

关键行为与结果要求	工作标准与规范	指标界定与目标值
安全事故管理	对安全事故进行事前、事中和事后的管理和控制	主要考核各类安全事故发生的次数，每增加 1 次，扣____分
安全培训管理	对员工进行安全教育知识培训，使员工学习和了解必要的安全生产工作知识	培训计划完成率不得低于____%，每低于____%，扣____分 $培训计划完成率 = \frac{实际完成培训项目数}{计划培训项目总数} \times 100\%$

（续表）

关键行为与结果要求	工作标准与规范	指标界定与目标值
安全隐患管理	对生产工作过程中的安全隐患进行监督和整改管理	安全隐患整改率不得低于____%，每低于____%，扣____分 $安全隐患整改率=\frac{安全隐患项目数}{安全隐患总数}\times 100\%$
部门费用管理	对本部门的预算费用支出进行审批和控制	费用支出率不得超过100%，每超过____%，扣____分 $费用支出率=\frac{部门管理费用}{管理费用预算}\times 100\%$
满意度管理	做好满意度的管理，主要包括上级、员工和其他部的满意度管理	通过上级、员工和其他部门的满意度评价考核，满意度不得低于____分，每低于____分，扣____分

7.1.2 安全主管胜任素质模型与任职资格

本书依据安全主管的主要工作事项及该岗位对任职人员的素质要求，并参照其他优秀主管的绩效表现，从职业素养、知识、技能/能力三个层面出发，构建了安全主管胜任素质模型，具体内容如图7-2所示。

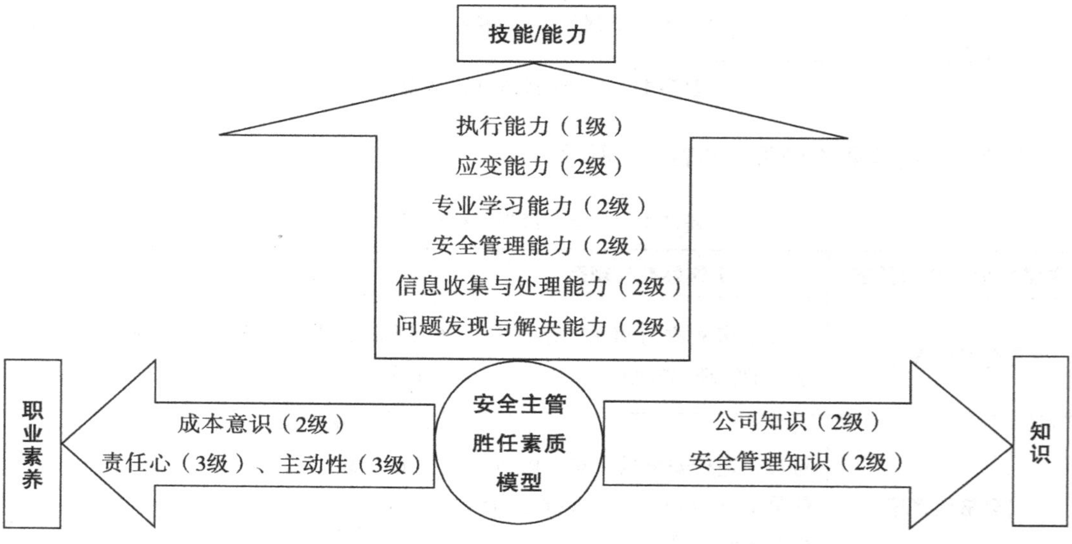

图7-2 安全主管胜任素质模型

安全主管的任职资格条件如表7-2所示。

表7-2 安全主管任职资格条件

关键行为与结果要求	工作标准与规范	指标界定与目标值
安全培训计划	制订安全培训计划，报上级进行审批，并负责实施	考核安全培训计划制订的合理性、科学性和可行性
安全检查管理	对工作过程中需要检查的项目进行定期定时检查，如有隐患项目及时报告给上级，避免隐患发生	安全检查完成率不得低于____%，每低于____%，扣____分 安全检查完成率 = $\frac{\text{实际完成的安全检查工作项数}}{\text{计划实施的安全检查工作项数}} \times 100\%$
安全事故处理	对发生的安全事故进行及时处理，把安全事故产生的负面影响降到最小，并做安全事故总结	安全事故处理及时率不得低于____%，每低于____%，扣____分 安全事故处理及时率 = $\frac{\text{安全事故及时处理次数}}{\text{安全事故发生总次数}} \times 100\%$
部门费用控制	按照上级要求，对安全部门费用开支控制在预算范围之内	安全部门的管理费用每超过预算____%，扣____分

7.1.3 安全专员胜任素质模型与任职资格

本书依据安全专员的主要工作事项，结合该岗位对任职人员的素质要求，并参照其他优秀员工的行为表现，从职业素养、知识、技能/能力三个层面出发，构建了安全专员胜任素质模型，具体内容如图7-3所示。

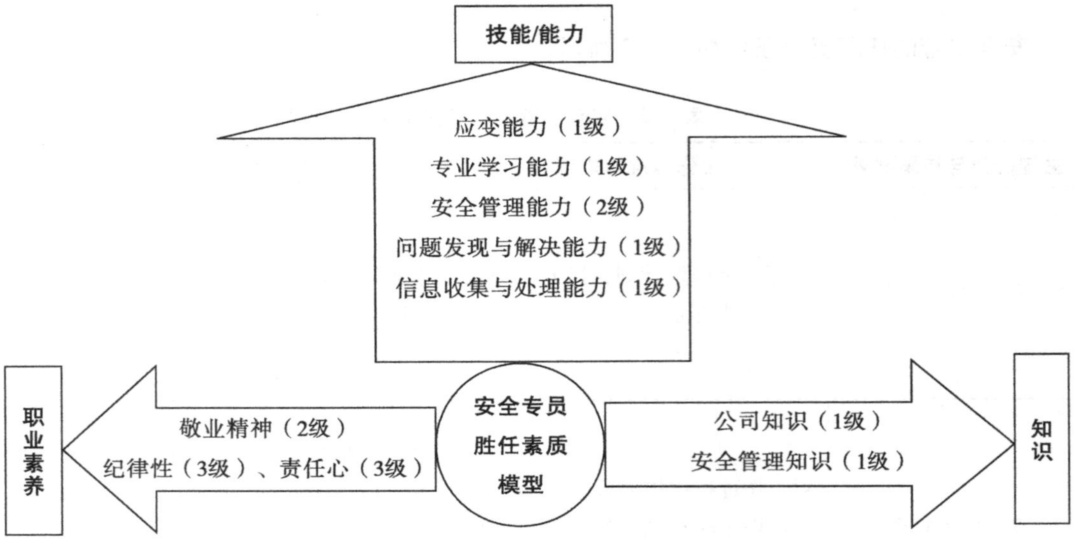

图 7-3　安全专员胜任素质模型

安全专员的任职资格条件如表 7-3 所示。

表 7-3　安全专员任职资格条件

关键行为与结果要求	工作标准与规范	指标界定与目标值
安全防护用品发放	向单位所有参与安全生产的人员发放防护用品，同时保证发放的准确性，不得漏发或错发	安全防护用品发放及时率不得低于____%，每低于____%，扣____分 安全防护用品发放及时率 = $\frac{安全防护用品及时发放次数}{安全防护用品发放总次数}\times 100\%$
安全事故调查报告的撰写	定期撰写安全事故调查报告，上报领导检查，并进行会议报告	主要对安全事故调查报告的及时性、准确性和全面性进行考核
进行安全检查和记录	对工作过程中的安全性进行检查并做笔记，有问题及时报告上级	安全检查准确率不得低于____%，每低于____%，扣____分 安全检查准确率 = $\frac{准确记录的安全检查工作项数}{实际实施的安全检查工作项数}\times 100\%$

7.2 生产安全人员胜任素质模型与任职资格

7.2.1 生产安全经理胜任素质模型与任职资格

本书构建的生产安全经理岗位胜任素质模型在参考业绩优秀生产安全经理的岗位胜任特征的基础上，综合考查了生产安全经理的各个工作要项。主要包括职业素养、知识、技能/能力三个层面，具体内容如图7-4所示。

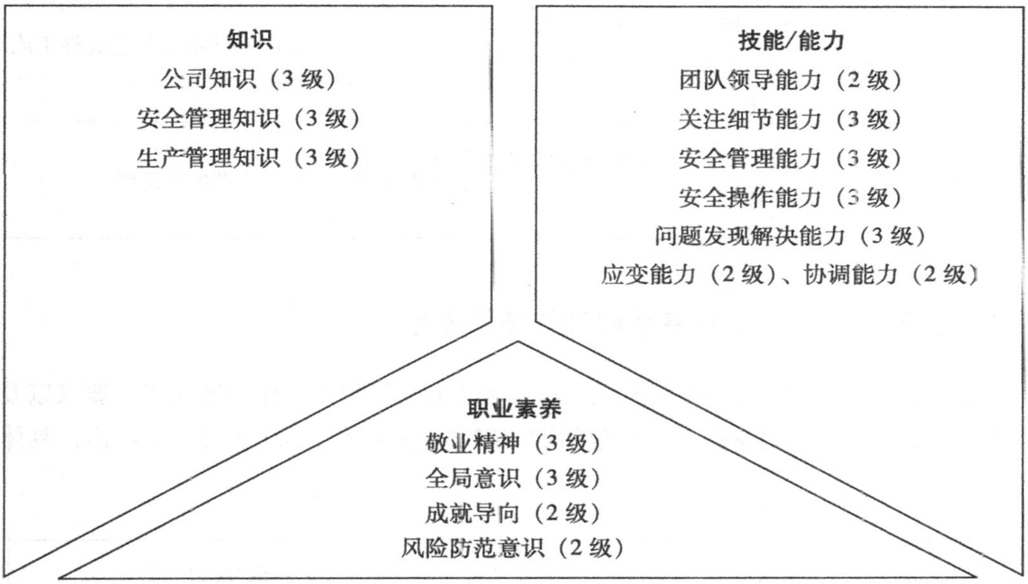

图7-4 生产安全经理胜任素质模型

生产安全经理的任职资格条件如表7-4所示。

表7-4 生产安全经理任职资格条件

关键行为与结果要求	工作标准与规范	指标界定与目标值
生产质量管理	总体把控生产过程中产品的质量，把质量合格率控制在一定范围	产品质量合格率目标值为____%，每降低____个百分点，扣____分 产品质量合格率 $=\frac{合格产品数量}{产品总数量}\times 100\%$

（续表）

关键行为与结果要求	工作标准与规范	指标界定与目标值
生产安全培训管理	定期安排生产安全培训项目，使下属充分了解和重视生产工作的安全性	培训计划完成率不得低于____%，每低于____%，扣____分 $培训计划完成率=\frac{实际完成培训项目数}{计划培训项目总数}\times 100\%$
生产安全事故管理	对生产过程中的安全事故进行控制和管理，使安全事故发生概率降到最低	主要考核安全事故发生的次数
生产安全制度管理	定期审核和完善生产安全制度，不断的适应生产环境的变化	主要考核由于生产制度不完善造成停工或事故发生的财务损失
生产交货期管理	对生产产品的交货期进行总体控制	主要考核客户对交货期的满意度

7.2.2 生产安全主管胜任素质模型与任职资格

本书构建的生产安全主管胜任素质模型参考了安全管理类工作的通用工作要求以及主管级管理人员的胜任行为特征，主要包括职业素养、知识和技能/能力三个层面，具体内容如图 7-5 所示。

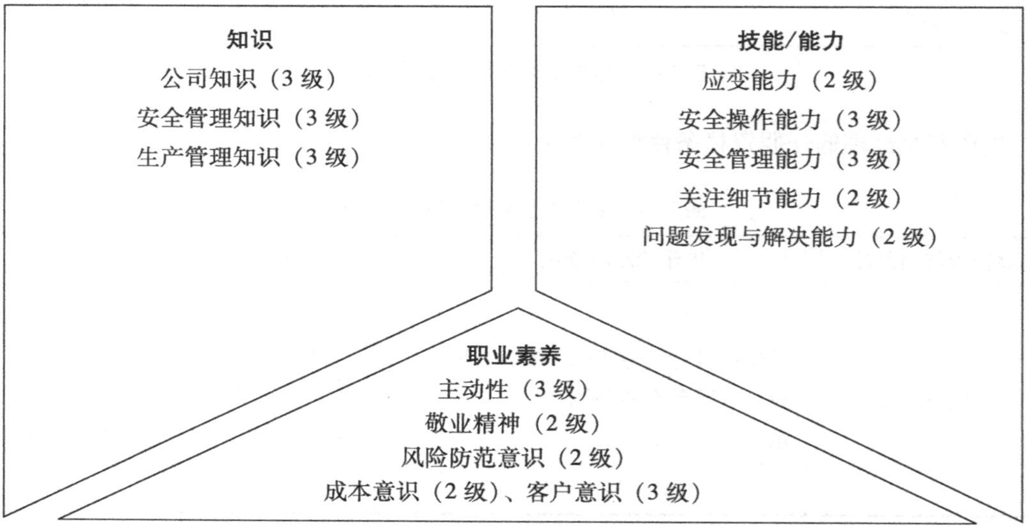

图 7-5 生产安全主管胜任素质模型

生产安全主管的任职资格条件如表7-5所示。

表7-5 生产安全主管任职资格条件

关键行为与结果要求	工作标准与规范	指标界定与目标值
生产质量安全考核	对生产工作保证产品质量的知识和技能进行考核	员工知识与技能的合格率不得低于____%，每低于____%，扣____分
生产安全培训计划	制订生产安全培训计划，并报上级进行审批	培训考核平均分数不得低于____分，每低于____分，扣____分
生产安全隐患检查	定期对生产过程中的安全隐患进行检查，并及时处理有问题项目	主要通过生产安全事故发生的数量不得超过____次，每超过____次，扣____分
生产安全制度检查	当生产环境、工艺流程、人员配置方面等发生变化时，要及时检查和修改生产安全制度	由于生产安全制度的漏洞造成的停工数量和事故数量不得超过____次，每超过____次，扣____分
生产交货期计划	按客户需求进行交货期和生产安排	主要考核生产产品是否按时交货，每超过____工作日，扣____分

7.2.3 生产安全专员胜任素质模型与任职资格

本书构建的生产安全专员胜任素质模型是建立在对生产安全专员的工作职责和工作内容进行分析的基础上的，同时，该模型还参考了其他优秀生产安全专员的岗位胜任特征，具体内容如图7-6所示。

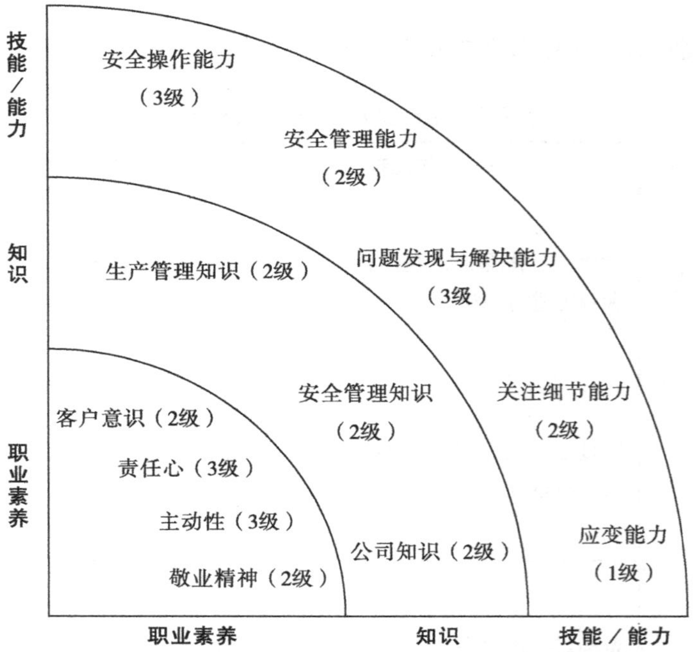

图 7-6　生产安全专员胜任素质模型

生产安全专员的任职资格条件如表 7-6 所示。

表 7-6　生产安全专员任职资格条件

关键行为与结果要求	工作标准与规范	指标界定与目标值
生产安全用品的发放	需及时准确地发放生产安全用品，保证生产工作的顺利进行	考核因生产安全用品问题发生的事故 事故每超过____次，扣____分
生产安全培训安排	按照生产安全培训计划安排培训教室、培训师和音响设备	考核学员对培训的满意度 满意度评分低于____分，扣____分
生产安全检查记录	排查生产场地和生产过程中的安全隐患，发现问题及时报告上级领导	主要考核安全记录的综合评分，每低于____分，扣____分
撰写生产安全事故调查报告	撰写生产安全事故调查报告，报上级审核，并通过会议形式传达	主要考核生产安全事故报告的综合评分 每低于____分，扣____分

7.3 设备安全人员胜任素质模型与任职资格

7.3.1 设备安全经理胜任素质模型与任职资格

岗位胜任特征是根据岗位的工作要求，确保该岗位的人员能够顺利完成该岗位工作的个人特征结构。本书依据设备安全经理的工作职及企业实际，制定了设备安全经理的胜任素质模型，具体内容如图 7-7 所示。

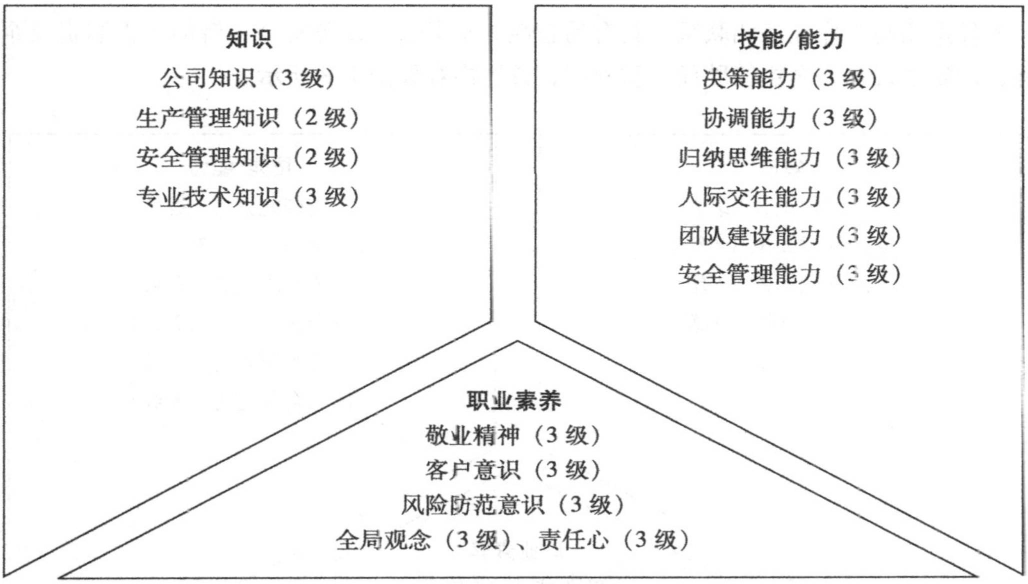

图 7-7 设备安全经理胜任素质模型

设备安全经理的任职资格条件如表 7-7 所示。

表 7-7 设备安全经理任职资格条件

关键行为与结果要求	工作标准与规范	指标界定与目标值
设备故障管理	对生产设备进行故障控制和管理，保证生产计划的顺利进行	设备故障停机率不得高于____%，每超过____%，扣____分 $设备故障停机率 = \frac{设备故障停机台数}{设备总台数} \times 100\%$
设备安全培训管理	定期安排设备安全培训项目，使下属充分了解设备的正确操作方式和保养方法	主要通过设备安全知识和技能的考试成绩的合格率来考核 合格率不得低于____%，每低于____%，扣____分

（续表）

关键行为与结果要求	工作标准与规范	指标界定与目标值
设备安全事故管理	对设备引发的安全事故进行控制	主要通过安全事故发生的次数进行考核
设备安全制度管理	定期审核和完善设备安全制度，使更新改造和引进的设备在制度管理范围内	主要考核由于设备安全制度不完善造成停工或事故发生的财务损失

7.3.2 设备安全主管胜任素质模型与任职资格

胜任素质与工作任务相联系，具有动态性。本书依据设备安全主管的工作职责及企业实际，制定了设备安全主管胜任素质模型，具体内容如图 7-8 所示。

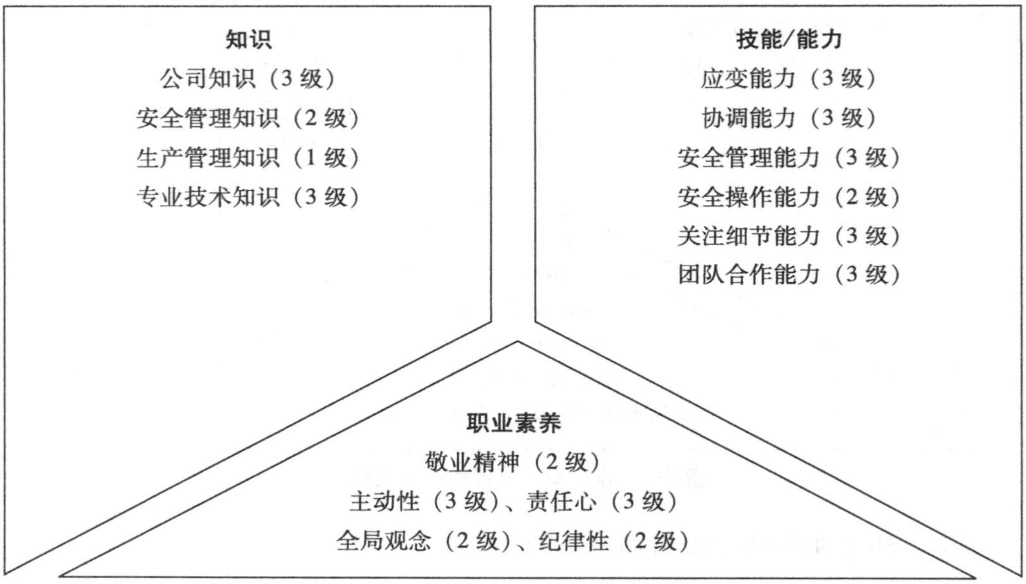

图 7-8　设备安全主管胜任素质模型

设备安全主管的任职资格条件如表 7-8 所示。

表 7-8　设备安全主管任职资格条件

关键行为与结果要求	工作标准与规范	指标界定与目标值
设备故障检查	定期对设备进行故障检查，保证生产工作的需要	主要通过由于设备故障发生的次数来考核 设备故障发生次数不得超过____次，每超过____次，扣____分

（续表）

关键行为与结果要求	工作标准与规范	指标界定与目标值
设备安全培训计划	制订设备安全培训计划，并报上级进行审批	通过设备安全培训计划制订的合理性、科学性和可行性方面进行考核
设备安全事故检查	定期对设备的安全隐患进行检查，保证设备的安全运行	主要考核设备安全事故发生的数量，不得超过____次，每超过____次，扣____分
设备安全制度检查	当设备进行改造或引进新设备后，要及时检查和修改设备安全制度	主要考核由于设备安全制度的漏洞造成的停工数或次品率

7.3.3 设备安全专员胜任素质模型与任职资格

在同一企业里，不同的职务和岗位对人才素质的要求也不同，图7-9所示为设备安全专员胜任素质模型。

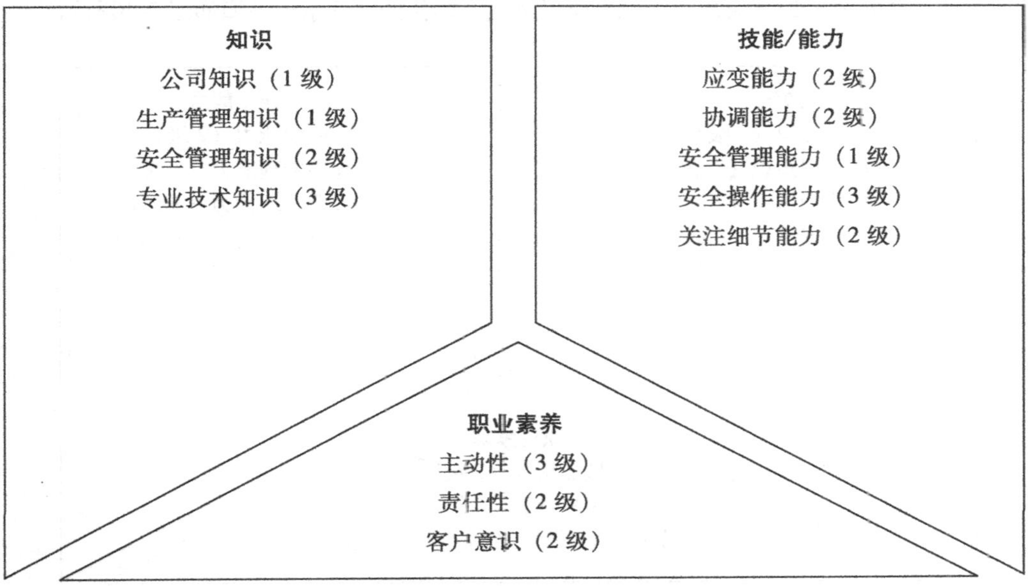

图7-9 设备安全专员胜任素质模型

设备安全专员的任职资格条件如表7-9所示。

表7-9 设备安全专员任职资格条件

关键行为与结果要求	工作标准与规范	指标界定与目标值
设备故障记录	对生产过程中的设备故障进行记录，并上报给上级	主要通过设备故障记录的准确性和全面性进行考核
设备安全培训安排	根据上级的设备安全培训计划安排培训教室、培训师和培训设备等	通过学员对设备安全培训的满意度进行考核，不得低于____分，每低于____分，扣____分
撰写设备安全事故调查报告	撰写设备安全事故调查报告，报上级审核，并通过会议形式传达	主要考核设备事故报告综合打分，不得低于____分，每低于____分，扣____分

7.4 仓储安全人员胜任素质模型与任职资格

7.4.1 仓储安全经理胜任素质模型与任职资格

胜任素质模型至少包括两个部分：一是保证获取高绩效的关键胜任素质，即员工胜任某一工作所必须具备的关键胜任素质；二是各项关键胜任素质的等级，即员工胜任某一工作在各项必备素质上必须达到的级别要求。仓储安全经理这一职位的胜任素质模型如图7-10所示。

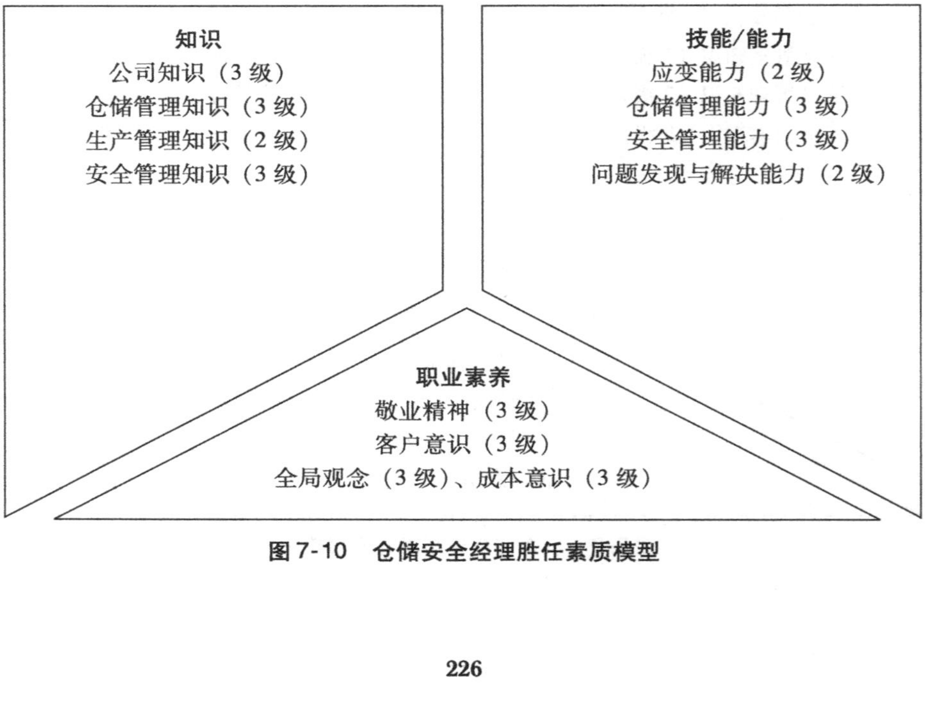

图7-10 仓储安全经理胜任素质模型

仓储安全经理的任职资格条件如表7-10所示。

表7-10 仓储安全经理任职资格条件

关键行为与结果要求	工作标准与规范	指标界定与目标值
仓储货物质量管理	对仓储中的库存产品的质量进行总体控制，保证货物的完好度	货物损失率不得高于____%，每高于____%，扣____分 $货物损失率=\frac{当月库存货损金额}{当月平均库存总额}\times 100\%$
仓储安全培训管理	定期安排仓储安全培训项目，使下属了解仓储方面的安全知识	主要通过仓储安全知识和技能的考试成绩的合格率进行考核
仓储安全事故管理	对仓储的安全事故进行控制和管理，使安全事故发生概率降到最低	主要通过仓储安全事故发生的次数进行考核 仓储安全事故发生次数不得超过____次，每超过____次，扣____分
仓储安全制度管理	定期审核完善仓储安全管理制度，不断适应仓储货品和形势的变化	主要考核由于仓储管理制度不完善造成事故发生的财务损失

7.4.2 仓储安全主管胜任素质模型与任职资格

本书依据仓储安全主管的主要职责及其职位对任职人员的素质要求，参照其他优秀主管人员胜任行为特征，经过分析和总结，构建了仓储安全主管胜任素质模型，具体内容如图7-11所示。

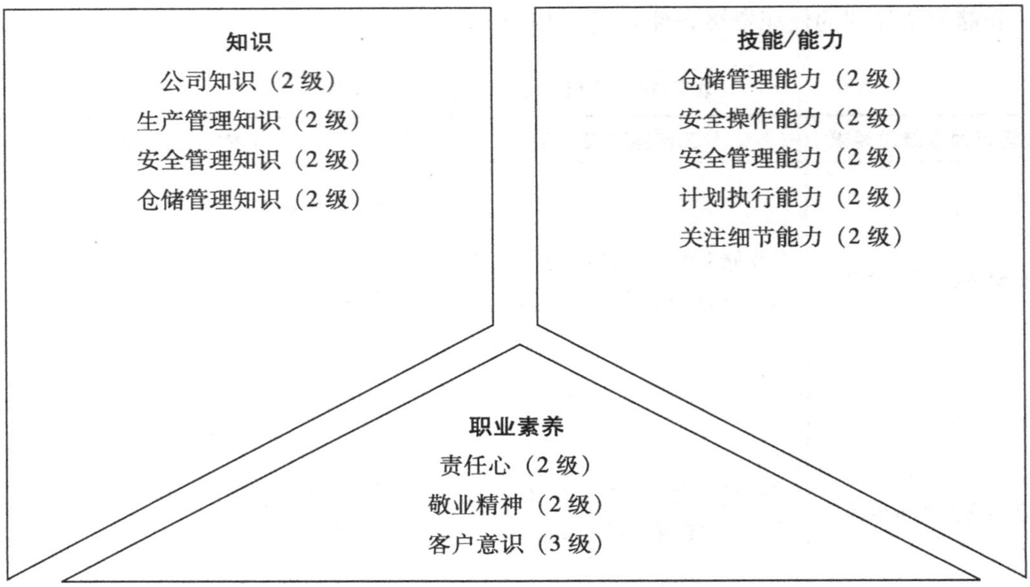

图 7-11　仓储安全主管胜任素质模型

仓储安全主管的任职资格条件如表 7-11 所示。

表 7-11　仓储安全主管任职资格条件

关键行为与结果要求	工作标准与规范	指标界定与目标值
仓储货物质量检察	对仓储中库存产品的质量进行定期检查，保证货物的安全存放	主要通过货物的损失数量进行考核
仓储安全培训计划	制订仓储安全培训计划，并报上级审批	通过仓储安全培训计划制订的合理性、科学性和可行性方面进行考核
仓储安全事故检查	检查并排除仓储的安全隐患，保证库存货物的安全性	主要通过仓储安全事故发生的次数进行考核 仓储安全事故发生次数不得超过____次，每超过____次，扣____分
仓储安全制度检查	定期检查仓储安全制度，并根据企业制度或仓储形势的变化对其进行修改	主要考核由于仓储制度不完善造成事故的数量 事故数量每超过____次，扣____分

7.4.3 仓储安全专员胜任素质模型与任职资格

本书依据仓储安全专员的主要工作事项及该岗位对其任职人员的素质要求，参照其他优秀专员胜任行为特征，从职业素养、知识、技能/能力三个层面出发，构建了仓储安全专员胜任素质模型，具体内容如图7-12所示。

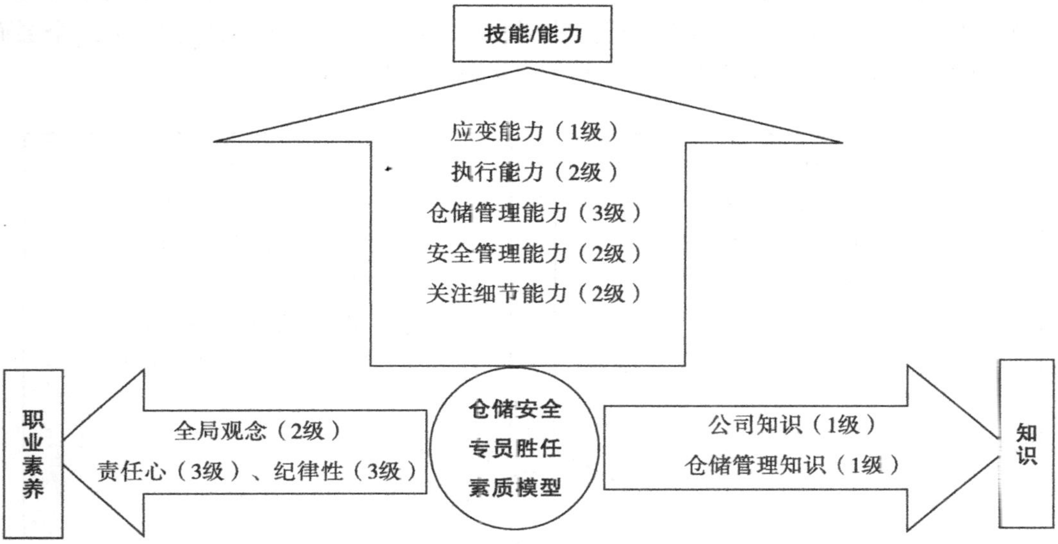

图7-12 仓储安全专员胜任素质模型

仓储安全专员的任职资格条件如表7-12所示。

表7-12 仓储安全专员任职资格条件

关键行为与结果要求	工作标准与规范	指标界定与目标值
仓储货物质量记录	对出入库不合格的货物进行记录，并报告上级	主要通过货物质量记录的准确性和全面性进行考核
仓储安全培训安排	根据上级的仓储安全培训计划安排培训教室、培训师和培训设备等	主要通过学员对仓储安全培训的满意度进行考核，满意度评分不得低于____分，每低于____分，扣____分
撰写仓储安全调查报告	定期撰写仓储安全调查报告，并交给上级审核，并通过会议传达	主要考核仓储安全事故报告的逻辑性、系统性、准确性和完整性方面
仓储安全事故记录	记录库存中可能发生的安全隐患，并及时报告上级	主要通过对安全事故记录的准确性、全面性和及时性进行考核

7.5 信息安全人员胜任素质模型与任职资格

7.5.1 信息安全经理胜任素质模型与任职资格

本书依据企业战略发展目标、企业文化等内容，在详细分析信息安全经理的主要工作事项的基础上，结合其他优秀经理的行为特征，从职业素养、知识、技能/能力三个层面出发，构建了信息安全经理胜任素质模型，具体内容如图 7-13 所示。

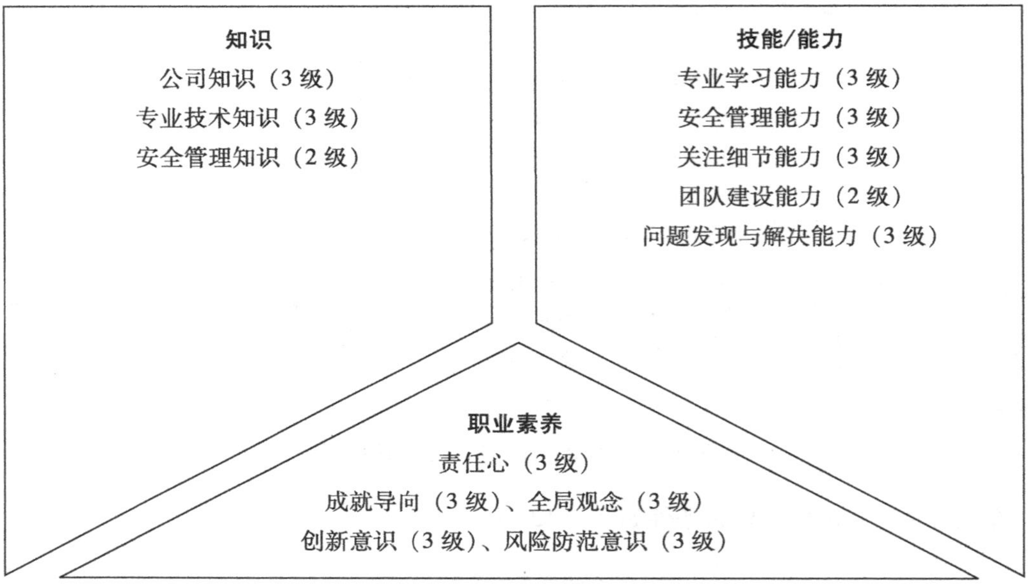

图 7-13 信息安全经理胜任素质模型

信息安全经理的任职资格条件如表 7-13 所示。

表 7-13 信息安全经理任职资格条件

关键行为与结果要求	工作标准与规范	指标界定与目标值
网络安全管理	严密构建和防护网络系统，防止单位系统遭到破坏	主要考核网络系统受到的破坏并对企业造成一定影响的次数
信息安全培训管理	使下属充分了解信息安全的重要性，并在日常工作中采取正确的操作方法	培训计划的完成率不得低于____%，每低于____%，扣____分 $培训计划完成率=\frac{实际完成培训项目数}{计划培训项目总数}\times 100\%$

（续表）

关键行为与结果要求	工作标准与规范	指标界定与目标值
信息安全事故管理	对生产过程中的安全事故进行控制和管理，使安全事故的影响降到最低	主要通过信息安全事故发生的次数进行考核
信息保密制度管理	定期审核和完善信息保密制度，使之适应单位的发展	主要考核由于信息保密制度不完善造成财产损失

7.5.2 信息安全主管胜任素质模型与任职资格

本书依据信息安全主管的主要工作职责，结合其职位对任职人员的资格与素质要求，并参照其他优秀主管及技术人员的胜任行为特征，从职业素养、知识、技能/能力三个层面出发，构建了信息安全主管胜任素质模型，具体内容如图 7-14 所示。

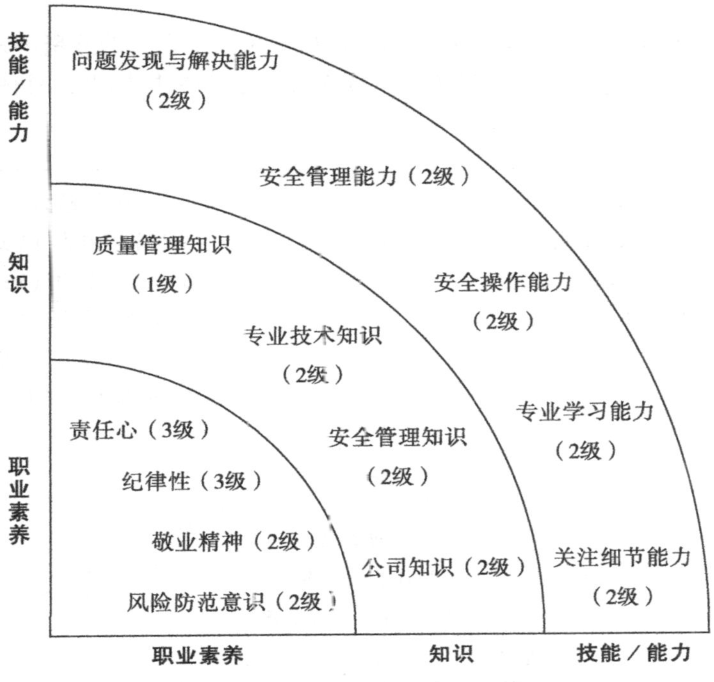

图 7-14 信息安全主管胜任素质模型

信息安全主管的任职资格条件如表7-14所示。

表7-14　信息安全主管任职资格条件

关键行为与结果要求	工作标准与规范	指标界定与目标值
网络安全检查	定期对网络的安全性进行检查，保证网络系统的正常运行	主要考核网络出现故障的次数 故障次数每超过____次，扣____分
信息安全培训计划	制订信息安全培训计划，经上级审批通过后实施	通过信息安全培训计划制订的合理性、科学性和可行性方面进行考核
信息安全事故检查	对可能发生的安全隐患进行检查和控制，保证单位信息的安全性	主要考核信息安全事故发生的次数 安全事故次数每超过____次，扣____分
信息保密制度检查	定期检查信息保密制度并对其进行修改完善	主要考核单位商业秘密泄露的严重程度

7.5.3　信息安全专员胜任素质模型与任职资格

本书依据信息安全专员的主要工作事项及对该职位任职人员的资格和素质要求，结合其他优秀员工的胜任行为特征，构建了信息安全专员胜任素质模型，具体内容如图7-15所示。

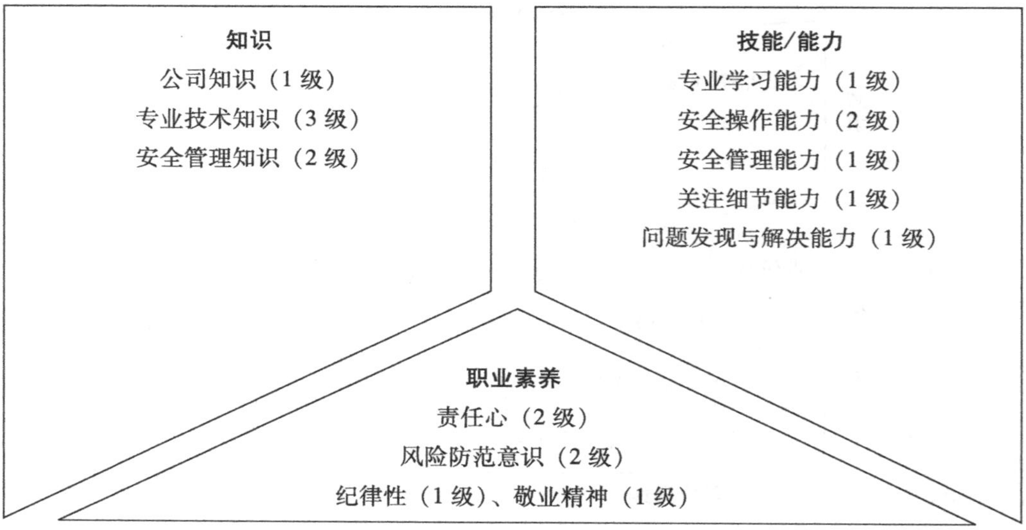

图7-15　信息安全专员胜任素质模型

信息安全专员的任职资格条件如表7-15所示。

表7-15 信息安全专员任职资格条件

关键行为与结果要求	工作标准与规范	指标界定与目标值
网络安全记录	对网络系统发生的系统攻击次数、来源等进行详细的记录，并呈报上级	主要通过信息安全记录的准确性和全面性进行考核
信息安全培训安排	根据上级的信息安全培训计划安排培训教室、培训师和培训设备等	主要通过学员对培训的满意度进行考核 满意度评分不得低于____分，每低于____分，扣____分
撰写信息安全调查报告	定期撰写信息安全调查报告，经上级审核后，通过会议传达全员	主要考核信息安全事故报告综合评分每低于____分，扣____分

7.6 运输安全人员胜任素质模型与任职资格

7.6.1 运输安全经理胜任素质模型与任职资格

本书依据企业的战略发展目标、物流发展定位及企业文化等各方面内容，结合运输安全经理的主要工作事项及该岗位对其任职资格的要求，从职业素养、知识、技能/能力三个层面出发，构建了运输安全经理胜任素质模型，具体内容如图7-16所示。

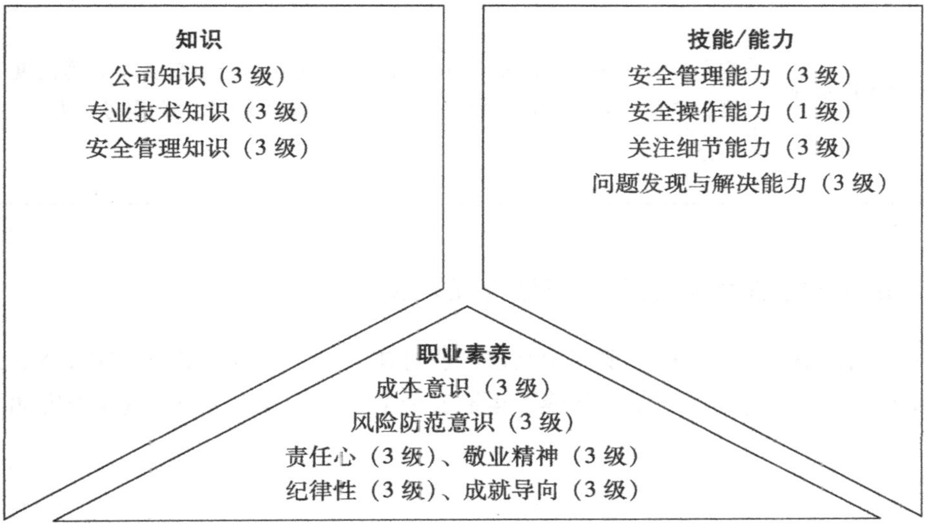

图7-16 运输安全经理胜任素质模型

运输安全经理的任职资格条件如表 7-16 所示。

表 7-16　运输安全经理任职资格条件

关键行为与结果要求	工作标准与规范	指标界定与目标值
车辆安全管理	对负责运输的车辆进行保养、维修、维护等管理，保证货物的安全运输	车辆完好率不得低于____%，每低于____%，扣____分 车辆完好率 = $\frac{完好运输车辆数}{运输车辆总数}\times 100\%$
运输安全培训管理	定期安排运输安全培训项目，使下属了解运输的安全方面知识	主要通过运输安全知识和技能的考试成绩的合格率进行考核
运输安全事故管理	对运输的安全事故进行控制和管理，使运输安全事故发生概率降到最低	主要通过运输过程中发生的安全事故次数进行考核
运输安全制度管理	定期审核和完善运输安全管理制度，监督单位车辆及人员的变化	主要考核由于运输安全管理制度不完善造成车辆故障发生的财务损失

7.6.2　运输安全主管胜任素质模型与任职资格

本书依据运输安全主管的主要职责及该岗位对其任职人员的资格与素质要求，结合其他优秀安全主管的胜任行为特征，构建了运输安全主管胜任素质模型，具体内容如图 7-17 所示。

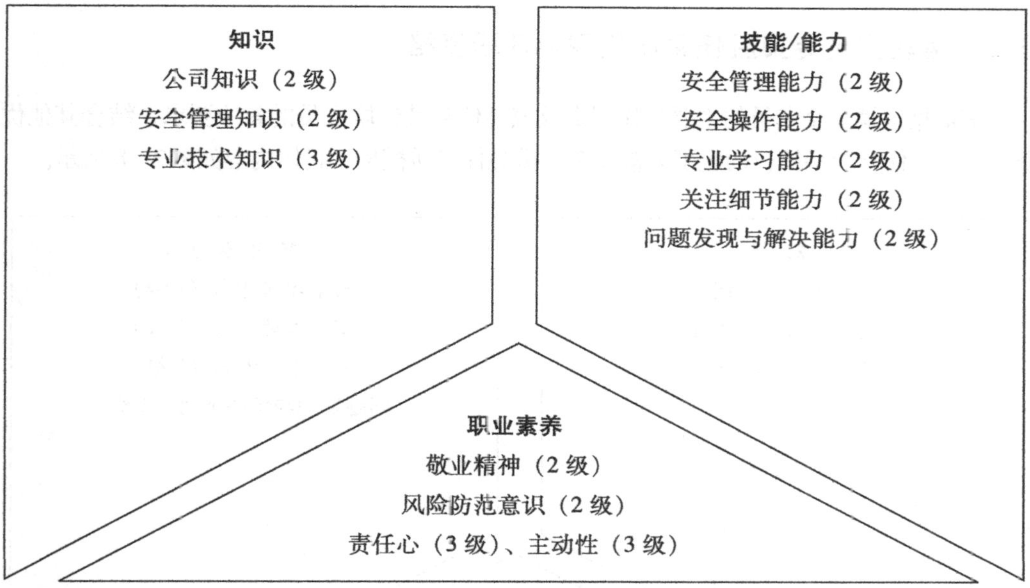

图 7-17　运输安全主管胜任素质模型

运输安全主管的任职资格条件如表 7-17 所示。

表 7-17　运输安全主管任职资格条件

关键行为与结果要求	工作标准与规范	指标界定与目标值
车辆安全检查	定期对运输车辆进行检查，保证车辆的保养和维护的及时性	主要通过车辆完好率进行考核
运输安全培训计划	制订运输安全培训计划，经上级审批通过后，监督其实施	通过运输安全培训计划制订的合理性、科学性和可行性方面进行考核
运输安全事故检查	对运输的安全事故隐患进行检查，包括车辆和人员两个方面	主要通过运输过程中发生的安全事故次数进行考核 发生的安全事故每超过____次，扣____分
运输安全制度检查	定期检查运输安全制度，并对制度进行必要的修正，并报上级批准	主要考核由于运输安全管理制度不完善造成车辆故障的次数 车辆故障发生次数每超过____次，扣____分

7.6.3 运输安全专员胜任素质模型与任职资格

本书依据运输安全专员的主要工作职责及该岗位对其任职人员的素质要求，结合其他优秀安全专员的胜任行为特征，构建了运输安全专员胜任素质模型，具体内容如图7-18所示。

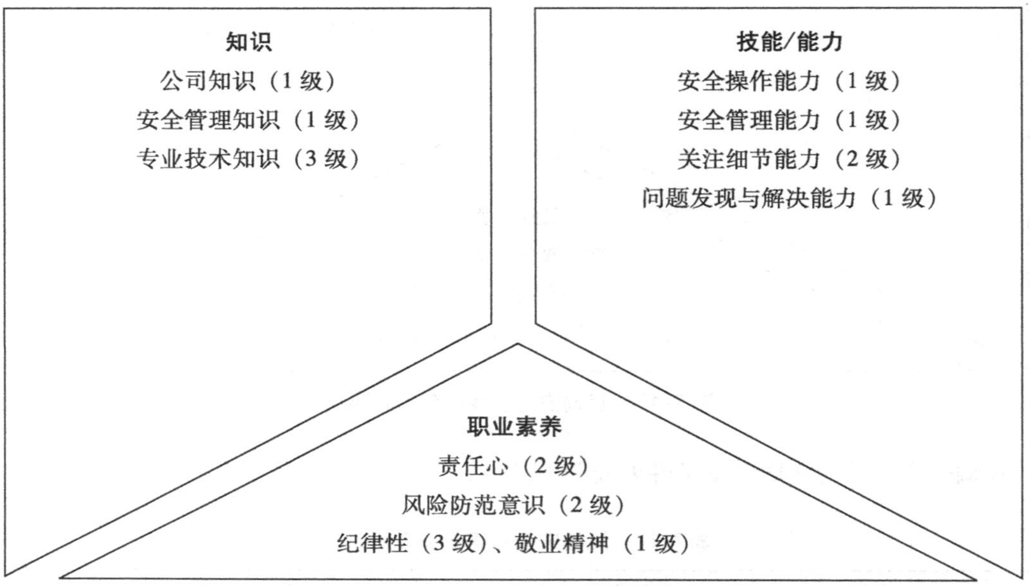

图7-18 运输安全专员胜任素质模型

运输安全专员的任职资格条件如表7-18所示。

表7-18 运输安全专员任职资格条件

关键行为与结果要求	工作标准与规范	指标界定与目标值
车辆安全记录	对车辆发生的保养和维修的时间、次数等进行统计记录	主要通过车辆安全记录的准确性和全面性进行考核
运输安全培训安排	根据上级的培训计划安排培训教室、培训师和培训设备等	主要通过学员对培训的满意度进行考核满意度评分不得低于____分，每低于____分，扣____分
运输安全事故记录	记录运输安全事故，具体内容包括事故发生原因、问题和解决方案等	主要对运输事故记录的准确性、全面性和及时性进行考核
撰写运输安全调查报告	定期撰写运输安全调查报告，经上级审核后，通过会议传达	主要考核运输安全事故报告的逻辑性、系统性、准确性和完整性方面

7.7 消防安全人员胜任素质模型与任职资格

7.7.1 消防安全经理胜任素质模型与任职资格

本书依据企业的生产战略发展要求，结合消防安全经理的主要工作事项及该岗位对其任职人员的素质要求，从职业素养、知识、技能/能力三个层面出发，构建了消防安全经理胜任素质模型，具体内容如图7-19所示。

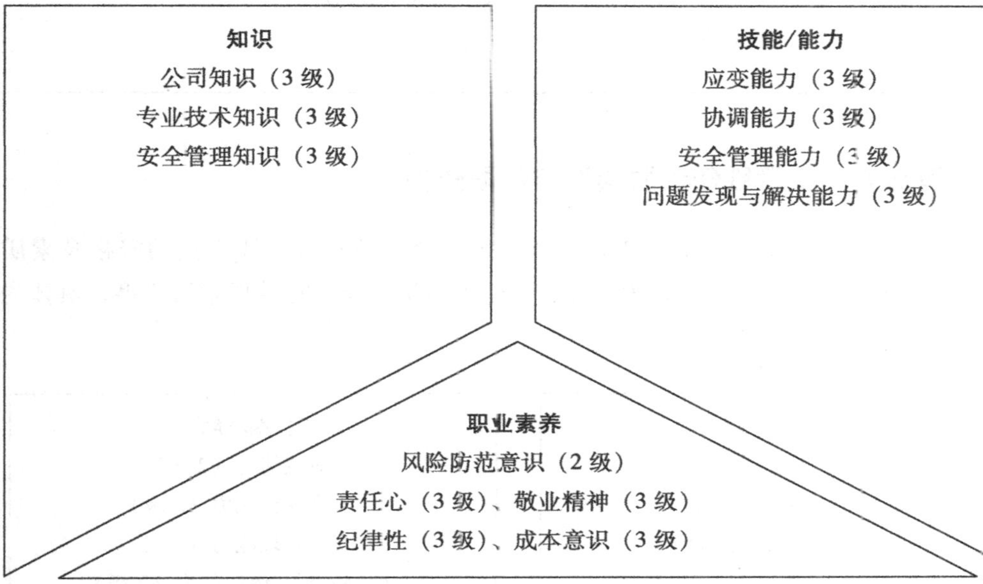

图7-19 消防安全经理胜任素质模型

消防安全经理的任职资格条件如表7-19所示。

表7-19 消防安全经理任职资格条件

关键行为与结果要求	工作标准与规范	指标界定与目标值
消防设备管理	对消防设备进行总体的控制和管理，确保单位的安全生产	设备管理目标值为____% 设备完好率 = $\frac{\text{设备完好数量}}{\text{设备总数量}} \times 100\%$
消防安全培训管理	定期安排消防安全培训项目，使员工了解火灾防范及处理的基本知识	培训计划的完成率不得低于____%，每低于____%，扣____分 培训计划完成率 = $\frac{\text{实际完成培训项目数}}{\text{计划培训项目总数}} \times 100\%$

（续表）

关键行为与结果要求	工作标准与规范	指标界定与目标值
消防安全事故管理	对消防安全事故进行控制管理，使火灾造成事故发生的概率降到最低	主要通过火灾事故发生的次数进行考核 火灾事故每发生____次，扣____分
消防安全制度管理	定期审核和完善消防安全制度，并根据单位的建筑和结构设施的具体状况不断修改完善制度	主要考核由于消防安全管理制度不完善发生火灾事故造成的损失

7.7.2　消防安全主管胜任素质模型与任职资格

本书依据消防安全主管的关键工作事项，结合该岗位对其任职人员的资格及素质要求，并参照其他优秀主管的胜任行为特征，构建了消防安全主管胜任素质模型，具体内容如图7-20所示。

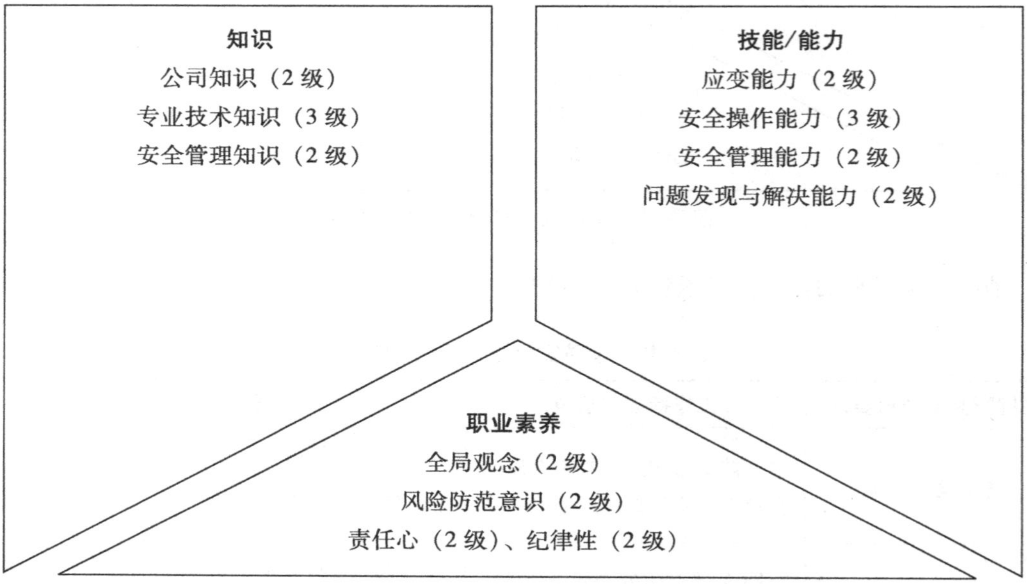

图7-20　消防安全主管胜任素质模型

消防安全主管的任职资格条件如表 7-20 所示。

表 7-20 消防安全主管任职资格条件

关键行为与结果要求	工作标准与规范	指标界定与目标值
消防设备检查	定期检查消防设备，保证消防设备的完好度，确保可以及时应用	主要通过消费设备的完好率考核
消防安全培训计划	制订消防安全培训计划，并报上级进行审批和实施	通过消防安全培训计划制定的合理性、科学性和可行性方面进行考核
消防安全事故检查	对可能发生火灾的隐患进行检查和排除，降低火灾发生的概率	主要通过火灾事故发生的次数进行考核 火灾每发生____次，扣____分
消防安全制度管理	根据单位环境的变化不断修正制度，使制度适合单位发展需要	主要考核由于制度不完善发生火灾次数 火灾每发生____次，扣____分

7.7.3 消防安全专员胜任素质模型与任职资格

本书依据消防安全专员这一岗位的主要工作职责，结合其任职人员应具备的资格及素质，并参照其他优秀人员的胜任行为特征，构建了消防安全专员胜任素质模型，具体内容如图 7-21 所示。

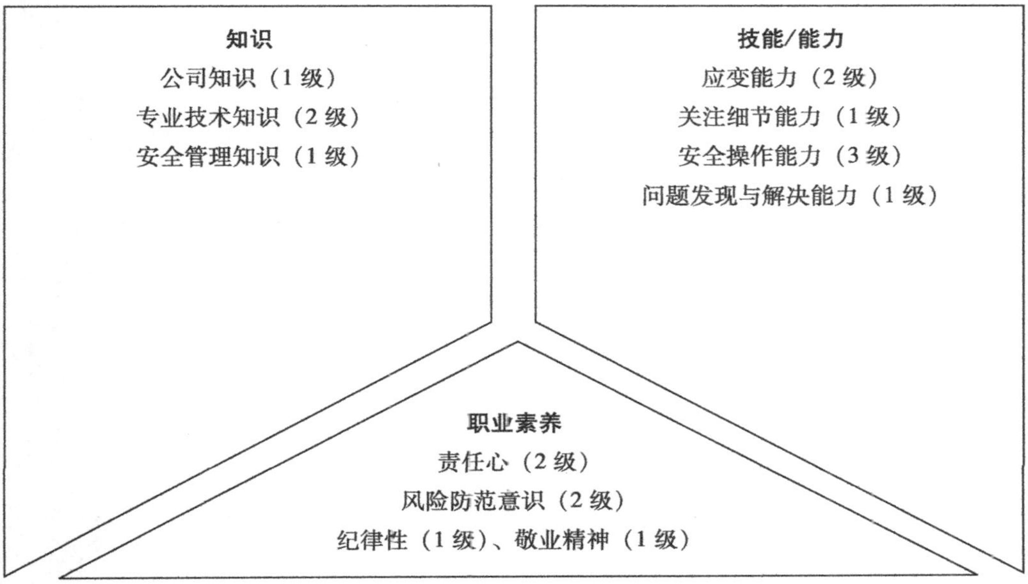

图 7-21 消防安全专员胜任素质模型

消防安全专员的任职资格条件如表7-21所示。

表7-21 消防安全专员任职资格条件

关键行为与结果要求	工作标准与规范	指标界定与目标值
消防设备记录	完整记录消防安全设备的数量和完好度	主要通过消防设备记录的准确性和全面性进行考核
消防安全培训安排	根据上级制订的消防安全培训计划安排培训教室、培训师等	通过学员对培训的满意度进行考核 满意度评分不得低于____分，每低于____分，扣____分
消防安全事故记录	记录消防安全事故，记录内容包括事故发生的原因、问题和解决方案等	主要对消防事故记录的准确性、全面性和及时性进行考核

第 8 章

质量类人员胜任素质模型与任职资格

8.1 质量部人员胜任素质模型与任职资格

8.1.1 质量经理胜任素质模型与任职资格

本书依据企业质量目标的要求，结合质量经理的主要工作事项及该岗位对其任职人员的资格要求，从职业素养、知识、技能/能力三个层面出发，构建了质量经理胜任素质模型，具体内容如图8-1所示。

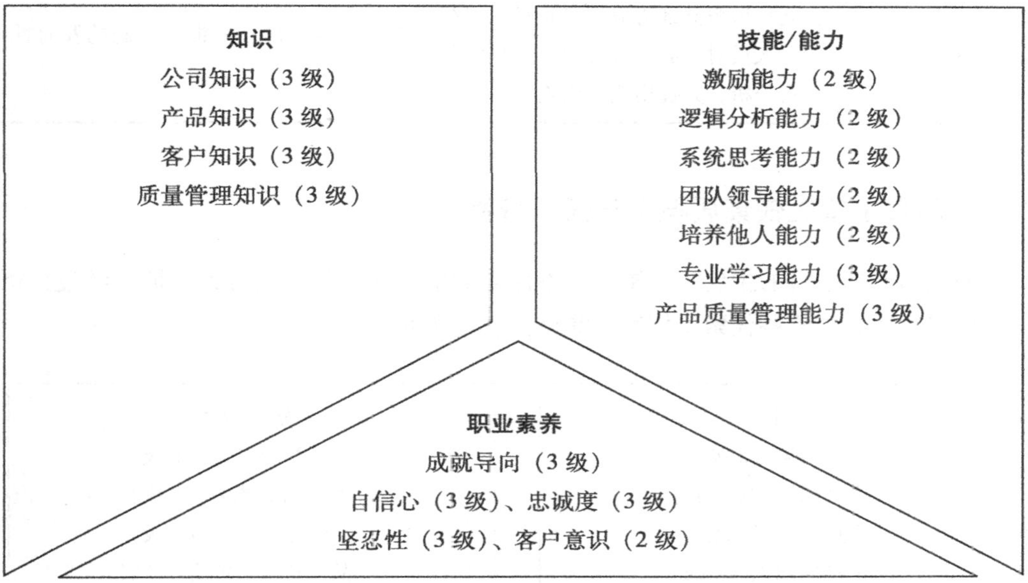

图8-1 质量经理胜任素质模型

质量经理的任职资格条件如表8-1所示。

表8-1 质量经理任职资格条件

关键行为与结果要求	工作标准与规范	指标界定与目标值
制度建设	组织制定企业质量管理的各项规章制度，严格贯彻执行通过审批的各项规章制度，并根据实际情况完善它们	主要通过质量管理各项制度建设的合理性、完善性、适时性等来衡量
质量管理体系建设与推进	组织制定技术标准、工艺标准、服务标准等文件，使之形成质量管理体系	主要通过质量管理体系合理性及外审一次性通过率来衡量

（续表）

关键行为与结果要求	工作标准与规范	指标界定与目标值
质量检验管理	组织相关人员检验原材料的品质和生产过程中的质量，以保证出厂产品合格	可用质检报告提交及时率来衡量 质检报告提交及时率 $=\frac{\text{质检报告按时提交数}}{\text{应提交的质检报告总数}}\times 100\%$
质量控制	按企业规定，设立专职人员控制生产过程中的质量，并对生产工艺进行监督、检查	产品质量合格率每低于目标值____%，扣____分，合格率小于____%，该项记为0分
质量分析与改进	会同售后服务部听取用户意见，组织相关人员对产品质量问题和用户意见进行分析，并提出改进措施	考核期内质量分析报告编制的及时性不少于____%

8.1.2　质量主管胜任素质模型与任职资格

本书依据质量主管的主要工作事项，参照同类主管人员的胜任行为特征，经过分析和总结，构建了质量主管胜任素质模型，具体内容如图8-2所示。

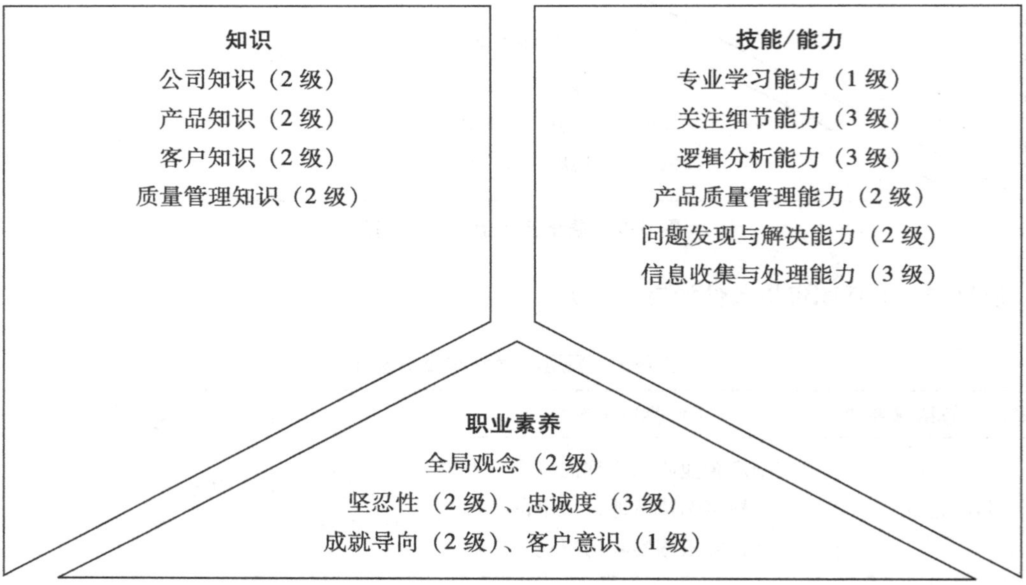

图8-2　质量主管胜任素质模型

质量主管的任职资格条件如表8-2所示。

表 8-2 质量主管任职资格条件

关键行为与结果要求	工作标准与规范	指标界定与目标值
质量控制	协助经理对质量流程进行监控，严格按质量控制程序执行，对产品质量的检验过程进行控制和管理	检验合格率目标值为____% 产品出厂检验合格率 = $\frac{\text{产品出厂检验合格数}}{\text{产品出厂检验总数}} \times 100\%$
信息管理	协助质量部经理对质量管理信息的分类、收集与处理、传递与应用、统计与分析进行控制和管理	主要通过信息统计的完整性、信息分析的准确性、信息应用的合理性等来衡量
投诉管理	负责分析、判定和解决出现的重大质量投诉问题，处理客户投诉，制定相应措施，改进质量、降低成本	考核有效质量投诉发生次数，其目标值为____次，标准分为____分，满分为 100 分，每减少____次，加____分
培训管理	协助人力资源部门对企业各部门进行质量培训，监督检查各部门、车间流程、规范和作业指导的执行状况	考核期内员工培训计划完成率达到____%，每低于目标____%，扣____分 质量培训计划完成率 = $\frac{\text{实际完成质量培训项目数}}{\text{计划完成质量培训项目数}} \times 100\%$

8.1.3 质量专员胜任素质模型与任职资格

为了能更好地完成质量管理工作，质量专员一般需具备职业素养、知识和技能/能力三个方面的素质。质量专员胜任素质模型如图 8-3 所示。

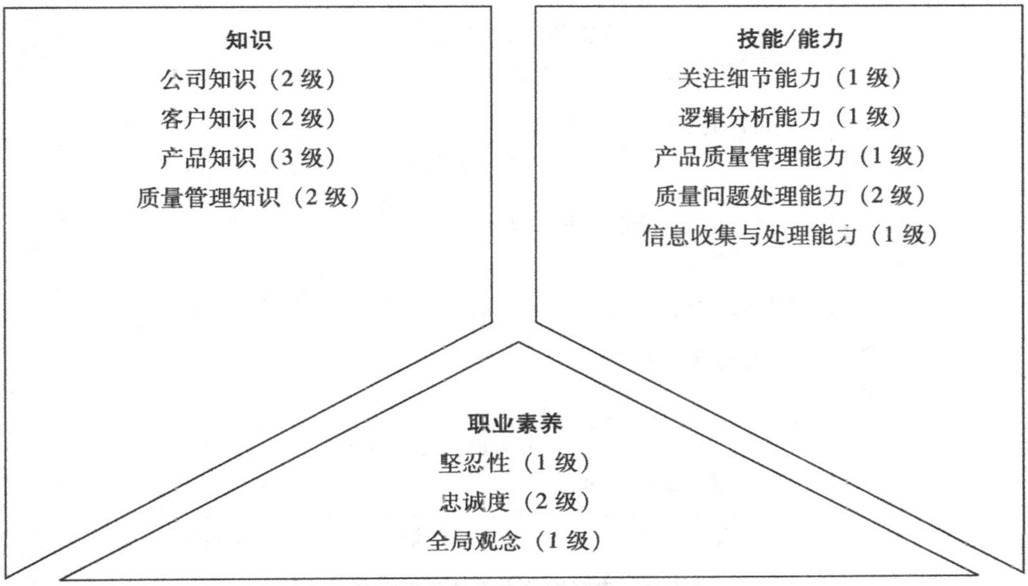

图 8-3 质量专员胜任素质模型

质量专员的任职资格条件如表 8-3 所示。

表 8-3　质量专员任职资格条件

关键行为与结果要求	工作标准与规范	指标界定与目标值
质量管理体系文件管理	参与质量管理体系的认证、内审和体系文件的编写，严格监督其执行情况，确保质量管理体系的有效性	主要通过质量管理体系文件的完整性进行考核
质量检验工作	根据国家相关标准、技术文件等，对原材料半成品、在制品的产品质量进行检验	考核原材料、制程、半成品以及成品的检验是否及时、有效
检验工具的管理	对检验工具进行管理，严格按照检验工具的操作规程使用	考核质量专员是否爱惜质量检验工具，是否按规定使用
质量记录工作	负责做好质量记录，对通过检验获得的信息与数据进行分析和处理，定期对质量记录进行统计、整理和归档	考核质量专员是否及时做了质量记录并对质量记录进行统计、整理和归档

8.2　来料检验人员胜任素质模型与任职资格

8.2.1　来料检验主管胜任素质模型与任职资格

本书依据来料检验主管的主要工作事项，参照同类主管人员的胜任行为特征，经过分析和总结，构建了来料检验主管胜任素质模型，具体内容如图 8-4 所示。

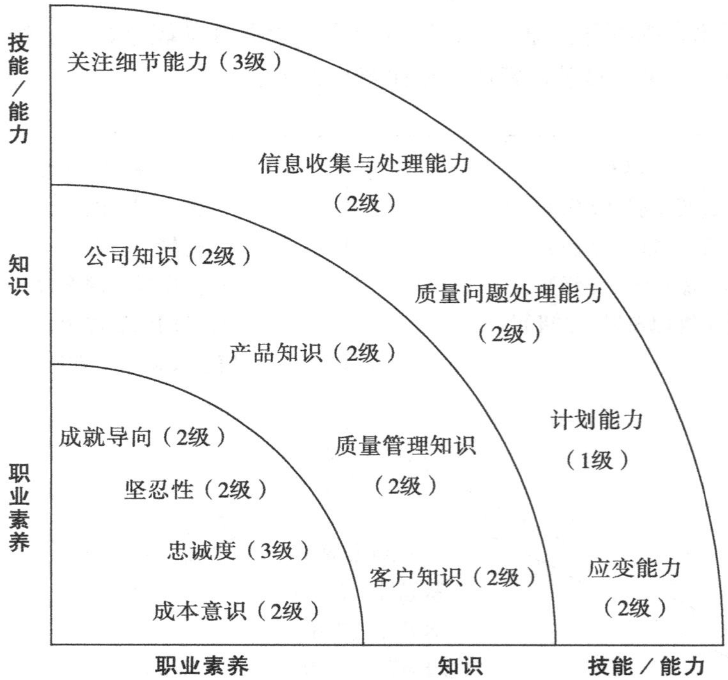

图 8-4　来料检验主管胜任素质模型

来料检验主管的任职资格条件如表 8-4 所示。

表 8-4 来料检验主管任职资格条件

关键行为与结果要求	工作标准与规范	指标界定与目标值
来料检验标准和规范建设	制定进料检验标准和检验规范，并监督其执行	主要通过来料检验标准和规范的合理性、精确性来考核
来料检验工作	负责组织进厂材料检验工作，确保检验及时、准确，并对进料的质量异常问题进行妥善处理，组织人员进行质量异常分析	考核期内来料使用合格率达到____% 来料在线质量问题批次发生率 = $\frac{\text{在线发现质量问题总数}}{\text{来料总批次}} \times 100\%$
协助采购部工作	协助采购部门做好供应商评审相关工作，协助采购部门处理不合格材料的退货工作	主要通过期内采购部门对质量改进满意度评价情况来考核
检验工具及文件的保存	组织来料检验人员做好检验资料的统计与存档工作，组织来料检验人员做好检验仪器使用、保养的管理工作	考核期内检验工具事故发生率不高于____% 检验工具事故发生率 = $\frac{\text{发生工具事故的次数}}{\text{总开动工具的台数}} \times 100\%$

8.2.2 来料检验专员胜任素质模型与任职资格

本书依据来料检验专员的主要工作职责及工作要求，参照其他优秀质检人员的胜任行为特征，从职业素养、知识、技能/能力三个层面出发，构建了来料检验专员胜任素质模型，具体内容如图 8-5 所示。

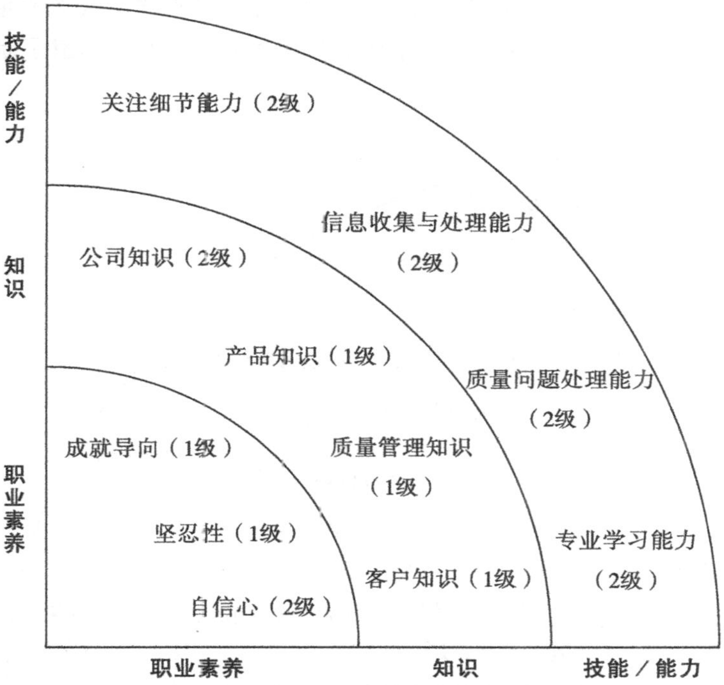

图 8-5 来料检验专员胜任素质模型

来料检验专员的任职资格条件如表 8-5 所示。

表 8-5　来料检验专员任职资格条件

关键行为与结果要求	工作标准与规范	指标界定与目标值
来料检验	按照相关质量标准、检验方法对原材料、外购件等进行检验	考核期内检验完成及时率达到____%，每低于目标____%，扣____分 $检验完成及时率=\frac{及时完成的质检次数}{应完成的检验总次数}\times100\%$
来料鉴定	鉴定不合格原料并进行分离处理，防止不合格原料入库并投入使用	考核期内原材料进厂合格率达到____%，每低于目标____%，扣____分 $原材料进厂合格率=\frac{原材料进厂合格数}{原材料进厂总数量}\times100\%$
质量问题处理	对不符合公司质量标准的来料提出质量问题处理意见，以期有效解决问题	主要通过建议的一次性通过率及有效解决问题的次数来衡量
检验记录	做好质量原始记录，对所检物品的质量情况进行统计、分析等	主要指检验记录的完整性、检验记录的准确性等

8.3　制程检验人员胜任素质模型与任职资格

8.3.1　制程检验主管胜任素质模型与任职资格

本书依据制程检验主管的工作职责和该岗位对其素质的要求，参照其他优秀主管的胜任行为特征，从职业素养、知识水平、技能/能力三个层面出发，构建了制程检验主管胜任素质模型，具体内容如图 8-6 所示。

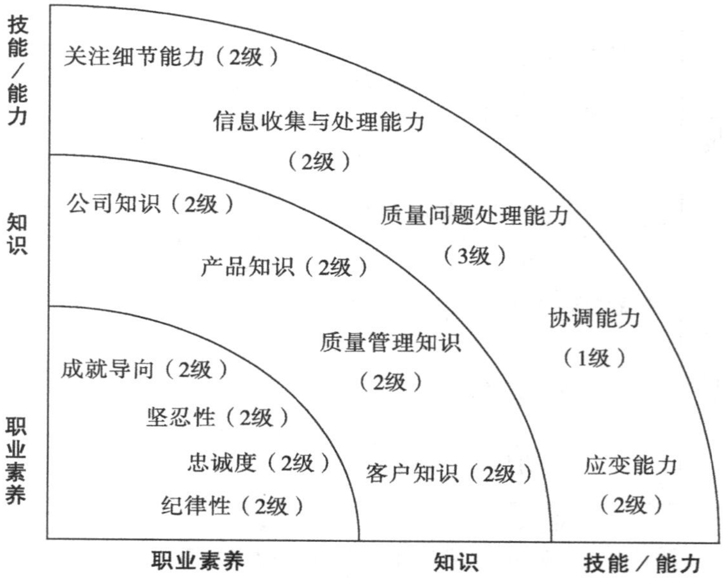

图 8-6　制程检验主管胜任素质模型

制程检验主管的任职资格条件如表 8-6 所示。

表 8-6 制程检验主管任职资格条件

关键行为与结果要求	工作标准与规范	指标界定与目标值
制度建设	协助质量经理制定制程检验的相关制度，督促制程检验专员严格执行	制程检验制度的完整率目标值为____% 制程检验制度完整率 = $\frac{\text{实际完成的制程检验制度数}}{\text{应有的制程检验制度数}} \times 100\%$
制造过程鉴定	鉴定产品制造过程中的不合格品、不合格批次，严控不合格品流向下一道工序	各道工序返工率目标值为____%，每高于____个百分点，扣____分 返工率 = $\frac{\text{各道工序返工总数}}{\text{各道工序产出总数}} \times 100\%$
检验仪器管理	组织下属人员按时将检验仪器送相关机构检验、校准	在用质检仪器受检率的目标值为____%，达到该值为满分 质检仪器受检率 = $\frac{\text{质检仪器受检台数}}{\text{在用质检仪器总台数}} \times 100\%$
制程检验报告	负责质量记录原始信息的收集、分析，协助工艺、工序的改进工作，并形成制程检验报告	主要通过制程质量记录的完整度、制程检验报告的准确性、有效性、适时性等来衡量

8.3.2 制程检验专员胜任素质模型与任职资格

本书依据制程检验专员工作事项，并结合质量管理部对制程检验专员的职责要求，从职业素养、知识、技能/能力三个层面出发，构建了制程检验专员胜任素质模型。具体内容如图 8-7 所示。

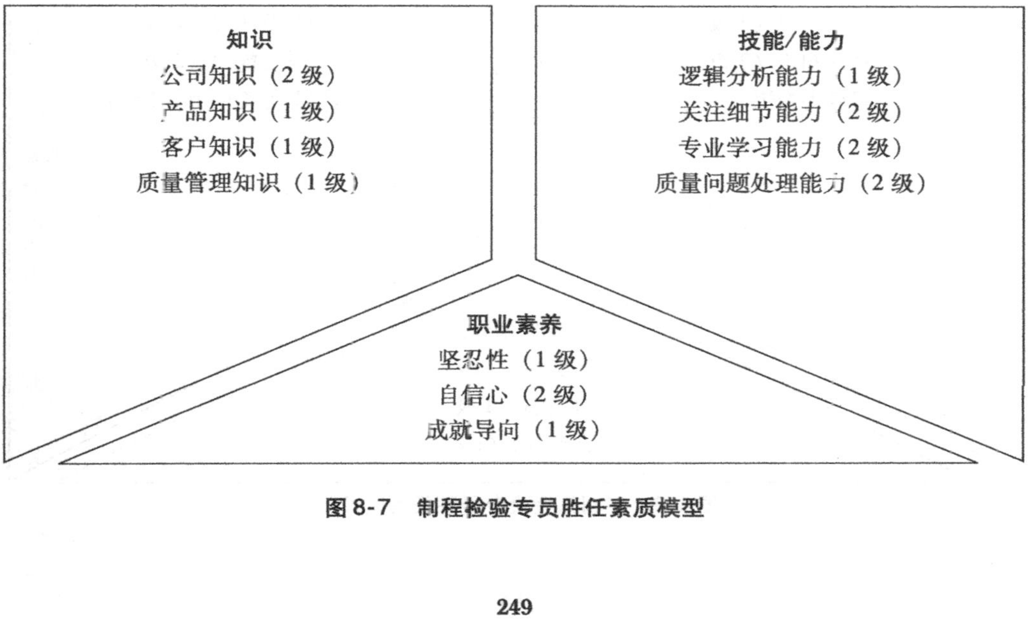

图 8-7 制程检验专员胜任素质模型

制程检验专员的任职资格条件如表 8-7 所示。

表 8-7　制程检验专员任职资格条件

关键行为与结果要求	工作标准与规范	指标界定与目标值
完成主管分配的检验工作	根据检验标准要求，按照生产工艺和检验方法，完成制程检验主管分配的检验工作	可以通过制程检验完成及时率来衡量 制程检验完成及时率 = $\frac{\text{实际完成的制程检验次数}}{\text{主管分配的总的检验次数}}\times 100\%$
制程环节检验	对与质量相关的各个制程环节进行巡检、确认，并对检验出的不合格品进行检验标识	可通过制程检验出错次数来衡量 制程检验出错次数不多于____次，每多出 1 次，本项扣____分，多于____次，本项得分为 0
检验仪器保管	负责对检验仪器的保管，并按照规定的时间将检验仪器送检	主要通过检验仪器送检及时率、校对及时率和保管完好性等进行考核
质量记录	完成制程巡检的同时，填写质量记录，以供制程检验主管查看	数据记录出错次数低于____次，考核期内，每超出目标值 1 次，扣____分

8.3.3　在制品检验专员胜任素质模型与任职资格

本书依据在制品检验专员的工作内容及职责，参照其他在制品检验专员的胜任行为特征，从职业素养、知识、技能/能力三个层面出发，构建了在制品检验专员胜任素质模型，具体内容如图 8-8 所示。

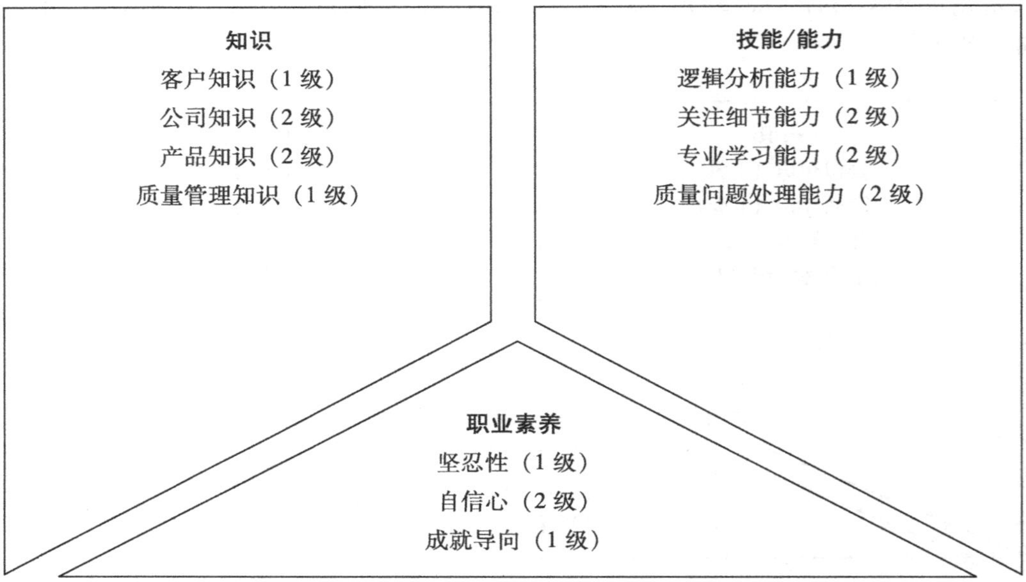

图 8-8　在制品检验专员胜任素质模型

在制品检验专员的任职资格条件如表8-8所示。

表8-8 在制品检验专员任职资格条件

关键行为与结果要求	工作标准与规范	指标界定与目标值
在制品检验制度建设	协助质量主管编制在制品检验规范、标准等	主要对质量检验规范、员工投诉表的规范性、完整性等进行考核
在制品检验实施	按照检验规程的要求，做好在制品抽检工作，监控生产制造过程中检查出的不合格品	在制品检验准确率目标值为____%，达到目标值时，本项为满分；低于____%，本项为0分 在制品检验准确率＝$\frac{\text{检测出的在制品实际不合格数}}{\text{在制品实际存在的不合格数}} \times 100\%$
在制品质量异常处理	做好在制品和不合格品的标识工作，并提出处理意见	在制品质量异常处理及时率，是指规定时间内处理在制品质量异常的次数与在制品质量异常总次数的比，目标值为____%，达到目标值时为满分；低于____%，为0分
在制品检验记录	过检验获得的信息和数据进行整理、统计和分析，做好质量记录并及时上报	在制品质量记录完整率，考核期内目标值是达到____%，每低于目标值____%，扣____分

8.4 质量控制人员胜任素质模型与任职资格

8.4.1 质量控制经理胜任素质模型与任职资格

本书依据企业的战略发展要求，结合质量控制经理的主要工作事项及任职资格要求，从职业素养、知识、技能/能力三个层面出发，构建了质量控制经理胜任素质模型，具体内容如图8-9所示。

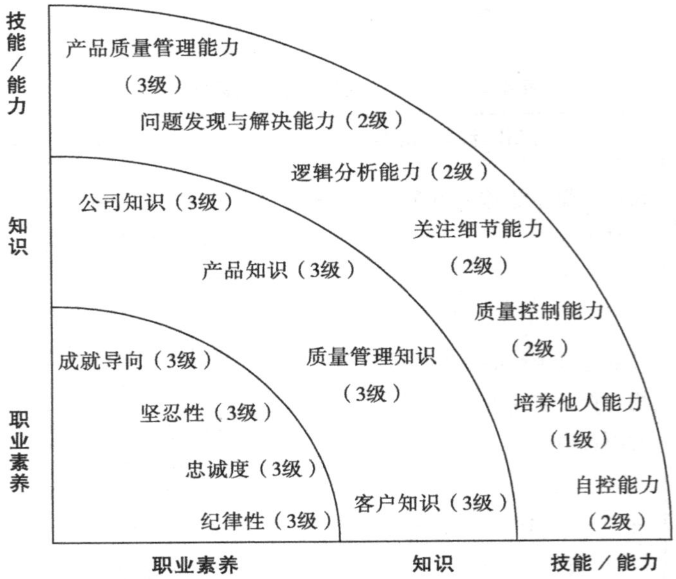

图8-9 质量控制经理胜任素质模型

质量控制经理的任职资格条件如表8-9所示。

表8-9 质量控制经理任职资格条件

关键行为与结果要求	工作标准与规范	指标界定与目标值
质量控制系统建设	建立、健全质量控制系统，制订批量生产质量保证计划和质量检验规范	质量控制系统文件的完整率目标值为____%，达到目标值则记为满分，低于____%，则本项记为0分 完整率＝$\frac{\text{实际编制的质量控制系统文件数}}{\text{质量控制系统应有的文件数}}\times100\%$
质量控制实施	根据质量控制文件，监控产品全过程的质量状况，完成质量控制目标	质量控制目标达成率达____% 质量控制目标达成率＝$\frac{\text{实际完成的质量控制目标}}{\text{计划实施的质量控制目标}}\times100\%$
质量问题管理	负责分析产品质量问题和客户意见，并提出质量改进措施	主要通过质量控制方案的及时性、有效质量投诉发生次数、质量异常处理的及时率、质量改进效果等来考核
员工管理	对质量控制工程师、专员等进行培训、管理	考核期内关键质控专员培养人数在____人以上，考核期内员工培训目标达成率在____%以上

8.4.2 质量控制工程师胜任素质模型与任职资格

本书依据质量控制工程师的主要工作事项，参照国家质量工程师认证标准及同类工程师的胜任行为特征，经过分析和总结，构建了质量控制工程师胜任素质模型，具体内容如图8-10所示。

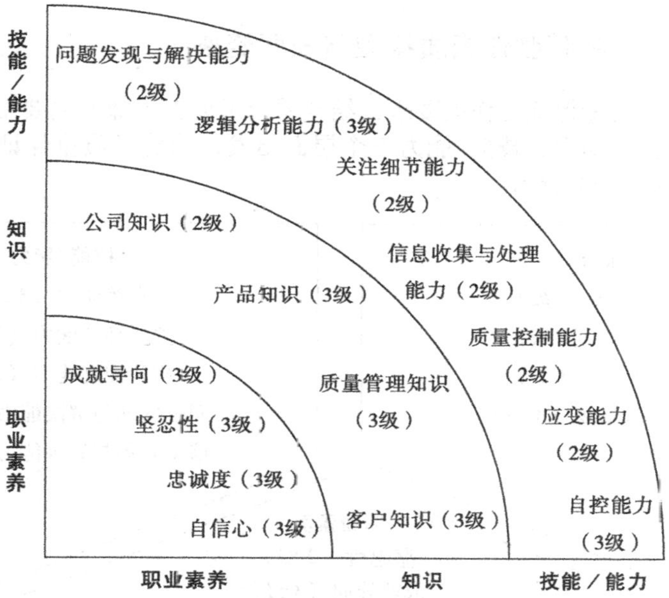

图 8-10　质量控制工程师胜任素质模型

质量控制工程师的任职资格条件如表 8-10 所示。

表 8-10　质量控制工程师任职资格条件

关键行为与结果要求	工作标准与规范	指标界定与目标值
建立质量控制标准	负责实施全面质量控制工作，建立产品生产过程中的质量控制标准	通过质量控制标准的合理性、全面性、一次性通过率等来考核
质量检验	对原材料、半成品、产成品检验的各项记录进行抽查，同时负责指导 IQC、PQC、FQC、OQC 的检验和实验工作	质量控制目标达成率的目标值为____%，达到时得满分，低于____%，得 0 分 质量控制目标达成率 = $\frac{\text{实际完成质控管理项目数}}{\text{计划完成质控管理项目总数}} \times 100\%$
质量分析	根据 IQC、PQC、FQC、OQC 的检验数据，定期对产品的品质状况和稳定性进行研究与分析并对检验方法进行研究、分析、验证、比较等	质量控制分析报告提交及时率的目标值____%，每降低____%，扣____分，低于____%，则记为 0 分 报告提交及时率 = $\frac{\text{质控分析报告按时提交数}}{\text{应提交的质控分析报告数}} \times 100\%$
编制质量控制方案	负责对生产现场出现的质量问题，进行统计分析，形成质量控制方案，提出处理意见	质量控制方案提交及时率的目标值为____%，达到目标值得满分，低于____%，则记为 0 分 质量控制方案提交及时率 = $\frac{\text{质控方案按时提交数}}{\text{应提交的质控方案数}} \times 100\%$
质量改进	负责对客户投诉进行汇总、分析，组织制定改善方案，跟踪相关部门改善效果	主要通过质量改进方案的有效性、提交及时率等来考核

8.4.3 质量保证工程师胜任素质模型与任职资格

本书依据企业对质量保证工作的要求，结合质量保证工程师的主要工作事项及任职资格要求，从职业素养、知识、技能/能力三个层面出发，构建了质量保证工程师胜任素质模型，具体内容如图 8-11 所示。

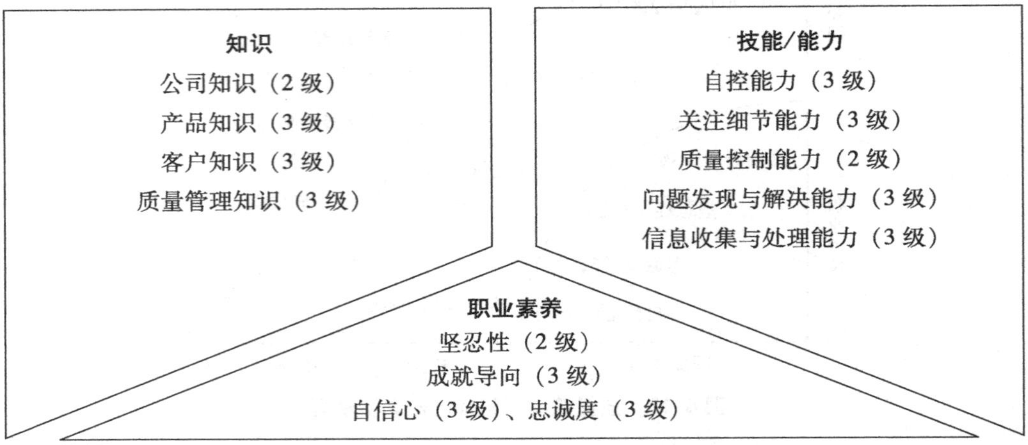

图 8-11 质量保证工程师胜任素质模型

质量保证工程师的任职资格条件如表 8-11 所示。

表 8-11 质量保证工程师任职资格条件

关键行为与结果要求	工作标准与规范	指标界定与目标值
编制质量保证文件	根据项目质量保证需求，编制项目质量保证大纲、质量计划、程序文件	质量保证文件的完整率目标值为____%，达到该值，则得满分；低于____%，则得 0 分 质量文件的完整率 = $\frac{\text{实际编制的质量保证文件数}}{\text{质量保证应有的文件总数}}\times 100\%$
监控产品生产	监控生产或服务过程，持续改进产品或服务的质量水平，并负责新产品质量保证体系导入	产品质量原因退货率目标值不高于____%，每高出____%，扣____分，若高于____%，则得 0 分 产品质量原因退货率 = $\frac{\text{质量原因导致的产品退货数量}}{\text{考核期内出货总数量}}\times 100\%$
配合相关方工作	配合第二方、第三方质量体系的审核	考核期内相关各方满意度目标值在____分以上，则记为满分，每低于目标____分，扣____分
产品质量保证的相关会议	组织并参与产品质量保证的培训、探讨等	设定在考核周期内参加____次质量保证相关培训/探讨增加____分，否则该项为 0 分

8.4.4 质量控制专员胜任素质模型与任职资格

本书依据质量控制专员的工作内容及职责，参照其他优秀质量控制专员的胜任行为特征，从职业素养、知识、技能/能力三个层面出发，构建了质量控制专员胜任素质模型，具体内容如图 8-12 所示。

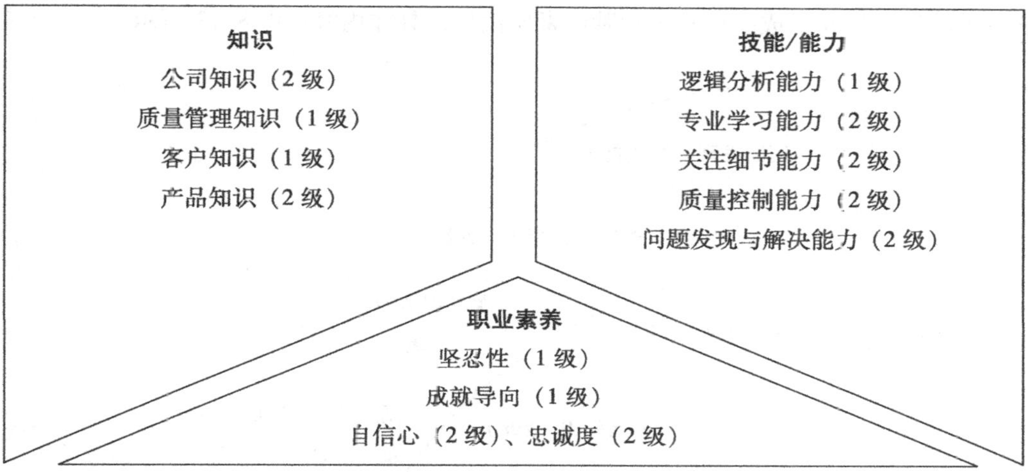

图 8-12 质量控制专员胜任素质模型

质量控制专员的任职资格条件如表 8-12 所示。

表 8-12 质量控制专员任职资格条件

关键行为与结果要求	工作标准与规范	指标界定与目标值
日常工作	执行质量管理的日常检查工作，协助安排和组织 QCC 及 QC 小组的日常工作，监控产品全程质量控制工作	日常工作目标达成率目标值在____%以上，记为满分，低于____%，记为 0 分 日常工作目标达成率 = $\frac{\text{实际完成的日常工作数}}{\text{计划完成的日常工作总数}} \times 100\%$
会议组织	组织与企业内部其他部门关于质量控制的讨论会议	主要通过会议文件起草及时性、会议记录完整性、与会人员满意度等来考核
文件管理	将质量控制相关文件、客户投诉资料等进行整理和归档	主要通过文件完整性、文件差错率、文件传递及时率等来考核
质量控制记录	做好质量控制记录工作，对产品全过程的质量数据进行汇总、统计	主要对质量控制记录的完整性、准确性、时效性等来考核

8.5 产品检验人员胜任素质模型与任职资格

8.5.1 成品检验主管胜任素质模型与任职资格

本书依据成品检验主管的主要工作事项及其任职资格的要求，在参照其他优秀主管的胜任行为特征，构建了成品检验主管胜任素质模型，具体内容如图8-13所示。

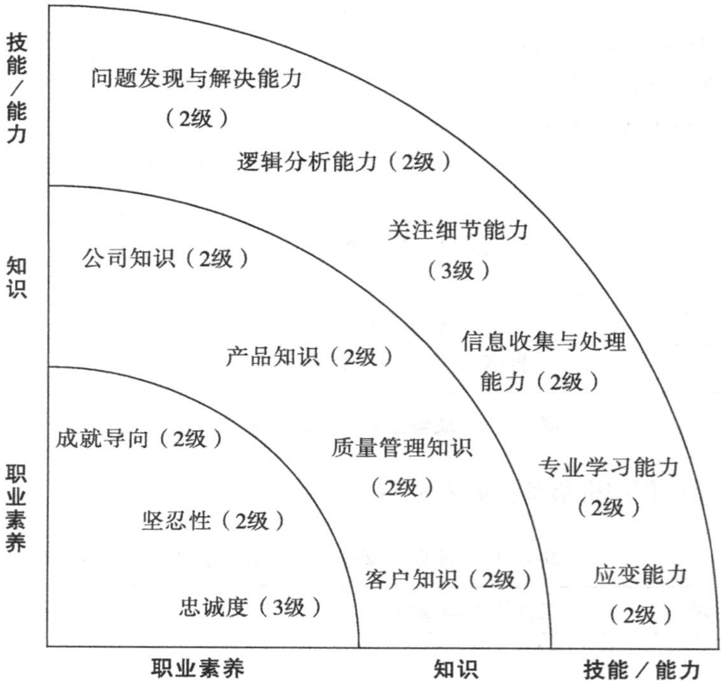

图8-13　成品检验主管胜任素质模型

成品检验主管的任职资格条件如表8-13所示。

表8-13　成品检验主管任职资格条件

关键行为与结果要求	工作标准与规范	指标界定与目标值
制度建设	协助质量经理制定各项质量管理制度，主持制定成品、半成品检验标准，建立新产品分析制度等	主要通过制度的适用性、完整性、准确性、落实率等来考核
检验工作	负责成品检验的日常监督与巡查工作，排查质量隐患，分离不合格品，做好新产品的检验工作等	成品检验计划完成率的目标值是____%，该值若低于____%，记为0分 成品检验计划完成率 = $\frac{\text{已完成检验的成品项目数}}{\text{计划检验的成品项目数}} \times 100\%$

（续表）

关键行为与结果要求	工作标准与规范	指标界定与目标值
检验报告	根据检验结果和客户需要，组织相关人员出具检验报告	检验报告编制的准确率目标值为____%，该值若低于____%，记为0分 检验报告编制的准确率 = $\frac{\text{没有出现错、漏的检验报告份数}}{\text{考核期内提交的检验报告份数}} \times 100\%$
质量分析	定期进行成品、半成品质量分析，接受客户投诉，对生产质量异常提出意见，并提出质量改进建议	主要是对质量分析的准确性、质量分析的及时性、质量分析报告的规范性等来考核

8.5.2 半成品检验专员胜任素质模型与任职资格

本书构建的半成品检验专员胜任素质模型包含职业素养、知识、技能/能力三个部分，具体内容如图8-14所示。

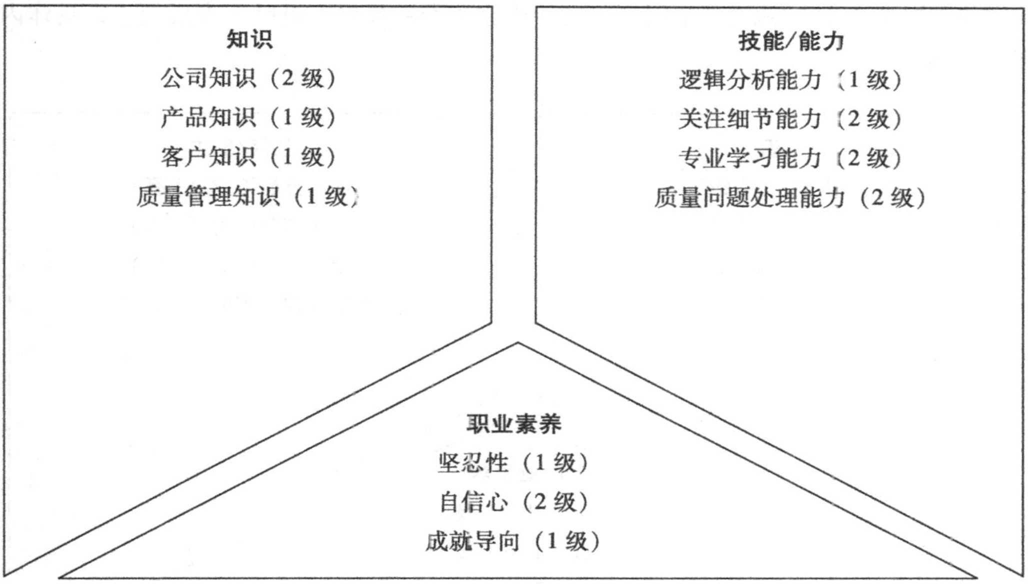

图8-14 半成品检验专员胜任素质模型

半成品检验专员的任职资格条件如表8-14所示。

表 8-14　半成品检验专员任职资格条件

关键行为与结果要求	工作标准与规范	指标界定与目标值
半成品质量检验	按照检验标准，对用于组装和包装的半成品配件、生产各工序环节的半成品进行质量检验	主要通过检验任务的完成率、检验及时性及检验结果的准确性等来衡量
半成品质量问题处理	对半成品质量问题进行异常分析，对问题环节提出改进意见，并重点控制，对发现的重大质量异常情况及时上报	半成品质量问题处理及时率达____%，则记为____分，每低____个百分点，则扣____分 半成品质量问题处理及时率 = $\frac{\text{半成品质量问题及时处理的数量}}{\text{应处理的半成品质量问题总数}} \times 100\%$
半成品质量检验记录	做好半成品质量检验记录，按时提交质量检验报告	半成品质量检验报告提交及时率的目标值为____%，每降低____个百分点，扣____分，该值若低于____%，则记为0分 半成品质量检验报告提交及时率 = $\frac{\text{半成品质量报告及时出具次数}}{\text{应提交的半成品质检报告数量}} \times 100\%$

8.5.3　产品检验专员胜任素质模型与任职资格

本书依据产品检验专员的工作内容及职责，参照其他优秀质检人员的胜任行为特征，从职业素养、知识、技能/能力三个层面出发，构建了产品检验专员胜任素质模型，具体内容如图 8-15 所示。

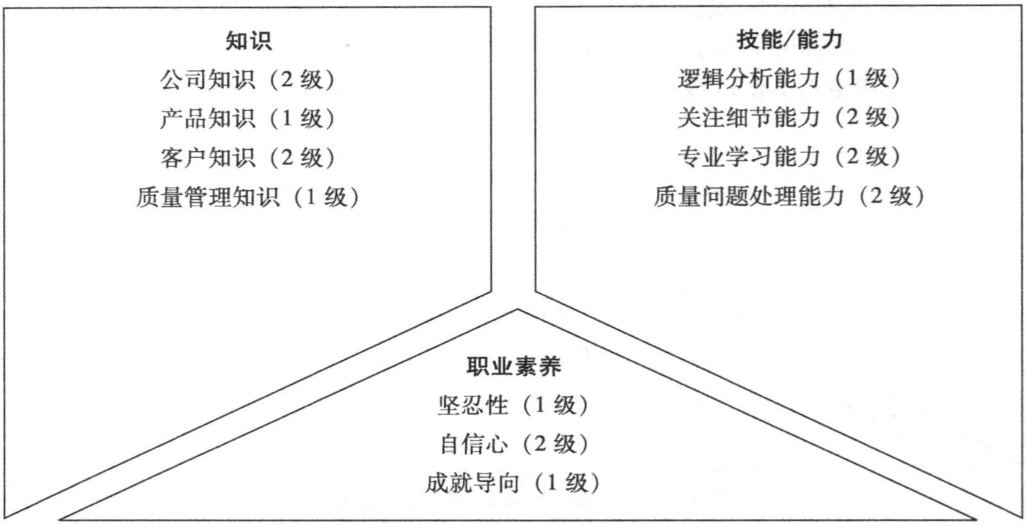

图 8-15　产品检验专员胜任素质模型

产品检验专员的任职资格条件如表 8-15 所示。

表 8-15 产品检验专员任职资格条件

关键行为与结果要求	工作标准与规范	指标界定与目标值
产成品质量检验	根据质量标准和任务要求，具体执行产成品的质量检验工作，负责库存产品的定期检查工作	主要通过产成品检验任务的完成率、检验及时性及检验结果的准确性等来衡量
产成品质量问题处理	鉴定并分离不合格品和不合格批次，对发现的质量问题进行异常分析，寻找问题原因，提出改进意见	产成品质量问题处理及时率达____%，记为____分；每低____个百分点，扣____分 产成品质量问题处理及时率 = $\frac{\text{产成品质量问题及时处理的数量}}{\text{应处理的产成品质量问题总数}} \times 100\%$
检验仪器的管理	妥善保管检验仪器，及时保养，定期送检	主要通过检验仪器损耗率、在用仪器送检率等来考核
产成品质量检验记录	做好产成品质量检验记录，按时提交产成品质量检验报告	产成品质量检验报告提交及时率的目标值为____%，每降低____个百分点，扣____分，该值若低于____%，则记为0分 产成品质量检验报告提交及时率 = $\frac{\text{质量报告及时出具次数}}{\text{应提交的产成品质检报告数量}} \times 100\%$

8.5.4 出厂检验专员胜任素质模型与任职资格

本书依据出厂检验专员的工作内容及职责，参照其他优秀质检人员的胜任行为特征，从职业素养、知识、技能/能力三个层面出发，构建了出厂检验专员胜任素质模型，具体内容如图 8-16 所示。

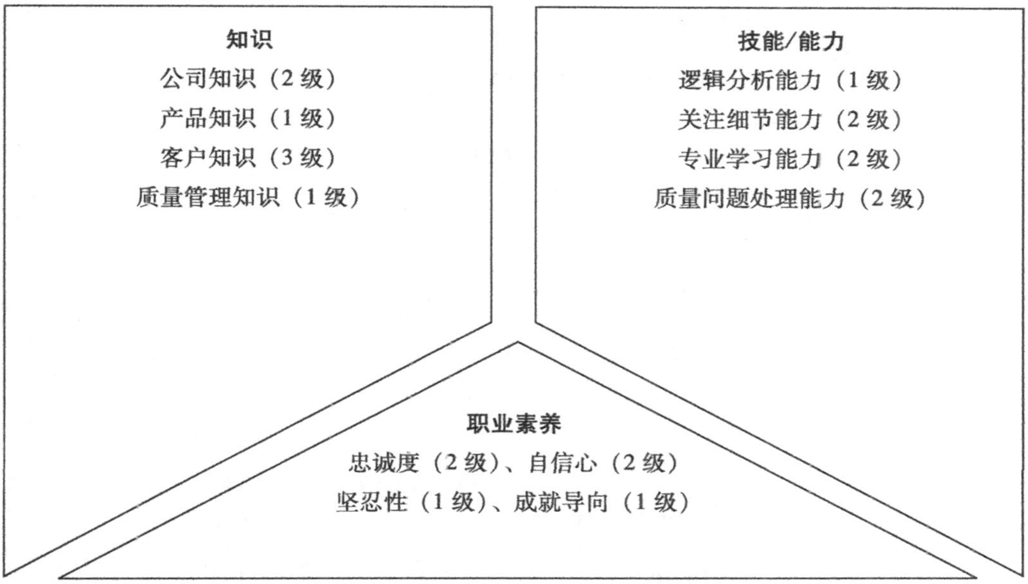

图 8-16 出厂检验专员胜任素质模型

出厂检验专员的任职资格条件如表 8-16 所示。

表 8-16　出厂检验专员任职资格条件

关键行为与结果要求	工作标准与规范	指标界定与目标值
出厂产品的检验	按照任务要求和操作规程，具体执行产品出厂前的检验	主要是对检验及时性、检验结果准确率、客户验货一次通过率等进行考核
不合格产品的处理	鉴定不合格品及不合格批次，协助不合格品的处理工作	主要是对质量问题处理及时率和有效性等进行考核
产品检验记录及报告	对检验情况及客户反馈信息进行统计、分析，根据客户的要求，及时出具产品检验报告	主要是对出厂产品检验记录的完整性、准确性和产品检验报告的真实性、完整性等进行考核

8.6　质量改进人员胜任素质模型与任职资格

8.6.1　质量改进主管胜任素质模型与任职资格

本书依据质量改进主管的主要工作事项及其任职资格的要求，在参照其他优秀主管的胜任行为特征，构建了质量改进主管胜任素质模型，具体内容如图 8-17 所示。

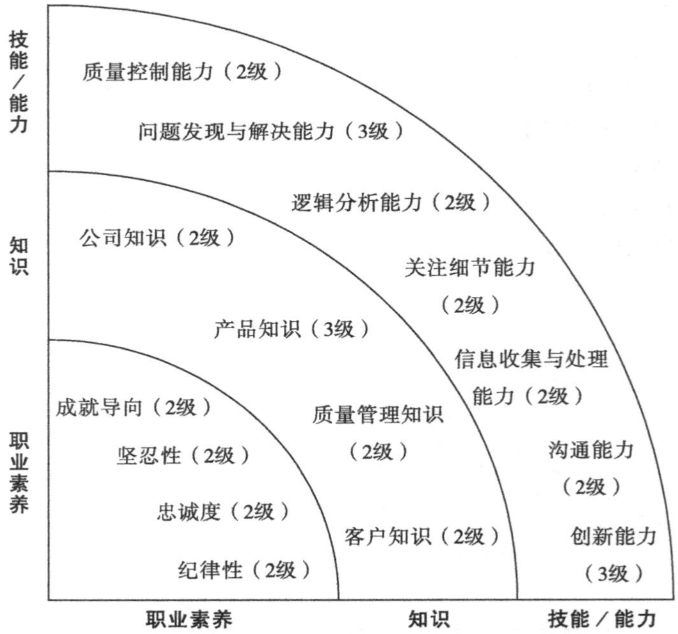

图 8-17　质量改进主管胜任素质模型

质量改进主管的任职资格条件如表 8-17 所示。

表 8-17 质量改进主管任职资格条件

关键行为与结果要求	工作标准与规范	指标界定与目标值
制度、方案管理	协助质量经理制定本企业的产品质量改进制度，制定对产品质量持续改进的策划方案	质量改进制度完整性达到____%，记为满分，质量改进方案每超过目标值 1 件，加____分；少于目标值则扣相应的分数
质量监控管理	对企业产品质量完成情况、质量目标达成情况和质量运行的情况进行监控	主要通过客户投诉减少数、产品质量提升水平、产品异常处理及时率等来衡量
质量改进管理	根据企业产品质量及体系运行的实际情况和发展趋势，实施质量改进工作	质量改进目标达成率的目标值为____%，每降低____个百分点，扣____分，该值若低于____%，则记为 0 分 质量改进目标达成率 = $\frac{\text{质量改进工作完成任务数}}{\text{质量改进目标任务数}} \times 100\%$

8.6.2 质量改进专员胜任素质模型与任职资格

本书依据质量改进专员的工作内容及职责，参照其他质检人员的胜任行为特征，从职业素养、知识、技能/能力三个层面出发，构建了质量改进专员胜任素质模型，具体内容如图 8-18 所示。

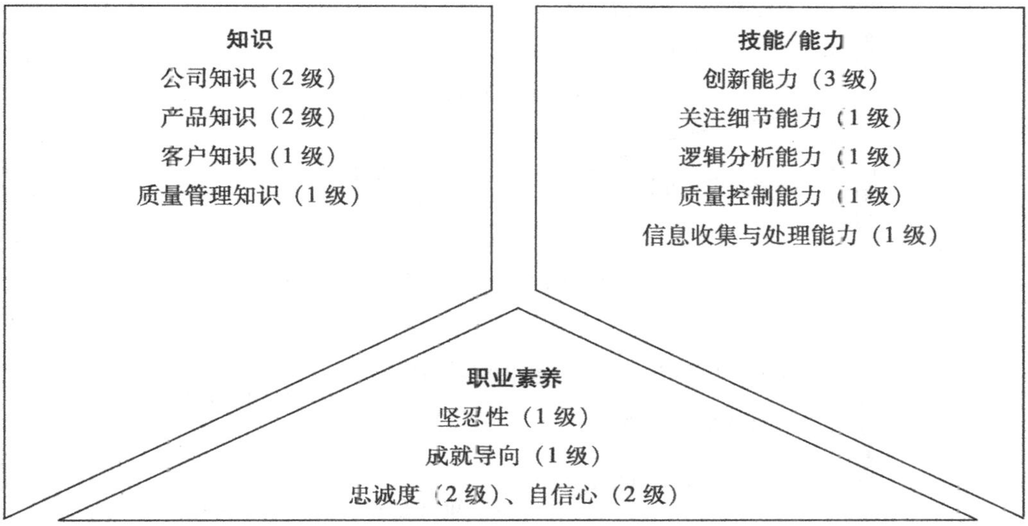

图 8-18 质量改进专员胜任素质模型

质量改进专员的任职资格条件如表 8-18 所示。

表 8-18　质量改进专员任职资格条件

关键行为与结果要求	工作标准与规范	指标界定与目标值
参与质量改进活动	协助质量改进主管进行质量改进项目策划，积极参与企业质量改进项目，并提出可参考性意见	主要通过产品质量提升率、有效建议被采纳数量来考核
指导质量改进工作	指导企业内部质量改进小组的工作	质量改进跟进及时率大于或等于____%，本项得分为满分，每降低____个百分点，扣____分 质量改进及时率 = $\frac{\text{及时跟进的质量改进项目数}}{\text{质量改进总项目数}} \times 100\%$
质量改进资料汇总	负责质量改进报告的整理、撰写等工作	质量改进报告完整、无缺失

8.7　质量成本人员胜任素质模型与任职资格

8.7.1　质量成本主管胜任素质模型与任职资格

本书依据质量成本主管的工作职责和该岗位对其素质的要求，参照其他优秀主管的胜任行为特征，从职业素养、知识、技能/能力三个层面出发，构建了质量成本主管胜任素质模型，具体内容如图 8-19 所示。

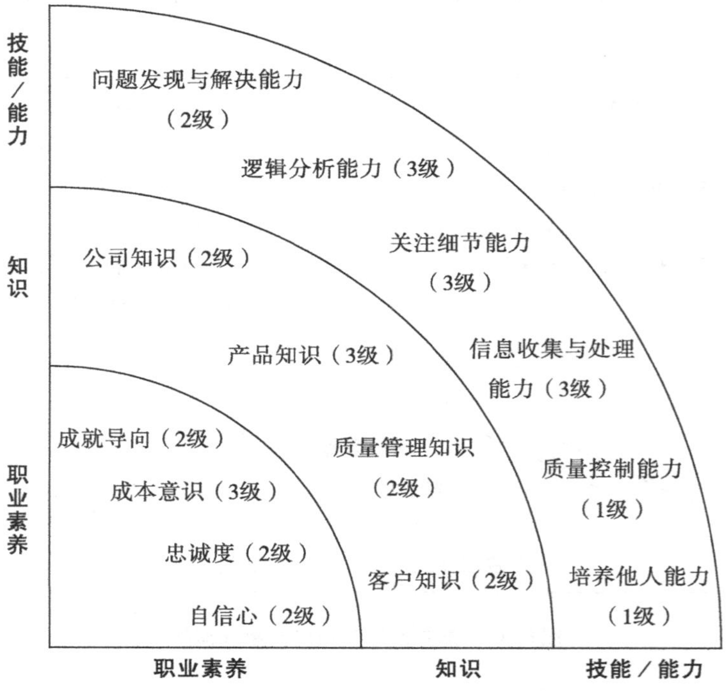

图 8-19　质量成本主管胜任素质模型

质量成本主管的任职资格条件如表 8-19 所示。

表 8-19 质量成本主管任职资格条件

关键行为与结果要求	工作标准与规范	指标界定与目标值
制度建设	协助质量经理编制质量成本管理的相关制度，负责制定企业质量成本控制标准、质量成本管理手册等	主要根据制度的完整性、准确性、时效性和质量成本降低率等来衡量
编制部门计划	编制质量管理部门各项工作预算、工作计划	质量成本预算达成率目标值为____%，每降低____个百分点，扣____分 $质量成本预算达成率 = \frac{质量成本费用发生额}{质量成本费用预算额} \times 100\%$
成本费用管理	负责组织质量成本经济核算业务、费用成本业务及费用控制等，对质量成本数据进行分析，形成质量成本管理报告	质量成本占销售额比例不高于____%，每高出____个百分点，扣____分 $质量成本占销售额比例 = \frac{考核期内发生的质量成本总额}{考核期内销售额} \times 100\%$
质量成本改进	组织质量成本数据的收集、分析，发现企业质量成本管理的改进点	根据质量成本报告提交及时率、报告的准确性等来衡量

8.7.2 质量成本工程师胜任素质模型与任职资格

本书依据质量成本工程师的工作内容及职责，参照其他优秀工程师的胜任行为特征，从职业素养、知识、技能/能力三个层面出发，构建了质量成本工程师胜任素质模型，具体内容如图 8-20 所示。

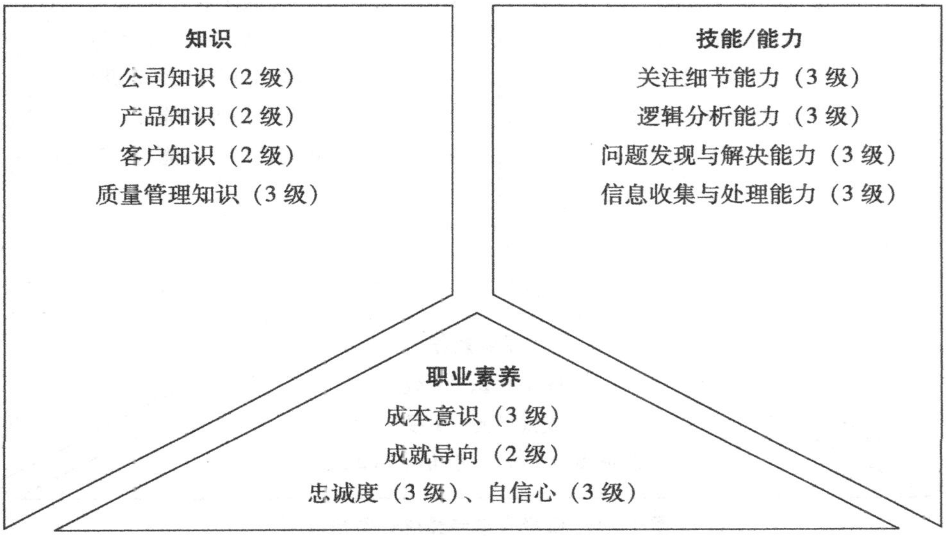

图 8-20 质量成本工程师胜任素质模型

质量成本工程师的任职资格条件如表8-20所示。

表8-20　质量成本工程师任职资格条件

关键行为与结果要求	工作标准与规范	指标界定与目标值
质量成本管理	具体负责质量成本核算及质量成本分析工作，负责确定质量成本构成及质量成本核算标准等工作	主要通过预防成本降低率、鉴定成本降低率、相关部门对质量成本管理的满意度等来衡量
质量成本改进	与质量成本专员、生产一线人员及时沟通，收集反馈意见，找出质量成本控制中存在的问题及解决方法	主要通过质量成本改进方案提交数量、质量成本改进方案的有效性、质量成本问题处理数量等来衡量
质量成本控制方案	负责对质量成本数据进行汇总、分析，并按时出具质量成本控制方案	质量成本控制方案准确率的目标值为____%，每低____个百分点，扣____分 质量成本控制方案准确率 = $\frac{\text{没有出错的质量成本控制方案数}}{\text{质量成本控制方案总数}}\times 100\%$

8.7.3　质量成本专员胜任素质模型与任职资格

本书依据质量成本专员的主要工作事项及其任职资格的要求，参照行业有效质量成本专员的胜任行为特征，构建了质量成本专员胜任素质模型，具体内容如图8-21所示。

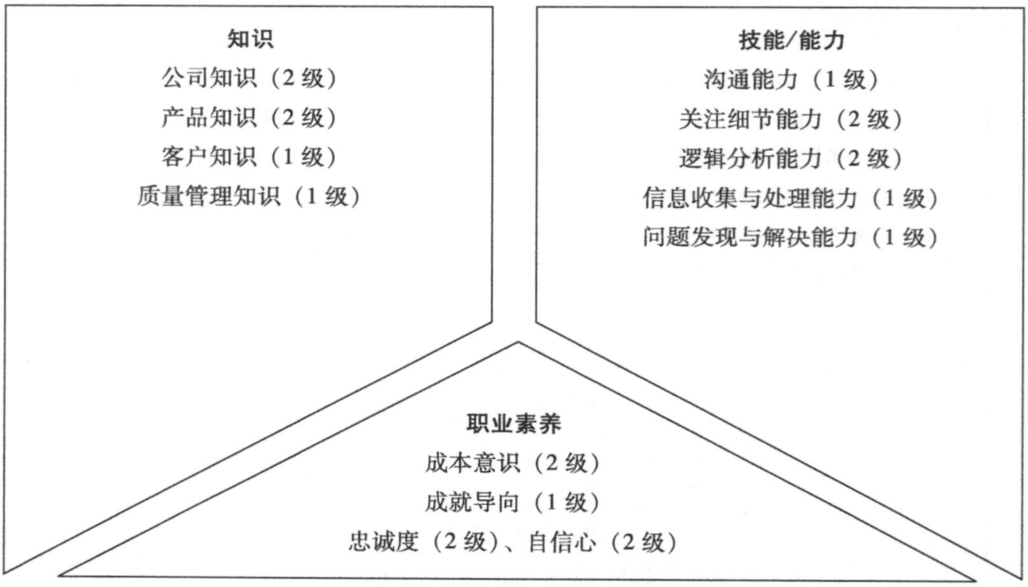

图8-21　质量成本专员胜任素质模型

质量成本专员的任职资格条件如表8-21所示。

表8-21 质量成本专员任职资格条件

关键行为与结果要求	工作标准与规范	指标界定与目标值
协助工作	协助质量成本主管和工程师编制质量成本管理的相关制度，协助一线部门或员工具体执行质量管理部的成本控制方案	相关部门的满意率目标值为____%，每降低____个百分点，扣____分 相关部门满意率 $= \frac{\text{表示满意的部门数}}{\text{被调查部门数}} \times 100\%$
数据管理	负责质量成本核算中具体的数据计算与处理工作，对质量成本数据进行归类、整理、分析，并按时提交质量成本报表	质量成本报表上交及时率目标值为____%，每降低____个百分点，扣____分 质量成本报表上交及时率 $= \frac{\text{报表及时提交的次数}}{\text{应提交的报表总数}} \times 100\%$
档案管理	负责对公司内部的质量成本档案建立台账，并分类保管	主要通过档案资料完备率、档案归档准确率等来衡量

8.8 质量管理体系人员胜任素质模型与任职资格

8.8.1 质量管理体系经理胜任素质模型与任职资格

本书依据企业的质量目标、经营理念、文化价值等内容，结合质量管理体系经理的主要工作事项及其他优秀经理的胜任素质特征，从职业素养、知识、技能/能力三个层面出发，构建了质量管理体系经理胜任素质模型，具体内容如图8-22所示。

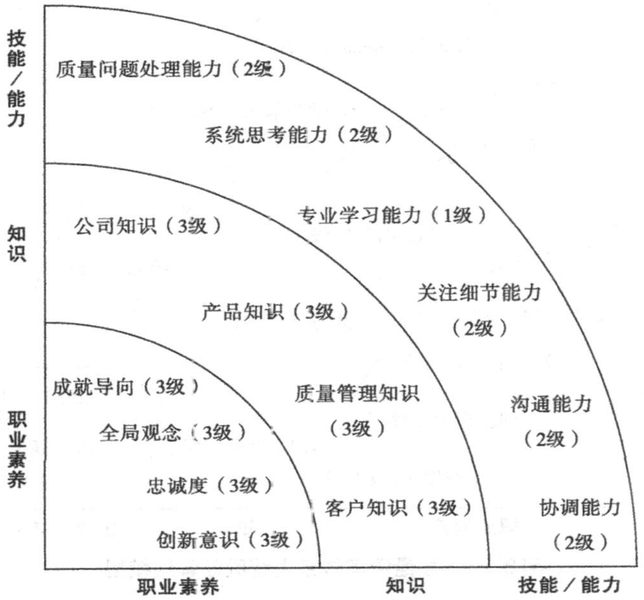

图8-22 质量管理体系经理胜任素质模型

质量管理体系经理的任职资格条件如表 8-22 所示。

表 8-22　质量管理体系经理任职资格条件

关键行为与结果要求	工作标准与规范	指标界定与目标值
质量管理体系建立	协助质量总监建立完整的质量管理体系，并负责其运行维护工作	主要通过质量管理体系的完整性、运行问题及时解决率等来衡量
质量管理体系审核	负责组织企业内、外部 ISO 9000、ISO 14000 等质量管理体系审核，跟进管理评审决议，推动质量体系持续改进	内部审核计划完成率目标值为____%，每低____个百分点，扣____分 $\text{内部审核计划完成率}=\frac{\text{实际完成审核量}}{\text{计划完成审核量}}\times 100\%$
质量管理体系培训	负责在集团公司范围内组织、实施有关的质量管理体系等方面的培训与宣传，提高全员的质量意识和技能	培训计划完成率目标值为____%，每低____个百分点，扣____分 $\text{培训计划完成率}=\frac{\text{实际完成培训次数}}{\text{计划完成培训次数}}\times 100\%$
员工管理	管理、指导和考核下属，合理分配资源和工作量，实现有效管理，完成部门质量计划	主要通过员工出勤率、流失率、成长速度、考核结果等来衡量

8.8.2　质量管理体系主管胜任素质模型与任职资格

本书构建的质量管理体系主管胜任素质模型包括职业素养、知识、技能/能力三个部分，具体内容如图 8-23 所示。

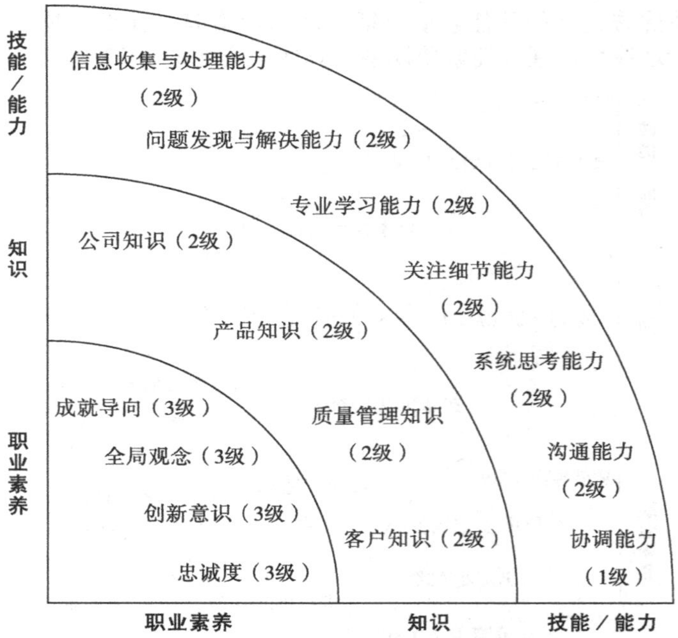

图 8-23　质量管理体系主管胜任素质模型

质量管理体系主管的任职资格条件如表8-23所示。

表8-23 质量管理体系主管任职资格条件

关键行为与结果要求	工作标准与规范	指标界定与目标值
协助工作	协助质量管理体系经理建立、维护企业质量管理体系，协助其进行外部认证机构的监督、复评和审核	主要通过相关人员满意度、产品质量合格率、体系文件完整性、不合格项整改完成率等来衡量
质量管理体系审核	负责企业内部及供应商的质量体系审核，编制审核报告，督促各部门对不符合项进行整改并跟踪验证	审核一次性通过率目标值为____%，每降低____个百分点，扣____分 $一次性通过率=\frac{一次审核通过数}{实际审核总数}\times100\%$
质量管理体系推行工作	在质量管理体系运行过程中，对相关部门提供咨询和帮助，不断推动质量体系标准化	质量管理体系推行工作计划完成率目标值为____%，每降低____个百分点，扣____分 $工作计划完成率=\frac{实际完成的推进项数}{计划完成的推进项数}\times100\%$
质量管理文化建设	在企业内组织全面的质量体系、意识、理论及实践等方面的培训，推动企业质量管理文化的建设	主要通过质量管理培训计划完成率、员工阅读最新质量管理图书的次数、员工质量管理课程出勤率等来衡量

8.8.3 质量管理体系专员胜任素质模型与任职资格

本书依据质量管理体系专员的工作内容及职责，参照其他企业质量管理体系专员的胜任行为特征，从职业素养、知识、技能/能力三个层面出发，构建了质量管理体系专员胜任素质模型，具体内容如图8-24所示。

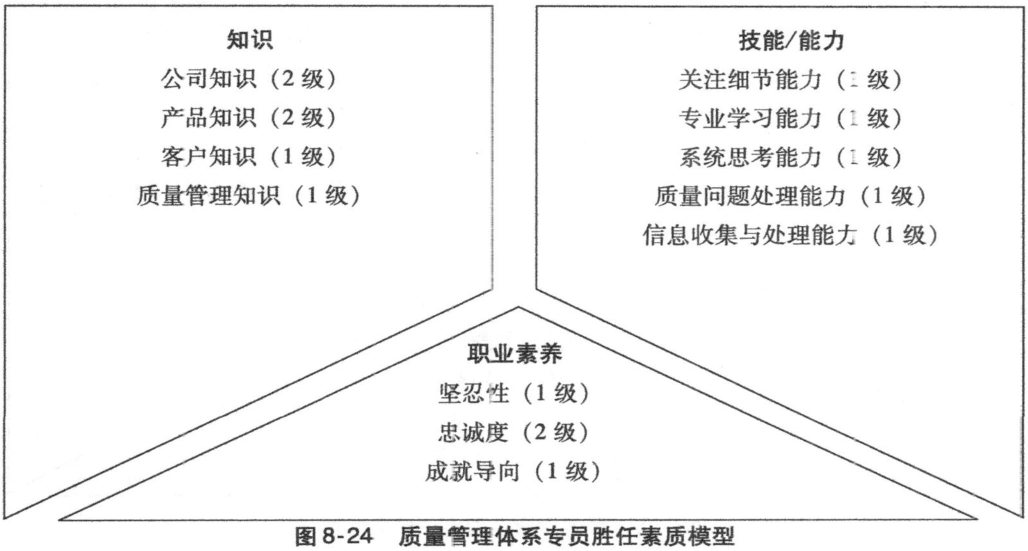

图8-24 质量管理体系专员胜任素质模型

质量管理体系专员的任职资格条件如表8-24所示。

表8-24　质量管理体系专员任职资格条件

关键行为与结果要求	工作标准与规范	指标界定与目标值
协助工作	协助质量管理体系主管编制、管理质量体系文件，协助其组织外审工作，协助其做好计划等	主要通过相关人员满意度、工作计划完成率等来衡量
质量管理体系运行工作	将通过认证的质量体系在全公司范围内推广实施，并严格监督其执行情况，及时处理执行中的各种问题	质量管理体系运行问题及时解决率的目标值为____%，每低____个百分点，扣____分 问题及时解决率 = $\frac{\text{及时解决的体系运行数量}}{\text{体系运行中发现的问题总数}} \times 100\%$
档案管理	负责与质量管理体系相关文件的归档、保存等工作	主要通过档案归档完整率、准确率、及时率等来衡量

8.9　服务质量人员胜任素质模型与任职资格

8.9.1　服务质量经理胜任素质模型与任职资格

本书依据企业的战略发展要求，结合服务质量经理的主要工作事项及任职资格要求，从职业素养、知识、技能/能力三个层面出发，构建了服务质量经理胜任素质模型，具体内容如图8-25所示。

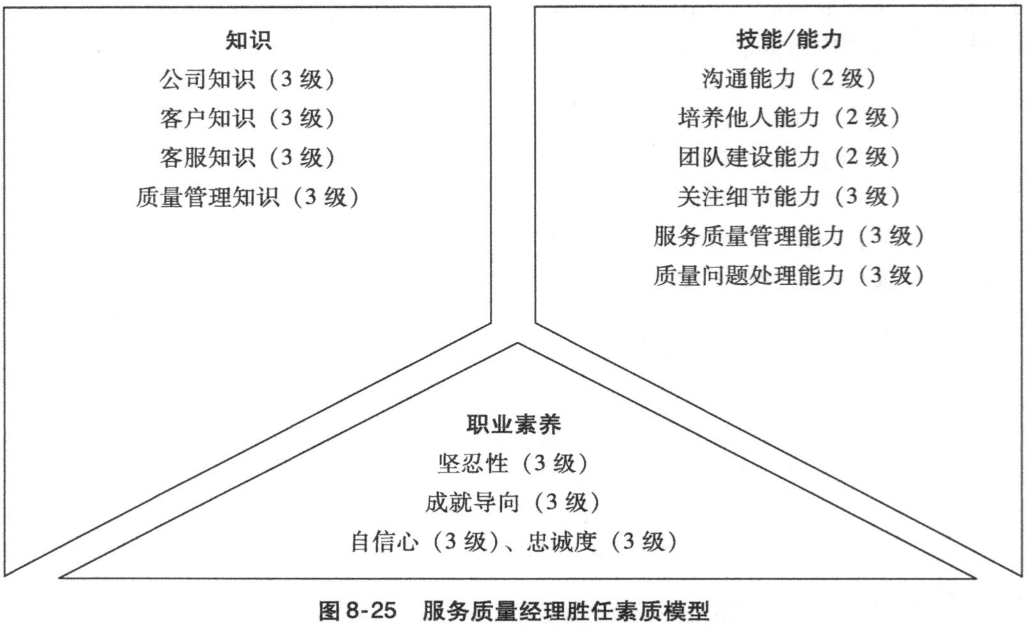

图8-25　服务质量经理胜任素质模型

服务质量经理的任职资格条件如表 8-25 所示。

表 8-25 服务质量经理任职资格条件

关键行为与结果要求	工作标准与规范	指标界定与目标值
服务质量体系建设	负责建立、完善符合服务质量目标的服务质量体系	考核期内服务质量体系建设目标达成率不少于____%
服务质量体系运行工作	组织制定服务质量管理流程、职责、绩效指标、操作规程、检查制度等，并监督下属执行各项服务质量标准	服务质量事故及时处理率的目标值为____%，每低____个百分点，扣____分 服务质量事故及时处理率 = $\frac{\text{及时处理的服务质量事故数}}{\text{服务质量事故总数}} \times 100\%$
服务质量改进工作	负责组织服务质量体系的内审并分析质量缺陷，主持重大质量改进项目，制定服务质量改进方案并组织实施	考核期内服务改进方案被采用数量不少于____件
服务质量总结工作	召开本部门服务质量工作会议，实施客户满意度调查，检查客户有关投诉的处理情况，组织对服务质量进行总结	服务质量总结报告准确率的目标值为____%，每低____个百分点，扣____分 服务质量总结报告准确率 = $\frac{\text{没有出错的服务质量总结报告}}{\text{服务质量总结报告总数}} \times 100\%$
部门费用管理	对部门各项工作运行过程中所需要的费用进行管理	部门费用预算达成率不少于____%
部门管理	完善部门员工服务质量考核体系，做好员工的监督、管理、培训、考核，提高部门工作绩效	主要通过关键员工流失率、服务质量培训完成率、部门人员成长速度等来衡量

8.9.2 服务质量主管胜任素质模型与任职资格

本书依据服务质量主管的工作内容及其对任职资格的要求，参照其他优秀主管的胜任行为特征，构建了服务质量主管胜任素质模型，具体内容如图 8-26 所示。

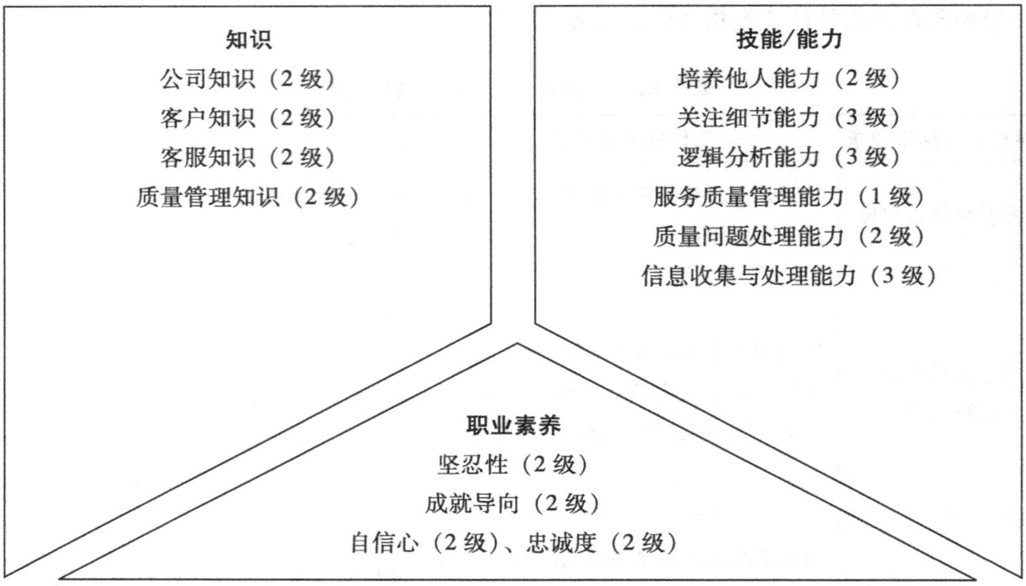

图 8-26 服务质量主管胜任素质模型

服务质量主管的任职资格条件如表 8-26 所示。

表 8-26 服务质量主管任职资格条件

关键行为与结果要求	工作标准与规范	指标界定与目标值
服务质量管理体系计划	负责制订服务质量管理体系的年度内审计划，并上报经理审批通过后实施，提出服务质量改进要求、跟踪质量改进效果	服务质量体系计划一次性通过率目标值为____%，每低于____%，扣____分；低于____%，该项考核记为0分
客户关系维护	负责建立科学的客户关系管理信息系统，组织开展有针对性的客户关系维护工作，提升公司的服务质量	客户满意率目标值为____%，每降低____个百分点，扣____分 $客户满意率=\frac{表示满意的客户数}{被调查客户数}\times100\%$
服务质量投诉处理	领导服务质量专员对客户的反馈及服务质量投诉进行处理，进行月度客户服务质量情况分析，并出具报告	服务质量投诉处理及时率的目标值为____%，每降低____个百分点，扣____分 $投诉处理及时率=\frac{及时处理投诉次数}{投诉总次数}\times100\%$
员工日常管理	协助服务质量经理做好员工的日常管理，参与对员工服务质量的培训，提升部门员工的服务质量意识	主要通过员工离职率、员工提供建议率、员工劳动争议发生次数、客户对员工的投诉数等来衡量

8.9.3 服务质量专员胜任素质模型与任职资格

本书构建的服务质量专员胜任素质模型包括职业素养、知识、技能/能力三个部分，具体内容如图 8-27 所示。

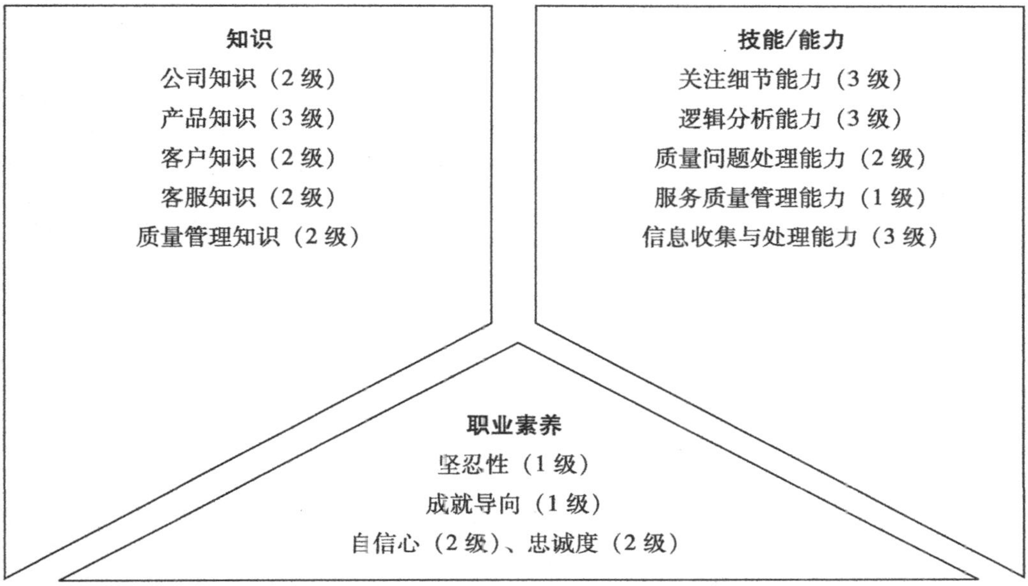

图 8-27　服务质量专员胜任素质模型

服务质量专员的任职资格条件如表 8-27 所示。

表 8-27　服务质量专员任职资格条件

关键行为与结果要求	工作标准与规范	指标界定与目标值
参与服务质量管理体系建设	参与服务质量管理体系文件的编写、修订和管理工作，根据体系要求，对质量文件执行情况进行检查	主要通过体系文件编写合格率、体系文件编写的完整性等来衡量
参与服务质量体系内审	参与服务质量体系的内审工作，协助部门经理、主管提交管理评审材料，落实评审措施，完成整改计划	评审材料提交及时率的目标值为____%，每降低____个百分点，扣____分 评审材料提交及时率 = $\frac{\text{及时提交的评审材料次数}}{\text{评审材料提交总次数}} \times 100\%$
服务质量监控	负责企业的服务质量监控工作，每月提交服务质量监控报告，对服务人员的服务质量进行评价	服务质量监控报告准确率的目标值为____%，每降低____个百分点，扣____分 服务质量监控报告准确率 = $\frac{\text{正确无误的监控报告数}}{\text{提交的监控报告总数}} \times 100\%$
客户关系维护	受理客户投诉，妥善处理客户的问题，并针对服务活动进行客户回访	主要通过客户投诉处理及时率、客户投诉解决满意率、客户回访率等来衡量

第 9 章

技术类人员胜任素质模型与任职资格

9.1 技术部人员胜任素质模型与任职资格

9.1.1 技术部经理胜任素质模型与任职资格

本书依据技术部经理的工作职责，参照其他优秀经理的胜任行为特征，构建了技术部经理胜任素质模型，具体内容如图 9-1 所示。

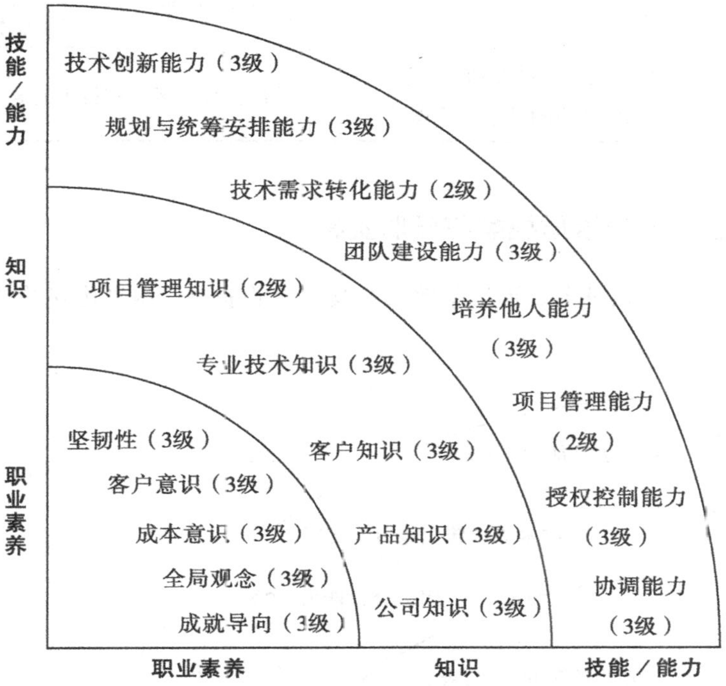

图 9-1 技术部经理胜任素质模型

技术部经理的任职资格条件如表 9-1 所示。

表 9-1 技术部经理任职资格条件

关键行为与结果要求	工作标准与规范	指标界定与目标值
项目计划管理	总体控制和监督年度制订的计划，保证其顺利完成	技术项目的完成率不得低于____%，每低于____%，扣____分 技术项目完成率 = $\frac{完成技术研发项目数}{计划完成技术研发项目数}\times 100\%$

（续表）

关键行为与结果要求	工作标准与规范	指标界定与目标值
技术培训管理	定期安排技术培训项目，使下属充分了解和熟悉技术方面的知识和技能	培训计划的完成率不得低于____%，每低于____%，扣____分 $培训计划完成率=\frac{实际完成培训项目数}{计划完成的培训项目数}\times100\%$
费用管理	对技术研发过程中产生的费用进行良好的控制，使之在预算范围内	技术项目的费用控制率不得高于____%，每高于____%，扣____分 $技术项目费用控制率=\frac{实际技术改造费用}{预算技术改造费用}\times100\%$
满意度管理	做好满意度的管理，包括上级、员工和客户的满意度管理等内容	通过上级、客户和员工的满意度评价来考核

9.1.2　技术主管胜任素质模型与任职资格

胜任素质是个体完成任务、形成绩效及继续发展的前提。本书构建的技术主管胜任素质模型如图9-2所示。

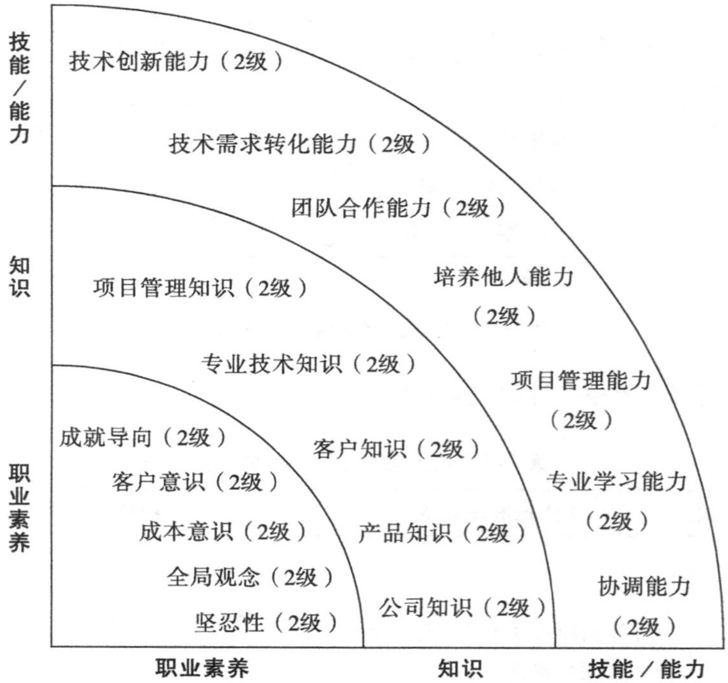

图9-2　技术主管胜任素质模型

技术部主管的任职资格条件如表9-2所示。

表9-2 技术部主管任职资格条件

关键行为与结果要求	工作标准与规范	指标界定与目标值
项目任务管理	根据年度计划安排的任务，进行时间和数量的控制与管理	技术项目任务完成率不得低于____%，每低于____%，扣____分 技术项目任务完成率 = $\frac{\text{实际完成任务数}}{\text{计划完成任务数}}$ ×100%
技术培训计划制订	制订技术方面的培训计划，经上级审核后实施	培训计划的完成率不得低于____%，每低于____%，扣____分 培训计划完成率 = $\frac{\text{实际完成培训项目数}}{\text{计划完成的培训项目数}}$ ×100%
成本控制	根据部门预算控制各技术项目成本，保证其不超过预算范围	主要通过成本支出率来考核 成本超过预算____%，扣____分
项目质量管理	对研发或设计等项目进行质量控制和管理，使之符合计划的要求	产品质量的达成率不得低于____%，每低于____%，扣____分 产品质量达成率 = $\frac{\text{实际项目完成的质量}}{\text{计划项目完成质量}}$ ×100%

9.1.3 技术专员胜任素质模型与任职资格

员工个体所具有的胜任特征有很多，但企业所需要的不一定是员工所有的胜任特征，企业会根据岗位的要求以及组织的环境，明确能够保证员工胜任该岗位工作、发挥其最大潜能的胜任特征。图9-3所示为技术专员胜任素质模型。

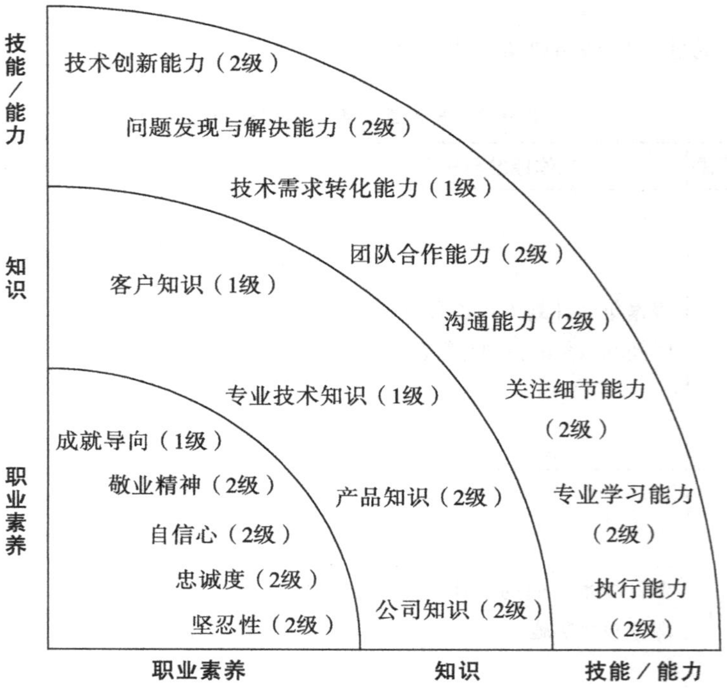

图 9-3　技术专员胜任素质模型

技术专员的任职资格条件如表 9-3 所示。

表 9-3　技术专员任职资格条件

关键行为与结果要求	工作标准与规范	指标界定与目标值
任务执行	根据上级的任务安排按时完成规定的任务	技术项目任务完成率不得低于____%，每低于____%，扣____分 技术项目任务完成率 = $\frac{实际完成任务数}{计划完成任务数}$ × 100%
培训合格	按照培训计划接受培训	主要通过培训成绩的合格率来考核
技术问题处理	能及时处理工作中遇到的技术问题	主要通过工作技能和工作态度来考核
技术文件规范性	能及时提供单位要求的文件资料，并且格式规范	主要考核工艺文件、检验规程等是否正确，以及是否符合技术文件标准

9.2 网络技术人员胜任素质模型与任职资格

9.2.1 网络技术经理胜任素质模型与任职资格

本书依据企业目标的要求，结合网络技术经理的主要工作事项及任职资格要求，从职业素养、知识、技能/能力三个层面出发，构建了网络技术经理胜任素质模型，具体内容如图9-4所示。

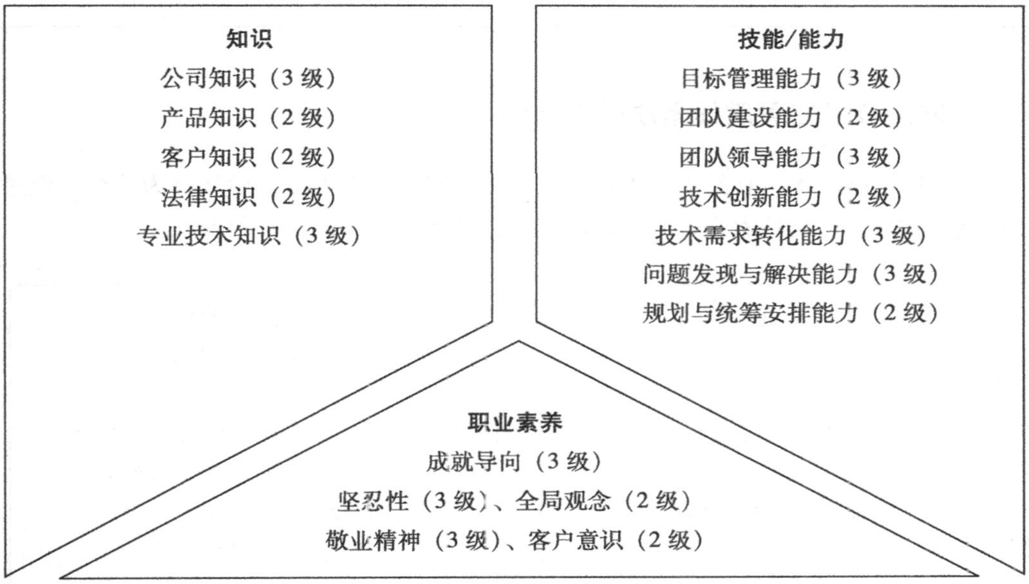

图9-4 网络技术经理胜任素质模型

网络技术经理的任职资格条件如表9-4所示。

表9-4 网络技术经理任职资格条件

关键行为与结果要求	工作标准与规范	指标界定与目标值
网络管理	管理单位网络，保证单位工作的顺利进行	系统运行完好率在____%以上 $系统运行完好率=\frac{完好运行时数}{系统运行总时数}\times 100\%$
网络技术培训管理	定期安排网络技术培训项目，使下属了解和熟悉技术方面的知识和技能	培训计划的完成率不得低于____%，每低于____%，扣____分 $培训计划完成率=\frac{实际完成培训项目数}{计划完成的培训项目数}\times 100\%$

（续表）

关键行为与结果要求	工作标准与规范	指标界定与目标值
费用管理	对由于网络技术原因发生的费用进行控制，使之在预算范围内	费用控制率的目标值为____% 费用控制率 = $\frac{实际支出费用}{预算审批费用} \times 100\%$
网络安全管理	保证网络系统不受破坏，单位网站的商业秘密不被泄露	主要通过由于网络安全造成的损失进行考核

9.2.2 网络技术主管胜任素质模型与任职资格

本书依据网络技术主管的主要工作事项，参照同类主管人员的胜任行为特征，经过分析和总结，构建了网络技术主管胜任素质模型，具体内容如图9-5所示。

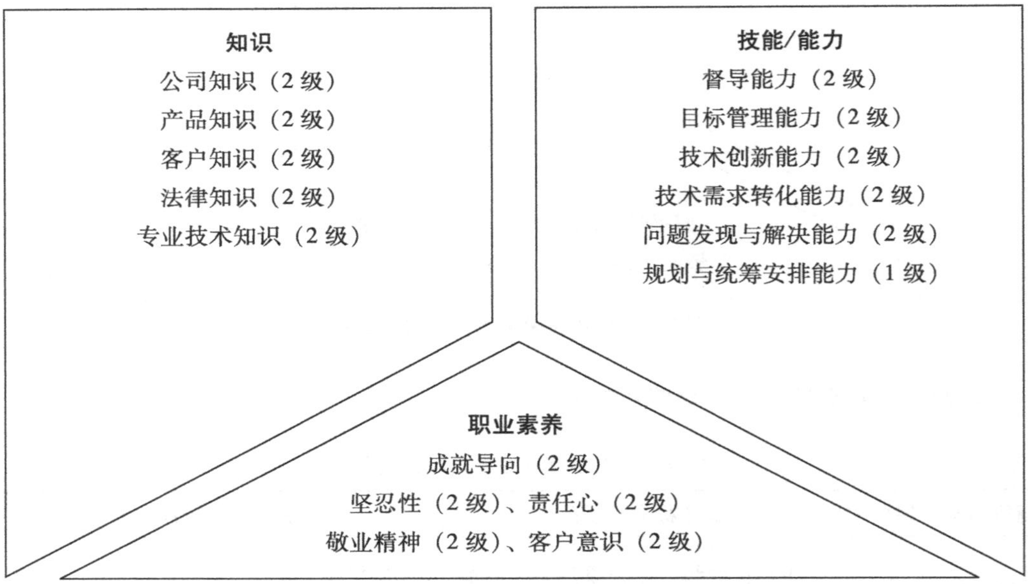

图9-5 网络技术主管胜任素质模型

网络技术主管的任职资格条件如表9-5所示。

表 9-5 网络技术主管任职资格条件

关键行为与结果要求	工作标准与规范	指标界定与目标值
网络检查	定期检查单位的网络，保证其流畅性和易用性	主要通过网络出现故障次数来考核
网络培训计划制订	制订网络技术方面的培训计划，经上级审核后实施	培训计划的完成率不得低于____%，每低于____%，扣____分 培训计划完成率 = $\frac{\text{实际完成培训项目数}}{\text{计划完成的培训项目数}} \times 100\%$
成本控制	根据部门预算控制各网络维护等开销，使之不超过预算范围	主要通过成本减少的数量来考核
权限管理	对单位人员和外联企业的登录权限进行管理	主要通过商业秘密是否泄露来考核

9.2.3 网络技术专员胜任素质模型与任职资格

本书构建的网络技术专员胜任素质模型包括职业素养、知识、技能/能力三部分，具体内容如图 9-6 所示。

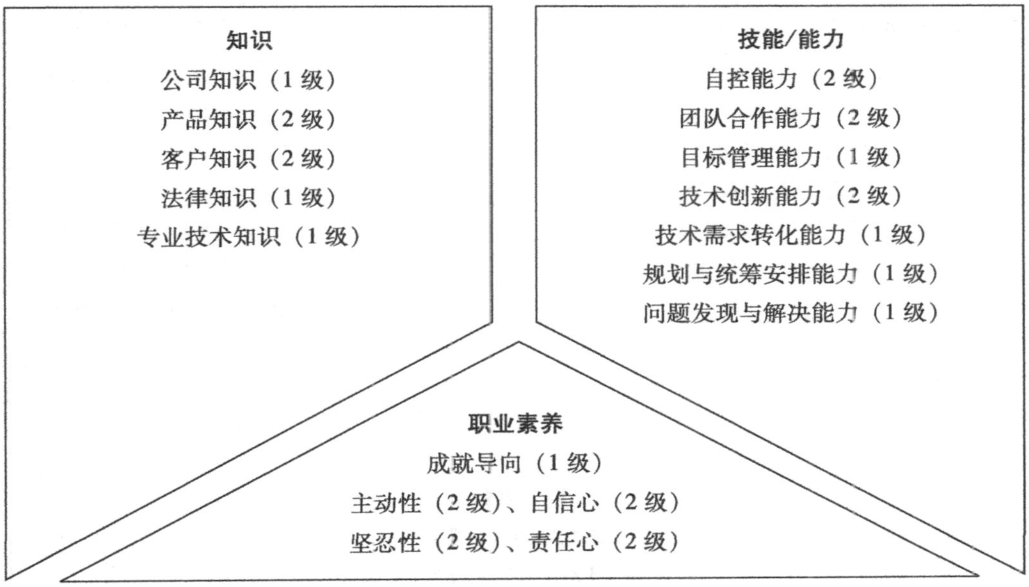

图 9-6 网络技术专员胜任素质模型

网络技术专员的任职资格条件如表 9-6 所示。

表 9-6　网络技术专员任职资格条件

关键行为与结果要求	工作标准与规范	指标界定与目标值
网络维护	及时发现并解决单位网络中出现的故障或问题	及时维护率不得低于____%，每低于____%，扣____分 $网络及时维护率=\frac{及时处理网络故障数}{总体网络故障数量}\times100\%$
培训合格	根据上级制订的计划定期接受培训	主要通过培训考核的合格率来考核
网络问题处理	能及时处理工作中遇到的网络技术方面的问题	主要通过工作技能和工作态度来考核
记录提供	能及时提供网络维修、维护和系统受攻击次数等详细资料	主要通过工作记录的准确性、完整性、真实性来考核

9.3　平面技术人员胜任素质模型与任职资格

9.3.1　平面技术经理胜任素质模型与任职资格

根据企业目标的要求和平面技术经理的主要工作事项及任职资格要求，从职业素养、知识、技能/能力三个层面出发，构建的平面技术经理胜任素质模型如图 9-7 所示。

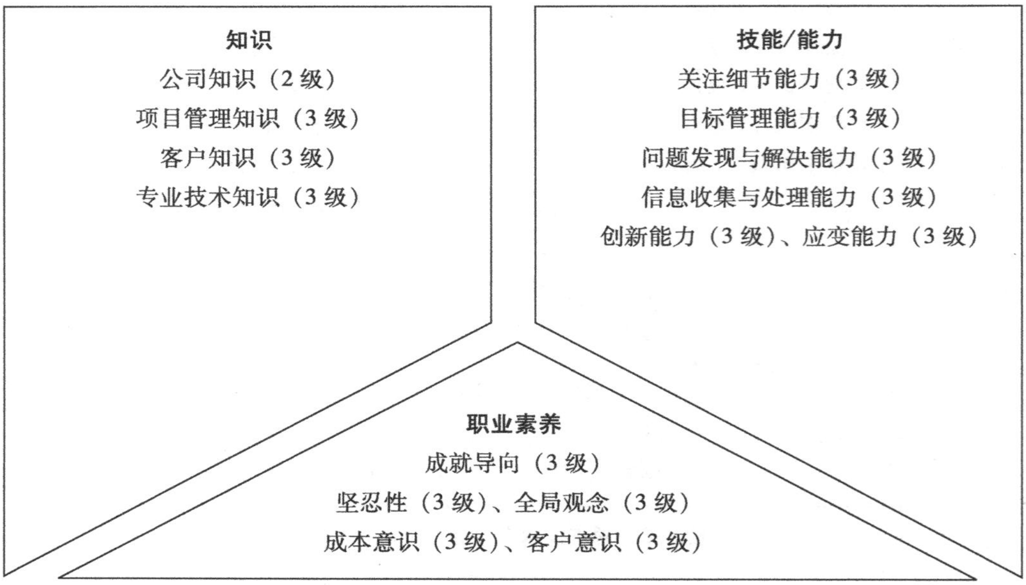

图 9-7　平面技术经理胜任素质模型

平面技术经理的任职资格条件如表9-7所示。

表9-7 平面技术经理任职资格条件

关键行为与结果要求	工作标准与规范	指标界定与目标值
客户管理	对客户关系和满意度进行管理	员工满意度评价在____分以上
员工管理	对员工合理分配任务和进行工作安排，及时处理员工提出的问题	主要通过关键员工流失率进行考核，关键员工流失率控制在____%以内
费用管理	控制平面设计的费用开支使之在预算范围之内	平面设计部管理费用预算节省率达到____%
运营管理	对平面技术进行总体的运营控制和管理保证，合理安排平面设计任务	平面设计任务按时完成率在____%以上

9.3.2 平面技术主管胜任素质模型与任职资格

本书依据平面技术主管的主要工作事项，参照同类主管人员的胜任行为特征，经过分析和总结，构建了平面技术主管胜任素质模型，具体内容如图9-8所示。

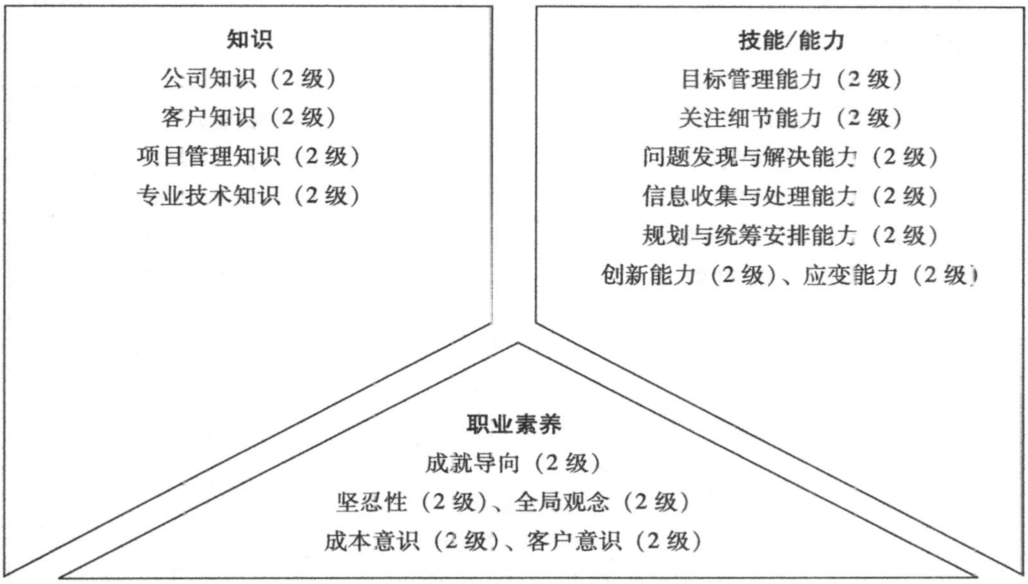

图9-8 平面技术主管胜任素质模型

平面技术主管的任职资格条件如表9-8所示。

表 9-8　平面技术主管任职资格条件

关键行为与结果要求	工作标准与规范	指标界定与目标值
计划管理	使设计项目严格按照计划执行，监督和管理任务按时完成	项目设计按时完成率在____%以上
平面技术培训管理	制订平面技术方面的培训计划，经上级审核通过后安排实施，确保平面技术人员充分了解平面技术知识	培训计划的完成率不得低于____%，每低于____%，扣____分 $培训计划完成率=\frac{实际完成培训项目数}{计划完成的培训项目数}\times 100\%$
成本控制	根据部门预算对平面设计支持成本进行控制，保证不超过预算范围	主要通过成本减少的数量来考核，每减少____元，加____分，
任务管理	根据计划安排的任务，进行目标管理和监督，保证任务按时、按质完成	技术项目任务完成率不得低于____%，每低于____%，扣____分 $技术项目任务完成率=\frac{实际完成任务数}{计划完成任务数}\times 100\%$

9.3.3　平面技术专员胜任素质模型与任职资格

本书构建的平面技术专员胜任素质模型包括职业素养、知识、技能/能力三部分，具体内容如图 9-9 所示。

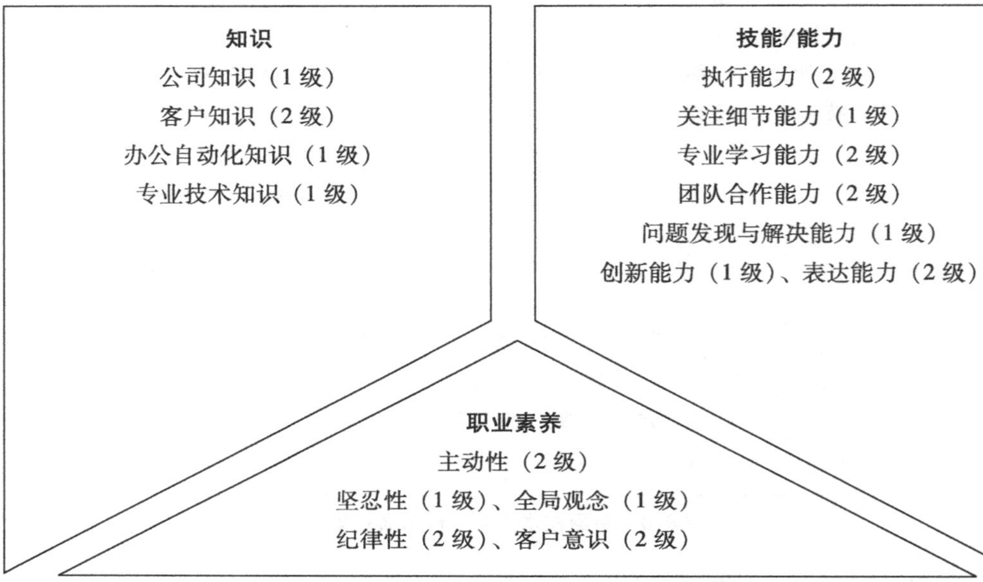

图 9-9　平面技术专员胜任素质模型

平面技术专员的任职资格条件如表 9-9 所示。

表 9-9　平面技术专员任职资格条件

关键行为与结果要求	工作标准与规范	指标界定与目标值
客户管理	在平面技术经理的指导下，对客户关系和满意度进行管理	员工满意度评价在____分以上
参加培训	按照上级要求，按时参加平面设计专业知识培训	主要通过培训考核的合格率进行考核
平面设计技巧	有熟练的平面设计技巧，能将平面设计中出现的错误控制在一定范围之内	设计出错率控制在____%以内
平面技术问题处理	能及时并有耐心地处理工作中遇到的平面技术问题	主要通过工作技能和工作态度指标进行考核
按时完成任务	按照上级规定的时间和质量完成任务	平面设计任务按时完成率达到____%

9.4　生产技术人员胜任素质模型与任职资格

9.4.1　生产技术经理胜任素质模型与任职资格

本书依据企业的战略发展目标、生产技术定位及企业文化等各方面的要求，结合生产技术经理的主要工作事项及其任职资格要求，从职业素养、知识、技能/能力三个层面出发，构建了生产技术经理胜任素质模型，具体内容如图 9-10 所示。

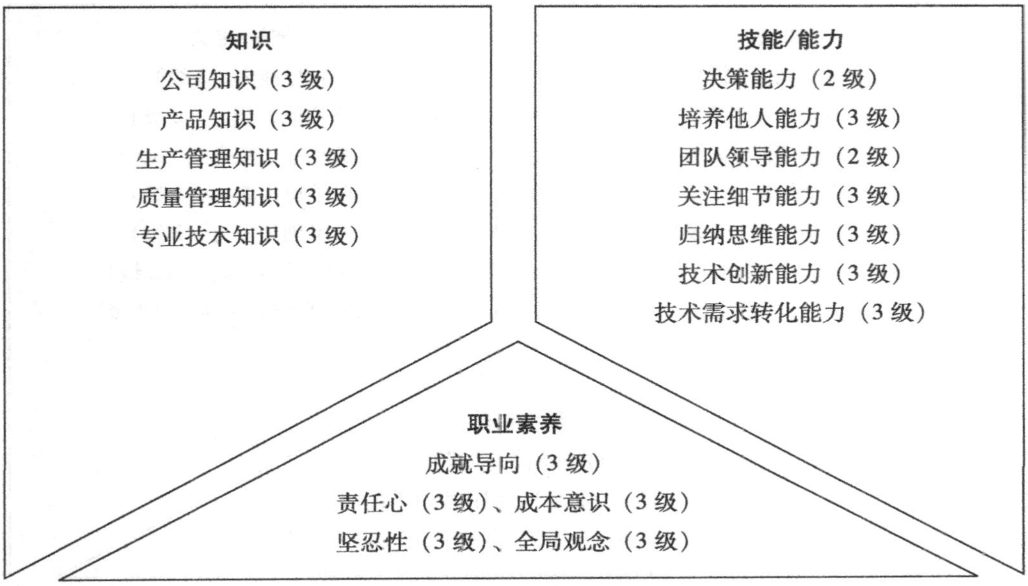

图 9-10　生产技术经理胜任素质模型

生产技术经理的任职资格条件如表9-10所示。

表9-10　生产技术经理任职资格条件

关键行为与结果要求	工作标准与规范	指标界定与目标值
技术项目管理	对制订的年度计划进行总体的控制和监督，保证技术项目顺利完成	技术项目完成率的目标值为____%，每低____个百分点，扣____分 $技术项目完成率=\frac{完成技术研发项目数}{计划完成技术研发项目数}\times100\%$
员工管理	对员工进行培训、考核等管理，及时解决员工工作中遇到的问题	主要通过员工流动率指标来考核 把员工的流动率控制在____%的范围内
生产成本管理	对技术研发过程中产生的费用进行良好的控制和管理	生产技术项目的成本控制率的目标值为____%，每提高____个百分点，扣____分 $技术项目成本控制率=\frac{实际技术项目成本}{预算技术项目成本}\times100\%$
满意度管理	做好满意度的管理，主要包括上级、员工和客户的满意度管理	通过上级、客户和员工的满意度评价来考核

9.4.2　生产技术主管胜任素质模型与任职资格

本书依据生产技术主管的主要职责及其任职人员的资格与素质要求，参照其他优秀技术人员的胜任行为特征，构建了生产技术主管胜任素质模型，具体内容如图9-11所示。

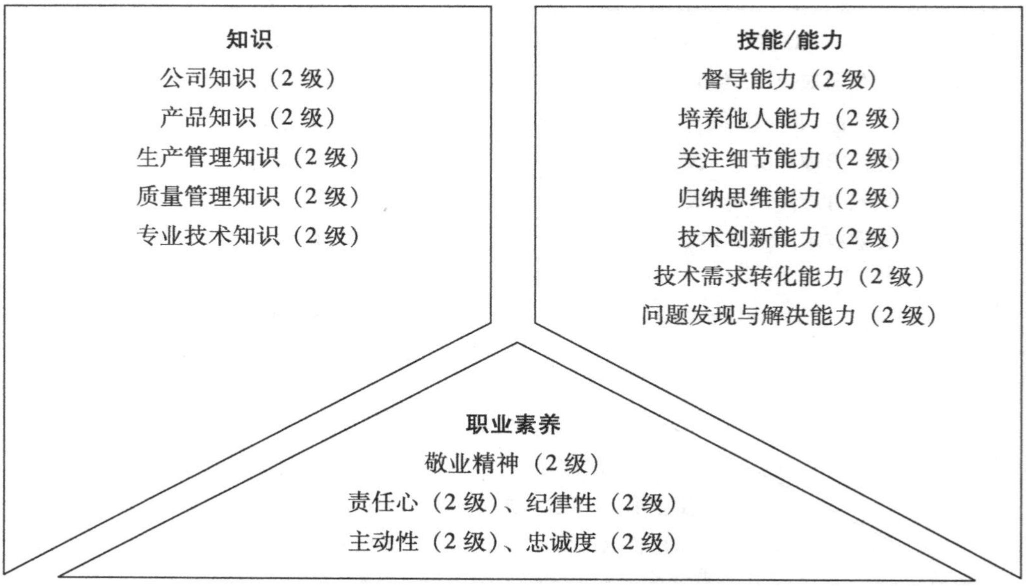

图9-11　生产技术主管胜任素质模型

生产技术主管的任职资格条件如表9-11所示。

表9-11 生产技术主管任职资格条件

关键行为与结果要求	工作标准与规范	指标界定与目标值
任务管理	根据上级安排的任务，进行时间和数量的控制与管理	生产技术项目任务完成率的目标值为____%，每降低____个百分点，扣____分 $\text{生产技术项目任务完成率}=\frac{\text{实际完成任务数}}{\text{计划完成任务数}}\times 100\%$
生产技术培训管理	制订生产技术项目培训计划，经上级审批通过后实施	培训计划的完成率的目标值为____%，每降低____个百分点，扣____分 $\text{培训计划完成率}=\frac{\text{实际完成培训项目数}}{\text{计划完成的培训项目数}}\times 100\%$
工艺安全管理	严格控制生产技术研发过程中出现的工艺事故	工艺事故所造成的损失为____万元，与目标值相比，超出（降低）了____万元
生产成本控制	根据部门预算控制各技术项目成本，保证其不超过预算范围	主要通过成本比预算减少____%来考核

9.4.3 生产技术专员胜任素质模型与任职资格

本书依据生产技术专员的主要工作事项及该岗位对其任职人员的素质要求，在结合其他优秀技术人员胜任行为特征的基础上，构建了生产技术专员胜任素质模型，具体内容如图9-12所示。

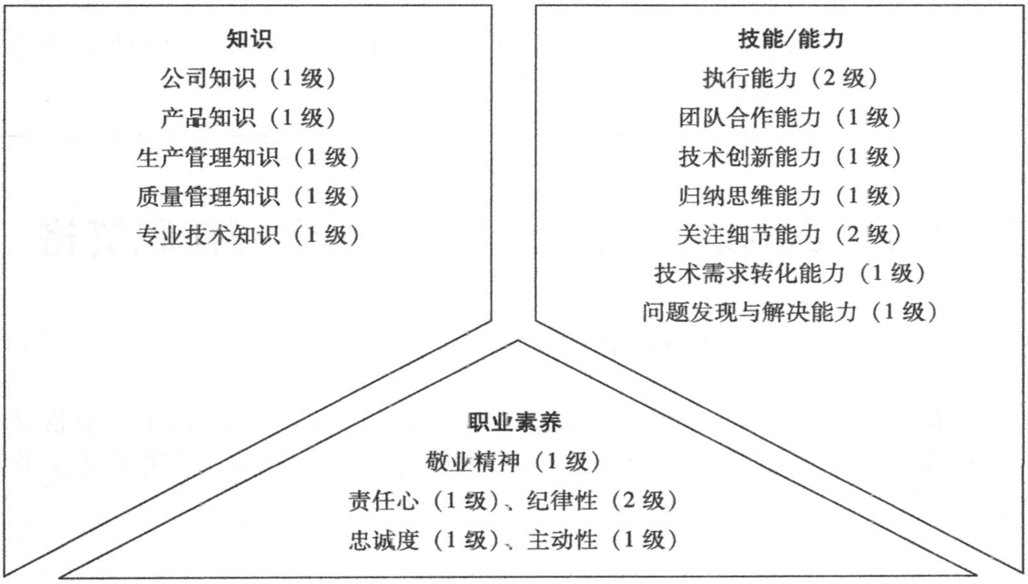

图9-12 生产技术专员胜任素质模型

生产技术专员的任职资格条件如表9-12所示。

表9-12 生产技术专员任职资格条件

关键行为与结果要求	工作标准与规范	指标界定与目标值
按时完成工艺试验	按时完成上级交给的工艺试验研究任务，并保证任务完成质量	主要考核工艺试验研究任务按时完成率
按时完成工艺文件编制	根据上级的安排按时完成工艺文件的编制任务	工艺文件编制准确率的目标值为____%，每降低____个百分点，扣____分 工艺文件编制准确率 = $\frac{\text{准确无误的工艺文件数}}{\text{提交的工艺文件总数}} \times 100\%$
及时解决生产技术问题	及时解决生产人员的各种技术疑问、难题	主要通过现场技术问题解决及时率来考核
技术工艺资料及技术支持	根据生产技术需要及时提供工艺技术资料，为生产单位提供技术支持和技术服务	主要通过相关人员对技术服务的满意度、工艺技术资料下发及时率来衡量
按时参加培训	根据上级领导的安排参加生产技术培训，提高生产工艺知识和技能	主要通过培训考试科目成绩的合格率来考核

9.5 机械设备技术人员胜任素质模型与任职资格

9.5.1 机械设备技术经理胜任素质模型与任职资格

本书依据企业目标的要求，结合机械设备技术经理的主要工作事项及任职资格要求，从职业素养、知识、技能/能力三个层面出发，构建了机械设备技术经理胜任素质模型，具体内容如图9-13所示。

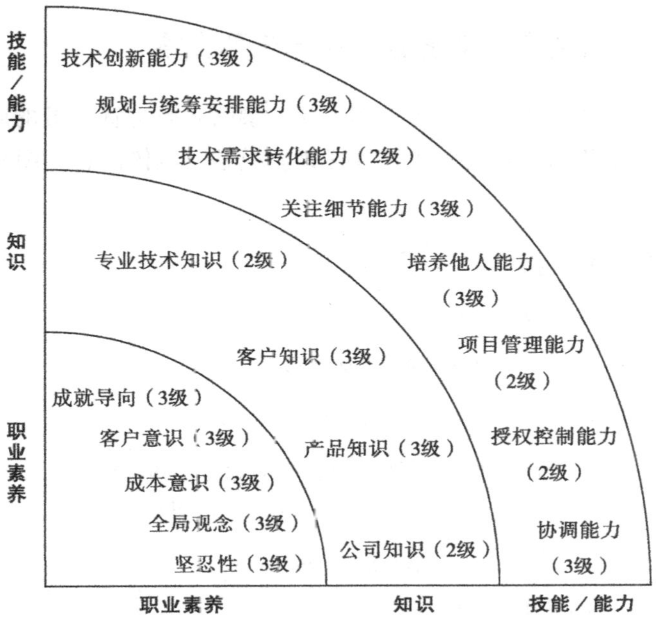

图9-13 机械设备技术经理胜任素质模型

机械设备技术经理的任职资格条件如表9-13所示。

表9-13 机械设备技术经理任职资格条件

关键行为与结果要求	工作标准与规范	指标界定与目标值
设备改造管理	对机械设备更新改造进行审批管理和控制，使机械设备满足生产需要	设备更新改造计划完好率的目标值为____%，每降低____个百分点，扣____分 设备更新改造计划完成率 = $\frac{\text{实际更新改造设备台数}}{\text{计划更新改造设备台数}}\times100\%$
核心员工管理	管理核心员工，及时解决他们在生活或工作中遇到的问题	核心员工流失率的目标值为____%，每降低____个百分点，扣____分 核心员工流失率 = $\frac{\text{主动离职的核心员工人数}}{\text{原有核心员工总人数}}\times100\%$
设备成本管理	将采购发生成本费用和维修费用控制在预算范围之内	设备成本节约率的目标值为____%，每降低____个百分点，扣____分，该指标低于____%时，得0分
设备保养管理	按照保养计划定期保养设备，使设备适合生产工作需要	设备保养计划完成率的目标值为____%，每降低____个百分点，扣____分，该指标低于____%时，得0分
设备故障管理	及时安排设备技术人员维修故障设备，保证其正常运行	设备完好率的目标值为____%，每降低____个百分点，扣____分，指标低于____%，得0分

9.5.2 机械设备技术主管胜任素质模型与任职资格

本书依据机械设备技术主管的主要工作事项，参照同类主管人员的胜任行为特征，经过分析和总结，构建了机械设备技术主管胜任素质模型，具体内容如图9-14所示。

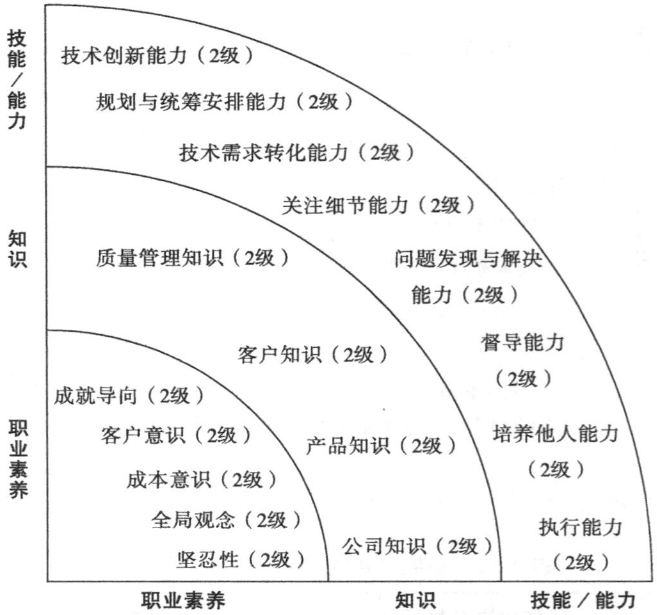

图9-14 机械设备技术主管胜任素质模型

机械设备技术主管的任职资格条件如表9-14所示。

表9-14 机械设备技术主管任职资格条件

关键行为与结果要求	工作标准与规范	指标界定与目标值
设备测试改造	按照设备更新改造计划进行设备测试和改造	主要通过设备更新改造合格率来考核
维修费用控制	控制机械设备发生的维修费用，满足部门的预算	设备维修费用率的目标值为____% 设备维修费用率 = $\frac{\text{维修费用总额}}{\text{总产值(以万元计)}} \times 100\%$
定期设备保养	按照上级规定计划，按时进行设备保养，保证设备正常运行	设备保养按时完成率的目标值为____%，每低____个百分点，扣____分 设备保养按时完成率 = $\frac{\text{规定时间内完成保养数}}{\text{设备保养计划完成数}} \times 100\%$
设备故障检查	及时发现并处理设备故障	设备完好率的目标值为____%，每低____个百分点，扣____分 设备完好率 = $1 - \frac{\text{故障设备台数}}{\text{设备总台数}} \times 100\%$

9.5.3 机械设备技术专员胜任素质模型与任职资格

本书依据机械设备技术专员的主要工作事项及该岗位对其任职人员的素质要求，在结合其他优秀技术人员胜任行为特征的基础上，构建了机械设备技术专员胜任素质模型，具体内容如图 9-15 所示。

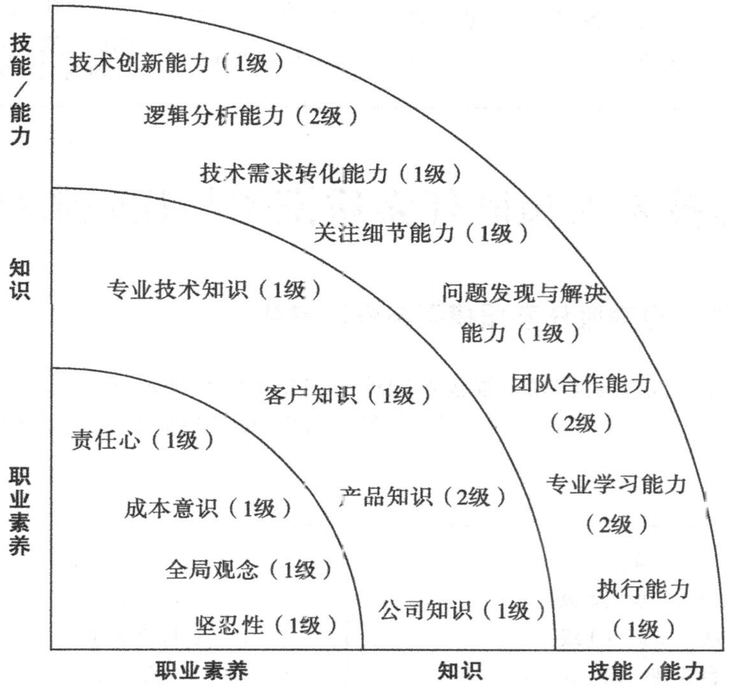

图 9-15 机械设备技术专员胜任素质模型

机械设备技术专员的任职资格条件如表 9-15 所示。

表 9-15 机械设备技术专员任职资格条件

关键行为与结果要求	工作标准与规范	指标界定与目标值
设备档案管理	建立、保管设备档案，并及时进行更新，保证设备资料的准确性	主要通过设备档案的完整性和规范性来考核
提交设备测试报告	根据测试的结果，撰写设备测试报告，并提交上级	设备报告提交的及时率在____%以上 设备报告提交及时率 = $\frac{\text{设备测试报告及时提交次数}}{\text{设备测试报告应提交总次数}} \times 100\%$
及时进行设备保养	按时完成上级交给的机械设备保养数量，保证保养的合格性	设备保养任务完成率在____%以上

（续表）

关键行为与结果要求	工作标准与规范	指标界定与目标值
设备故障维修	及时维修故障设备，保证其正常运行	设备故障修复率的目标值在____%以上 $设备故障修复率=\frac{设备故障修复台数}{设备故障总台数}\times100\%$
设备测试	根据设备测试计划进行设备测试	设备测试计划完成率的目标值在____%以上 $设备测试计划完成率=\frac{测试完成设备台数}{计划测试设备台数}\times100\%$

9.6　工程技术人员胜任素质模型与任职资格

9.6.1　工程技术经理胜任素质模型与任职资格

本书依据企业目标的要求和工程技术经理的主要工作事项及任职资格要求，从职业素养、知识、技能/能力三个层面出发，构建了工程技术经理胜任素质模型，具体内容如图9-16所示。

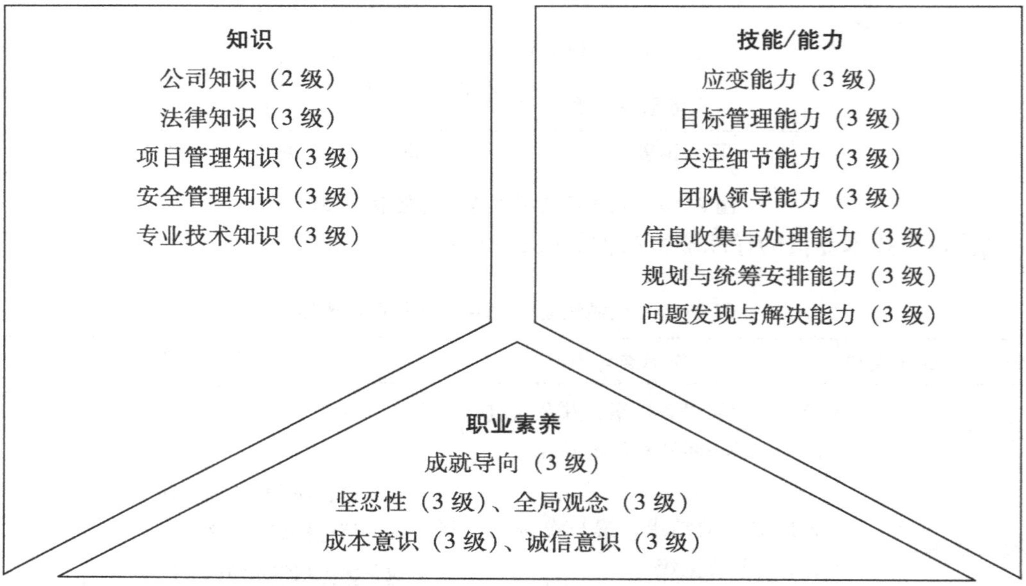

图9-16　工程技术经理胜任素质模型

工程技术经理的任职资格条件如表9-16所示。

表 9-16　工程技术经理任职资格条件

关键行为与结果要求	工作标准与规范	指标界定与目标值
工程质量管理	对制订的年度计划进行总体的控制和监督，保证技术项目顺利完成	技术项目完成率的目标值在____%以上 技术项目完成率 = $\frac{\text{完成技术研发项目数}}{\text{计划完成技术研发项目数}} \times 100\%$
员工管理	对员工进行培训、考核等管理，及时解决员工工作中遇到的问题	主要通过员工的流动率指标来考核，把员工的流动率控制在____%的范围内
生产成本管理	对技术研发过程中产生的费用进行良好的控制和管理	生产技术项目的成本控制率为____% 成本控制率 = $\frac{\text{实际技术项目成本}}{\text{预算技术项目成本}} \times 100\%$
培训管理	制订培训计划，加强对员工培训管理，提升员工工作能力	培训计划完成率在____%以上 培训计划完成率 = $\frac{\text{培训计划实际完成数}}{\text{培训计划项目总数}} \times 100\%$

9.6.2　工程技术主管胜任素质模型与任职资格

本书依据工程技术主管的主要工作事项，参照同类主管人员的胜任行为特征，经过分析和总结，构建了工程技术主管胜任素质模型，具体内容如图 9-17 所示。

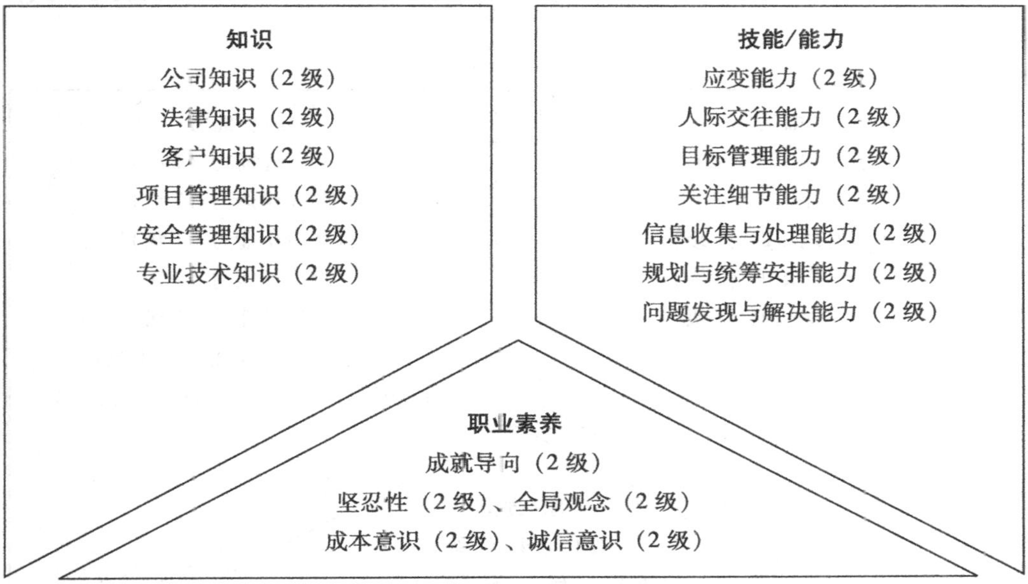

图 9-17　工程技术主管胜任素质模型

工程技术主管的任职资格条件如表 9-17 所示。

表 9-17　工程技术主管任职资格条件

关键行为与结果要求	工作标准与规范	指标界定与目标值
技术项目管理	对制订的年度计划进行总体的控制和监督，保证技术项目顺利完成	技术项目的完成率目标值在____%以上 技术项目完成率 $=\frac{\text{完成技术研发项目数}}{\text{计划完成技术研发项目数}}\times 100\%$
工程预算管理	严格按照部门开展工作，并把部门预算控制在合理的范围内	工程预算费用达成率控制在____%的范围内 工程预算费用达成率 $=\frac{\text{实际工程费用}}{\text{预算工程费用}}\times 100\%$
工程事故管理	定期监督审查工程技术项目，降低建设工程事故发生的概率	主要通过工程事故发生的次数进行考核 每年发生工程事故次数不超过____次
客户满意度管理	认真做好各项工程项目管理工作，达到客户要求的水平	主要通过客户满意度进行评价 年度客户满意度评价分数不低于____分

9.6.3　建筑技术工程师胜任素质模型与任职资格

本书依据建筑技术工程师的主要工作事项及该岗位对其任职人员的素质要求，在结合其他优秀技术人员胜任行为特征的基础上，构建了建筑技术工程师胜任素质模型，具体内容如图 9-18 所示。

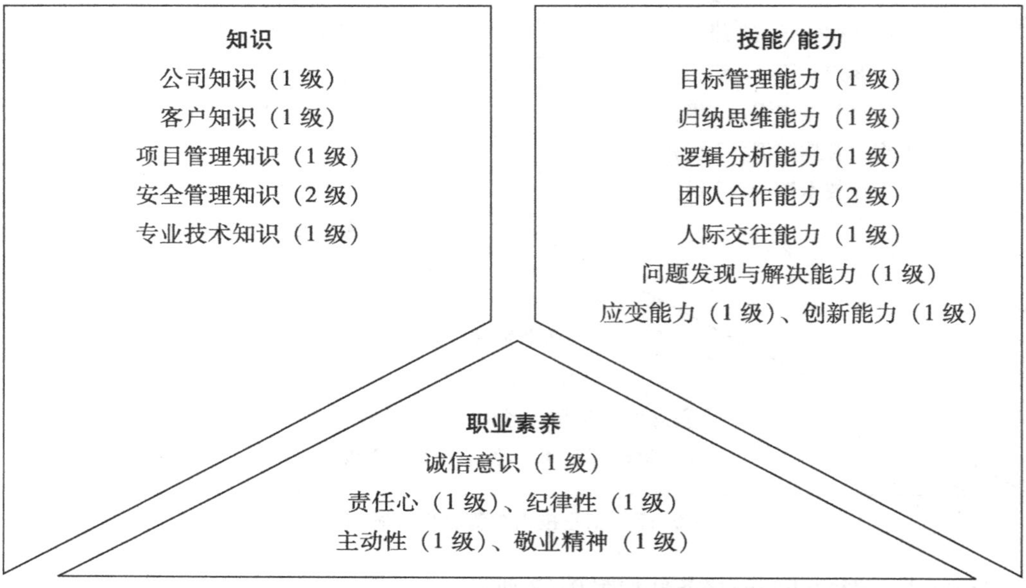

图 9-18　建筑技术工程师胜任素质模型

建筑技术工程师的任职资格条件如表9-18所示。

表9-18 建筑技术工程师任职资格条件

关键行为与结果要求	工作标准与规范	指标界定与目标值
施工项目管理	对制订的施工计划进行总体的控制和监督，保证施工项目顺利完成	主要通过施工项目的完成率来衡量 施工项目完成率达到____%以上
施工技术问题解决的及时率	具备丰富的施工项目经验，工作中可以及时的解决现场工程技术问题	主要通过解决问题及时率指标来考核 平均解决问题时间不超过____小时
施工方案的编制	精通施工方案的编制，并且具有科学性、合理性和可行性	主要通过施工方案的通过率来考核 每年编制施工方案的通过率不低于____%
技术成果的申报	做好技术成果申报和创优工作，并保证技术成果的质量	主要通过每年申报的技术成果数量来考核 每年度技术成果申报数量不少于____个

9.6.4 装修技术工程师胜任素质模型与任职资格

本书依据装修技术工程师的主要工作事项及该岗位对其任职人员的素质要求，在结合其他优秀技术人员胜任行为特征的基础上，构建了装修技术工程师胜任素质模型，具体内容如图9-19所示。

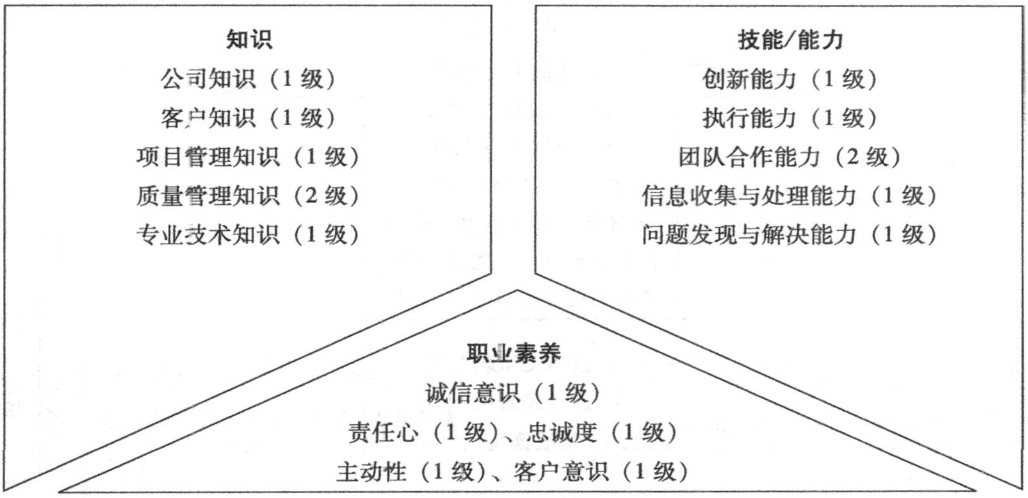

图9-19 装修技术工程师胜任素质模型

装修技术工程师的任职资格条件如表9-19所示。

表 9-19 装修技术工程师任职资格条件

关键行为与结果要求	工作标准与规范	指标界定与目标值
装修项目管理	对制订的装修计划进行总体的控制和监督，保证装修项目顺利完成	装修项目的完成率的目标值为____%，每降低____个百分点，扣____分，低于____%时，为0分
项目方案设计	对客户要求的项目设计理解准确，及时设计出符合客户要求的方案	主要通过项目方案设计的通过率来考核 年度项目方案的通过率不低于____%
装修项目的监督	做好装修项目的监督工作，保证装修项目的质量符合规定要求	主要通过装修项目出现差错的次数来衡量 年度项目平均差错次数不高于____次
客户满意度	认真做好装修项目管理工作，达到客户预期要求的装修水平	主要通过客户满意度来评价 年度客户满意度评分不低于____分

9.7 技术更新改造人员胜任素质模型与任职资格

9.7.1 技术更新改造经理胜任素质模型与任职资格

本书依据企业目标的要求，结合技术更新改造经理的主要工作事项及任职资格要求，从职业素养、知识、技能/能力三个层面出发，构建了技术更新改造经理胜任素质模型，具体内容如图 9-20 所示。

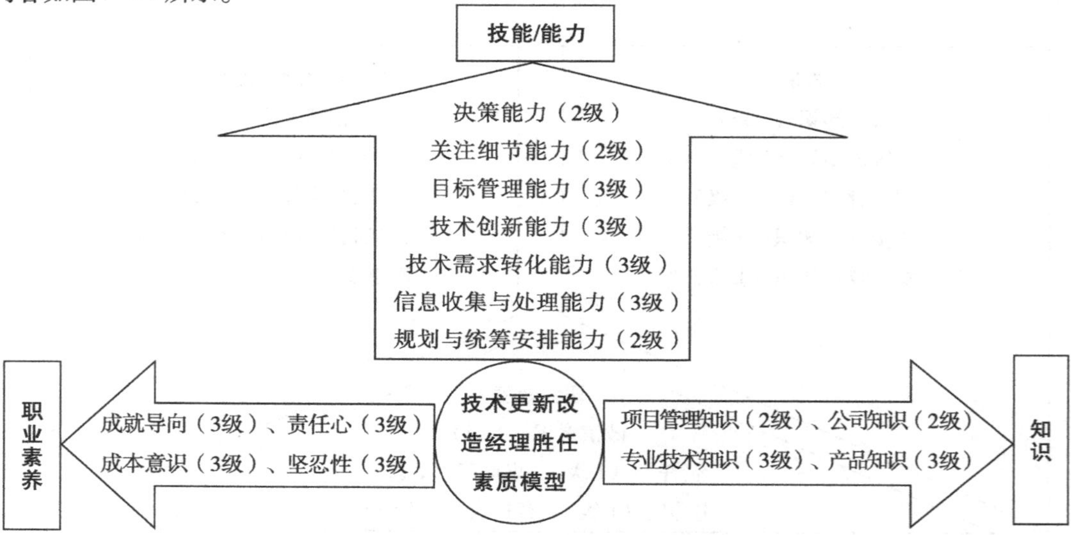

图 9-20 技术更新改造经理胜任素质模型

技术更新改造经理的任职资格条件如表 9-20 所示。

表 9-20　技术更新改造经理任职资格条件

关键行为与结果要求	工作标准与规范	指标界定与目标值
技术更新改造项目管理	按照年度技术更新改造项目数对技术更新改造项目进行控制和管理	更新改造项目完成率的目标值为____% 更新改造项目完成率 = $\frac{完成技术更新改造项目数}{计划技术更新改造项目数}\times 100\%$
员工管理	对员工进行培训、考核等管理，及时解决员工工作中遇到的问题	主要通过员工的流动率指标来考核，把员工的流动率控制在____%的范围内
技术更新改造费用管理	对技术更新过程中产生的费用进行审批和管理	技术更新改造费用节约率的目标值为____% 技术更新改造费用节约率 = $\frac{实际技术更新改造费用}{预算技术更新改造费用}\times 100\%$
满意度管理	技术更新改造要达到相关部门的满意，在更新改造过程中要注重沟通	主要通过相关部门的满意度来考核，相关部门满意度评价在____分以上
参加外部学术交流	参加比较重要的学术交流会议，及时掌握技术前沿理论知识	外部学术交流在____次上，每低于____次，扣____分

9.7.2　技术更新改造主管胜任素质模型与任职资格

本书依据技术更新改造主管的主要工作事项，参照同类主管人员的胜任行为特征，经过分析和总结，构建了技术更新改造主管胜任素质模型，具体内容如图 9-21 所示。

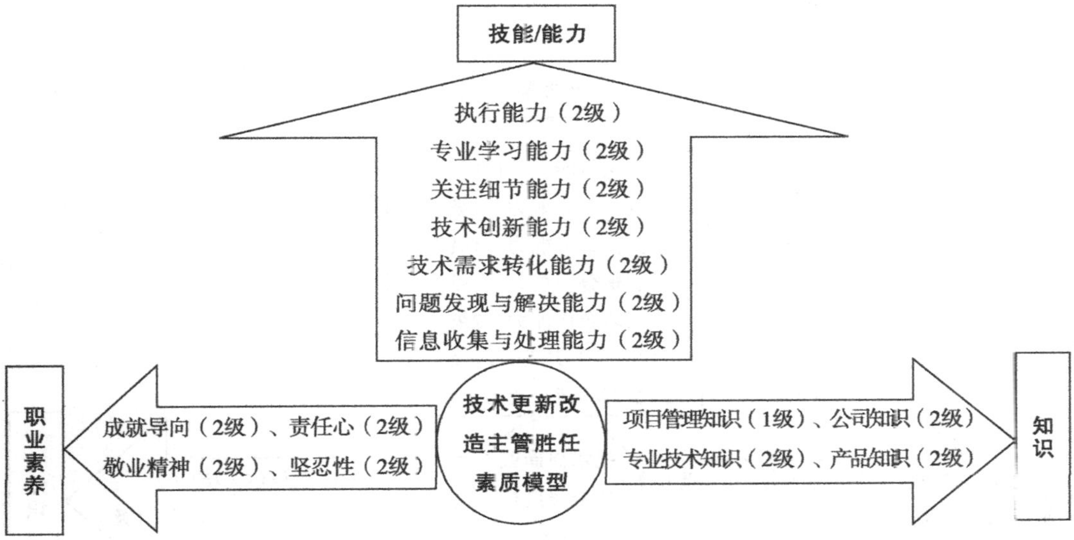

图 9-21　技术更新改造主管胜任素质模型

技术更新改造主管的任职资格条件如表9-21所示。

表9-21　技术更新改造主管任职资格条件

关键行为与结果要求	工作标准与规范	指标界定与目标值
技术更新改造任务管理	根据上级安排的任务，进行时间和数量的控制与管理	技术更新改造任务完成率的目标值为____% 任务完成率 = $\frac{\text{实际完成任务数}}{\text{计划完成任务数}} \times 100\%$
员工培训管理	根据培训计划进行培训安排，使员工学习和掌握技术更新改造知识	培训计划完成率的目标值为____% 培训计划完成率 = $\frac{\text{实际完成培训项目数}}{\text{计划完成的培训项目数}} \times 100\%$
技术更新改造费用控制	控制技术更新过程中产生的费用控制，确保在部门预算范围之内	主要考核技术更新改造费用控制率，考核费用控制率在____%以下，每超出____%，扣____分
参加外部学术交流	参加比较重要的学术交流会议，并做好资料收集和记录	外部学术交流在____次上，每低于____次，扣____分，另外还要考核会议记录的完整性
技术更新改造方案管理	制定技术更新改造方案，并报上级进行批准	技术更新改造方案提交在____次以上

9.7.3　技术更新改造专员胜任素质模型与任职资格

本书构建的技术更新改造专员胜任素质模型包括职业素养、知识、技能/能力三部分，具体内容如图9-22所示。

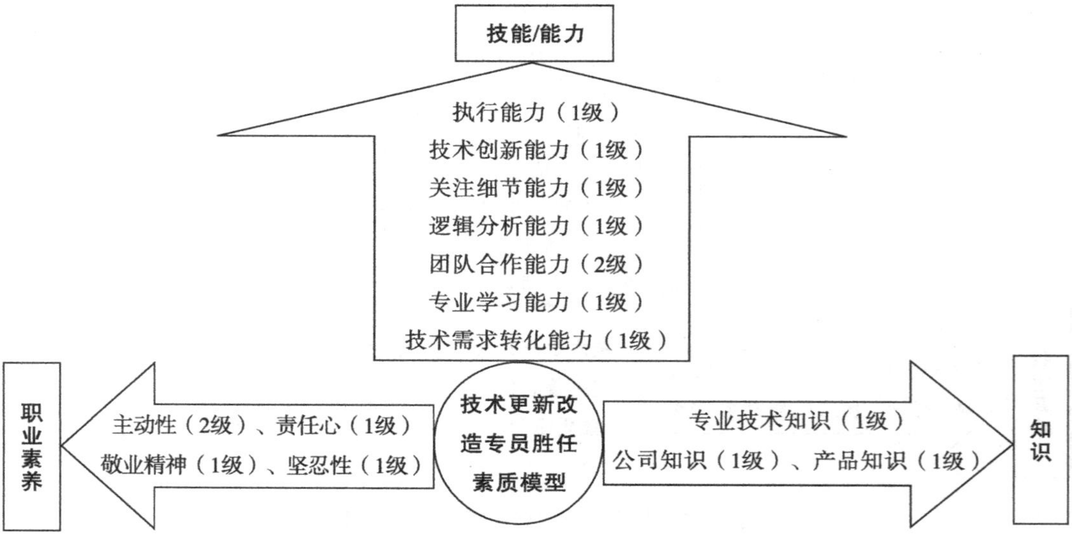

图9-22　技术更新改造专员胜任素质模型

技术更新改造专员的任职资格条件如表9-22所示。

表9-22 技术更新改造专员任职资格条件

关键行为与结果要求	工作标准与规范	指标界定与目标值
技术更新改造任务执行	根据上级安排及时完成交给的技术更新改造任务	技术更新改造任务完成率的目标值为____% 技术更新改造任务完成率 = $\frac{实际完成任务数}{计划任务完成任务数}\times 100\%$
按时参加培训	按照上级培训计划参加培训，掌握必要的技术更新改造知识与技能	主要通过培训科目考试成绩的合格率来考核
提供技术更新改造材料	及时提供领导需要的技术更新改造的材料，保证技术更新改造顺利实施	技术资料提供及时率达到100%，每低于____%，扣____分
资料归档管理	及时对技术更新改造的资料进行整理和归档	技术资料未进行及时归档的次数在____次以下，每低于____%，扣____分
提交技术更新改造方案	定期撰写技术更新改造方案，并报上级审核	主要考核技术更新改造方案的采用率，采用比例在____%以上，每低于____%，扣____分

第10章

研发类人员胜任素质模型与任职资格

10.1 研发部人员胜任素质模型与任职资格

10.1.1 研发部经理胜任素质模型与任职资格

本书依据企业的战略发展计划，结合研发部经理的工作职责及其他优秀经理的胜任行为特征，构建了研发部经理胜任素质模型，具体内容如图10-1所示。

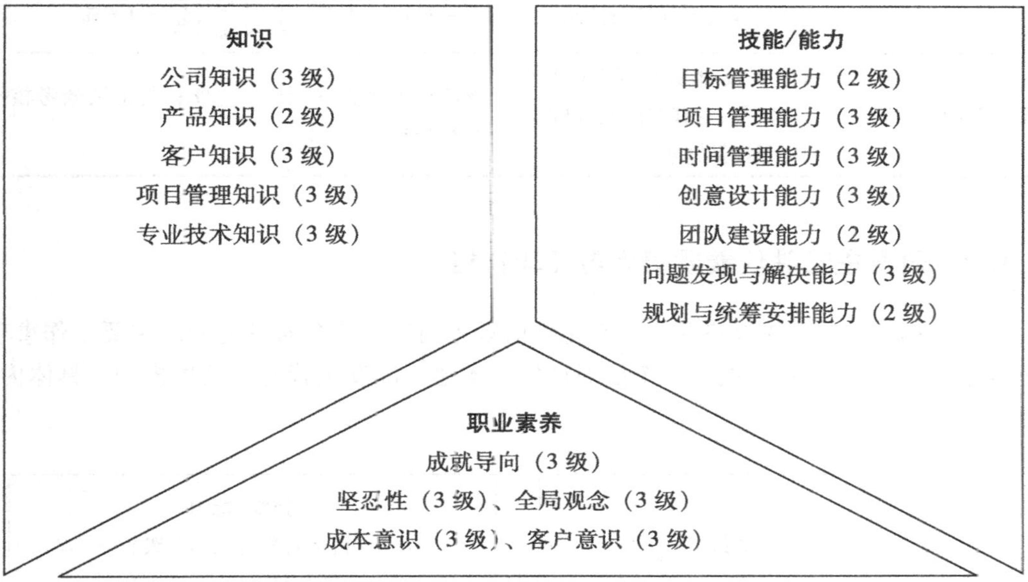

图10-1 研发部经理胜任素质模型

研发部经理的任职资格条件如表10-1所示。

表10-1 研发部经理任职资格条件

关键行为与结果要求	工作标准与规范	指标界定与目标值
研发调研管理	制订研发调研管理办法、调研计划方案，组织实施分析、诊断并提交报告	调研报告提交及时率达____% $计划完成率=\frac{辅导计划实际完成量}{计划工作量}\times 100\%$
产品开发管理	负责新产品开发项目方案设计、新产品项目工艺及试验管理	新产品开发项目完成率达____% $产品开发合格率=\frac{合格的产品数}{产品总数}\times 100\%$

（续表）

关键行为与结果要求	工作标准与规范	指标界定与目标值
技术研发管理	撰写和执行技术研发、改进及改造的计划和分析报告	技术研发计划完成率达____%，每低于____%，扣____分 报告提交及时率 = $\frac{报告提交及时数}{报告提交总数}\times 100\%$
成本控制管理	负责制定费用控制目标，进行研发调研、新产品研发、技术开发等成本预算与控制	费用预算控制率不得超过 100%，每超过____%，扣____分 费用预算达成率 = $\frac{研发总支出}{研发总预算}\times 100\%$
部门和团队管理	制订研发部日常管理细则、工作规范、招聘计划、培训计划以及团队建设	核心员工流失率低于____%；员工绩效考核平均得分在____分以上

10.1.2 研发主管胜任素质模型与任职资格

本书依据企业的整体战略目标、文化价值观等内容，结合研发主管的主要工作事项，从职业素养、知识、技能/能力三个层面出发，构建了研发主管胜任素质模型，具体内容如图 10-2 所示。

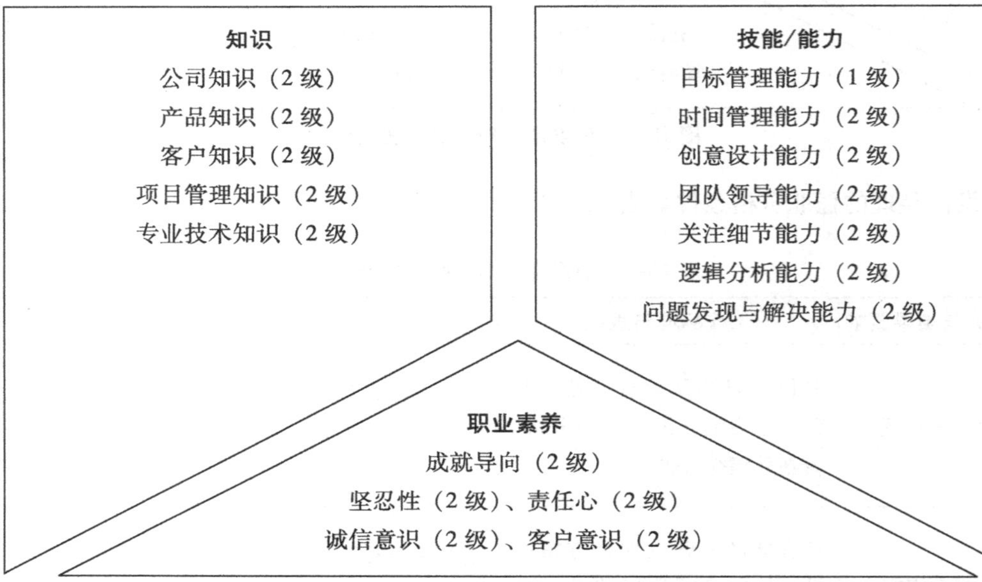

图 10-2 研发主管胜任素质模型

研发主管的任职资格条件如表 10-2 所示。

表 10-2 研发主管任职资格条件

关键行为与结果要求	工作标准与规范	指标界定与目标值
研发制度执行管理	负责研发管理制度的执行管理，对研发人员进行监督和管理	发现违章不究，每发生 1 次，扣____分；出现重大违纪现象，扣____分
研发执行进度管理	负责研发项目的组织、各阶段研发进度跟进与管理	各阶段研发进度延误率 = 研发计划完成率 – 研发实际完成率
研发成本控制管理	负责研发成本预算，以及各项研发项目的成本控制	成本控制目标值为____%，每增加____%，扣____分 研发成本控制率 = $\frac{\text{被采纳的方案数量}}{\text{改善方案总数量}} \times 100\%$
研发成果管理	负责对研发成果，包括新产品、技术、工艺等的检验	每有 1 项缺陷，扣____分 研发缺陷率 = $\frac{\text{考核合格次数}}{\text{考核总次数}} \times 100\%$

10.1.3 研发专员胜任素质模型与任职资格

本书依据研发专员的主要职责及其对任职人员的素质要求，结合其他优秀人员的胜任行为特征，构建了研发专员胜任素质模型，具体内容如图 10-3 所示。

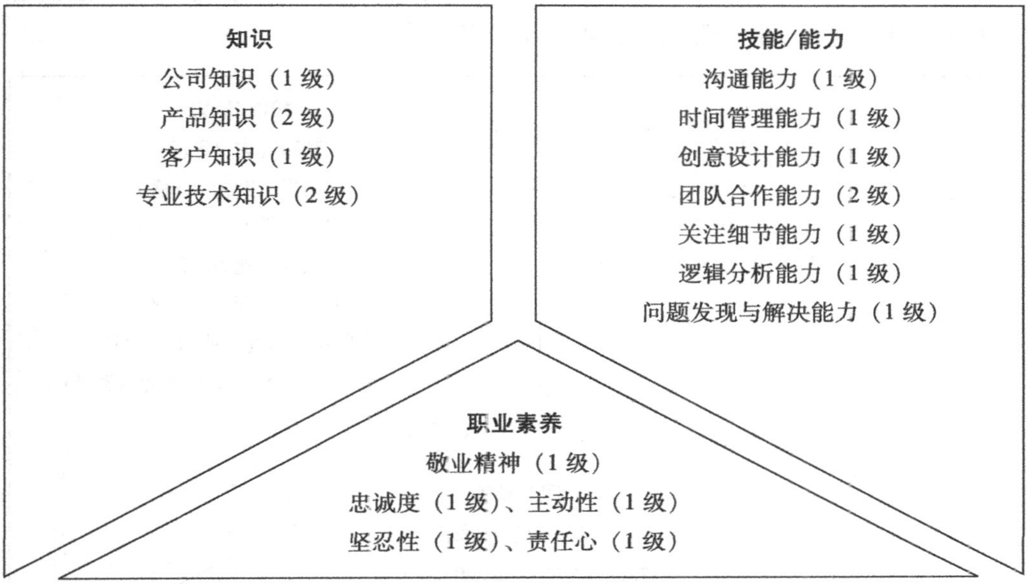

图 10-3 研发专员胜任素质模型

研发专员的任职资格条件如表 10-3 所示。

表 10-3　研发专员任职资格条件

关键行为与结果要求	工作标准与规范	指标界定与目标值
研发计划执行管理	负责企业新产品、新技术、新工艺的研发任务执行	研发项目每出现错误或延误 1 次，扣____分 $计划完成率=\frac{计划及时提交次数}{计划应提交总次数}\times 100\%$
研发建议管理	对新产品、新技术、新工艺研发提出良好相关意见或建议	研发意见或建议采纳率达____% $研发建议采纳率=\frac{建议采纳数}{建议提交总数}\times 100\%$
研发资料管理	及时提交研发项目相关的文件或资料，并对研发资料进行保密	研发资料提交每延误 1 次，扣____分 $资料提交及时率=\frac{资料及时提交数}{资料提交总数}\times 100\%$
培训考核管理	参加研发人员培训与学习，并接受培训或岗位技能考核	培训计划完成率达____%；绩效考核项目每低____%，扣____分

10.2　研发调研人员胜任素质模型与任职资格

10.2.1　研发调研经理胜任素质模型与任职资格

本书依据企业的战略发展及市场变化等要求，在详细分析研发调研经理的主要工作事项的基础上，结合其他优秀经理的胜任行为特征，从职业素养、知识、技能/能力三个层面出发，构建了研发调研经理胜任素质模型，具体内容如图 10-4 所示。

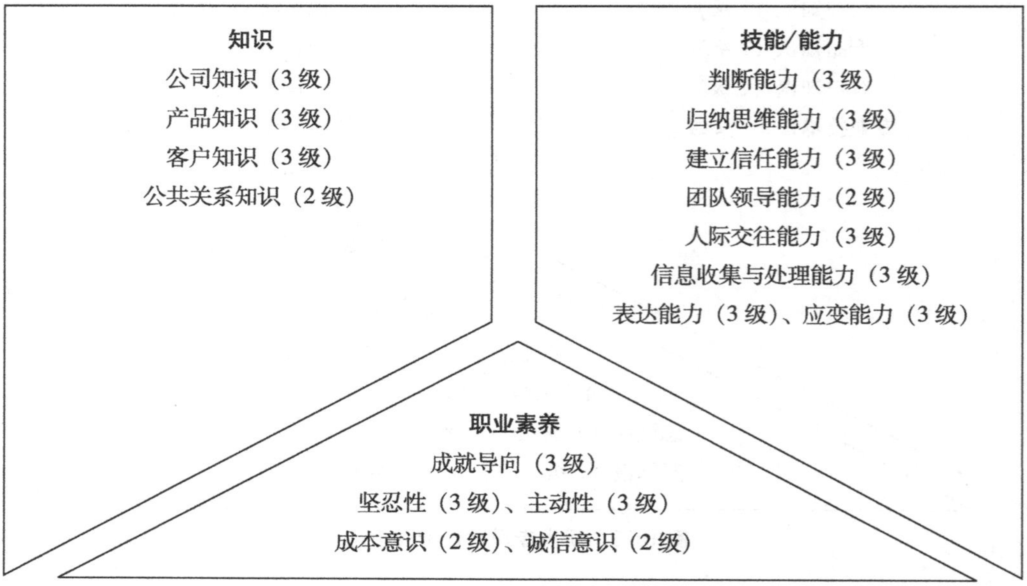

图 10-4　研发调研经理胜任素质模型

研发调研经理的任职资格条件如表 10-4 所示。

表 10-4 研发调研经理任职资格条件

关键行为与结果要求	工作标准与规范	指标界定与目标值
调研成本费用管理	制定费用控制目标，进行研发调研成本预算与费用控制	调研预算控制率每超过____%，扣____分 $成本控制率 = \frac{实际调研成本}{预算的调研成本} \times 100\%$
调研计划执行管理	负责制订研发调研计划和组织执行研发调研工作	研发调研计划完成率达____%，每低于____%，扣____% $计划完成率 = \frac{实际调研次数}{计划调研次数} \times 100\%$
研发调研进度管理	负责对研发调研工作进展情况进行把握和控制，对调研进度跟踪、监督	研发调研工作每出现 1 次延误或失误现象，扣____分
调研客户关系管理	负责对研发调研涉及的相关部门或员工进行关系维护和处理	相关部门或员工满意度问卷的平均得分在____分以上
部门和团队管理	制订研发调研管理办法、工作规范、招聘计划、培训计划、考核计划，负责团队建设	核心员工流失率低于____%；员工绩效考核平均得分在____分以上

10.2.2 研发调研主管胜任素质模型与任职资格

本书依据研发调研主管的主要工作职责及其对任职人员的素质要求，参照其他优秀主管人员的胜任行为特征，经过分析和总结，构建了研发调研主管胜任素质模型，具体内容如图 10-5 所示。

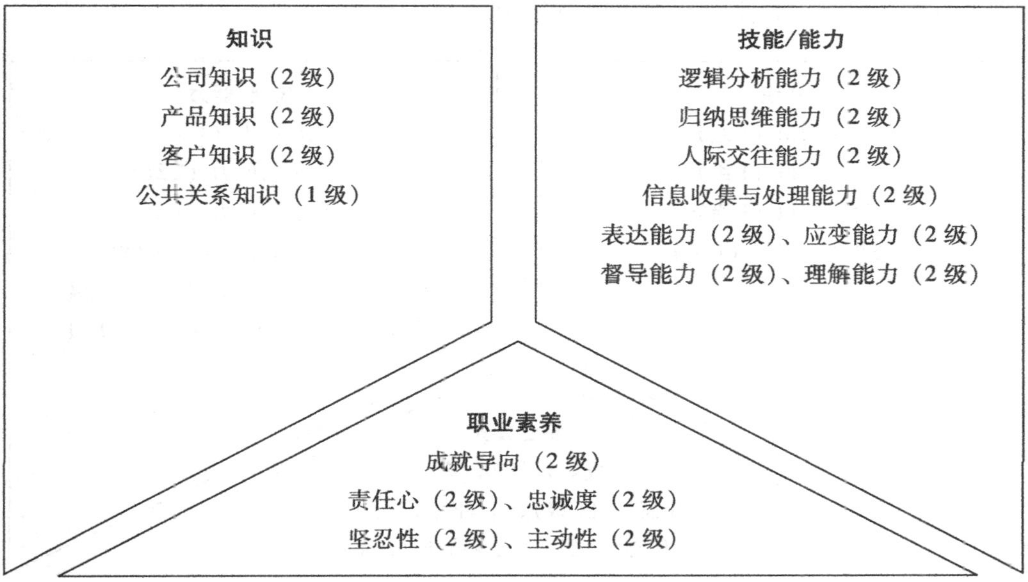

图 10-5 研发调研主管胜任素质模型

研发调研主管的任职资格条件如表 10-5 所示。

表 10-5　研发调研主管任职资格条件

关键行为与结果要求	工作标准与规范	指标界定与目标值
调研计划管理	制订调研计划或方案，组织实施调研和分析	调研计划执行每延误 1 次，扣____分 $计划完成率 = \frac{按时完成的绩效考核量}{绩效考核计划总量} \times 100\%$
调研报告管理	对调研结果进行合理、有效的分析，并起草、确定和及时上交研发调研报告	考核期内调研报告的目标值大于或等于____篇，每少 1 篇，扣____分；低于____篇，则该项指标得分为 0
调研进度管理	协助研发调研经理对研发调研工作进展情况进行把握和控制，对调研进度跟踪、监督	调研进度管理目标值为 100%，每低于目标值____%，扣____分；低于____%，则该项指标得分为 0
调研信息管理	负责收集、整理、汇总、分析各项研发调研信息，并形成调研分析汇报	不能充分利用现有渠道收集信息，信息的供应不能满足相关部门的需求，扣____分
调研组织管理	根据研发调研计划合理组织和调度研发工作人员执行调研活动	在组织管理中，出现不能与调研团队其他成员之间很好协调工作的情况，扣____分

10.2.3　研发调研专员胜任素质模型与任职资格

本书依据研发调研专员的主要工作事项及该岗位对其任职人员的素质要求，参照其他优秀专员的胜任行为特征，从职业素养、知识、技能/能力三个层面出发，构建了研发调研专员胜任素质模型，具体内容如图 10-6 所示。

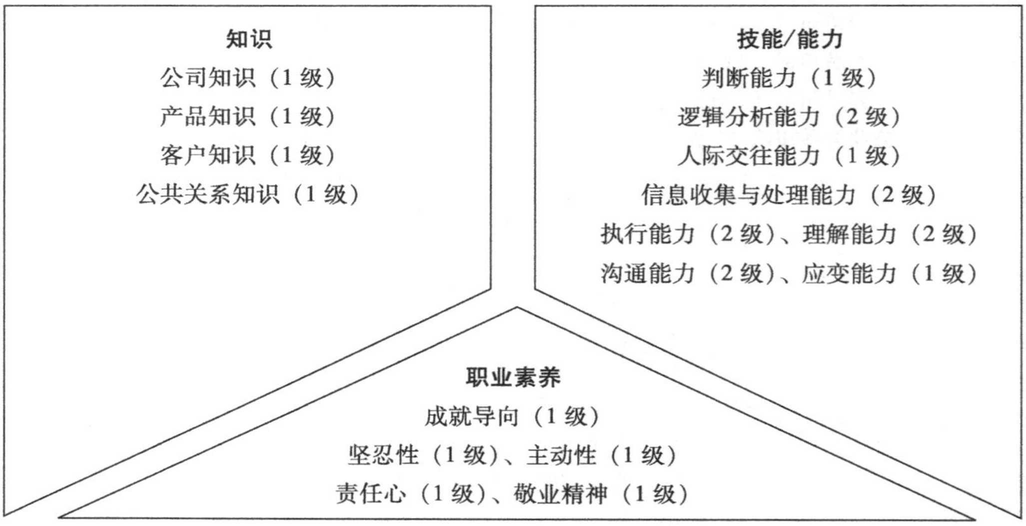

图 10-6　研发调研专员胜任素质模型

研发调研专员的任职资格条件如表10-6所示。

表10-6 研发调研专员任职资格条件

关键行为与结果要求	工作标准与规范	指标界定与目标值
调研计划执行管理	执行上级提出的研发调研计划，并控制好个人工作的进展情况	调研工作每出现1次失误或延误，扣____分 计划完成率 = $\frac{档案及时归档数量}{应归档总数量}\times 100\%$
调研方案管理	提出或起草研发调研方案，并上交领导审批	考核标准为100%，每降低____%，扣____分 方案通过率 = $\frac{计划及时提交次数}{计划应提交总次数}\times 100\%$
调研信息管理	在规定时间内收集和分析研发调研信息，并形成分析结果汇报	每月收集的有效信息不低于____条，每少1条，扣____分
调研报告管理	对研发调研信息进行有效分析，撰写研发调研分析报告，并及时上交有关领导审批	每超过规定时间1次提交，此项得分为0；调研报告质量评分达____分，每减少____分，扣____分
团队协作管理	负责与团队成员协同、配合完成研发调研工作	因个人原因而影响整个团队工作的情况每出现1次，扣____分

10.3 软件研发人员胜任素质模型与任职资格

10.3.1 软件研发经理胜任素质模型与任职资格

本书依据企业的战略发展目标、市场需求等内容，在详细分析软件研发经理的主要工作事项的基础上，结合其他优秀经理的行为特征，从职业素养、知识、技能/能力三个层面出发，构建了软件研发经理胜任素质模型，具体内容如图10-7所示。

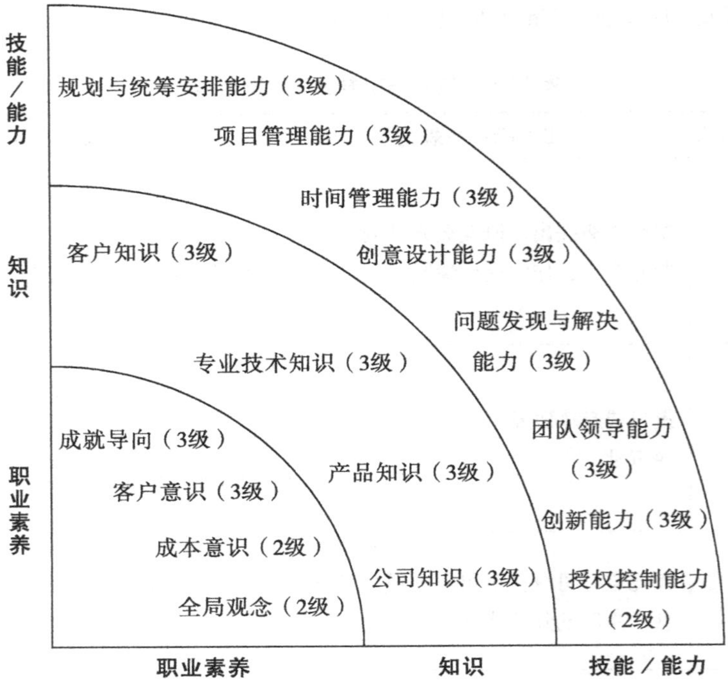

图 10-7　软件研发经理胜任素质模型

软件研发经理的任职资格条件如表 10-7 所示。

表 10-7　软件研发经理任职资格条件

关键行为与结果要求	工作标准与规范	指标界定与目标值
软件研发制度管理	负责软件研发制度建设和执行管理，规范软件研发工作程序与要求	每有 1 项制度不规范，扣____分；制度存在重大漏洞，扣____分
软件研发立项管理	负责制定软件研发方案和软件研发立项申请等	目标值为____%以上，每减少____%，扣____分 $立项成功率=\frac{立项成功数}{立项申请总数}\times 100\%$
软件研发成本管理	负责制定软件研发费用控制目标，进行软件研发成本预算与控制	目标值为 80%～100%，超过 100%，每增加 1%，扣____分；低于 80%，每减少 1%，扣____分 $成本控制率=\frac{实际支出总额}{预算总额}\times 100\%$
客户管理	负责维护软件研发客户关系维系，并接受和处理客户投诉	用户每投诉 1 次，扣____分，超过____次，此项得分为 0
团队培训管理	负责制订和执行团队成员培训计划，并对员工进行培训考核	计划完成率低于 100%，每减少____%，扣____分；少于____%，此项得分为 0 $计划完成率=\frac{实际培训次数}{计划培训次数}\times 100\%$

10.3.2 软件研发主管胜任素质模型与任职资格

本书依据软件研发主管的主要工作职责，结合其对任职人员的资格与素质要求，并参照其他优秀主管及研发人才的胜任行为特征，从职业素养、知识、技能/能力三个层面出发，构建了软件研发主管的胜任素质模型，具体内容如图 10-8 所示。

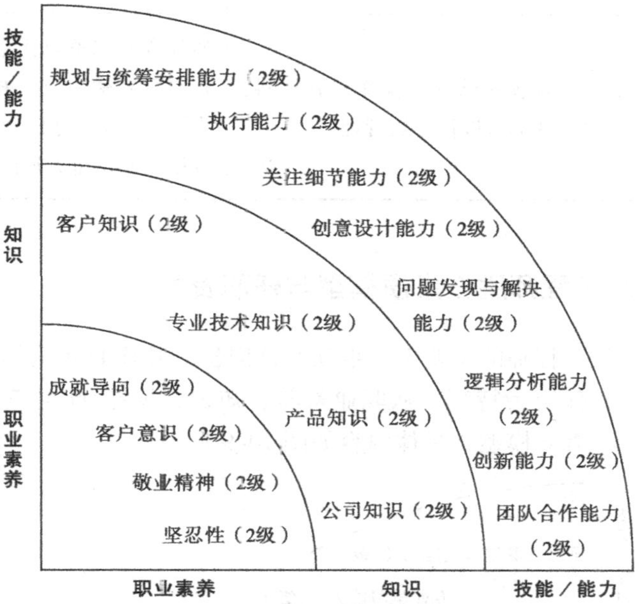

图 10-8 软件研发主管胜任素质模型

软件研发主管的任职资格条件如表 10-8 所示。

表 10-8 软件研发主管任职资格条件

关键行为与结果要求	工作标准与规范	指标界定与目标值
研发制度执行管理	协助软件研发经理制定管理制度，并对软件研发管理制度执行情况进行管理	发现违章不究，每发生 1 次，扣____分；出现重大违纪现象，扣____分
软件研发进度管理	负责对软件研发进展情况进行跟踪和人员组织，提高研发效率	每发生 1 次延误，扣____分；延误率超过____%，此项得分为 0 研发延误率 = 研发计划完成率 − 研发实际完成率
软件研发漏洞管理	负责对软件研发情况进行监督和检查，及时纠正研发错误和漏洞	每有 1 项漏洞存在，扣____分；超过____项，此项得分为 0

（续表）

关键行为与结果要求	工作标准与规范	指标界定与目标值
团队培训计划管理	负责制订和执行团队成员培训计划，并对员工进行培训考核	计划完成率低于100%，每减少____%，扣____分；超过____%，此项得分为0 计划完成率 = $\frac{\text{实际完成培训计划次数}}{\text{培训计划总次数}}$ × 100%
软件研发资料管理	负责及时收集软件研发文件和资料，并对文件资料进行存档管理	研发资料完整且无泄露情况发生；研发资料每缺失一项，扣____分；每发生一次资料泄露，扣____分；缺失资料无法寻回或发生重大泄露情况，此项得分为0

10.3.3 软件研发工程师胜任素质模型与任职资格

本书依据软件研发工程师的主要工作事项及该岗位对其任职人员的素质要求，参照其他优秀研发工程师的胜任行为特征，从职业素养、知识、技能/能力三个层面出发，构建了软件研发工程师胜任素质模型，具体内容如图10-9所示。

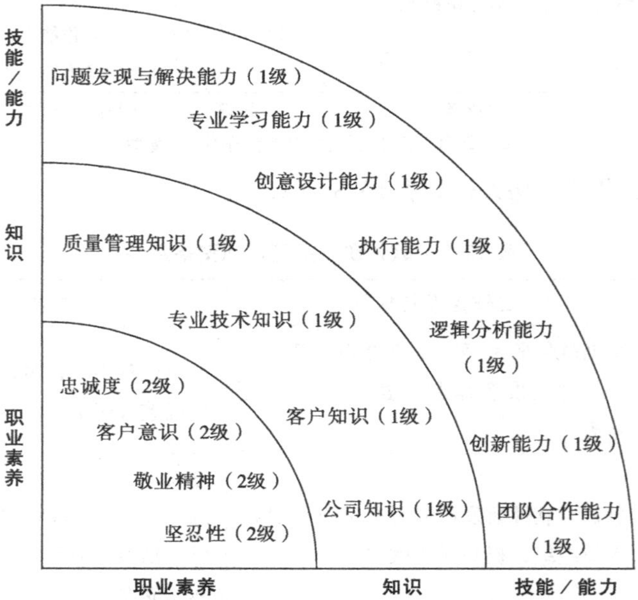

图10-9 软件研发工程师胜任素质模型

软件研发工程师的任职资格条件如表10-9所示。

表 10-9 软件研发工程师任职资格条件

关键行为与结果要求	工作标准与规范	指标界定与目标值
研发制度执行管理	全面、规范地遵照软件研发管理制度进行软件研发工作	发现违章不究，每发生 1 次，扣____分；出现重大违纪现象，扣____分
研发任务执行管理	负责按照软件研发要求执行软件研发工作任务	每发生 1 阶段未按时完成，扣____分；研发任务按时率低于____%，此项得分为 0 任务及时完成率 = $\frac{\text{任务按时完成数}}{\text{研发总阶段数}} \times 100\%$
软件研发报告管理	负责撰写软件研发分析报告，并及时上交至有关领导	研发报告在软件研发项目结束后____天内上交，此项得分为满分；每增加____天，扣____分；超过____天，此项得分为 0
软件研发资料管理	负责及时收集软件研发文件和资料，并对文件资料进行存档管理	研发资料完整且无泄露情况发生；研发资料每缺失一项，扣____分；每发生一次资料泄露，扣____分；缺失资料无法寻回或发生重大泄露情况，此项得分为 0

10.3.4 软件测试工程师胜任素质模型与任职资格

本书依据软件测试工程师的工作职责，结合其对任职人员的资格与素质要求，并参照其他优秀工程师的胜任行为特征，构建了软件测试工程师胜任素质模型，具体内容如图 10-10所示。

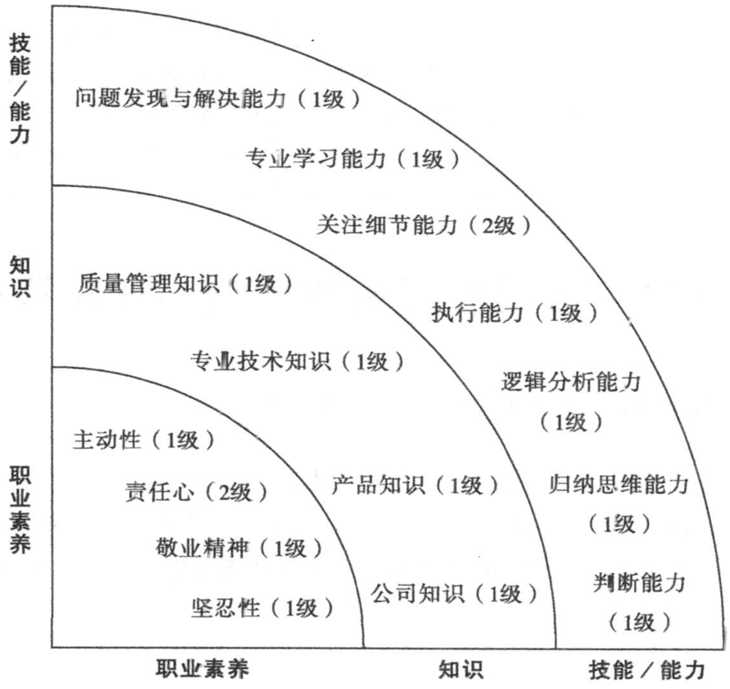

图 10-10 软件测试工程师胜任素质模型

软件测试工程师的任职资格条件如表 10-10 所示。

表 10-10 软件测试工程师任职资格条件

关键行为与结果要求	工作标准与规范	指标界定与目标值
测试制度执行管理	全面、规范地遵照软件测试管理制度进行软件测试工作	发现违章不究，每发生 1 次，扣____分；出现重大违纪现象，扣____分
测试任务执行管理	负责按照软件测试流程和计划，设计和执行测试脚本与用例，跟踪并验证软件漏洞	每发生 1 阶段未按时完成，扣____分；测试任务按时率低于____%，此项得分为 0 $任务及时完成率 = \frac{任务按时完成数}{测试总阶段数} \times 100\%$
软件测试报告管理	负责撰写软件测试分析报告，并及时上交至有关领导	测试报告在软件测试项目结束后____天内上交，此项得分为满分；每增加____天，扣____分；超过____天，此项得分为 0
软件测试资料管理	负责及时收集软件测试文件和资料，并对文件资料进行存档管理	测试资料完整且无泄露情况发生；测试资料每缺失 1 项，扣____分；每发生 1 次资料泄露，扣____分；缺失资料无法寻回或发生重大泄露情况，此项得分为 0

10.4 游戏研发人员胜任素质模型与任职资格

10.4.1 游戏研发经理胜任素质模型与任职资格

本书依据企业的战略发展目标、市场变化等内容，在详细分析游戏研发经理的主要工作事项的基础上，结合其他优秀经理的胜任行为特征，从职业素养、知识、技能/能力三个层面出发，构建了游戏研发经理胜任素质模型，具体内容如图 10-11 所示。

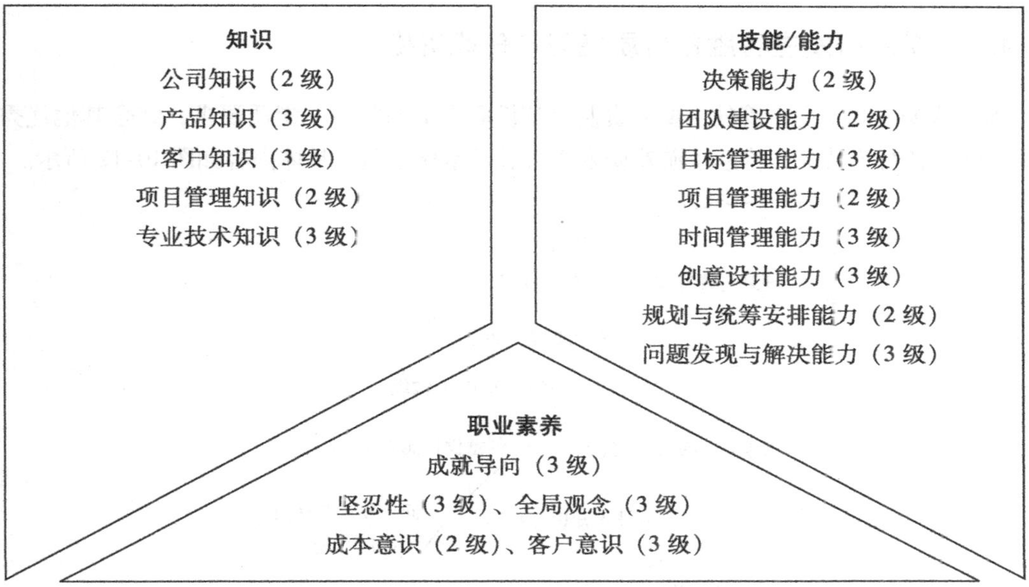

图 10-11　游戏研发经理胜任素质模型

游戏研发经理的任职资格条件如表 10-11 所示。

表 10-11　游戏研发经理任职资格条件

关键行为与结果要求	工作标准与规范	指标界定与目标值
游戏研发项目管理	负责游戏项目的监制、定位、制作，管理游戏项目开发进度，并对其进行质量控制和风险防范，确保游戏品质	研发质量目标值为100%，每出现1次游戏研发问题，扣____分 计划完成率 = $\frac{\text{实际研发项数}}{\text{计划研发项数}} \times 100\%$
游戏设计方案管理	负责游戏研发项目方案设计，及时上交游戏设计方案	每出现1次游戏设计方案延误提交现象，扣____分 方案及时提交率 = $\frac{\text{方案及时提交数}}{\text{方案提交总数}} \times 100\%$
客户关系管理	负责维系内外部客户关系，处理客户关系问题	用户每投诉1次，扣____分，____次以上，此项得分为0
成本控制管理	负责制定费用控制目标，进行游戏研发与部门管理成本预算与控制	费用预算控制率不得超过100%，每超过____%，扣____分 费用预算达成率 = $\frac{\text{研发总支出}}{\text{研发总预算}} \times 100\%$
部门和团队管理	制订游戏研发人员管理细则、工作规范、招聘培训计划以及团队建设	核心员工流失率低于____%，员工绩效考核平均得分在____分以上

10.4.2　游戏研发主管胜任素质模型与任职资格

本书依据游戏研发主管的主要职责及对其任职人员的资格与素质要求，结合其他优秀研发主管的胜任行为特征，构建了游戏研发主管胜任素质模型，具体内容如图 10-12 所示。

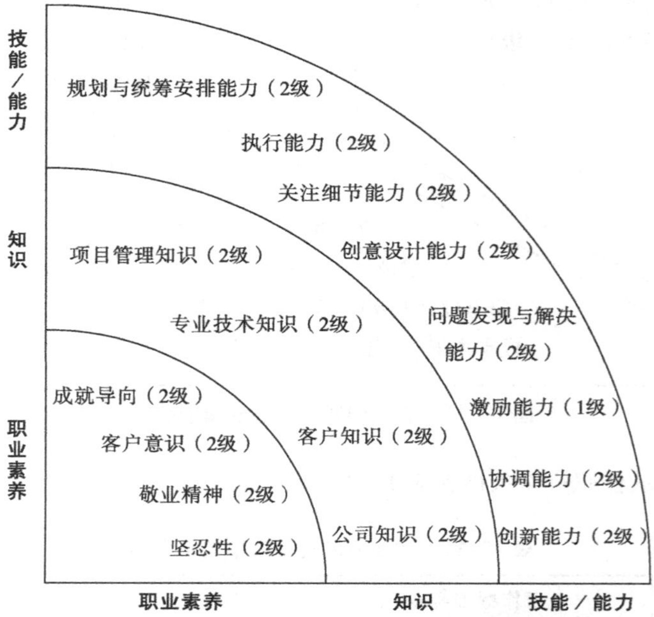

图 10-12　游戏研发主管胜任素质模型

游戏研发主管的任职资格条件如表 10-12 所示。

表 10-12　游戏研发主管任职资格条件

关键行为与结果要求	工作标准与规范	指标界定与目标值
游戏研发调研管理	制订游戏研发调研管理办法、游戏研发调研计划方案	考核期内，方案每被采纳 1 次，加____分；若无采纳项，扣____分 $方案采纳率=\frac{方案采纳数}{方案提交数}\times100\%$
研发计划执行管理	负责按照游戏研发相关要求和计划，执行游戏研发项目	游戏研发项目完成率达____% $计划完成率=\frac{实际研发项数}{计划研发项数}\times100\%$
游戏研发进度管理	负责对游戏研发进展情况进行跟踪管理和监督，及时排除研发问题和漏洞	每发现 1 次游戏研发失误，扣____分 $漏洞排除率=\frac{漏洞排除次数}{研发漏洞总数}\times100\%$
团队成员协调管理	管理、协调、考核包括策划、美术、程序、测试在内的游戏制作团队	团队成员满意度评价不得低于____分，每低于____分，扣____分；员工绩效考核平均得分在____分以上

10.4.3 游戏研发工程师胜任素质模型与任职资格

本书依据游戏研发工程师的主要工作事项及对其任职资格要求，参考其他优秀工程师的胜任行为特征，构建了游戏研发工程师胜任素质模型，具体内容如图 10-13 所示。

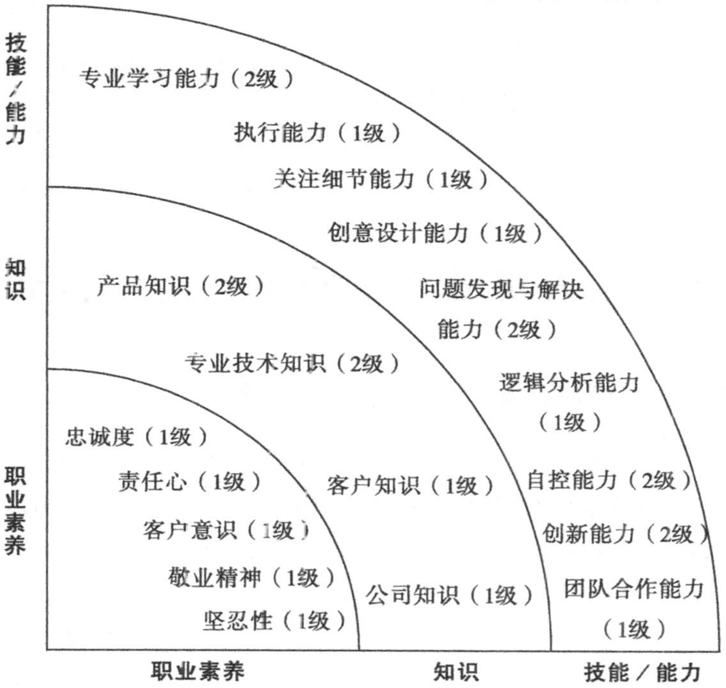

图 10-13 游戏研发工程师胜任素质模型

游戏研发工程师的任职资格条件如表 10-13 所示。

表 10-13 游戏研发工程师任职资格条件

关键行为与结果要求	工作标准与规范	指标界定与目标值
游戏研发项目管理	负责游戏项目的监制、定位、制作，管理游戏项目开发进度，并对其进行质量控制和风险防范，确保游戏品质	研发质量目标值为 100%，每出现 1 次游戏研发问题，扣____分 计划完成率 = $\frac{实际研发项数}{计划研发项数}\times 100\%$
游戏设计方案管理	负责游戏研发项目方案设计，及时上交游戏设计方案	每出现 1 次游戏设计方案延误提交现象，扣____分 方案及时提交率 = $\frac{方案及时提交数}{方案提交总数}\times 100\%$
成本控制管理	负责制定费用控制目标，进行游戏研发成本预算与控制	费用预算控制率不得超过 100%，每超过____%，扣____分 费用预算达成率 = $\frac{项目总支出}{项目总预算}\times 100\%$

（续表）

关键行为与结果要求	工作标准与规范	指标界定与目标值
游戏研发指导	负责对其他游戏研发人员进行设计审核和研发指导	主要考核游戏研发工程师游戏研发设计方向、框架和游戏主要模块，细化其能力
游戏研发资料存档	负责及时收集游戏研发文件和资料，并对文件资料进行存档管理	游戏研发资料完整且无泄露情况发生；研发资料每缺失1项，扣____分；每发生1次资料泄露，扣____分；缺失资料无法寻回或发生重大泄露情况，此项得分为0

10.5 工艺研发人员胜任素质模型与任职资格

10.5.1 工艺研发经理胜任素质模型与任职资格

本书依据企业的战略发展目标、企业文化等内容，在详细分析工艺研发经理的主要工作事项的基础上，结合其他优秀经理的胜任行为特征，从职业素养、知识、技能/能力三个层面出发，构建了工艺研发经理胜任素质模型，具体内容如图10-14所示。

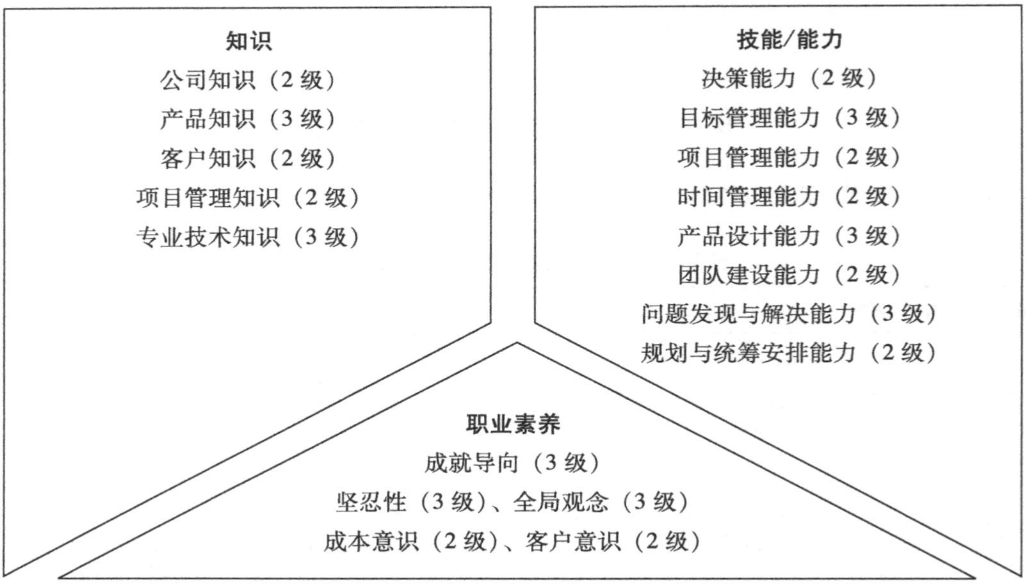

图10-14　工艺研发经理胜任素质模型

工艺研发经理的任职资格条件如表10-14所示。

表 10-14 工艺研发经理任职资格条件

关键行为与结果要求	工作标准与规范	指标界定与目标值
工艺研发计划管理	制订工艺研发管理办法、工艺研发计划，组织实施和提交工艺研发调研分析报告	工艺研发调研报告提交及时率达____% 计划完成率 = $\frac{实际完成项数}{计划完成项数} \times 100\%$
工艺研发进度管理	负责提高工艺研发工作效率，并对工艺研发过程进行监督管理	标准工时降低率 = $\frac{改进前标准工时 - 改进后标准工时}{工艺改进前标准工时} \times 100\%$
工艺研发质量管理	负责对工艺进行测试、检验，排除工艺不合理之处和有关漏洞	每发现1次工艺研发失误和漏洞，扣____分 漏洞排除率 = $\frac{漏洞排除次数}{发现漏洞总数} \times 100\%$
工艺研发成本管理	制定费用控制目标，进行工艺研发成本预算与控制	费用预算控制率不得超过100%，每超过____%，扣____分 费用预算达成率 = $\frac{工艺研发总支出}{工艺研发总预算} \times 100\%$
部门和团队管理	制订工艺研发日常管理细则、工作规范、招聘计划、培训计划，负责团队建设	员工绩效考核平均得分在____分以上 关键员工流失率 = $\frac{关键员工流失人数}{关键员工总人数} \times 100\%$

10.5.2 工艺研发主管胜任素质模型与任职资格

本书依据工艺研发主管的主要职责及其对任职人员的资格与素质要求，结合其他优秀研发人才的胜任行为特征，构建了工艺研发主管胜任素质模型，具体内容如图10-15所示。

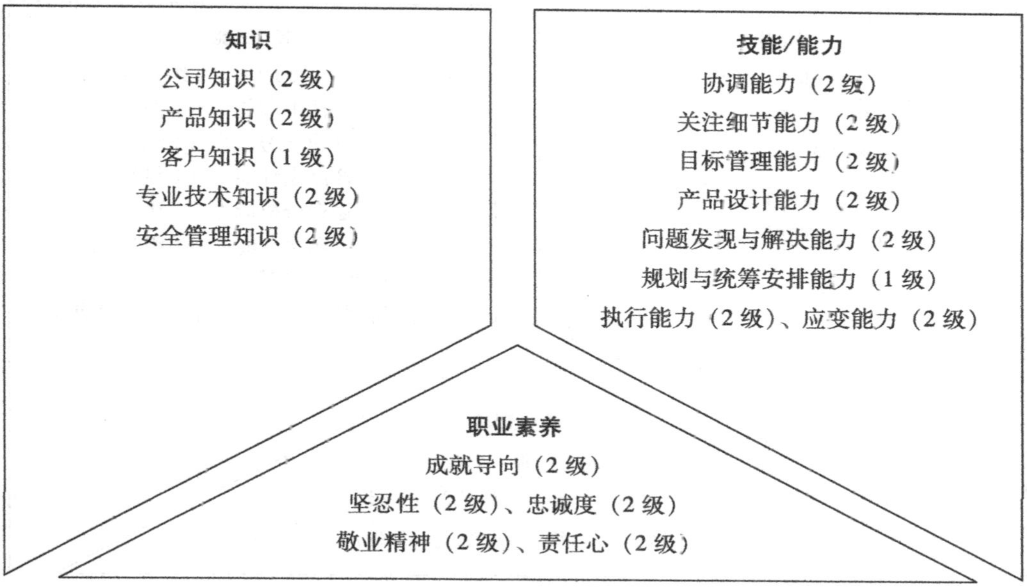

图 10-15 工艺研发主管胜任素质模型

工艺研发主管的任职资格条件如表 10-15 所示。

表 10-15　工艺研发主管任职资格条件

关键行为与结果要求	工作标准与规范	指标界定与目标值
工艺研发目标管理	制订并执行团队工艺研发工作目标和计划	计划完成率目标值为 80% ~100%，超过 80%，每增加 1%，加____分；低于 80%，每减少 1%，扣____分 $计划完成率=\frac{实际完成目标项数}{计划完成目标项数}\times 100\%$
生产异常管理	负责生产的新工艺研发和设计，解决生产中产生的异常问题	依据异常的复杂性以及对生产进度的整体影响定性判定
生产效率管理	负责通过研发新工艺，提升生产线的工作效率	$效率提升率=\frac{工艺改进后产能}{工艺改进前产能}\times 100\%$
研发质量管理	负责对工艺进行测试、检验，排除工艺不合理之处和有关漏洞	每发现 1 次工艺研发漏洞，扣____分 $漏洞排除率=\frac{漏洞排除次数}{发现漏洞总数}\times 100\%$
团队协作管理	对工艺研发团队工作进行协调和配合，增强团队凝聚力	每发生 1 次团队成员投诉或不公平现象，扣____分；超过____次，此项得分为 0

10.5.3　工艺研发工程师胜任素质模型与任职资格

本书依据工艺研发工程师的主要工作事项及对其任职资格的要求，在参照其他优秀工程师胜任行为特征的基础上，构建了工艺研发工程师胜任素质模型，具体内容如图 10-16 所示。

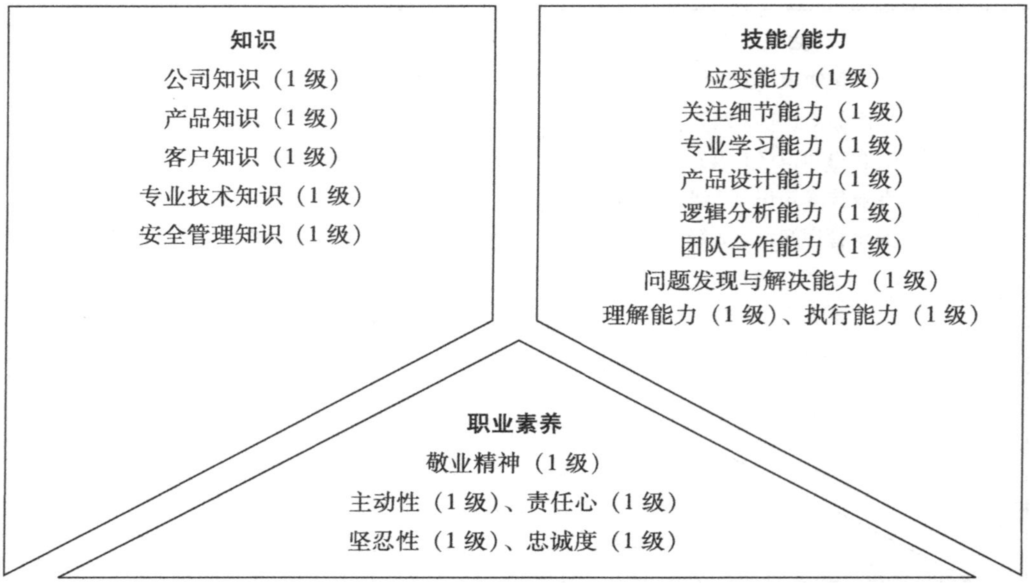

图 10-16　工艺研发工程师胜任素质模型

工艺研发工程师的任职资格条件如表10-16所示。

表10-16 工艺研发工程师任职资格条件

关键行为与结果要求	工作标准与规范	指标界定与目标值
工艺研发调研管理	制订工艺研发调研管理办法、调研计划，组织实施分析、诊断并提交报告	调研报告提交及时率达____% 计划完成率 = $\frac{\text{实际调研次数}}{\text{计划调研次数}}\times 100\%$
工艺研发方案管理	设计并及时上交工艺研发方案	方案采纳率 = $\frac{\text{方案采纳数}}{\text{方案提交数}}\times 100\%$
现场工艺指导管理	对工艺生产相关人员进行现场工艺指导，并提供技术支持	技术支持及时、准确，每发生1次不及时或不能解决技术问题的现象，扣____分
产品更新维修管理	负责相关产品新材料、新工艺、新技术的研究与应用，并对有关产品进行维修	产品工艺每有1项更新，加____分；无更新，此项得分为0；制订定期维修计划，每发生1次因维修延误而导致生产中断的现象，扣____分
工艺研发资料管理	及时收集工艺研发文件和资料，并对文件资料进行存档管理	工艺研发资料完整且无泄露情况发生；研发资料每缺失1项，扣____分；每发生1次资料泄露，扣____分；缺失资料无法寻回或发生重大泄露情况，此项得分为0

10.6 产品研发人员胜任素质模型与任职资格

10.6.1 产品研发经理胜任素质模型与任职资格

本书依据企业的战略发展目标、企业文化等内容，在详细分析产品研发经理的主要工作事项的基础上，结合其他优秀经理的胜任行为特征，从职业素养、知识、技能/能力三个层面出发，构建了产品研发经理胜任素质模型，具体内容如图10-17所示。

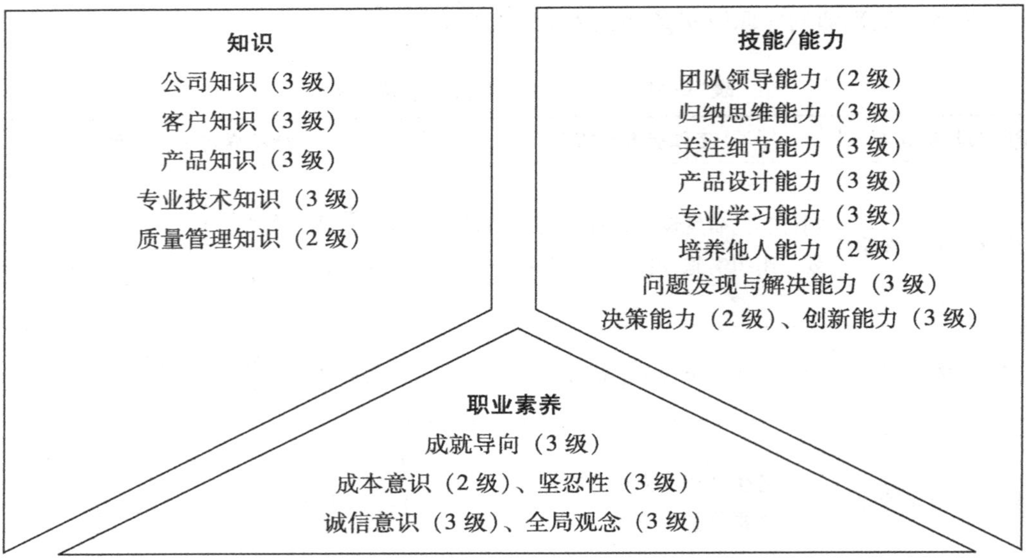

图 10-17　产品研发经理胜任素质模型

产品研发经理的任职资格条件如表 10-17 所示。

表 10-17　产品研发经理任职资格条件

关键行为与结果要求	工作标准与规范	指标界定与目标值
产品研发计划管理	制订新产品研发管理办法、进行研发调研、撰写新产品研发计划方案	计划完成率 = $\frac{\text{产品研发数}}{\text{计划研发数}} \times 100\%$
产品研发技术管理	负责新产品研发项目技术设计、新产品技术稳定性试验等	新产品投入市场后因技术问题导致不合格的产品批数或因质量问题导致技术更改的次数
产品研发成本管理	制定费用控制目标，进行新产品研发成本预算与控制	费用预算控制率不超过 100%，每超过____%，扣____分 预算达成率 = $\frac{\text{产品研发总支出}}{\text{产品研发总预算}} \times 100\%$
产品研发档案管理	及时收集新产品研发文件和资料，并对文件资料进行存档管理	新产品研发资料完整且无泄露情况发生；研发资料每缺失 1 项，扣____分；每发生 1 次资料泄露，扣____分；缺失资料无法寻回或发生重大泄露情况，此项得分为 0
部门和团队管理	制订研发部日常管理细则、工作规范、招聘计划、培训计划，负责团队建设	核心员工流失率低于____%；员工任职资格达标率为____%，每低于____%，扣____分

10.6.2 产品研发主管胜任素质模型与任职资格

本书依据产品研发主管的主要工作职责，结合其对任职人员的资格与素质要求，并参照其他优秀主管及研发人才的胜任行为特征，从职业素养、知识、技能/能力三个层面出发，构建了产品研发主管胜任素质模型，具体内容如图10-18所示。

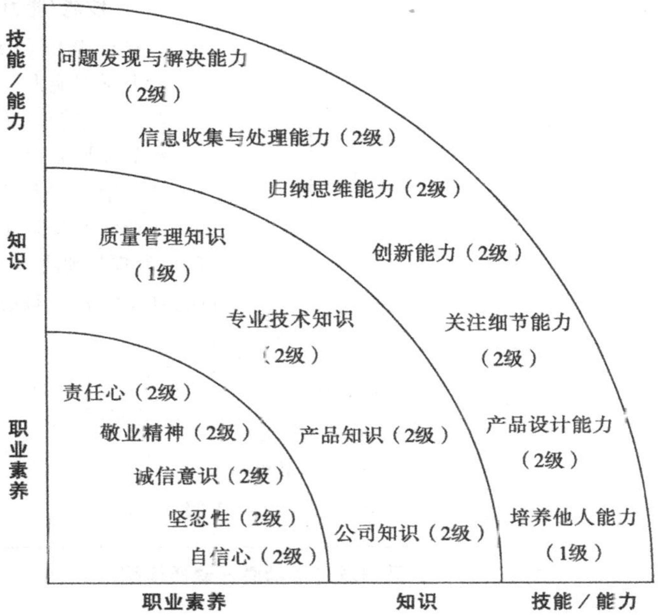

图10-18 产品研发主管胜任素质模型

产品研发主管的任职资格条件如表10-18所示。

表10-18 产品研发主管任职资格条件

关键行为与结果要求	工作标准与规范	指标界定与目标值
产品研发制度执行	严格按照产品研发管理制度和规范执行产品研发管理工作	因管理制度执行不力，影响产品研发进程与质量，每发生1次，扣减相应绩效工资的____%，或职位降级
产品研发计划管理	负责新产品开发项目计划制订与执行	$计划完成率=\frac{产品研发数}{计划产品研发数}\times100\%$
产品研发进度管理	按照企业相关规范要求和产品研发计划对研发工作进行监督与管理	$新产品研发进度延误率=\frac{产品研发未完成数}{研发计划完成数}\times100\%$
产品研发质量管理	对新产品进行质量检验和技术测试，避免出现产品质量问题	目标值为100%，每低于目标值____%，扣减绩效工资的____% $产品开发合格率=\frac{合格产品数}{产品总数}\times100\%$
研发团队培训管理	培训计划的制订和执行，负责团队的建设	员工绩效考核平均得分在____分以上 $培训计划完成率=\frac{实际培训时间}{计划培训时间}\times100\%$

10.6.3 产品研发工程师胜任素质模型与任职资格

本书依据产品研发工程师的主要工作事项及其职位对任职人员的资格和素质要求，在结合其他优秀工程师胜任行为特征的基础上，构建了产品研发工程师胜任素质模型，具体内容如图 10-19 所示。

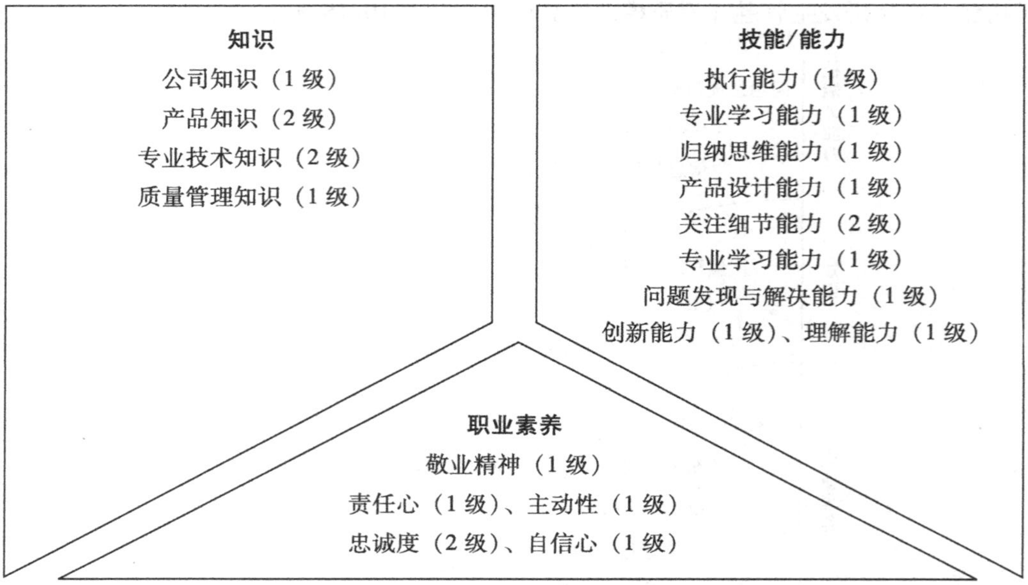

图 10-19 产品研发工程师胜任素质模型

产品研发工程师的任职资格条件如表 10-19 所示。

表 10-19 产品研发工程师任职资格条件

关键行为与结果要求	工作标准与规范	指标界定与目标值
产品研发任务管理	负责按照新产品研发工作任务要求执行产品研发设计工作	任务完成率 $=\frac{\text{任务完成数}}{\text{计划任务总数}}\times 100\%$
产品设计方案管理	负责新产品研发项目方案设计，并及时提交研发方案	新产品设计方案提交及时率 $=\frac{\text{产品设计方案及时提交率}}{\text{产品设计方案提交总数}}\times 100\%$
产品研发进度管理	负责按照企业相关规范要求和产品研发计划对研发工作进行监督与管理	新产品研发进度延误率 $=\frac{\text{产品研发未完成数}}{\text{研发计划完成数}}\times 100\%$
产品研发问题管理	负责制定产品研发过程问题的方案，并予以执行	及时并有效地解决产品研发过程中的各种问题，为研发提供技术支持
工艺规程编制管理	负责编制新产品研发工艺规程	主要考核新产品实际使用效果及其与设计情况的偏差

第 11 章

采购类人员胜任素质模型与任职资格

11.1 采购计划人员胜任素质模型与任职资格

11.1.1 采购计划主管胜任素质模型与任职资格

本书依据企业的发展目标、经营理念、文化价值等内容，结合采购计划主管的主要工作事项及其他优秀主管的胜任行为特征，从职业素养、知识、技能/能力三个层面出发，构建了采购计划主管胜任素质模型，具体内容如图 11-1 所示。

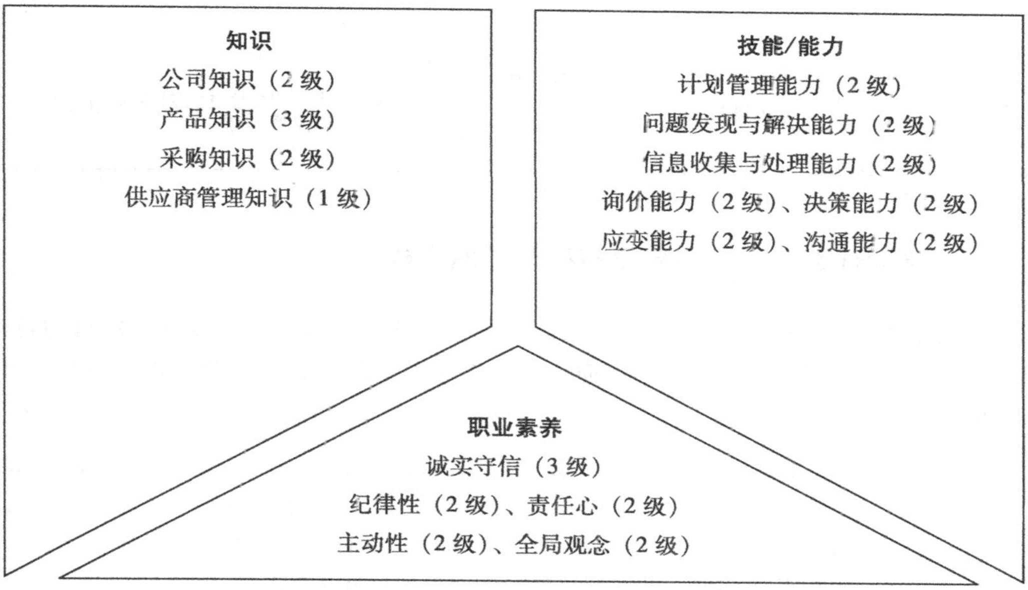

图 11-1 采购计划主管胜任素质模型

采购计划主管的任职资格条件如表 11-1 所示。

表 11-1 采购计划主管任职资格条件

关键行为与结果要求	工作标准与规范	指标界定与目标值
采购计划编制管理	制订采购计划管理办法及具体的采购计划，并及时上交	采购计划编制及时率 = $\frac{\text{规定时间内采购计划编制次数}}{\text{采购计划应编制总数}} \times 100\%$
采购计划执行管理	按照采购计划管理规范和要求，对采购计划进行实施	计划完成率 = $\frac{\text{实际完成计划数}}{\text{采购计划总数}} \times 100\%$

（续表）

关键行为与结果要求	工作标准与规范	指标界定与目标值
增补/临时计划管理	撰写和设计增补采购计划或临时采购计划，并予以执行	目标值为100%，每低于____%，扣____分；低于____%，则该项指标得分为0分
采购成本控制管理	制定采购费用控制目标，进行采购成本预算与控制	采购成本控制在____万元内，与实际采购费用相比，每超____元，扣____分；实际超过____元以上，该项指标得分为0分
采购资金占用管理	对采购资金的占用情况进行调查和运用管理	采购资金占用率 = $\frac{\text{未投入生产的原材料占用资金}}{\text{同期投产总值}} \times 100\%$

11.1.2　采购计划专员胜任素质模型与任职资格

本书依据采购计划专员的工作内容及职责，参照其他优秀计划专员的胜任行为特征，从职业素养、知识、技能/能力三个层面出发，构建了采购计划专员胜任素质模型，具体内容如图11-2所示。

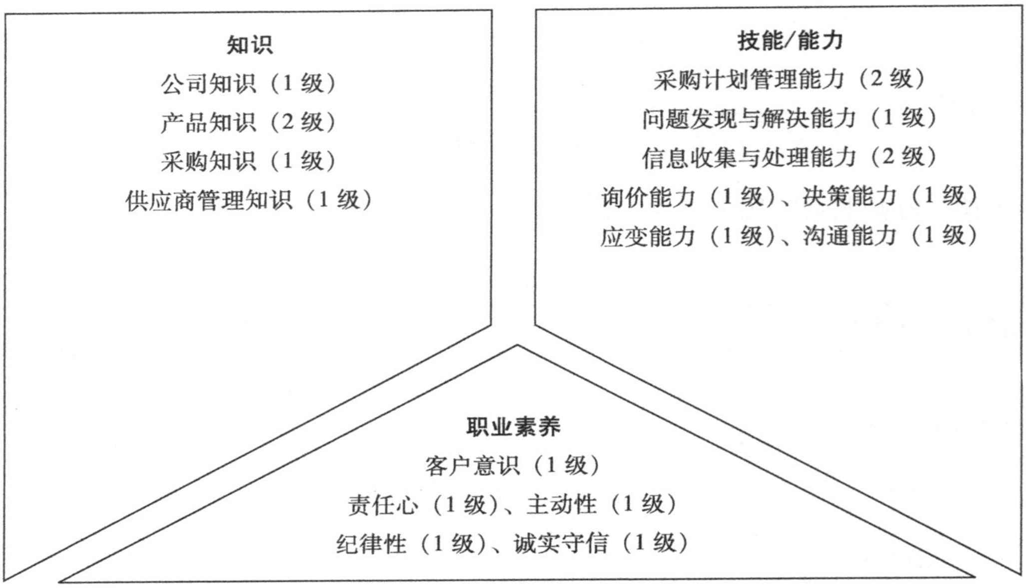

图11-2　采购计划专员胜任素质模型

采购计划专员的任职资格条件如表11-2所示。

表11-2 采购计划专员任职资格条件

关键行为与结果要求	工作标准与规范	指标界定与目标值
数据分析管理	根据相关资料和信息对企业采购进行数据分析和诊断	因数据分析错误影响采购计划编制的次数不得高于____次，每超出1次，扣____分 $分析及时率=\frac{及时分析数据次数}{数据分析总次数}\times100\%$
采购订单管理	对因采购及补货而产生的订单执行、保管等工作	补货订单达成率＝ $\frac{补充订单按时按量执行次数}{总补货订单数}\times100\%$
物资供应管理	对物资供应的及时性、准确性进行监督与管理	通过采购计划编制错误或不及时造成物资供应不足的次数来考核
协调沟通管理	负责与采购相关部门或领导进行工作沟通与协调，顺畅工作关系	部门或领导满意度评价不得低于____分，每低于____分，扣____分

11.1.3 采购预算专员胜任素质模型与任职资格

为能高效地完成采购预算的关键性工作，采购预算任职人员一般均需具备三个层面的素质：职业素养、知识、技能/能力（见图11-3）。这三个层面的胜任素质能保证采购预算专员在完成任务的同时，不会对其他员工及组织目标造成负面的影响。

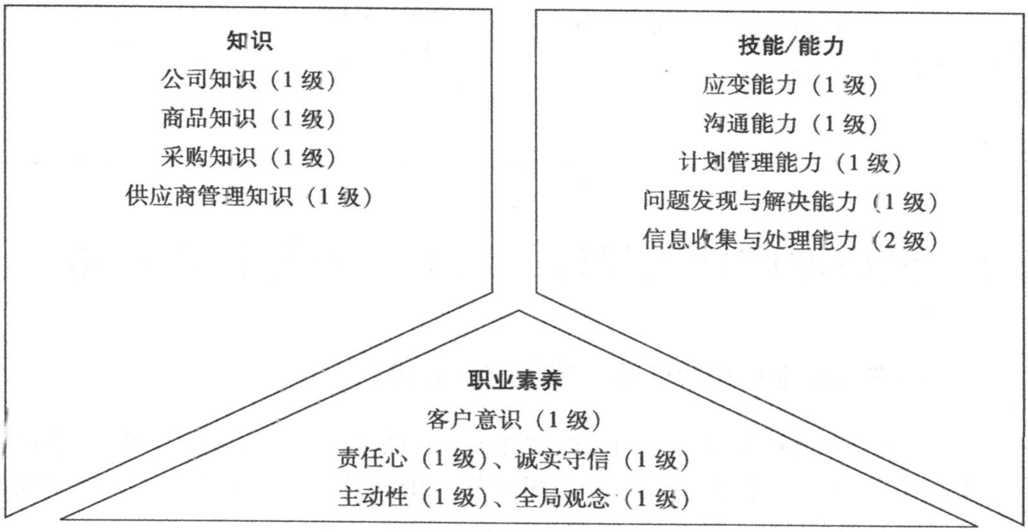

图11-3 采购预算专员胜任素质模型

采购预算专员的任职资格条件如表 11-3 所示。

表 11-3　采购预算专员任职资格条件

关键行为与结果要求	工作标准与规范	指标界定与目标值
采购预算编制管理	制定采购预算编制管理办法，以及具体的采购预算方案，并及时上报	采购预算编制及时率 = $\frac{规定时间内采购预算编制次数}{采购预算应编制总次数}\times 100\%$
采购预算数据分析	根据相关资料和信息对企业采购预算进行数据分析和诊断	分析及时率 = $\frac{及时分析数据次数}{数据分析总次数}\times 100\%$，主要是采购预算数据与实际采购费用一致性的次数
采购预算资料管理	负责对采购预算的资料进行及时、准确的归档管理	采购预算资料归档率为 100%，与预期目标相比，每低于____%，扣____分
采购成本控制管理	负责制定采购费用控制目标，进行采购成本预算与控制	采购预算控制在____万元内，与实际采购费用相比，每超____元，扣____分；实际超过____元以上，该项指标得分为 0 分

11.2　供应商管理人员胜任素质模型与任职资格

11.2.1　供应商管理经理胜任素质模型与任职资格

本书依据企业的战略发展要求和供应商管理经理的主要工作事项及对其任职资格要求，从职业素养、知识、技能/能力三个层面出发，构建了供应商管理经理胜任素质模型，具体内容如图 11-4 所示。

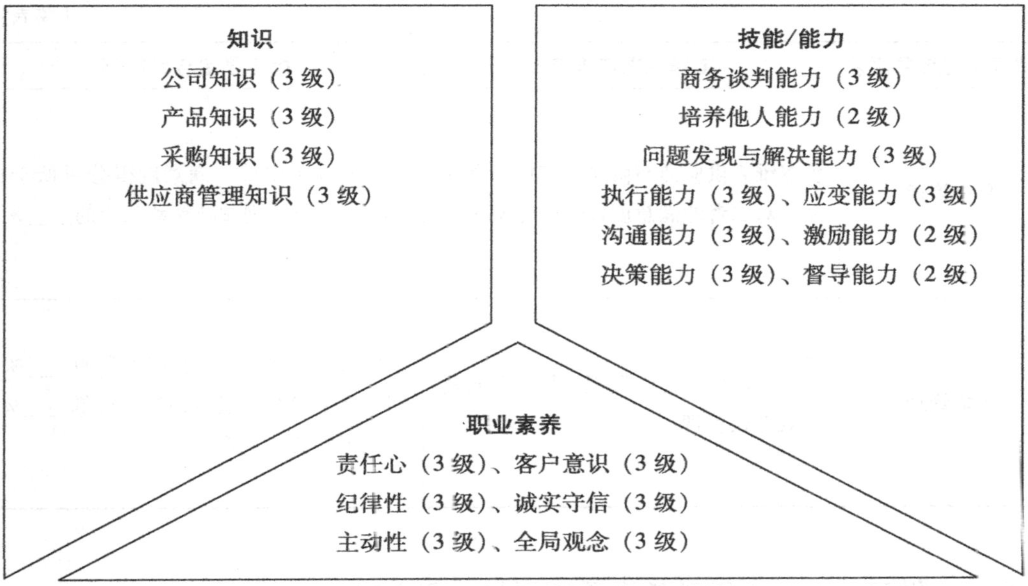

图 11-4　供应商管理经理胜任素质模型

供应商管理经理的任职资格条件如表 11-4 所示。

表 11-4　供应商管理经理任职资格条件

关键行为与结果要求	工作标准与规范	指标界定与目标值
供应商开发管理	负责制订和执行供应商开发计划，并提交供应商调研分析报告	计划完成率 = $\frac{实际开发数量}{计划开发数量}\times 100\%$，调研分析报告提交及时率达____%
供应商服务管理	负责对供应商的服务进行跟踪和监督管理	供应商履约率 = $\frac{履约合同数}{合同订立总数}\times 100\%$，供应商履约率达到 100%，每低____%，扣减浮动工资的____%
供应商质量管理	负责对供应商提供采购产品的质量进行检验和评价	采购质量合格率 = $\frac{采购合格数}{采购总数}\times 100\%$
成本控制管理	负责制定费用控制目标，进行采购及供应商管理费用成本预算与控制	采购成本降低目标达成率 $= \frac{成本实际降低率}{成本目标降低率}\times 100\%$ 管理费用预算节省率 $= \frac{实际节省的管理费用}{预期节省的管理费用}\times 100\%$

（续表）

关键行为与结果要求	工作标准与规范	指标界定与目标值
客户管理	负责维系供应商与协作部门的工作关系，对二者的满意度评价进行调查	供应商或协作部门满意度得分每低于目标值____分，则扣减浮动工资的____%
团队管理	负责团队成员违纪管理、培训管理和绩效考核管理	下属违反公司纪律，扣减工资的____%；培训计划完成率为100%，每低____%，扣减工资的____%

11.2.2 供应商开发主管胜任素质模型与任职资格

本书依据供应商开发主管的主要工作事项及其他优秀主管的胜任行为特征，从职业素养、知识、技能/能力三个层面出发，构建了供应商开发主管胜任素质模型，具体内容如图11-5所示。

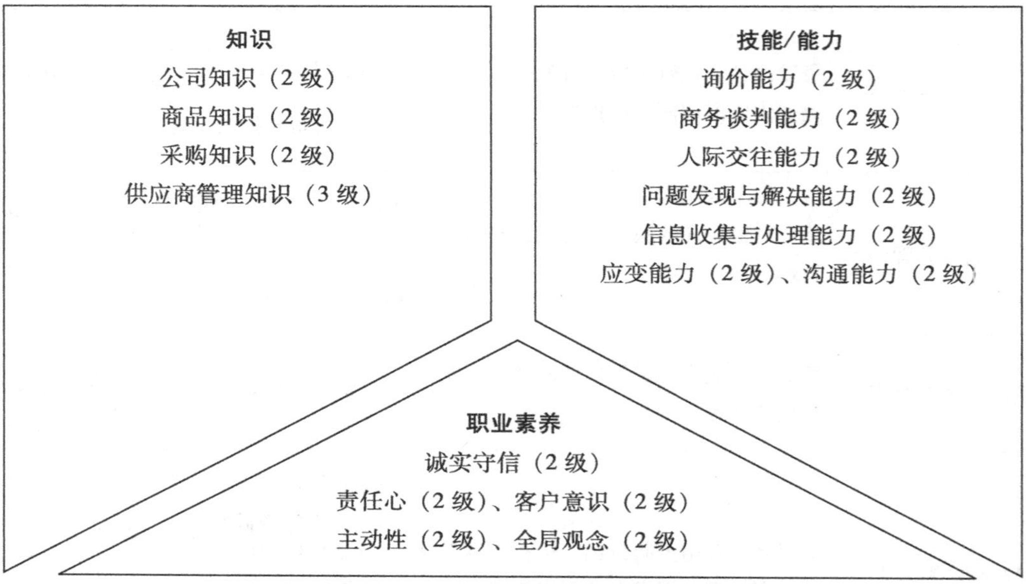

图11-5 供应商开发主管胜任素质模型

供应商开发主管的任职资格条件如表 11-5 所示。

表 11-5　供应商开发主管任职资格条件

关键行为与结果要求	工作标准与规范	指标界定与目标值
供应商开发任务执行	负责执行供应商开发计划，并提交供应商调研分析报告	调研分析报告提交及时率达____% $计划完成率=\frac{实际开发数量}{计划开发数量}\times100\%$
供应商服务管理	负责对供应商的服务进行跟踪和监督	供应商履约率达到 100%，每低____%，扣减浮动工资的____% $供应商履约率=\frac{履约合同数}{合同订立总数}\times100\%$
供应商信息管理	负责建设供应商信息资料库，对供应商信息进行全面细致的管理	及时更新和完善供应商信息，因供应商信息更新不及时影响公司正常运营的次数不超过____次
客户管理	负责通过编制供应商满意度调查问卷，获取供应商对产品质量控制及公司提供服务的满意度得分	供应商满意度评价平均得分每低于目标值____分，则扣减浮动工资的____%

11.2.3　供应商管理主管胜任素质模型与任职资格

本书依据供应商管理主管的主要工作事项，参照同类主管人员的胜任行为特征，经过分析和总结，构建了供应商管理主管胜任素质模型，具体内容如图 11-6 所示。

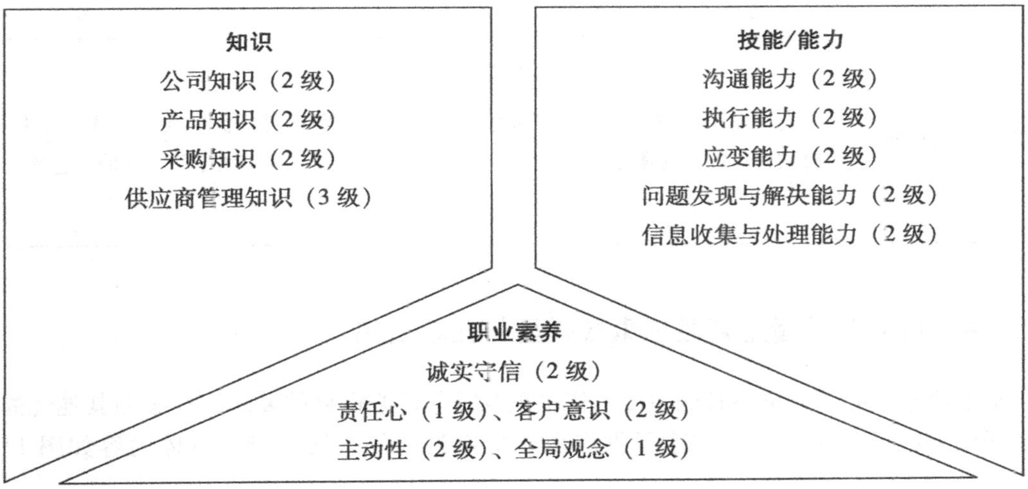

图 11-6　供应商管理主管胜任素质模型

供应商管理主管的任职资格条件如表 11-6 所示。

表 11-6　供应商管理主管任职资格条件

关键行为与结果要求	工作标准与规范	指标界定与目标值
供应商评估管理	负责对供应商进行总体评价，并指导和监督供应商管理专员编写评估报告	供应商评估报告按时完成率 = $\frac{\text{规定时间内完成评估报告数}}{\text{应完成评估报告总数}}\times 100\%$
供应商服务管理	协助开发主管对供应商的服务进行跟踪和监督管理	供应商履约率达到 100%，每低____%，扣减浮动工资的____% 供应商不合格率 = $\frac{\text{不合格数}}{\text{供应商总数}}\times 100\%$
供应商资料管理	负责及时更新和完善供应商资料库	供应商资料库更新及时率达到____%，每低____%，扣减浮动工资的____%
供应商体系管理	负责建立供应商、分包商管理体系架构及内容，并能够良好运行	建立供应商、分包商管理体系内容存在漏项、不准确情况，此项得分为 0
客户评价管理	负责开发和维护供应商，并为开发商提供公司的相应服务	供应商满意度评价平均得分每低于目标值____分，则扣减浮动工资的____%

11.2.4　供应商质量主管胜任素质模型与任职资格

本书依据供应商质量主管的主要工作事项及对其任职资格的要求，在参照其他优秀主管胜任行为特征的基础上，构建了供应商质量主管胜任素质模型，具体内容如图 11-7 所示。

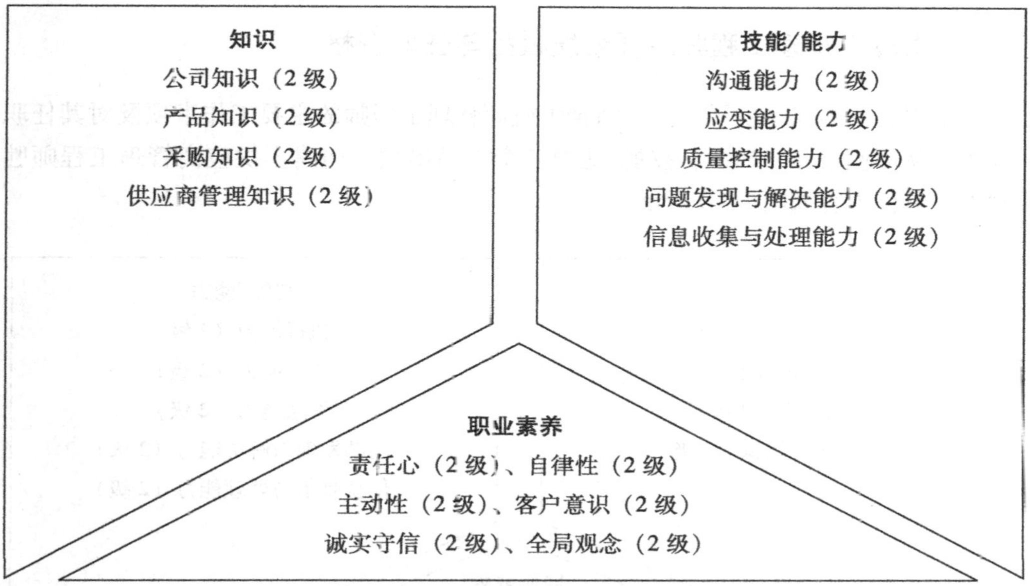

图 11-7　供应商质量主管胜任素质模型

供应商质量主管的任职资格条件如表 11-7 所示。

表 11-7　供应商质量主管任职资格条件

关键行为与结果要求	工作标准与规范	指标界定与目标值
供应商检验计划管理	负责制订供应商质量检验计划，并予以执行和运行指导	供应商检验工作完成率 = $\frac{\text{实际完成的检验总数}}{\text{计划完成的检验总数}}\times 100\%$
物资抽检执行管理	制定对物资进行不定时的抽检管理办法，并予以抽检执行	物资抽检缺陷率 = $\frac{\text{抽检缺陷总数}}{\text{抽检样品总数}}\times 100\%$
供应商评估管理	负责制订供应商评估计划，并对供应商及进行全面和客观的评价	供应商评估计划按时完成率 = $\frac{\text{规定时间内完成评估报告数}}{\text{应完成评估报告总数}}\times 100\%$
协作部门评价管理	负责建立供应商、分包商管理体系架构及内容，保障其能够良好运行	主要是指因采购物料质量不符合要求受到需求部门投诉的次数

11.2.5 供应商管理工程师胜任素质模型与任职资格

本书依据企业的战略发展要求，结合供应商管理工程师的主要工作事项及对其任职资格的要求，从职业素养、知识、技能/能力三个层面出发，构建了供应商管理工程师胜任素质模型，具体内容如图 11-8 所示。

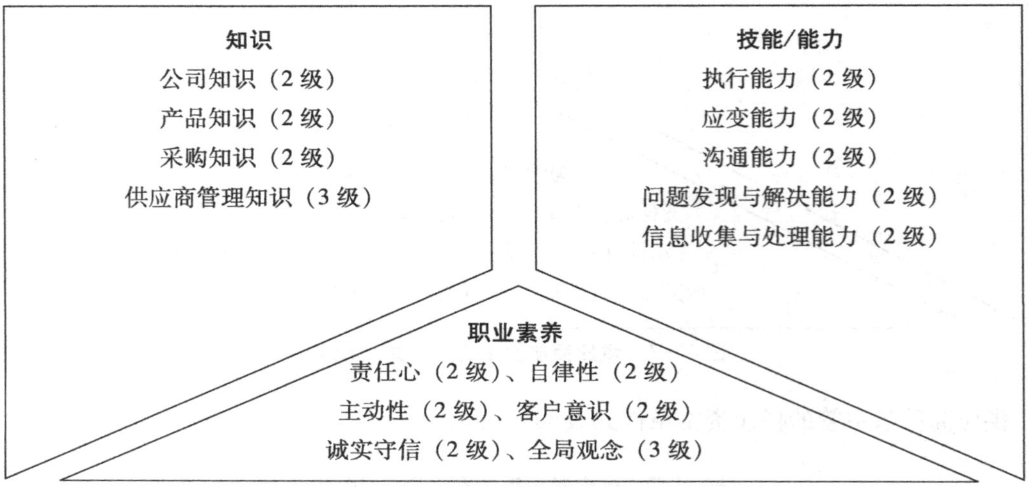

图 11-8　供应商管理工程师胜任素质模型

供应商管理工程师的任职资格条件如表 11-8 所示。

表 11-8　供应商管理工程师任职资格条件

关键行为与结果要求	工作标准与规范	指标界定与目标值
供应商评估管理	协助供应商管理主管对供应商进行总体评价，判定其是否符合企业的采购支撑管理	目标值为 100%，每低____%，扣____分；低于____%，该项考核记为 0 分
采购产品质量管理	负责对供应商提供的产品质量进行跟踪和监督管理	考核标准为 100%，每低____%，扣____分；低于____%，该项考核记为 0 分 $质量合格率 = \frac{产品合格数}{产品总数} \times 100\%$
供应商信息管理	负责建设和维护供应商信息资料库，对供应商信息进行全面细致的管理	因供应商信息更新不及时影响公司正常运营的次数不超过____次
供应商服务管理	负责根据供应商评价体系和标准，对供应商进行评价	供应商评估报告按时完成率达____%，与预期目标相比，每低____%，扣____分

11.2.6 供应商管理专员胜任素质模型与任职资格

本书依据供应商管理专员的工作职责和企业对其素质的要求，参照其他优秀专员的胜任行为特征，从职业素养、知识、技能/能力三个层面出发，构建了供应商管理专员胜任素质模型，具体内容如图 11-9 所示。

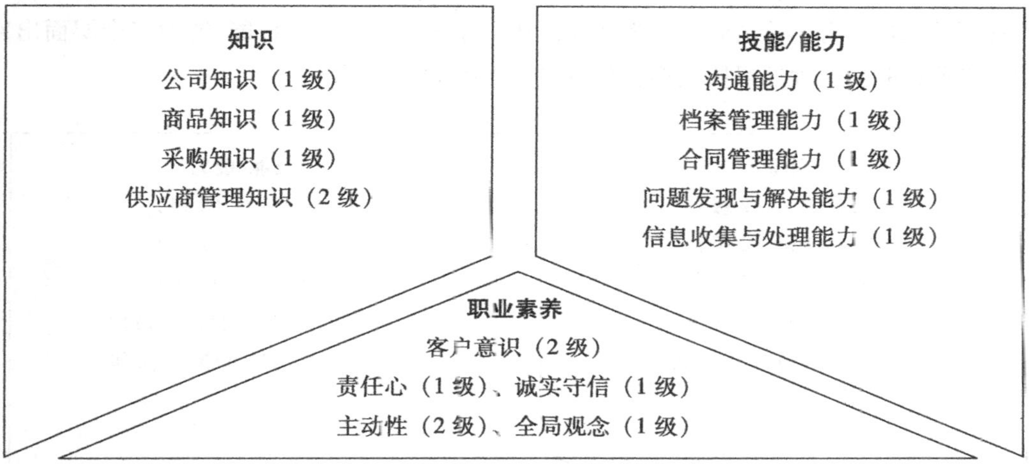

图 11-9 供应商管理专员胜任素质模型

供应商管理专员的任职资格条件如表 11-9 所示。

表 11-9 供应商管理专员任职资格条件

关键行为与结果要求	工作标准与规范	指标界定与目标值
供应商评估执行	具体执行对供应商的总体评价工作，并及时编写供应商评估报告	供应商评估报告按时完成率 = $\frac{\text{规定时间内完成评估报告数}}{\text{应完成评估报告总数}} \times 100\%$
供应商档案管理	负责对供应商各种服务资料和文件，如宣传单、服务协议、费用来往单等进行存档保管	供应商档案完整率 = $\frac{\text{完整的供应商档案数}}{\text{供应商总数}} \times 100\%$
供应商信息管理	负责及时向供应商管理工程师提供供应商信息	供应商信息提供及时率 = $\frac{\text{及时提供供应商信息次数}}{\text{应提供供应商信息总次数}} \times 100\%$ 供应商信息提供及时率达____%，与预期目标相比，低（超）____%，扣____分
客户评价管理	参与组织对供应商的评审工作，获取供应商的满意度评价	供应商满意度评价平均得分每低于目标值____分，则扣减浮动工资的____%

11.3　采购检验人员胜任素质模型与任职资格

11.3.1　采购检验主管胜任素质模型与任职资格

本书依据企业战略发展目标、经营理念、文化价值等内容，结合采购检验主管的主要工作事项及其他优秀主管的胜任行为特征，从职业素养、知识、技能/能力三个层面出发，构建了采购检验主管胜任素质模型，具体内容如图11-10所示。

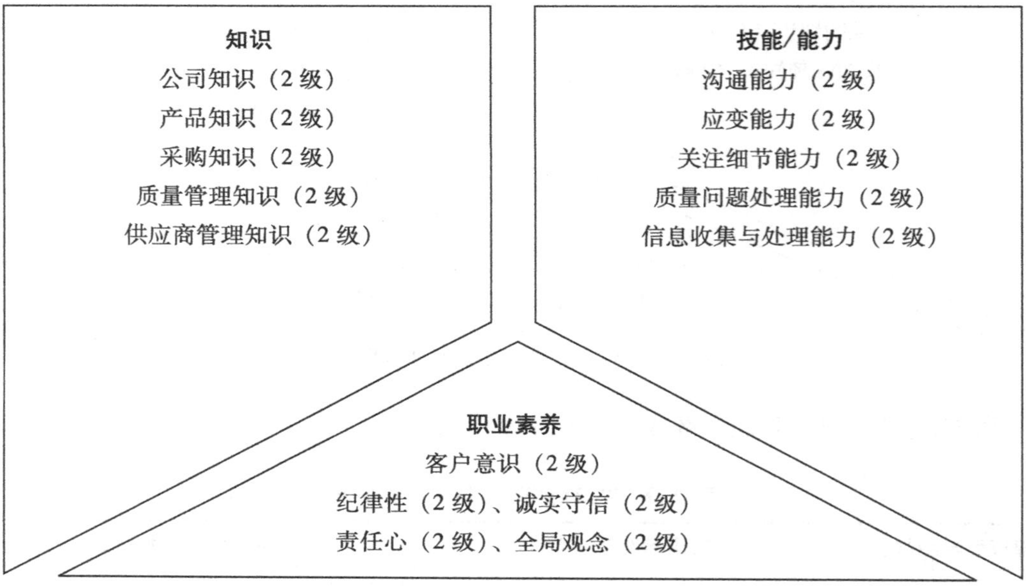

图11-10　采购检验主管胜任素质模型

采购检验主管的任职资格条件如表11-10所示。

表11-10　采购检验主管任职资格条件

关键行为与结果要求	工作标准与规范	指标界定与目标值
采购检验计划管理	负责制订和执行采购检验计划	目标值为100%，每减少____%，扣____分，低于____%，此项得分为0 $计划完成率=\frac{实际检验项数}{计划检验项数}\times 100\%$

（续表）

关键行为与结果要求	工作标准与规范	指标界定与目标值
采购检验标准制定	负责制定采购检验标准体系，并按照此体系进行采购检验	采购检验标准制定及时率 = $\frac{\text{及时制定的采购检验标准数目}}{\text{应制定的采购检验标准数目}}\times100\%$
采购检验异常处理	负责对采购检验过程中出现的异常情况进行及时处理	处理采购检验质量异常情况超出预期时间，扣____分；无故拖延时间，多数质量异常情况未能处理，此项得分为0
原辅材料使用管理	负责对原辅材料的现场使用合格情况进行记录和总结管理	原辅材料现场使用合格率 = $\frac{\text{能正常使用的原辅材料数量}}{\text{投入使用的原辅材料数量}}\times100\%$
团队管理	制订团队日常管理细则、工作规范、招聘计划、培训计划，负责团队建设	核心员工流失率低于____%，员工绩效考核平均得分在____分以上

11.3.2 采购检验专员胜任素质模型与任职资格

本书依据采购检验专员的工作内容及职责，参照其他优秀采购专员的胜任行为特征，从职业素养、知识、技能/能力三个层面出发，构建了采购检验专员胜任素质模型，具体内容如图11-11所示。

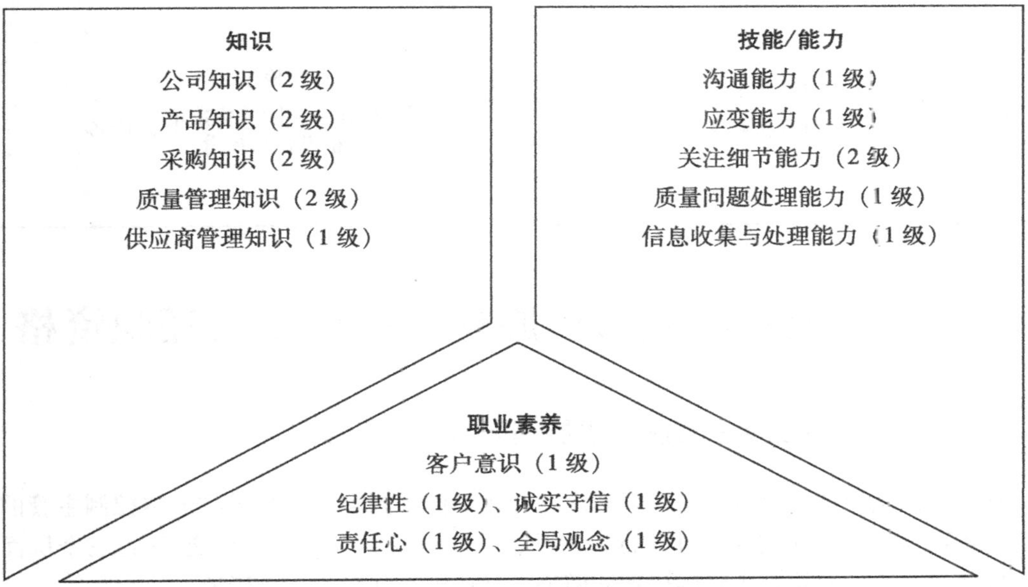

图11-11 采购检验专员胜任素质模型

采购检验专员的任职资格条件如表 11-11 所示。

表 11-11 采购检验专员任职资格条件

关键行为与结果要求	工作标准与规范	指标界定与目标值
采购检验任务执行	按照采购检验工作管理规定要求和计划执行采购检验工作	$计划完成率=\frac{实际检验项数}{计划检验项数}\times 100\%$
采购检验效率管理	在实际工作操作过程中提高采购检验工作的效率	$采购检验工作效率提高率=\frac{\lvert 同类检验上期耗时-同类检验当期耗时\rvert}{同类检验上期耗时}\times 100\%$
采购检验报告管理	负责撰写采购检验结果分析报告及相关报表，并及时上交至有关部门或领导	$采购检验报表准确率=\frac{采购检验报表无误的份数}{采购检验报表总份数}\times 100\%$
质检设备维护与保养	对日常工作中的采购检验设备进行维护和保养	$在用质检设备受检率=\frac{在用质检设备实际受检数量}{在用质检设备总数量}\times 100\%$

11.4 采购成本控制人员胜任素质模型与任职资格

11.4.1 采购成本控制主管胜任素质模型与任职资格

本书依据企业的发展目标、经营理念、文化价值等内容，结合采购成本控制主管的主要工作事项及其他优秀主管的胜任行为特征，从职业素养、知识、技能/能力三个层面出发，构建了采购成本控制主管胜任素质模型，具体内容如图 11-12 所示。

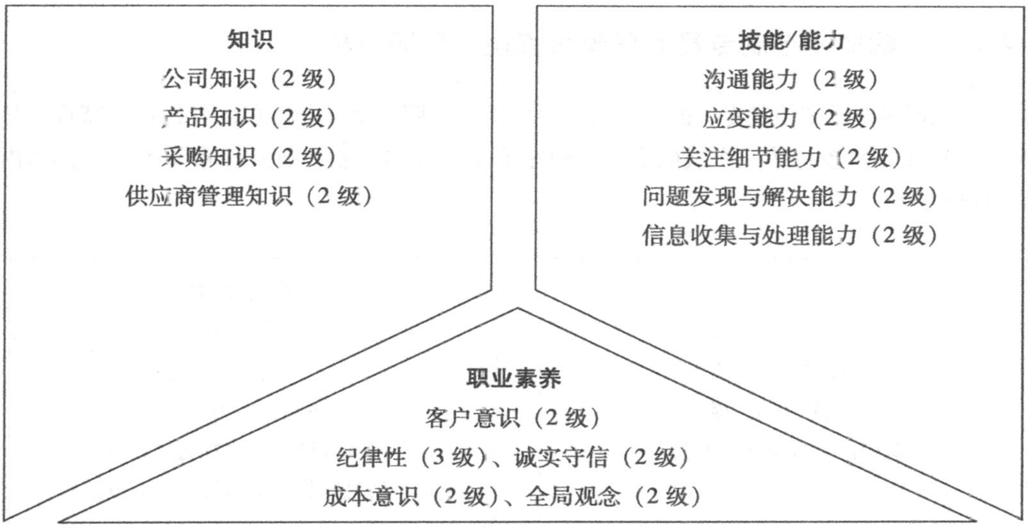

图 11-12　采购成本控制主管胜任素质模型

采购成本控制主管的任职资格条件如表 11-12 所示。

表 11-12　采购成本控制主管任职资格条件

关键行为与结果要求	工作标准与规范	指标界定与目标值
采购成本控制执行	制定采购成本控制执行办法，进行采购成本控制管理	目标值为____%，每减少____%，扣____分，低于____%，此项得分为0 $采购成本控制率 = \frac{实际采购成本}{采购预算成本} \times 100\%$
采购成本降低方案管理	负责撰写采购成本降低方案，对方案内容进行相关解释和说明，并及时上交有关部门或上级领导	采购成本降低方案的被采纳率 = $\frac{被采纳的采购成本降低方案个数}{采购成本降低方案的总数} \times 100\%$
采购成本核算管理	负责对采购成本进行核算，并指导采购成本控制专员制定采购成本核算报告或报表	采购成本核算准确率 = $\frac{达成的采购成本降低目标数}{计划的采购成本降低目标总数} \times 100\%$
采购成本控制报告管理	负责撰写采购成本控制报告，并及时上交至有关部门或领导审阅，保证报告的质量	采购成本控制报告内容不真实、不全面，无法提出降低采购成本的建议，此项得分为0分

11.4.2 采购成本控制专员胜任素质模型与任职资格

本书依据采购成本控制专员的工作内容及职责，参照其他优秀专员的胜任行为特征，从职业素养、知识、技能/能力三个层面出发，构建了采购成本控制专员胜任素质模型，具体内容如图 11-13 所示。

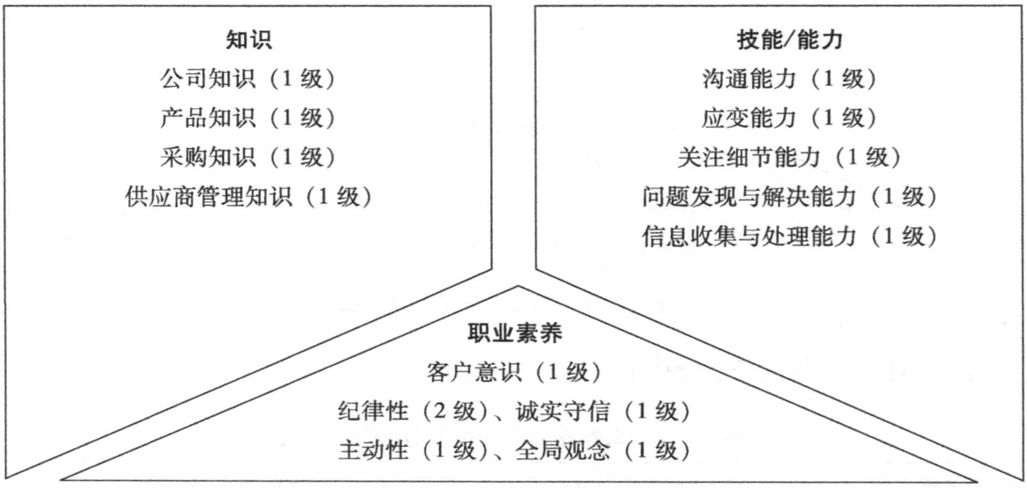

图 11-13 采购成本控制专员胜任素质模型

采购成本控制专员的任职资格条件如表 11-13 所示。

表 11-13 采购成本控制专员任职资格条件

关键行为与结果要求	工作标准与规范	指标界定与目标值
采购费用控制管理	负责对采购成本进行合理的控制和费用管理，节约各项不合理的采购支出	采购费用节约率 = $\left(1-\frac{\text{采购实际成本费用}}{\text{预算成本费用}}\right)\times 100\%$
采购成本分析管理	撰写和执行技术研发、改进及改造的计划和分析报告，并及时上交至有关部门或领导审阅，保证报告的质量	主要是采购成本分析报告内容真实、全面 采购成本分析报告不全面，内容不真实，扣____分
采购成本核算执行	协助采购成本控制主管对采购成本进行核算，并制定采购成本核算报告或报表	采购成本核算准确率 = $\frac{\text{达成的采购成本降低目标数}}{\text{计划的采购成本降低目标总数}}\times 100\%$
部门协作管理	协助与配合企业内部相关部门的工作	主要指协作部门对采购成本控制专员及时提供的采购成本分析报告工作的评价

11.5 采购合同与结算人员胜任素质模型与任职资格

11.5.1 采购合同主管胜任素质模型与任职资格

本书依据采购合同主管的工作职责和该岗位对其素质的要求，参照其他优秀主管的胜任行为特征，从职业素养、知识、技能/能力三个层面出发，构建了采购合同主管胜任素质模型，具体内容如图 11-14 所示。

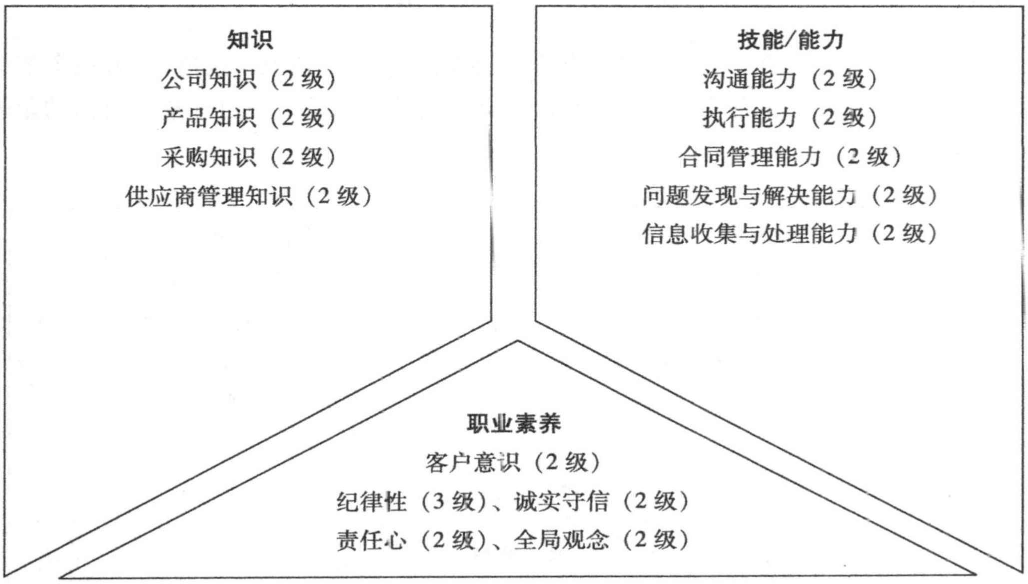

图 11-14　采购合同主管胜任素质模型

采购合同主管的任职资格条件如表 11-14 所示。

表 11-14　采购合同主管任职资格条件

关键行为与结果要求	工作标准与规范	指标界定与目标值
合同管理制度制定	负责制定采购合同管理制度规范，并指导相关人员执行合同管理制度	合同管理制度制定不及时、不合理、不可行、针对性差，难以操作和执行，扣____分
合同重大疏漏管理	负责对采购合同重大疏漏进行控制和处理，并提出解决方案	合同重大疏漏出错情况每发生 1 次，造成一般性损失的，扣____分，造成重大损失的，此项得分为 0

（续表）

关键行为与结果要求	工作标准与规范	指标界定与目标值
合同风险控制管理	负责适时规避采购合同可能存在的管理风险，并提出风险控制方案	无法预测合同执行过程中的风险，不能及时采取规避措施，扣____分
部门协作管理	协助与配合企业内部相关部门的工作	主要通过接受调查的合作部门的满意度评分的算术平均值来考核

11.5.2 采购结算专员胜任素质模型与任职资格

本书构建的采购结算专员胜任素质模型包括职业素养、知识、技能/能力三个部分。该模型能保证任职人员在完成任务的同时，不会对其他员工及组织目标造成负面的影响，具体内容如图 11-15 所示。

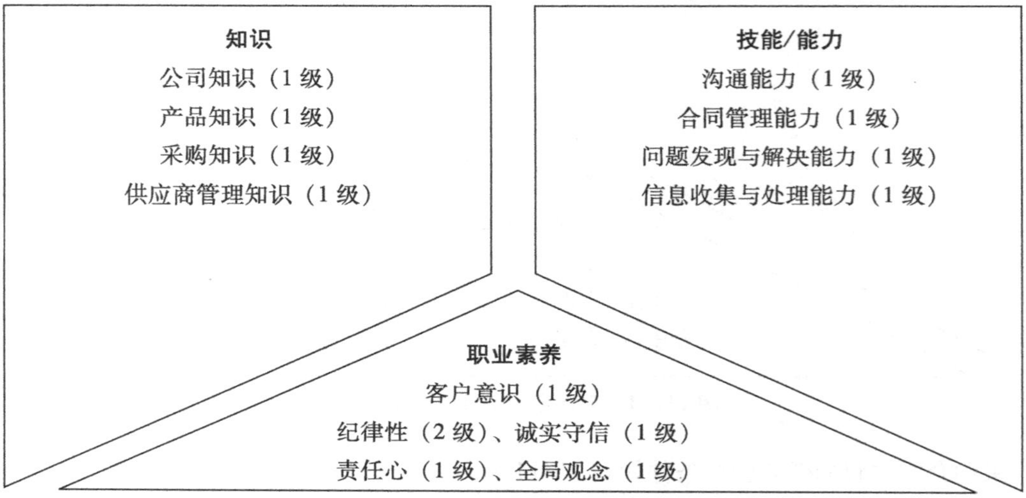

图 11-15 采购结算专员胜任素质模型

采购结算专员的任职资格条件如表 11-15 所示。

表 11-15 采购结算专员任职资格条件

关键行为与结果要求	工作标准与规范	指标界定与目标值
货款结算管理	负责按合同结算条款或财务结算进度要求，每月有序进行供应商货款结算	货款结算的准确率 = $\left(1-\frac{\text{考核期内货款结算出错的次数}}{\text{考核期内货款结算总次数}}\right)\times 100\%$

（续表）

关键行为与结果要求	工作标准与规范	指标界定与目标值
退货款清算管理	清算供应商的退货款，及时反馈与处理货款结算和退货款清算中出现的问题	未及时清算供应商退货款，致使货款无法要回，公司损失严重，扣____分
账务核对管理	协助财务、供应商进行账务核对工作	每出错1次，经二次核对，正确的，不扣分；不正确的，扣____分
部门协作管理	协助与配合供应商及企业内部相关部门的工作	主要通过供应商及公司财务部对其货款结算、退货款结算、账务核对等的工作评价来考核

11.6 生产采购人员胜任素质模型与任职资格

11.6.1 生产采购经理胜任素质模型与任职资格

生产采购经理掌控着企业生产所需原材料、辅料、设备等的采购活动，是企业生产经营活动的保障。为能高效地完成这些关键性工作，生产采购经理需具备以下三个层面的素质：职业素养、知识、技能/能力，具体内容如图11-16所示。

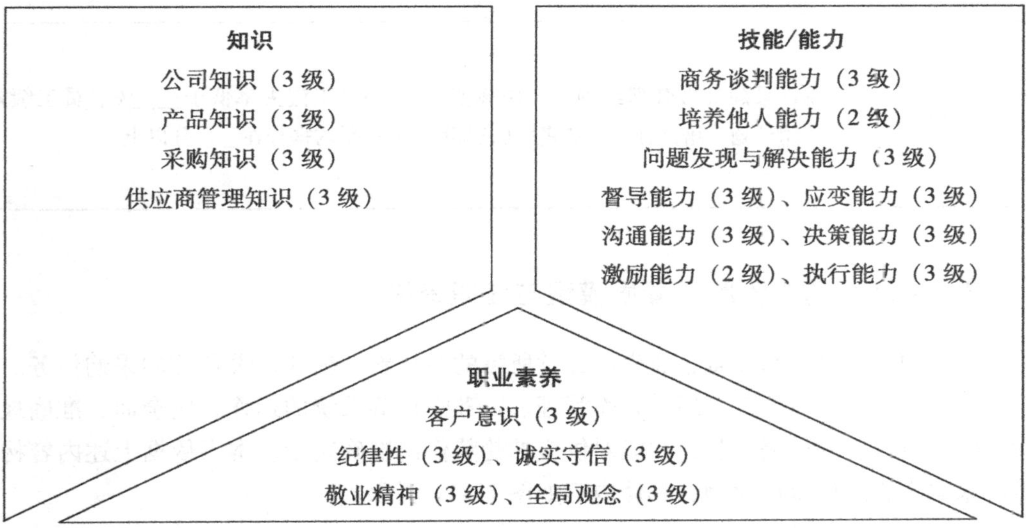

图11-16 生产采购经理胜任素质模型

生产采购经理的任职资格条件如表 11-16 所示。

表 11-16 生产采购经理任职资格条件

关键行为与结果要求	工作标准与规范	指标界定与目标值
采购任务管理	负责制订采购任务计划，并及时执行采购任务，对重要采购任务进行管理	主要指期初确定里程碑期末检查是否能够按期完成，若不能按期完成，扣____分 $采购及时率=\frac{按时交货的总值}{计划采购总值}\times 100\%$
采购质量管理	负责对生产采购产品进行测试和质量检验，减少采购质量问题	新产品开发项目完成率达____% $采购合格率=\frac{合格物资数量}{采购物资数量}\times 100\%$
物料库存管理	负责对采购物料库存进行管理，建立物料管理台账，提高库存管理效率	物料库存周转天数＝ $\frac{360天}{销售成本\div 平均库存成本}$
预算控制管理	负责制定采购费用控制目标，对生产采购成本进行预算与控制	主要指是否按预算制度来使用资金，是否有超预算的情况
部门和团队管理	制订采购日常管理细则、工作规范、招聘计划、培训计划，负责团队建设	核心员工流失率低于____%；员工绩效考核平均得分在____分以上

11.6.2 生产采购主管胜任素质模型与任职资格

生产采购主管直接掌控着企业生产经营所需的原材料、辅料、设备等的采购任务。因此，任职者应熟悉企业生产管理、仓库管理、财务管理等系统的运作，应全面、准确地了解所采购物料行业的供需现状，并能对供应的趋势作出准确判断。本书依据上述内容构建了生产采购主管胜任素质模型，具体内容如图 11-17 所示。

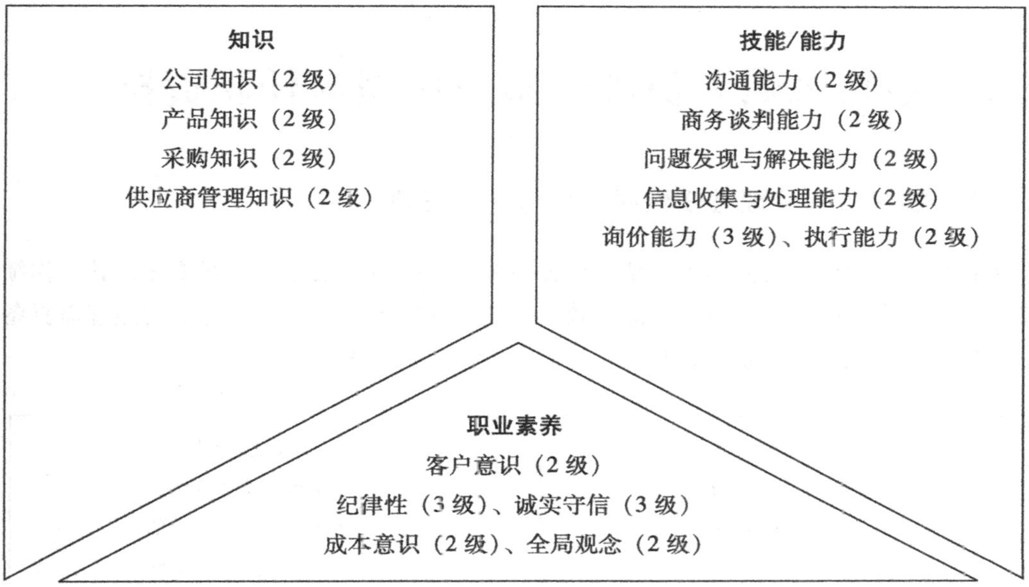

图11-17　生产采购主管胜任素质模型

生产采购主管的任职资格条件如表11-17所示。

表11-17　生产采购主管任职资格条件

关键行为与结果要求	工作标准与规范	指标界定与目标值
采购面辅料管理	负责执行面辅料采购、质量检验、不合格采购处理等工作	由于面辅料采购不及时，延迟生产进度的情况发生，扣____分
采购退货管理	负责对质检不合格的采购产品进行登记、退货处理等工作	不合格产品退货不及时，造成库存大量积压，扣____分
外协采购管理	对外协采购批次执行登记、质量检验和外协采购费用控制	外协件批次质量合格率 = $\frac{检验合格批次}{总采购批次}\times 100\%$
采购成本管理	制定采购费用控制方案，对采购费用控制和采购价格进行分析和管理	采购费用降低率 = $\frac{\lvert 实际采购成本-计划采购成本\rvert}{计划采购成本}\times 100\%$
供应商管理	对供应商履约情况进行登记，对供应商总体服务进行评价，并保存供应商有关资料	供应商合同履约率 = $\frac{履约的合同数}{签订的合同数}\times 100\%$

11.7 零售采购人员胜任素质模型与任职资格

11.7.1 零售采购经理胜任素质模型与任职资格

零售采购经理肩负着商品组织结构设置与调整、商品上架等一系列重任，其工作绩效情况直接影响企业的销售利润。为能高效地完成这些关键性工作，零售采购经理需具备以下三个层面的素质：职业素养、知识、技能/能力（见图 11-18）。

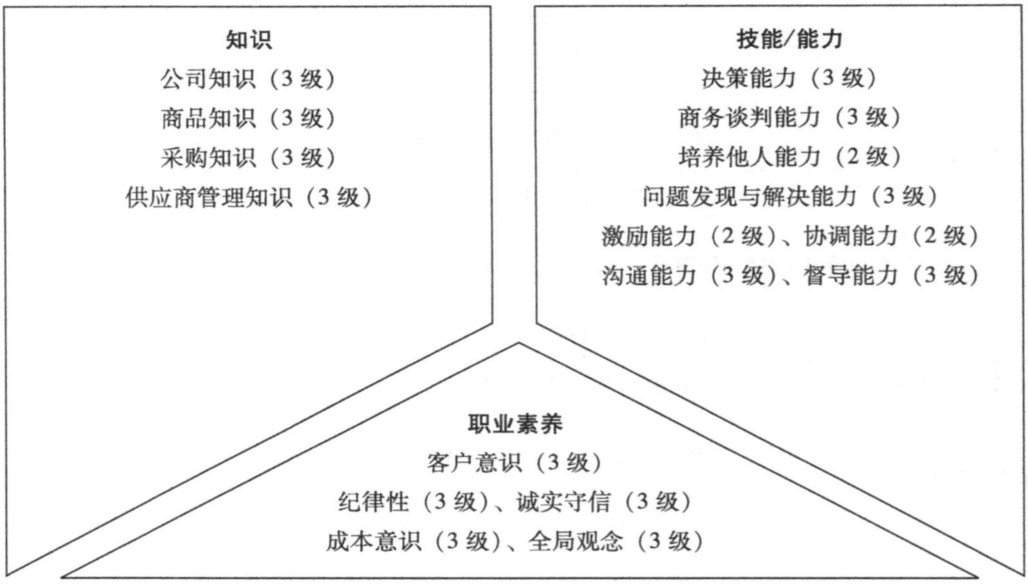

图 11-18　零售采购经理胜任素质模型

零售采购经理的任职资格条件如表 11-18 所示。

表 11-18　零售采购经理任职资格条件

关键行为与结果要求	工作标准与规范	指标界定与目标值
采购计划执行管理	负责制订和执行零售采购管理办法和采购计划	计划完成率 = $\frac{\text{实际采购商品数}}{\text{计划采购商品数}} \times 100\%$
采购商品结构管理	负责对零售商品的采购结构进行合理安排和执行，保证采购的效用最大化	主要体现为零售特征和满足目标顾客需求度，如重点商品占有率、公司自有品牌商品占有率、其他商品占有率

（续表）

关键行为与结果要求	工作标准与规范	指标界定与目标值
采购商品费用管理	负责制定采购费用控制方案，对采购费用控制和商品价格进行分析和管理，执行采购方案	采购费用降低率 = $\frac{\mid 实际采购成本 - 计划采购成本 \mid}{计划采购成本} \times 100\%$
部门及团队管理	制订零售采购日常管理细则和规范、招聘计划、培训计划，负责团队建设	核心员工流失率低于____%；员工绩效考核平均得分在____分以上

11.7.2 零售采购主管胜任素质模型与任职资格

本书依据零售采购主管的主要工作事项，参照同类主管人员的胜任行为特征，经过分析和总结，构建了零售采购主管胜任素质模型，具体内容如图11-19所示。

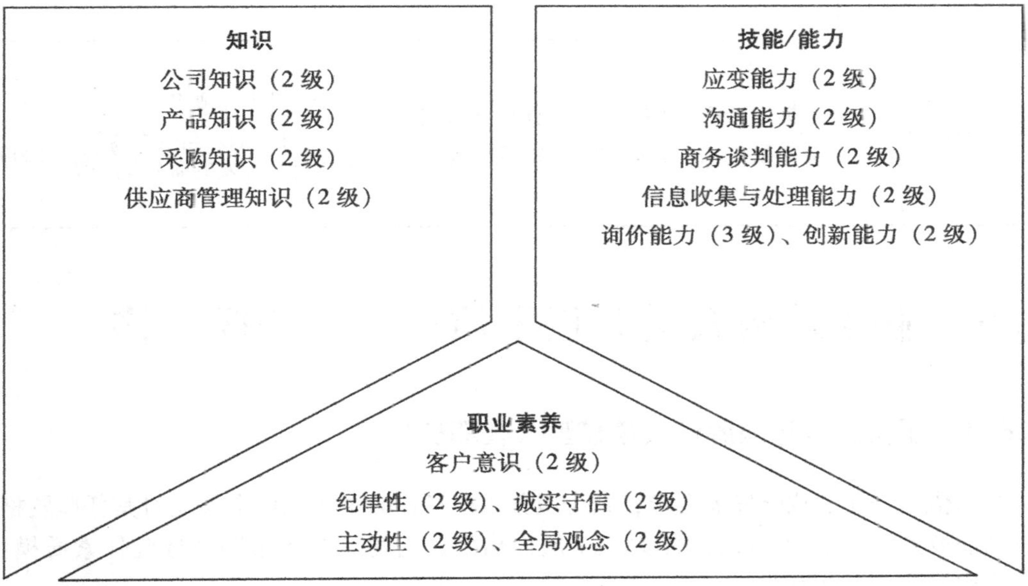

图11-19 零售采购主管胜任素质模型

零售采购主管的任职资格条件如表 11-19 所示。

表 11-19　零售采购主管任职资格条件

关键行为与结果要求	工作标准与规范	指标界定与目标值
商品订货管理	根据采购计划和经营需要，组织落实采购订单，并组织采购货物的跟催工作	商品订货及时率 = $\frac{\text{考核期内按时完成采购的商品数量}}{\text{考核期内完成采购的商品数量}} \times 100\%$
商品质量管理	对采购商品进行质量检验，并及时做好质检记录和质检报告	采购商品合格率达____% 采购商品合格率 = $\frac{\text{采购商品合格批次}}{\text{采购商品的总批次}} \times 100\%$
新产品引进管理	通过与供应商合作及市场需求调查，开发新商品，改善及丰富商品品类，确定新商品陈列位置及方式	目标值在____%以上，得满分 新商品引进率 = $\frac{\text{新商品种类}}{\text{商品总种类}} \times 100\%$
商品结构管理	对零售商品的采购结构进行合理安排和执行，保证采购的效用最大化	主要是各类商品的经营比重、库存比重、品种比重、档次比重，按照公司的实际情况划分比例
供应商管理	根据公司经营需要筛选供应商，对供应商服务进行评价，保存供应商档案	供应商开发计划完成率 = $\frac{\text{考核期内开发的商品供应商数}}{\text{考核期内计划开发的商品供应数}} \times 100\%$

11.8　服务采购人员胜任素质模型与任职资格

11.8.1　服务采购经理胜任素质模型与任职资格

本书依据企业的战略发展要求，结合服务采购经理的主要工作事项及对其任职资格要求，从职业素养、知识、技能/能力三个层面出发，构建了服务采购经理胜任素质模型，具体内容如图 11-20 所示。

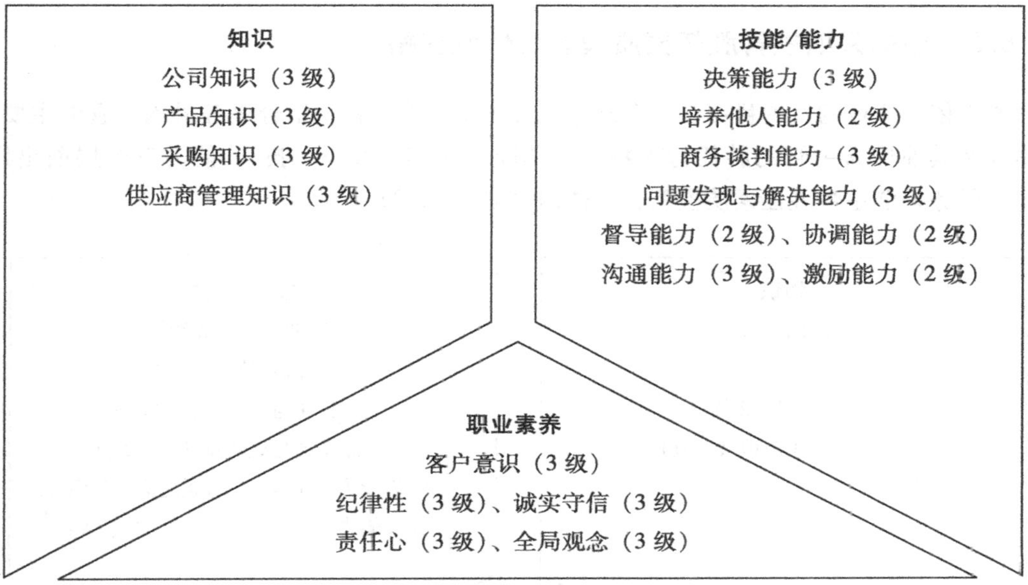

图 11-20　服务采购经理胜任素质模型

服务采购经理的任职资格条件如表11-20所示。

表 11-20　服务采购经理任职资格条件

关键行为与结果要求	工作标准与规范	指标界定与目标值
服务采购制度管理	根据公司经营需要，组织制定采购管理制度及预算管理细则	每出现1次影响采购的情况，扣____分，严重影响采购的情况出现，此得分为0
服务采购计划管理	根据公司经营计划生产进度，向领导提交月度、季度采购计划及预算	采购计划完成率在____%以上 预算达成率 $= \frac{实际采购金额}{计划采购金额} \times 100\%$
采购对象管理	组织人员对采购服务质量、信誉等级情况进行调查与评估，与采购对象建立良好的合作关系	主要是指采购对象提供的服务质量；每出现1次服务提供商资格不符合公司有关规定的情况，扣____分
部门和团队管理	对本部门员工进行业务培训、指导、考核，提高部门工作业绩	下属员工考核平均得分在____分以上；相关档案资料无丢失、无损坏现象

11.8.2 服务采购主管胜任素质模型与任职资格

本书依据企业的发展目标、经营理念、文化价值等内容，结合服务采购主管的主要工作事项及其他优秀主管的胜任行为特征，从职业素养、知识、技能/能力三个层面出发，构建了服务采购主管胜任素质模型，具体内容如图 11-21 所示。

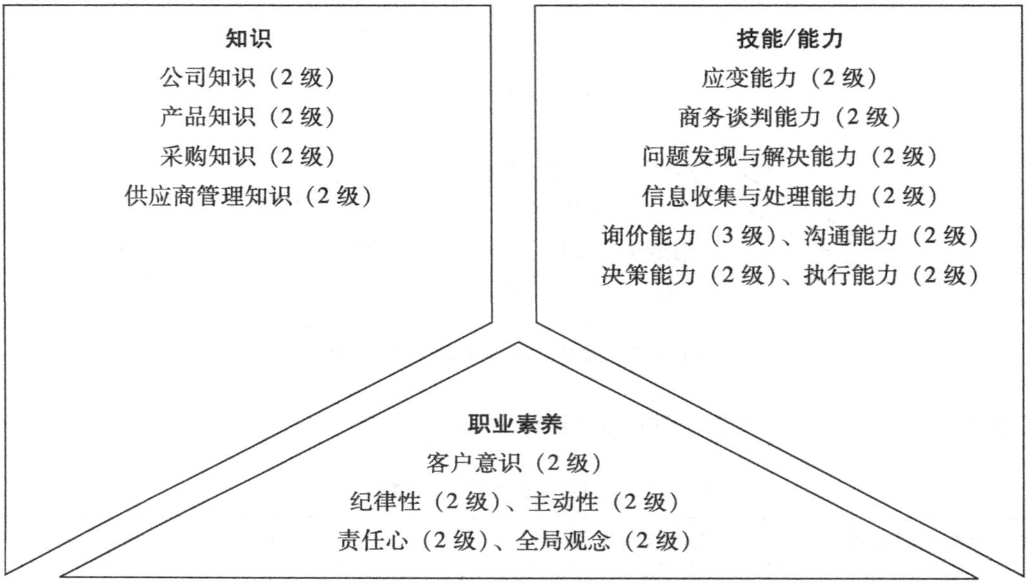

图 11-21 服务采购主管胜任素质模型

服务采购主管的任职资格条件如表 11-21 所示。

表 11-21 服务采购主管任职资格条件

关键行为与结果要求	工作标准与规范	指标界定与目标值
采购任务执行	执行采购任务，并设计采购计划执行报告	采购任务完成率达____% 任务完成率 = $\frac{\text{实际采购数}}{\text{计划采购数}} \times 100\%$
采购对象选择	负责采购对象的调研、选择、评价等	采购对象开发计划完成率 = $\frac{\text{考核期内开发的采购对象数}}{\text{考核期内计划开发的采购对象数}} \times 100\%$
采购合同管理	负责拟定采购合作协议书，与采购对象签订采购合作协议书	采购合作协议书的拟定合理、无漏洞，每出现 1 次不合理或漏洞，扣____分
采购档案管理	负责对所有采购相关资料及规定进行整理、归档	归档的资料不完整，有漏项，有明显的语法错误，此项得分为 0

11.9 项目采购人员胜任素质模型与任职资格

11.9.1 项目采购经理胜任素质模型与任职资格

本书构建的项目采购经理胜任素质模型包括职业素养、知识、技能/能力三部分，其具体内容如图11-22所示。

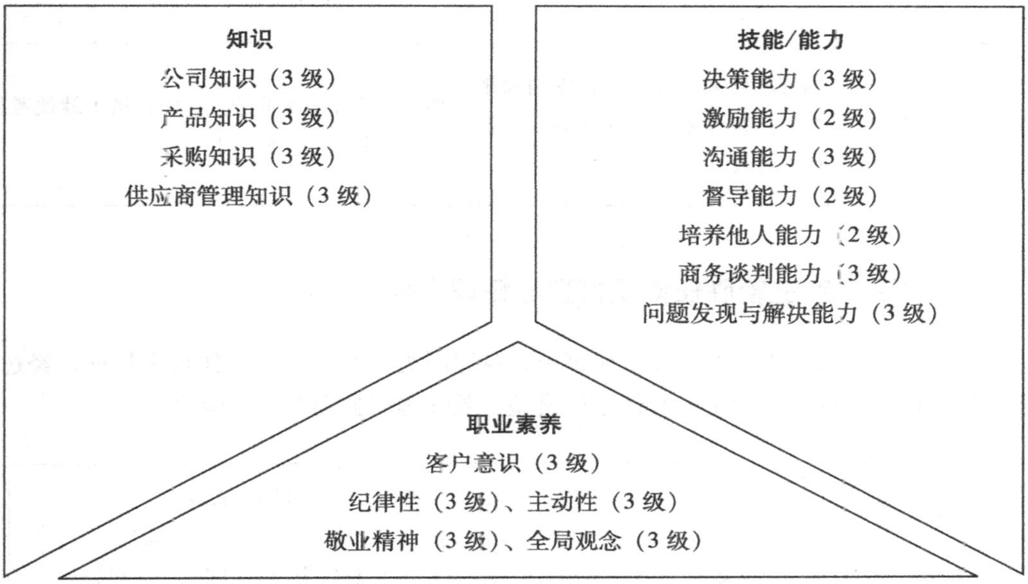

图11-22 项目采购经理胜任素质模型

项目采购经理的任职资格条件如表11-22所示。

表11-22 项目采购经理任职资格条件

关键行为与结果要求	工作标准与规范	指标界定与目标值
项目采购计划管理	负责制订项目采购计划，并监督落实采购计划	项目采购计划完成率 = $\frac{实际完成的采购任务量}{规定要完成的采购任务量}\times 100\%$
项目邀标、竞标管理	根据公司某项目的需要，组织相关人员对合作单位进行招标采购	主要通过邀标单位与竞标单位选择的公正性、合理性来考核

（续表）

关键行为与结果要求	工作标准与规范	指标界定与目标值
采购合同管理	与中标单位签订采购合同，并监督落实采购合同的执行与供应商管理工作	通过采购合同执行中的科学性、合理性来考核，未按合同进行采购的次数不超过____次，每超出1次，扣____分
采购费用管理	负责制定采购费用控制方案，对采购费用控制进行分析和管理	采购费用降低率 = $\frac{\text{实际采购成本}-\text{计划采购成本}}{\text{计划采购成本}}\times 100\%$
部门和团队管理	制订项目采购日常管理细则和规范、招聘计划、培训计划，负责团队建设	核心员工流失率低于____%；员工绩效考核平均得分在____分以上

11.9.2　项目采购主管胜任素质模型与任职资格

本书依据项目采购主管的主要工作事项，参照同类主管人员的胜任行为特征，经过分析和总结，构建了项目采购主管胜任素质模型，具体内容如图11-23所示。

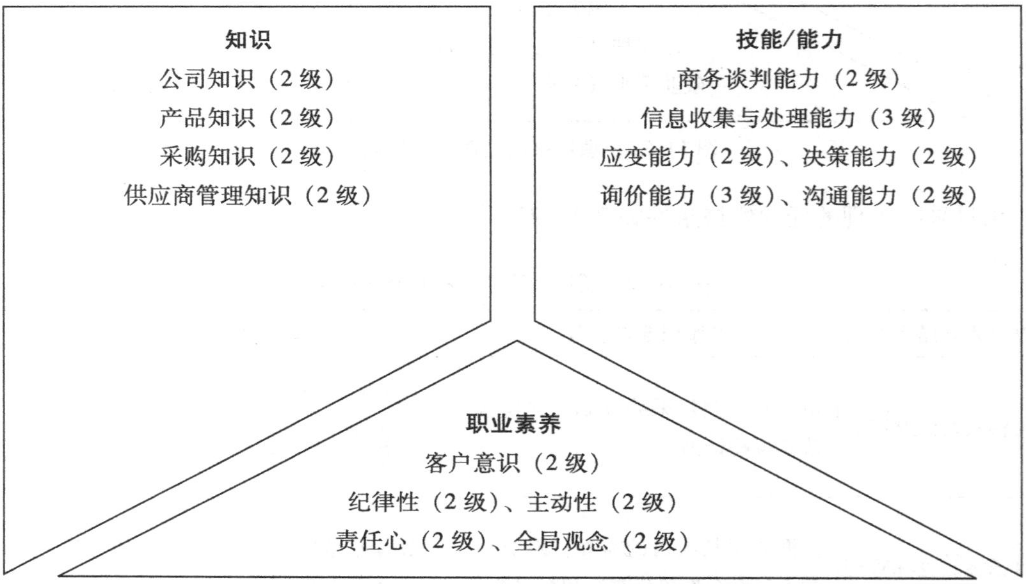

图11-23　项目采购主管胜任素质模型

项目采购主管的任职资格条件如表11-23所示。

表11-23 项目采购主管任职资格条件

关键行为与结果要求	工作标准与规范	指标界定与目标值
项目采购任务管理	协助项目采购经理制订项目采购计划，并予以执行	项目采购计划完成率＝$\frac{实际完成的采购任务量}{规定要完成的采购任务量}\times100\%$
招标书编制管理	根据公司项目采购招标书的编制，并及时上交有关领导审核	未能提交及时、详尽、专业性较强招标书，出现1次，此项得分为0
项目采购成本管理	负责制定项目采购费用控制方案，对采购费用控制进行分析和管理	采购成本控制在预算范围内，得满分，每降低____万元，加____分
项目采购资料管理	负责对项目采购所有文件、资料进行整理、归档	主要考核项目采购相关资料的完整性 归档资料内容有遗漏、格式不规范，有明显语法错误，扣____分

11.10 工程采购人员胜任素质模型与任职资格

11.10.1 工程采购经理胜任素质模型与任职资格

工程采购经理全面负责项目施工过程中的工程材料（设备）的供应及材料（设备）供应商的管理工作。本书依据工程采购经理的主要工作事项及其他优秀经理的胜任行为特征，从职业素养、知识、技能/能力三个层面出发，构建了工程采购经理胜任素质模型，具体内容如图11-24所示。

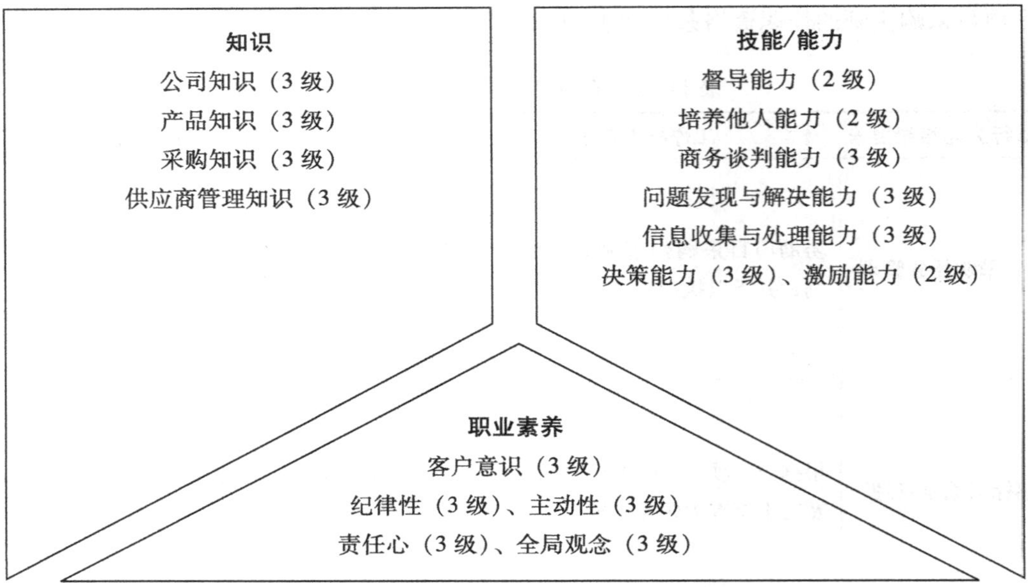

图 11-24　工程采购经理胜任素质模型

工程采购经理的任职资格条件如表 11-24 所示。

表 11-24　工程采购经理任职资格条件

关键行为与结果要求	工作标准与规范	指标界定与目标值
工程采购计划管理	制订工程采购管理办法、采购计划方案，组织实施分析、诊断并提交报告	工程计划采购完成率 = $\frac{实际采购项目数}{计划采购项目数}\times 100\%$ 工程计划采购率达____%
工程采购质量管理	负责对工程采购材料进行质量检验，规避质量问题	进场材料质量合格率 = $\frac{抽查质量合格数量}{总抽查数量}\times 100\%$
工程采购合同管理	保证采购合同科学、合理，监督材料设备采购合同履行的力度	主要考核采购合同的科学性 采购合同在执行过程中发现的不合理之处不超过____处
工程采购成本管理	制定工程采购费用控制目标，进行工程采购成本预算与控制	费用预算控制率不得超过 100%，每超过____%，扣____分 费用预算达成率 = $\frac{工程采购总支出}{工程采购总预算}\times 100\%$
供应商管理	负责选择、评价供应商，并建设供应商资料库	供应商资料库更新速度不少于____条，明显错误不超过____处

11.10.2 工程采购主管胜任素质模型与任职资格

本书依据企业的发展目标、经营理念、文化价值等内容，结合工程采购主管的主要工作事项及其他优秀主管的胜任行为特征，从职业素养、知识、技能/能力三个层面出发，构建了工程采购主管胜任素质模型，具体内容如图11-25所示。

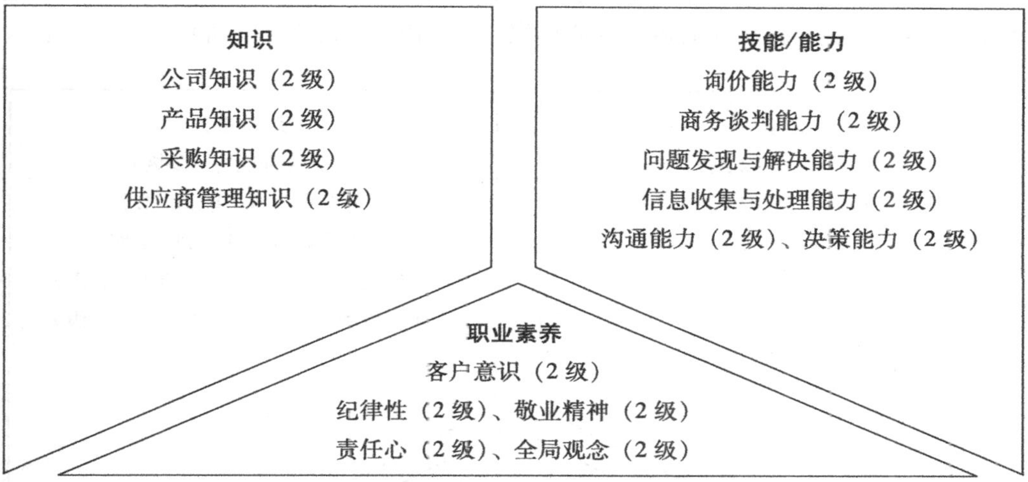

图11-25 工程采购主管胜任素质模型

工程采购主管的任职资格条件如表11-25所示。

表11-25 工程采购主管任职资格条件

关键行为与结果要求	工作标准与规范	指标界定与目标值
工程采购计划管理	执行采购计划方案，协助工程采购经理组织实施工程采购工作	计划完成率 = $\frac{\text{实际采购项目数}}{\text{计划采购项目数}} \times 100\%$
工程采购货物管理	对工程采购材料进行到货处理、质量检验等管理	主要通过工程材料采购（设备）是否影响工程的进度进行考核
工程采购建议管理	对项目规划设计方案提供合理、实用的建议方案，保证最佳规划设计方案的顺利完成	在工程材料采购方面的方案制定过程中所提合理化建议不少于____条
工程采购成本管理	协助工程采购经理制定工程采购费用控制目标，进行工程采购成本预算与控制	费用预算控制率不得超过100%，每超过____%，扣____分
供应商管理	协助工程采购经理选择、评价供应商，并建设供应商资料库	未按规定对供应商进行考核的次数不超过____次，投诉率不超过____%

11.11 网络采购人员胜任素质模型与任职资格

11.11.1 网络采购主管胜任素质模型与任职资格

本书依据网络采购主管的主要工作事项，参照同类主管人员的胜任行为特征，经过分析和总结，构建了网络采购主管胜任素质模型，具体内容如图 11-26 所示。

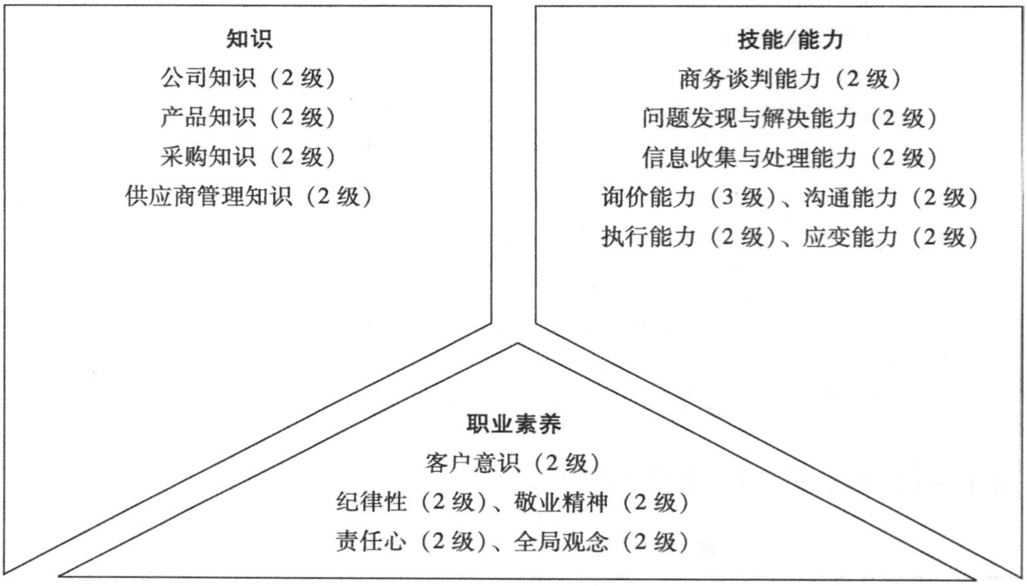

图 11-26 网络采购主管胜任素质模型

网络采购主管的任职资格条件如表 11-26 所示。

表 11-26 网络采购主管任职资格条件

关键行为与结果要求	工作标准与规范	指标界定与目标值
网络采购计划管理	制订并实施网络采购管理办法、采购计划方案，开展网络采购分析	目标值为 100%，低于____%，此项得分为 0 $计划完成率 = \frac{实际采购量}{计划采购量} \times 100\%$
网络采购成本管理	制定费用控制目标，进行网络采购成本预算与控制	网络采购成本控制率 = $\frac{网络采购实际发生成本}{网络采购预算成本} \times 100\%$

（续表）

关键行为与结果要求	工作标准与规范	指标界定与目标值
网络采购质量管理	对网络采购产品进行测试和质量检验，并提交质检报告	采购物资合格率 $= \frac{\text{采购物资的合格数量}}{\text{采购物资总量}} \times 100\%$
物料价格管理	制定网络采购物料价格管理方案，并对各种物料价格的差异性进行诊断和分析	目标值为0，若物料价格差异超过利用这些物料生产的产品的销售利润，此项得分为0；若在保证质量的情况下，物料价格差异值为负，可以酌情加分
供应商管理	负责网络采购供应商的开发、评价和协调等	考核期内每开发1个新的供应商，加____分，没有开发新供应商，扣____分

11.11.2 网络采购专员胜任素质模型与任职资格

本书依据网络采购专员的工作内容及职责，参照其他优秀采购员的胜任行为特征，从职业素养、知识、技能/能力三个层面出发，构建了网络采购专员胜任素质模型，具体内容如图11-27所示。

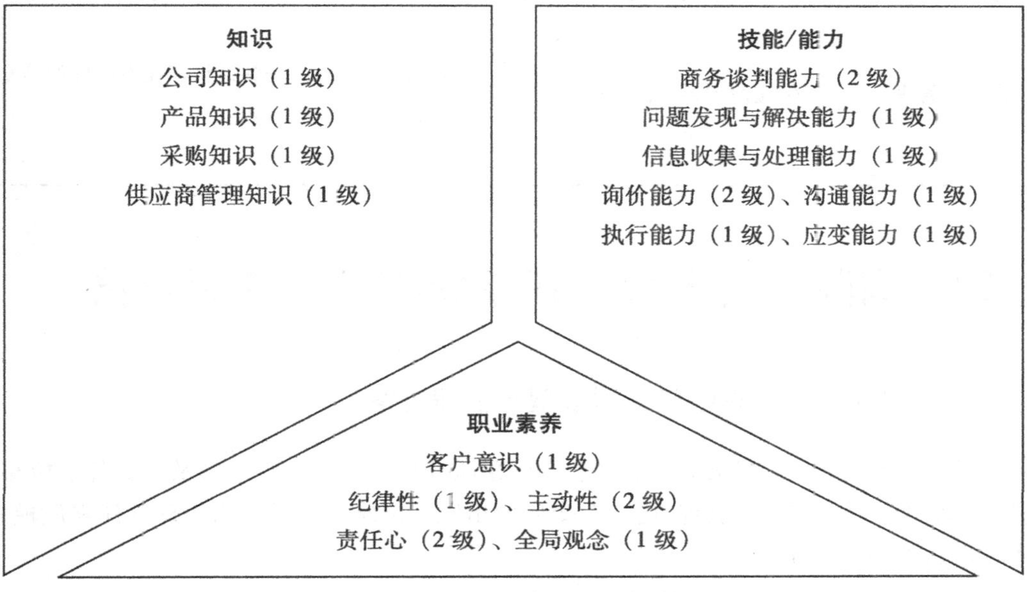

图11-27 网络采购专员胜任素质模型

网络采购专员的任职资格条件如表 11-27 所示。

表 11-27　网络采购专员任职资格条件

关键行为与结果要求	工作标准与规范	指标界定与目标值
网络采购信息管理	负责提供经上级确认的，对网络采购活动有影响的网络新渠道、采购商品市场信息和供应商信息等	每月提供的有效信息不少于____条，每少____条，扣 1 分，扣完为止
网络采购订单管理	负责下发网络采购订单，跟踪物资运输情况，解决订单异常问题	不能准时下发订单、不能实时跟踪物资运输情况、不能及时处理遇到的问题，扣____分
网络采购失误处理	及时处理和上报网络采购过程中出现的失误情况	每发生 1 次数量不够的情况，若能及时补充，且费用没超出预算范围，不扣分；若不能及时补充，影响生产，扣____分，严重影响生产，此项得分为 0
供应商管理	对供应商的各项信息进行登记管理	供应商信息不完整，且存在不准确的信息，也未全部归档，扣____分

11.12　国际采购人员胜任素质模型与任职资格

11.12.1　国际采购经理胜任素质模型与任职资格

本书依据企业的战略发展要求，结合国际采购经理的主要工作事项及对其任职资格的要求，从职业素养、知识、技能/能力三个层面出发，构建了国际采购经理胜任素质模型，具体内容如图 11-28 所示。

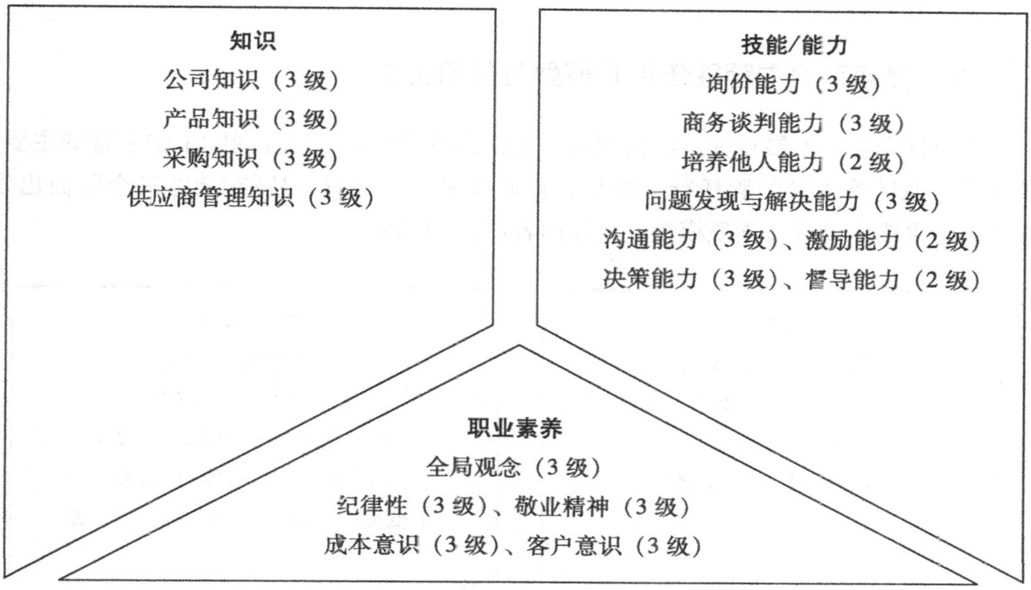

图 11-28　国际采购经理胜任素质模型

国际采购经理的任职资格条件如表 11-28 所示。

表 11-28　国际采购经理任职资格条件

关键行为与结果要求	工作标准与规范	指标界定与目标值
国际采购计划管理	制定国际采购管理办法、采购方案，并组织实施国际采购工作	计划完成率 $=\frac{\text{国实际采购完成量}}{\text{计划采购完成量}}\times 100\%$
国际采购成本管理	制定国际采购费用控制目标，进行国际采购成本预算与控制	国际采购成本控制在预算的 95%～100%，每超出范围____%，扣____分，超出预算____%（或低于），得分为 0
国际采购质量管理	负责对国际采购产品和物件进行测试，并进行质量检验，提交质检报告	采购合格率达到____% 采购合格率 $=\frac{\text{采购合格数量}}{\text{采购物资总量}}\times 100\%$
危机事件处理	负责对国际采购过程中发生的一切危机情况及事件进行处理，并及时上报有关部门及领导	拖延危机事件处理时间，或者多数危机事件未能处理，扣____分
部门和团队管理	制订国际采购日常管理细则和规范、招聘计划、培训计划，负责团队建设	培训计划完成率 $=\frac{\text{实际培训人数}}{\text{计划培训总人数}}\times 100\%$

11.12.2 国际采购主管胜任素质模型与任职资格

本书依据企业的发展目标、经营理念、文化价值等内容，结合国际采购主管的主要工作事项及其他优秀主管的胜任行为特征，从职业素养、知识、技能/能力三个层面出发，构建了国际采购主管胜任素质模型，具体内容如图 11-29 所示。

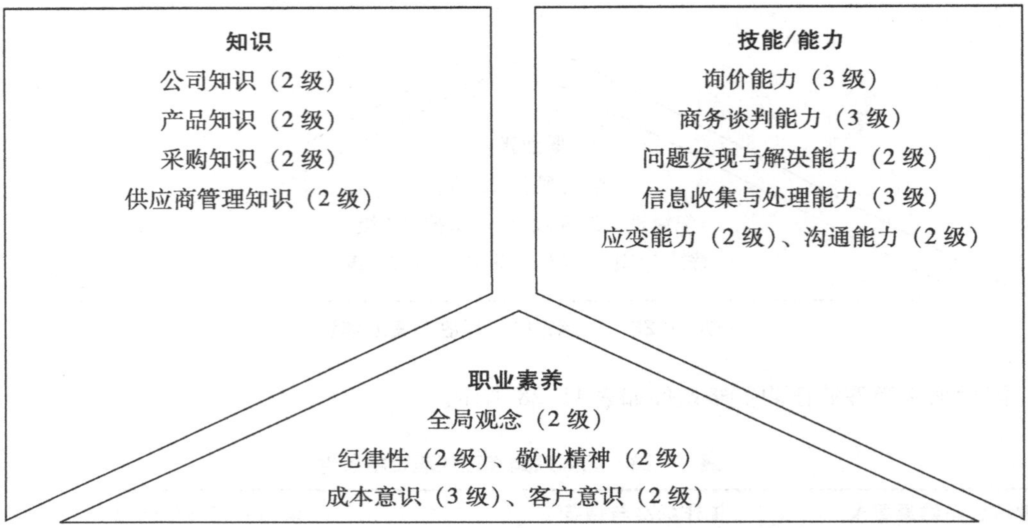

图 11-29 国际采购主管胜任素质模型

国际采购主管的任职资格条件如表 11-29 所示。

表 11-29 国际采购主管任职资格条件

关键行为与结果要求	工作标准与规范	指标界定与目标值
国际采购任务执行	负责协助国际采购经理制定采购管理办法、方案，并执行国际采购工作	考核目标值为 100%，每减少____%，扣____分，低于____%，此项得分为 0
采购物资质量管理	执行国际采购产品和物件的测试和质检工作，并撰写质检报告	采购合格率达到____% $采购合格率 = \frac{采购合格数量}{采购物资总量} \times 100\%$
采购物资价格管理	负责对需要采购的审批物资进行市场价格调研，并撰写调研分析报告	在同类产品市场上，价格最高，质量不符合要求，扣____分
国际采购报告管理	负责撰写国际采购报告，并上交至国际采购经理进行审核	国际采购报告撰写不规范，产生错误较多，扣____分

11.12.3 国际采购专员胜任素质模型与任职资格

本书依据国际采购专员的主要工作事项及对其任职资格的要求，在参照其他优秀采购人员胜任行为特征的基础上，构建了国际采购专员胜任素质模型，具体内容如图 11-30 所示。

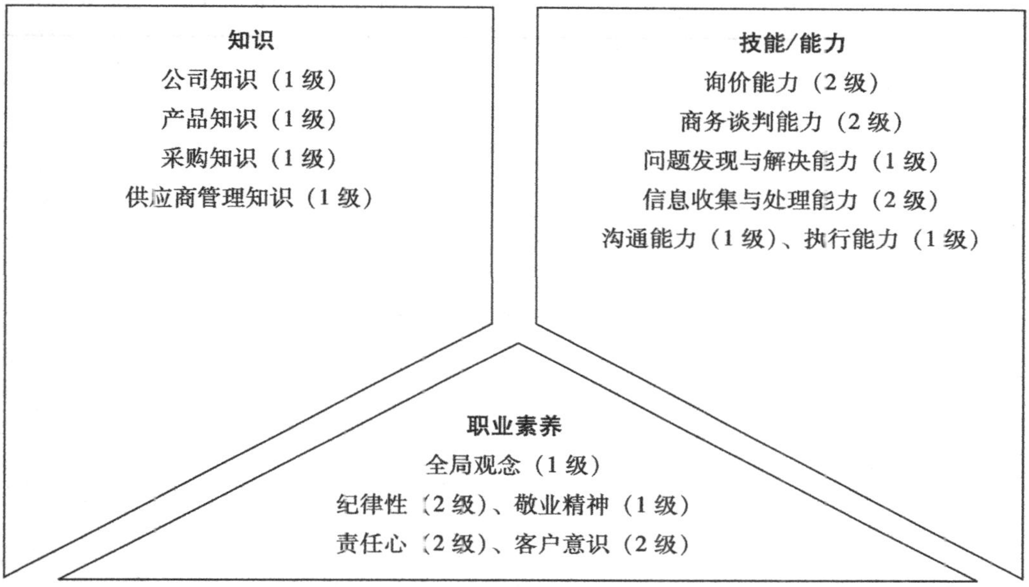

图 11-30 国际采购专员胜任素质模型

国际采购专员的任职资格条件如表 11-30 所示。

表 11-30 国际采购专员任职资格条件

关键行为与结果要求	工作标准与规范	指标界定与目标值
市场信息管理	收集、整理和分析与国际采购产品的相关市场信息	不能按时收集市场信息，收集的市场信息有错误，每次扣____分
报关报检管理	协调进口货物运输和报检报关事宜，并及时反馈异常的供应问题	向海关、商检的申报过程中出现差错或延误的次数，每次扣____分
采购订单管理	根据主管的要求，制作并下达国际采购订单，与供应商确认、安排发货及跟踪到货日期	采购订单确认完成率 = $\frac{\text{完成订单确认的采购订单数量}}{\text{需进行确认的采购订单总数}} \times 100\%$

（续表）

关键行为与结果要求	工作标准与规范	指标界定与目标值
物资质量管理	协助国际采购主管等对国际采购产品和物件进行测试和质检	采购合格率 $= \frac{\text{采购合格数量}}{\text{采购物资总量}} \times 100\%$
采购保密管理	对国际采购过程中的信息进行保密，如海外供应商信息、采购数据等	故意泄露公司商业秘密，给公司造成很大损失，且不负责任，扣____分

第 12 章

财务类人员胜任素质模型与任职资格

12.1 财务部人员胜任素质模型与任职资格

12.1.1 财务经理胜任素质模型与任职资格

在企业已全面市场化的今天，一个合格的财务经理，应具备全方位的综合素质和能力。本书据此构建了如图12-1所示的财务经理胜任素质模型。

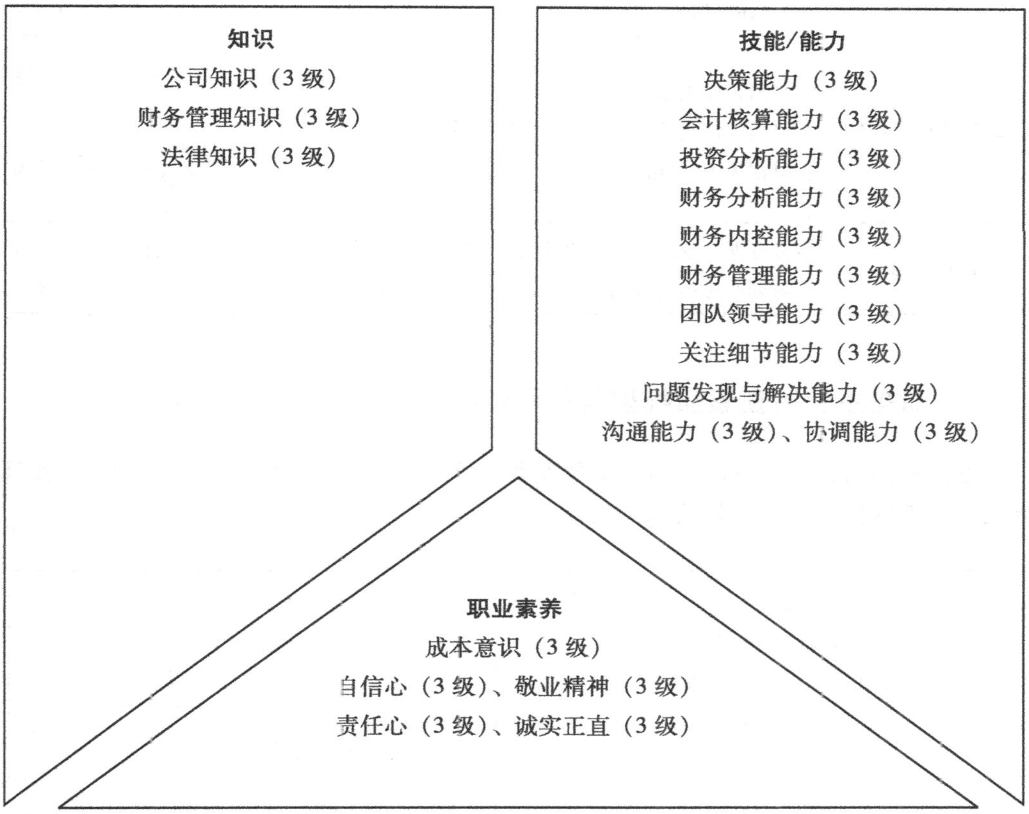

图12-1 财务经理胜任素质模型

财务经理的任职资格条件如表12-1所示。

表12-1 财务经理任职资格条件

关键行为与结果要求	工作标准与规范	指标界定与目标值
财务分析管理	定期或不定期地组织相关人员进行财务分析，并提交财务分析报告，为企业经营决策提供依据	根据公司规定的周期定期递交财务分析报告，每推迟1天，扣____分；分析报告分析不合理，本项得分减半

（续表）

关键行为与结果要求	工作标准与规范	指标界定与目标值
财务资金计划管理	组织相关人员编制各项财务收支及资金计划，落实和检查计划的执行情况，并定期分析，提出改进建议	根据计划落实检查，并提出改进建议，计划完成率每低于____%，扣____分 $计划完成率=\frac{实际完成项目数}{计划完成项目数}\times 100\%$
外联客户关系管理	建立与维护同工商、税务、银行等机构的良好关系	考核期内每出现一次客户投诉，扣____分
公司财务预算控制	根据企业有关制度，组织有关部门编制并汇总财务预算，经审批后组织相关人员实施	费用控制率达到____%，每低于目标____%，扣____分 $费用控制率=\frac{实际节省预算额}{预算总额}\times 100\%$
员工管理	负责财务人员队伍的建设、选拔、培训、考核等工作	考核期内员工绩效考核评分在____分以上，每低于目标____分，扣____分

12.1.2 财务主管胜任素质模型与任职资格

财务主管作为企业财务部门的基层管理者，负责具体的会计核算、财务分析、预算编制等工作，其胜任素质模型如图12-2所示。

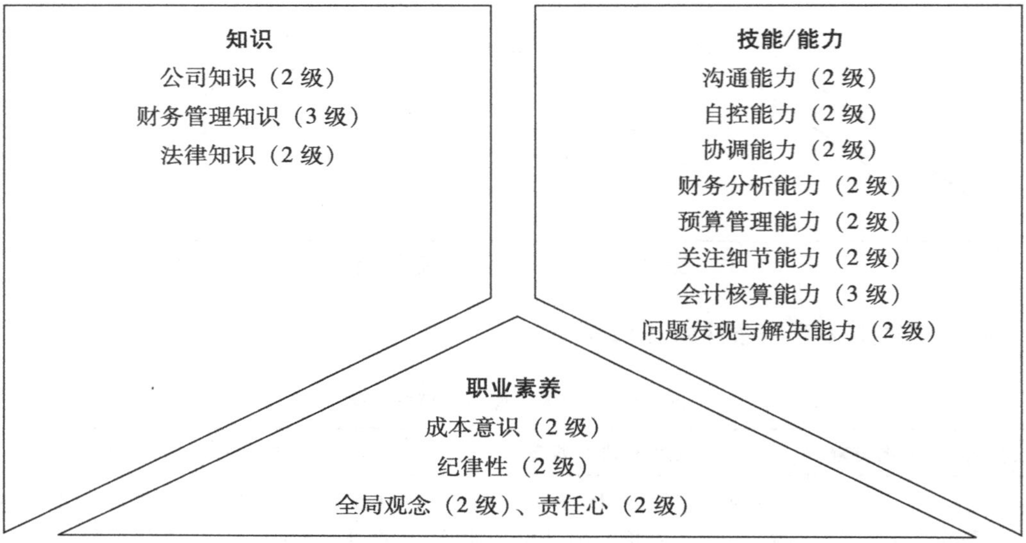

图12-2 财务主管胜任素质模型

财务主管的任职资格条件如表 12-2 所示。

表 12-2 财务主管任职资格条件

关键行为与结果要求	工作标准与规范	指标界定与目标值
各类会计报表编制	组织相关人员进行企业会计核算，正确、及时登记、审核账目，编报和合并会计报表，及时提供完整的财务数据资料	考核期内，各类会计报表编制及时完成率达到____%，每低于目标____%，扣____分 $及时率=\frac{及时编制财务报表次数}{财务报表编制总次数}\times 100\%$
税金缴纳管理	按照国家税务政策严格审查纳税申报表，督促及时缴税	缴纳及时率每低于目标____%，扣____分 $缴纳及时率=\frac{及时缴纳次数}{应缴纳次数}\times 100\%$
财务费用管理	审核、控制公司各项费用支出，组织人员定期汇集、计算、分析成本控制情况，提交成本控制分析报告	考核期内财务费用降低率达到____%，每低于目标____%，扣____分
财务资料管理	安排人员进行财务资料、文件、记录的整理、保管和定期归档工作	考核期内财务资料完整率达到____%，每低于目标____%，扣____分
部门员工培训管理	定期对部门人员的业务指导、技能培训	按计划实施部门员工技能培训，每少执行 1 次，扣____分

12.2 会计与出纳人员胜任素质模型与任职资格

12.2.1 总账会计胜任素质模型与任职资格

总账会计主要负责登记企业总账及制作有关的财务报表。胜任此职位的人员，除具有全面的财务专业知识外，还要熟练掌握全盘账务的处理知识与技巧；另外，沟通能力、关注细节能力等也是必不可少的。本书据此构建的总账会计胜任素质模型如图 12-3 所示。

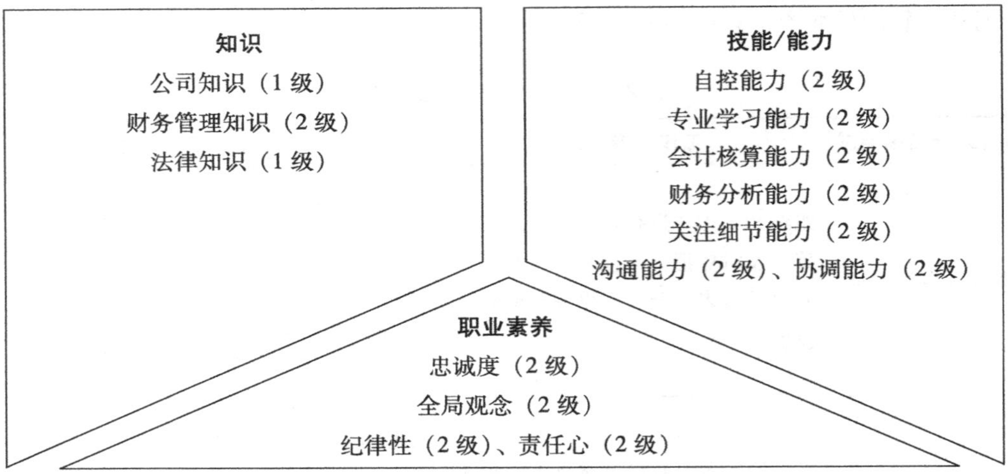

图 12-3 总账会计胜任素质模型

总账会计的任职资格条件如表 12-3 所示。

表 12-3 总账会计任职资格条件

关键行为与结果要求	工作标准与规范	指标界定与目标值
应收账款管理	定期监督、核实公司应收账款项目，并督促相关部门及时办理，确保应收账款周转及时、顺利	周转率每低于____%，扣____分 周转率 = $\frac{营业收入}{平均应收账款余额} \times 100\%$
总账登记管理	及时登记整理总账账目，确保总账账目准确、完整，不出现差错和丢失	考核期内总账登记及时率达到____%，每低于目标____%，扣____分
会计凭证归档管理	及时装订整理每月会计凭证，并及时归档	考核期内会计凭证归档率达到____%，每低于目标____%，扣____分
税务工作管理	根据国家规定监督、管理并完成公司税务相关工作，确保不出现违法现象	税务工作完成率 = $\frac{税务工作完成项数}{税务工作计划项数} \times 100\%$

12.2.2 明细账会计胜任素质模型与任职资格

本书构建的明细账会计胜任素质模型如图 12-4 所示。

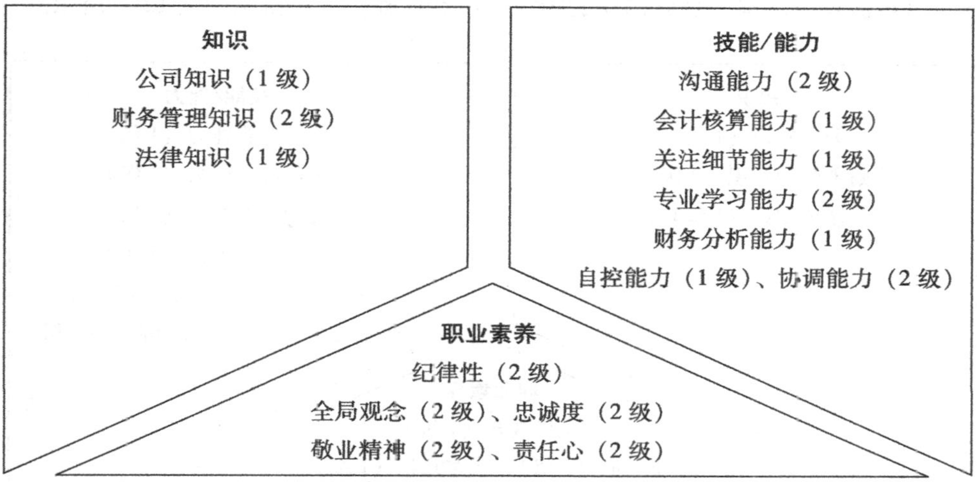

图 12-4　明细账会计胜任素质模型

明细账会计的任职资格条件如表 12-4 所示。

表 12-4　明细账会计任职资格条件

关键行为与结果要求	工作标准与规范	指标界定与目标值
账目设置管理	根据公司业务及总分类账户，结合核算需要，合理设置明细分类账及账户	账目设置符合公司业务需要，每出现 1 次账目设置不合理情况，扣____分
账目登记管理	根据审核无误的记账凭证，按记账规则及时准确地进行明细分类账登记	及时率每低于____%，扣____分 登记及时率 = $\frac{\text{及时登记的账目}}{\text{应登记的账目}} \times 100\%$
账目核对管理	每旬与总分类账核对，做到账实相符	每发现 1 次账实不相符，扣____分
现金日记账管理	将公司银行存款、现金日记账按记账要求登记，做到日清月结。发现问题，及时查明原因，予以更正	每出现 1 次记账差错情况，扣____分；每出现 1 次没有及时处理当天工作的情况，扣____分
债权债务管理	严格执行公司商品结算制度，及时清理债权、债务，避免造成坏账损失	每发现 1 次因没及时处理而造成坏账的情况，扣____分

12.2.3 固定资产会计胜任素质模型与任职资格

固定资产会计主要负责企业固定资产的增加、转移、折旧、报废等会计处理。因此，胜任此职位的人员，不仅要熟悉财务、会计相关专业知识，还要了解固定资产的概念、核算流程、盘点流程等。本书据此构建的固定资产会计胜任素质模型如图 12-5 所示。

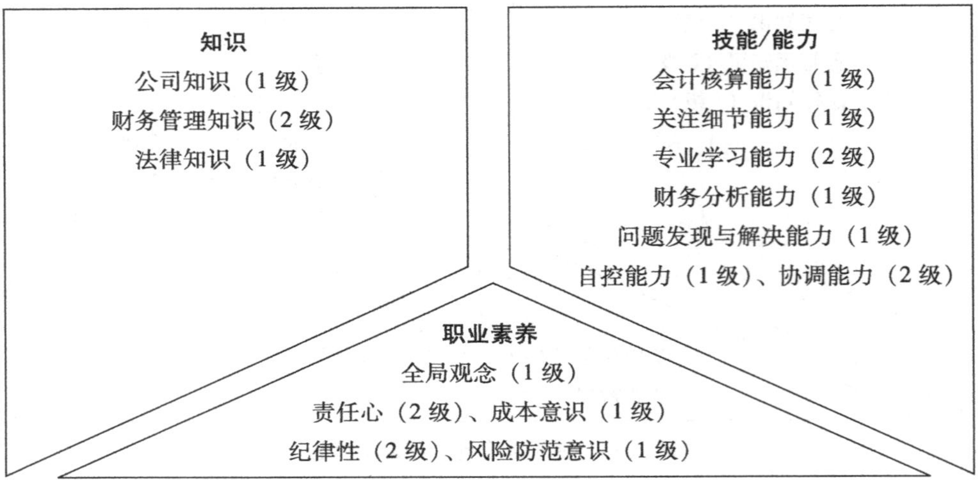

图 12-5 固定资产会计胜任素质模型

固定资产会计的任职资格条件如表 12-5 所示。

表 12-5 固定资产会计任职资格条件

关键行为与结果要求	工作标准与规范	指标界定与目标值
凭证管理	根据相关计划和合同，审核原始凭证，编制记账凭证，支付项目款项	凭证编制正确率达到 100%，每发现一次差错，扣____分
固定资产变动管理	参与项目验收，根据相关部门项目验收单填写固定资产变动通知单，交相关部门签署后，进行固定资产核算	固定资产变动登记差错率，每高于____%，扣____分 固定资产变动登记差错率 = $\frac{\text{差错次数}}{\text{登记总次数}} \times 100\%$
固定资产信息化管理	编制并完善固定资产网络管理，完成建卡、销卡及登账等事后工作	相关工作每少完成一项，扣____分；每发现一项执行不合格，扣____分
客户服务管理	配合相关部门打印所需要的固定资产资料	投诉率每高于____%，扣____分 客户投诉率 = $\frac{\text{投诉次数}}{\text{服务总次数}} \times 100\%$
固定资产清查	定期参与相关部门固定资产清查，并对清查结果分析，递交分析报告	每少清查一次或少递交一次分析报告，分别扣____分

12.2.4 成品会计胜任素质模型与任职资格

本书构建的成品会计胜任素质模型如图12-6所示。

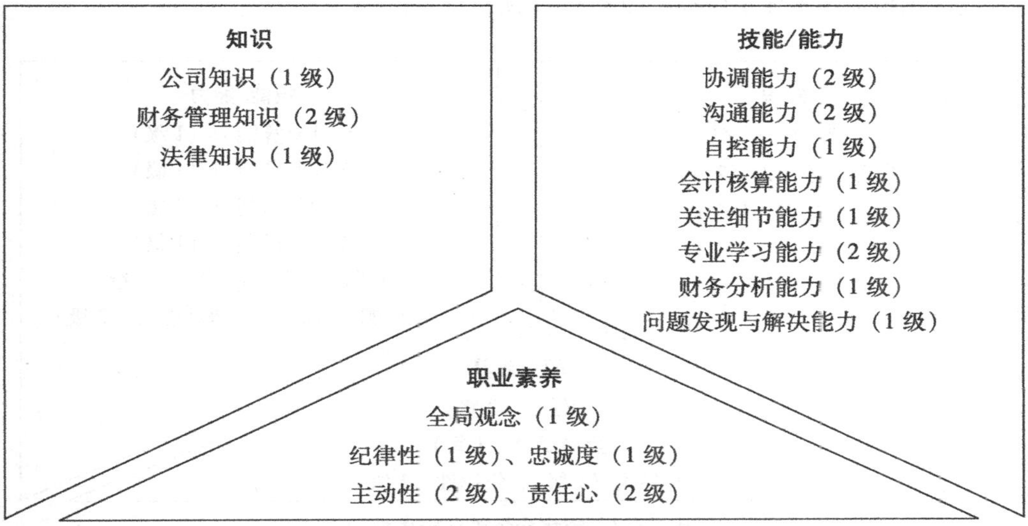

图12-6 成品会计胜任素质模型

成品会计的任职资格条件如表12-6所示。

表12-6 成品会计任职资格条件

关键行为与结果要求	工作标准与规范	指标界定与目标值
料件领用管理	编制新规成品、改修成品、改制成品领用的直接材料、半成品、成品明细表，用于核算当月领用成本	确保领用登记不出现差错，每出现一次差错，扣____分
费用性领料管理	编制辅料、厂内用品、消耗品等费用性领料报表，用于当月费用核算	正确编制报表，每出现一次差错，扣____分
生产人员工资费用管理	将当月生产线直接人员的工资分配到每一个工单，按照工作中心汇总工时，作为分摊制费的标准之一	工资核算准确，不出现差错，每出现一次差错，扣____分
制造费用分配管理	按照风险与收益相当原则，将当月的产品制造费经过多次分配计入工作中心或者产品	制造费用分配经相关人员审核认为合理不用返工，每发现一处分配不合理，扣____分
产品销售管理	进行产品销售成本损益管理及分析，并编制相关报表或分析报告	报表编制准确或报告分析合理，每出现一次返工或报告分析不合理，扣____分

12.2.5 销售会计胜任素质模型与任职资格

销售会计主要负责与销售业务有关的会计核算，除具有全面的财务会计专业知识外，还要熟悉企业产品销售流程、产品销售知识、货款结算流程及客户信用管理知识等。本书据此构建的销售会计胜任素质模型如图 12-7 所示。

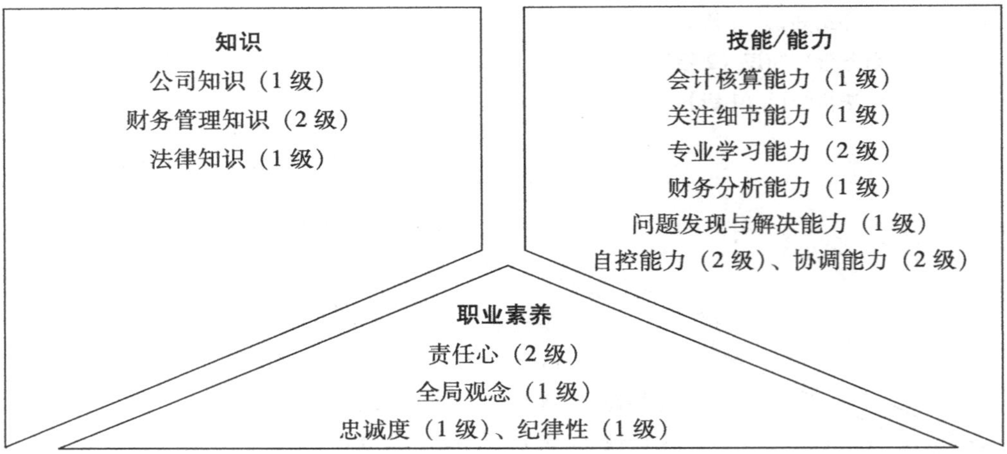

图 12-7　销售会计胜任素质模型

销售会计的任职资格条件如表 12-7 所示。

表 12-7　销售会计任职资格条件

关键行为与结果要求	工作标准与规范	指标界定与目标值
凭证管理	按照公司财务制度和核算管理有关规定，做好凭证审核、制定、记账、核算等工作，要求账证相符、账账相符、账表相符	每发现一次没按相关规定实施或实施有误，扣____分
销售合同台账管理	根据企业相关制度建立客户档案，管理客户资信及赊销授信额度，整理保管销售合同、协议等	出错率每高于____%，扣____分 $出错率=\frac{出错合同数}{合同签订数}\times 100\%$
销售及时收款管理	加强与各部门间的沟通，特别是与营销部的紧密联系，做好销售及时收款工作，为客户做好服务工作	及时收回销售应收款项，及时完成率每低于____%，扣____分 $及时完成率=\frac{实及时收回数}{应收回数}\times 100\%$
销售发票管理	负责销售发票的购买开具，并严格遵守先款后货原则	发票开具错误一次，扣____分；未及时提供发票引发客户意见一次，扣____分

12.2.6 出纳专员胜任素质模型与任职资格

出纳专员具体负责办理企业的现金、银行存款结算业务，要求其除了熟悉会计基础知识、现金管理知识和掌握各种现金、银行结算方式及流程外，还需要有较强的团队意识、会计核算能力、沟通能力等。本书据此构建的出纳专员胜任素质模型如图 12-8 所示。

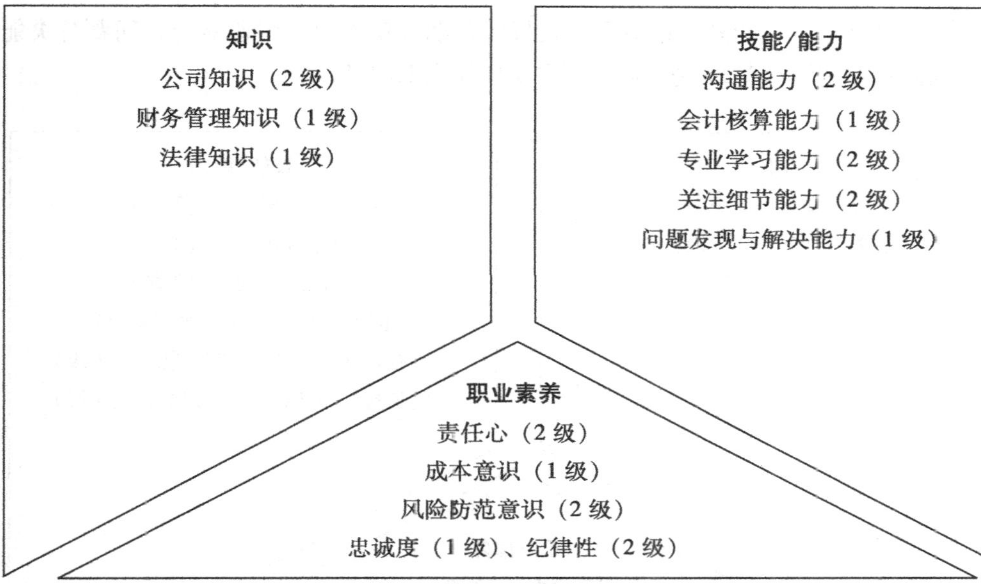

图 12-8 出纳专员胜任素质模型

出纳专员的任职资格条件如表 12-8 所示。

表 12-8 出纳专员任职资格条件

关键行为与结果要求	工作标准与规范	指标界定与目标值
现金收支管理	贯彻执行企业现金、银行存款管理制度和收支结算规定办理现金收付业务，并负责现金支票的保管、签发	考核期内现金收支准确率达到____%，每低于目标____%，扣____分
现金日记账登记	建立现金日记账，逐笔记载现金收支，做到每日结算，账实相符，出现差异及时汇报	考核期内现金日记账登记及时率达到____%，每低于目标____%，扣____分 $日记账登记及时率=\frac{及时登记次数}{应登记总次数}\times 100\%$
银行结算业务办理	负责银行结算，银行存取款业务和转账业务并定期打印、取回银行对账单	考核期内银行结算业务准确率达到____%，每低于目标____%，扣____分

12.3 资金管理人员胜任素质模型与任职资格

12.3.1 资金管理主管胜任素质模型与任职资格

资金管理主管具体负责企业的资金管理工作。胜任此职位的人员，除了具有全面的财务专业知识、会计业务技能外，还应具有良好的预期应变能力、沟通能力、问题解决能力等。本书据此构建的资金管理主管胜任素质模型如图 12-9 所示。

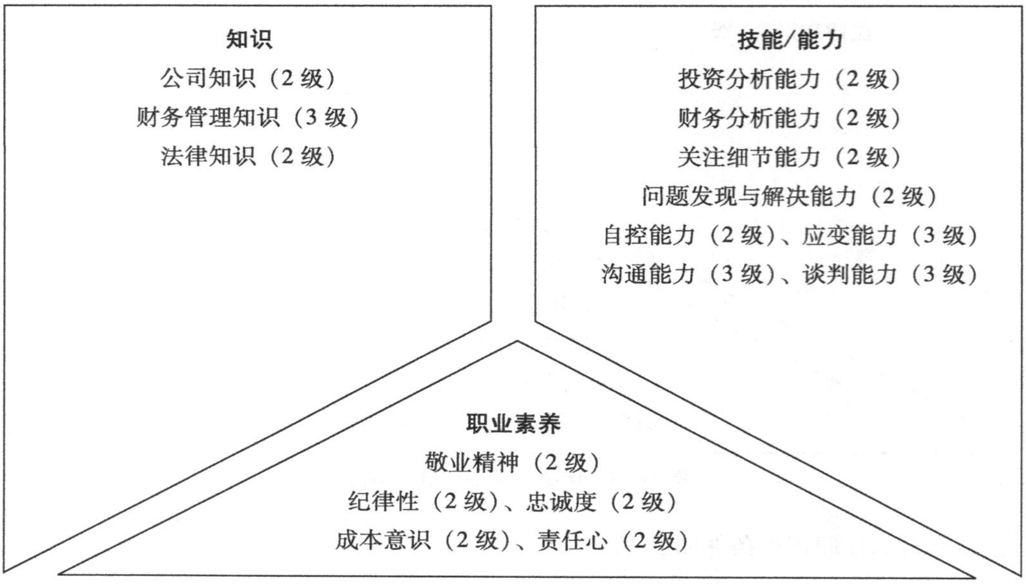

图 12-9　资金管理主管胜任素质模型

资金管理主管的任职资格条件如表 12-9 所示。

表 12-9　资金管理主管任职资格条件

关键行为与结果要求	工作标准与规范	指标界定与目标值
资金预算编制	组织相关人员编制企业年度、月度资金预算，并监督资金预算的具体执行	预算编制及时率达____%，每低于目标____%，扣____分 预算编制及时率 = $\frac{及时编制次数}{应编制总次数}\times$ 100%

（续表）

关键行为与结果要求	工作标准与规范	指标界定与目标值
月度流动资金计划编制	组织编制企业月度流动资金计划，分析月度资金使用情况，根据发现的问题提出调整建议	月度流动资金计划编制及时率达____%，每低于目标____%，扣____分
资金使用管理	定期或不定期盘点企业资金使用情况，适时调拨企业内外部资金，提高资金使用效率，并编制效益评估报告	资金使用目标达成率为____%，每偏离目标____%，扣____分，及时提交资金使用效益评估报告，及时率每偏离目标____%，扣____分

12.3.2 资金管理专员胜任素质模型与任职资格

本书构建的资金管理专员胜任素质模型如图12-10所示。

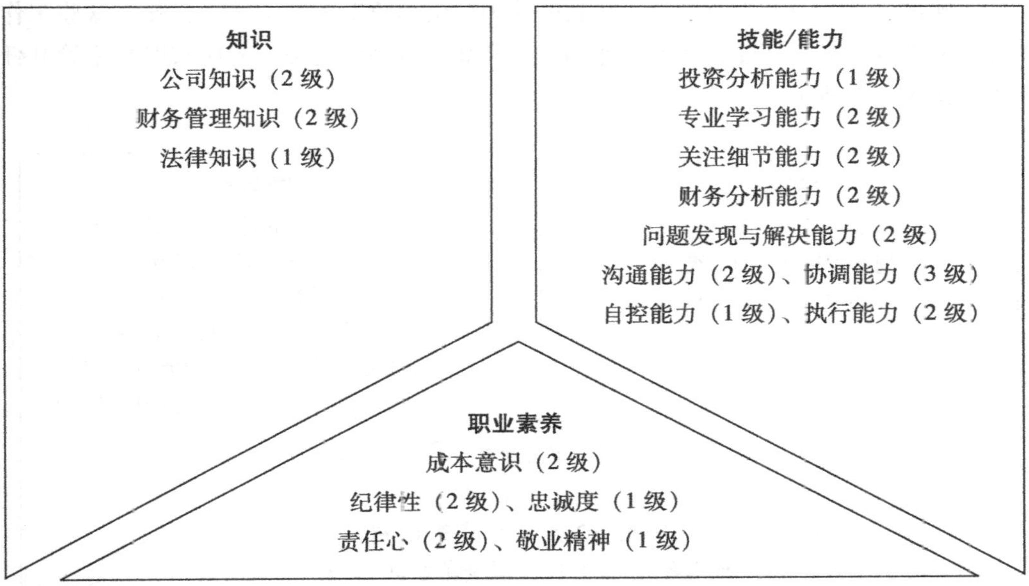

图12-10 资金管理专员胜任素质模型

资金管理专员的任职资格条件如表12-10所示。

表 12-10　资金管理专员任职资格条件

关键行为与结果要求	工作标准与规范	指标界定与目标值
银行存款余额调节表编制	定期盘点货币资金余额，核对银行存款对账单，编制银行存款余额调节表，上报资金主管审核	银行存款余额调节表编制及时率达到100%，每低于目标值____%，扣____分 $编制及时率=\frac{及时编制次数}{应编制总次数}\times100\%$
资金支付申请审批手续办理	按规定权限和程序，对企业有关部门和个人用款支付申请办理相关手续	手续办理及时，职能部门的满意度评价达到____分，每低于目标值____分，扣____分
文件资料归档管理	妥善管理企业各种资金记账凭证、报表文件的整理、装订、归档工作	资金管理相关报表文件及时整理与归档每出现 1 次未及时归档，扣____分

12.4　应收账款管理人员胜任素质模型与任职资格

12.4.1　应收账款主管胜任素质模型与任职资格

应收账款主管主要负责企业应收账款的管理及信用政策的制定等项工作。这些工作的目的是为避免发生呆、坏账，确保企业的经营利润。本书据此构建的应收账款主管胜任素质模型如图 12-11 所示。

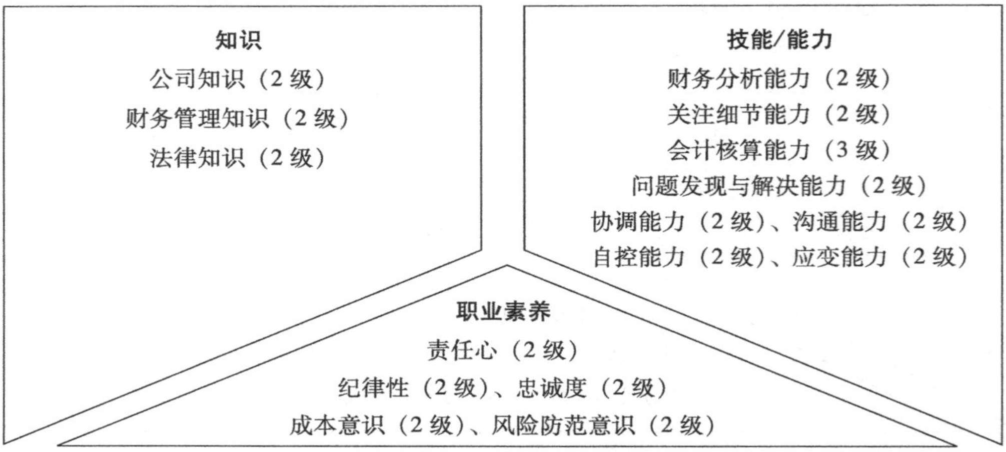

图 12-11　应收账款主管胜任素质模型

应收账款主管的任职资格条件如表 12-11 所示。

表 12-11 应收账款主管任职资格条件

关键行为与结果要求	工作标准与规范	指标界定与目标值
应收账款周转管理	建立健全企业应收账款管理制度，规范应收账款工作流程，并监督实施	应收账款周转率，周转率每低于目标值____%，扣____分
应收账款回收管理	监督业务部门货款回收情况，制定应收账款的收款策略。分析应收款项账户的数据和交易情况，掌握应收款项账户及其明细账目余额变化情况	应收账款回收率，每低于目标值____%，扣____分 $回收率=\frac{已回收的金额}{应回收总金额}\times 100\%$
呆账、坏账处理	负责监督和及时处理，公司应收账款的呆账、坏账工作	及时处理呆账、坏账，及时率每低于____%，扣____分
客户信用评估报告提交	组织制定客户信用管理政策，对信用标准、信用条件作出具体规定。组织客户信用调查，评估客户财务状况和还款能力，判断回款风险	客户信用调查次数，每少于目标值1次，扣____分

12.4.2 应收账款专员胜任素质模型与任职资格

本书构建的应收账款专员胜任素质模型如图 12-12 所示。

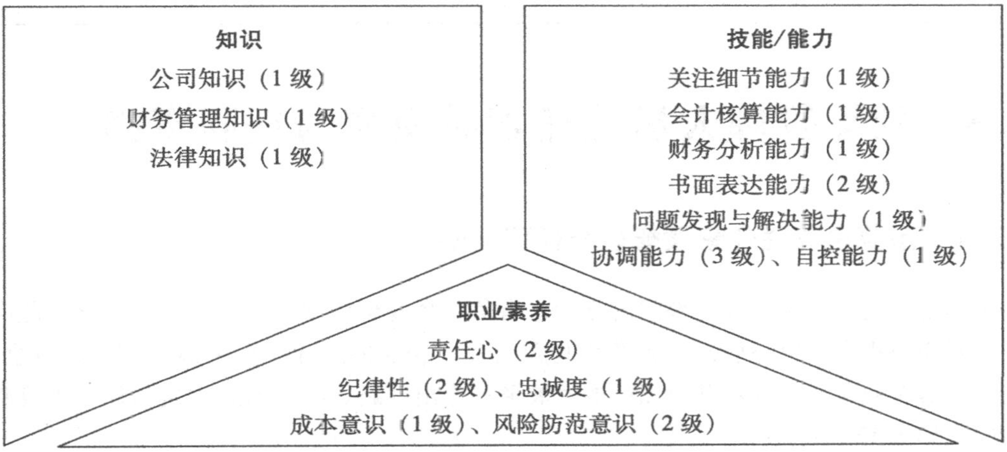

图 12-12 应收账款专员胜任素质模型

应收账款专员的任职资格条件如表 12-12 所示。

表 12-12　应收账款专员任职资格条件

关键行为与结果要求	工作标准与规范	指标界定与目标值
应收账款账龄分析报告管理	负责应收账款的账龄分析工作，提交账龄分析报告	报告提交及时率每低于____%，扣____分 $及时率=\frac{及时提交次数}{应提交总次数}\times 100\%$
（超期应收账款）催收方案编制	对超期应收账款进行跟踪、监控，定期提出并实施具体催收方案	催收方案每出现 1 次未及时提交，扣____分，方案提交不可行或执行无效，得分减半
应收账款统计报表编制	定期编制并提交应收账款的统计报表，上报主管审核	报表编制正确率达 100%，每出现 1 处差错，扣____分
（应收账款）文件资料归档管理	建立并维护应收账款的文档信息管理标准，管理欠款客户的信息资料	实际档案资料比标准缺失 1 项，扣____分

12.5　预算管理人员胜任素质模型与任职资格

12.5.1　预算主管胜任素质模型与任职资格

预算主管把握着整个预算部门的方向，肩负着企业整体预算管理工作。因此，此岗位的任职者应熟悉企业财务管理，预算管理及行业、企业的运作，财务系统等，并应全面、准确地了解企业各部门现状并对以后的发展形势作出判断。本书据此构建的预算主管胜任素质模型如图 12-13 所示。

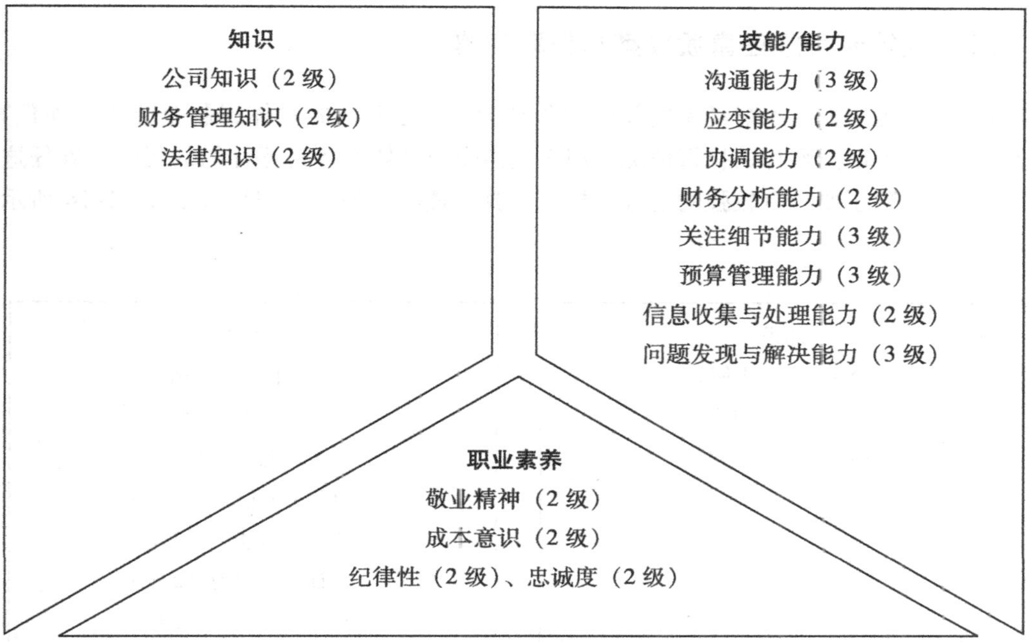

图 12-13　预算主管胜任素质模型

预算主管的任职资格条件如表12-13所示。

表 12-13　预算主管任职资格条件

关键行为与结果要求	工作标准与规范	指标界定与目标值
预算体系管理	协助财务经理建立、健全企业预算管理体系，建立相应的执行、控制机制，制定相应配套的规章制度	圆满完成预算管理体系，没有按要求建立，本项不得分，体系建立不可行得分减半
财务费用控制	根据公司财务预算合理控制费用支出，确保费用不超出实际预算	控制率每低于____%，扣____分 控制率 = $\left(1-\frac{\text{实际产生的费用}}{\text{预算总额}}\right)\times 100\%$
资金预测	对企业资金收支情况进行科学合理预测，以确保资金周转顺畅	预测准确率每低于____%，扣____分 准确率 = $\frac{\text{实际收入/预算收入}+\text{实际支出/预算支出}}{2}\times 100\%$
预算草案整理	汇编各部门的预算草案，形成企业的销售预算、采购预算、费用预算等	预算汇编不得出现差错，每出1处差错，扣____分

12.5.2 预算专员胜任素质模型与任职资格

预算专员需依据国家财经制度及企业预算管理规定等内容具体编制企业的各项预算，并监督、检查各部门预算的执行情况，纠正偏离企业整体财务目标计划的行为。胜任这一职位的人员，除了要具有较强的财务分析、预算管理能力外，还需具备如图12-14所示的素质。

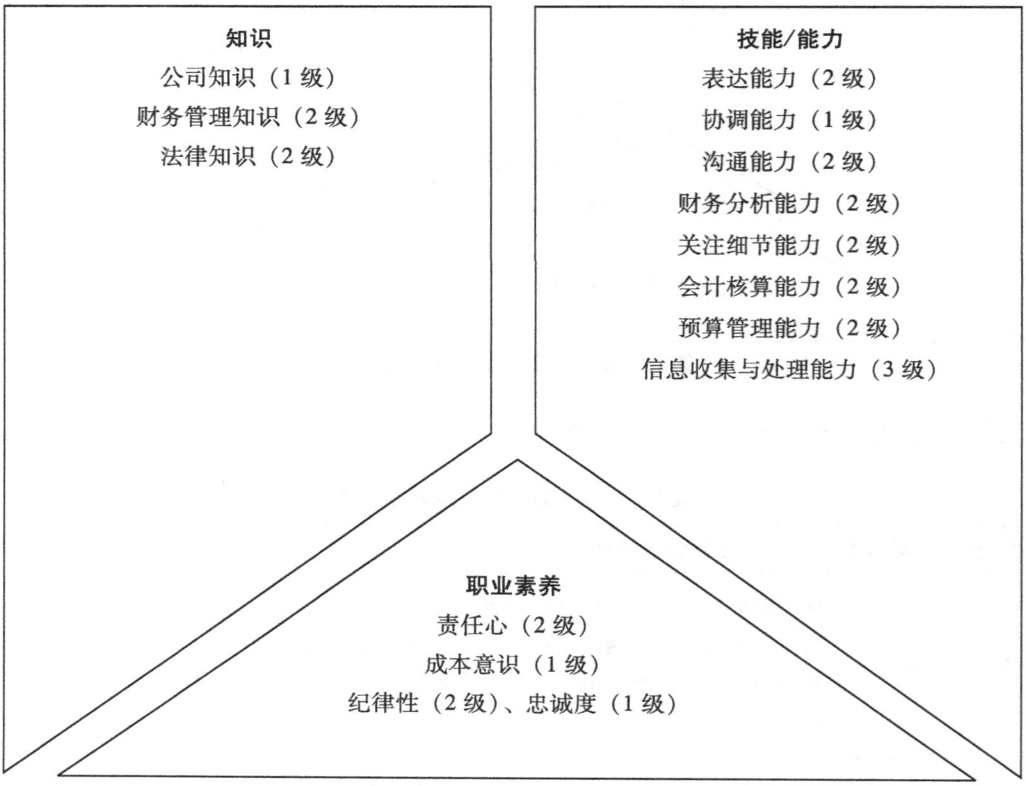

图12-14 预算专员胜任素质模型

预算专员的任职资格条件如表12-14所示。

表12-14 预算专员任职资格条件

关键行为与结果要求	工作标准与规范	指标界定与目标值
财务预算达成管理	按照企业相关要求及相关数据标准，及时编制财务预算提高预算准确度	预算达成率每低于目标值____%，扣____分 预算达成率 $=\frac{\text{考核期内实际支出}}{\text{考核期内预算支出}}\times 100\%$

（续表）

关键行为与结果要求	工作标准与规范	指标界定与目标值
预算所需资料搜集	收集预算所需财务数据资料及时，全面，并按要求整理汇总	因资料收集不及时、数据错误影响预算编制的情况每出现1次，扣____分
预算资料归档完整性	负责及时完整地将预算资料建档管理	每发现1次归档资料内容缺失，扣____分

12.6 成本管理人员胜任素质模型与任职资格

12.6.1 成本控制主管胜任素质模型与任职资格

加强成本费用管理、降低企业经营成本、节约费用是企业增加利润的根本途径。因此，企业中的成本控制主管职位至关重要。要胜任此职位的人员，除具有丰富的财会工作经验，熟悉财务制度、财务管理、财务分析、管理会计等知识外，还应具备如图12-15所示的素质。

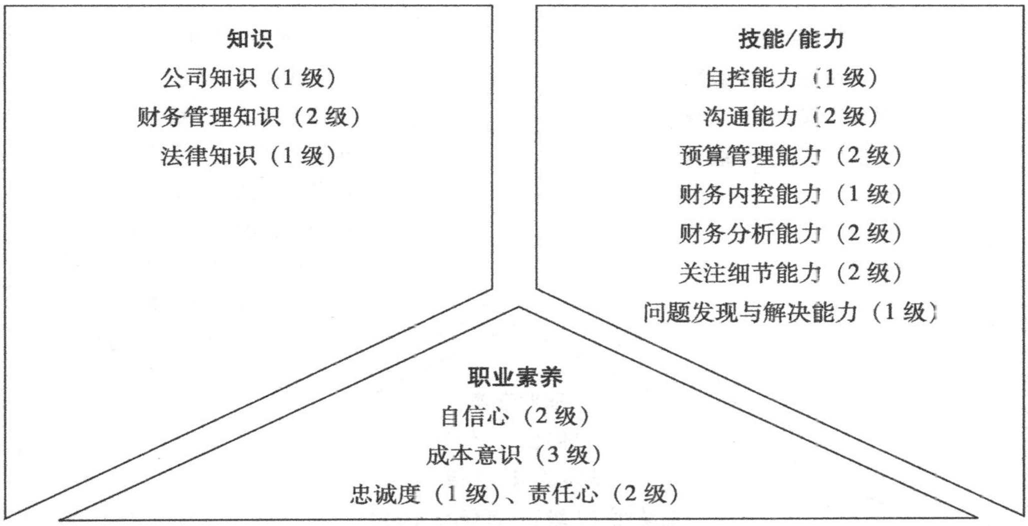

图12-15 成本控制主管胜任素质模型

成本控制主管的任职资格条件如表12-15所示。

表 12-15　成本控制主管任职资格条件

关键行为与结果要求	工作标准与规范	指标界定与目标值
成本计划编制	综合分析企业财务预算，结合企业实际，编写成本计划	成本计划编制的及时率每低于____%，扣____分 $及时率 = \frac{及时编制次数}{应编制总次数} \times 100\%$
成本分析报告提交	及时进行成本分析，提交成本分析报告，并保证分析准确度	成本分析报告提交不及时，1 次扣____分，分析准确度低于____%，扣____分
成本控制管理	按照成本控制措施监督、控制各项成本支出，确保成本不超出预算	成本预算与实际的差异率，差异率每低于____%，扣____分 $差异率 = \left(1 - \frac{实际产生的成本}{预算总额}\right) \times 100\%$

12.6.2　成本控制专员胜任素质模型与任职资格

加强成本费用管理、降低企业经营成本、节约费用是企业增加利润的根本途径。因此，企业中的成本控制专员职位至关重要。要胜任此职位的人员，除具有丰富的财会工作经验，熟悉财务制度、财务管理、财务分析和管理会计等知识外，还应具备如图 12-16 所示的素质。

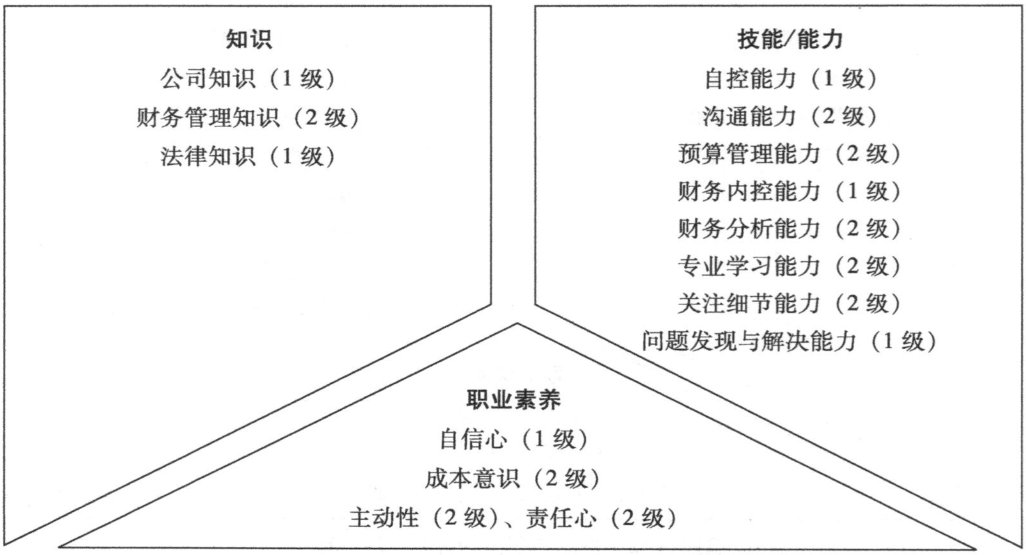

图 12-16　成本控制专员胜任素质模型

成本控制专员的任职资格条件如表 12-16 所示。

表 12-16　成本控制专员任职资格条件

关键行为与结果要求	工作标准与规范	指标界定与目标值
成本相关资料收集	及时收集企业成本相关财务资料、数据，确保数据资料准确，完整	因资料收集不及时而影响成本计划编制每出现 1 次，扣____分
成本控制方案制定	协助主管按要求制定成本控制措施、方案，并组织实施	成本控制措施、方案每发现 1 次未按标准制定，扣____分，制定不可行，得分减半
经营成本控制管理	组织执行成本控制各项措施，稽核成本项目，严格控制公司经营成本	企业经营成本降低率每高于____%，加____分 经营成本降低率 $= \left(1 - \frac{实际发生经营成本}{上期经营成本总额}\right) \times 100\%$

12.6.3　成本会计主管胜任素质模型与任职资格

随着市场经济的发展，成本会计的职能在企业中不断扩大，企业对相应岗位人员的素质要求也越来越高。作为成本会计主管，不仅要熟悉相关政策、法规，精通会计核算业务，还要深入企业、深入生产车间，熟悉企业的经营管理及一些生产技术知识，为成本核算、成本分析等打下坚实的基础。本书据此构建的成本会计主管胜任素质模型如图 12-17 所示。

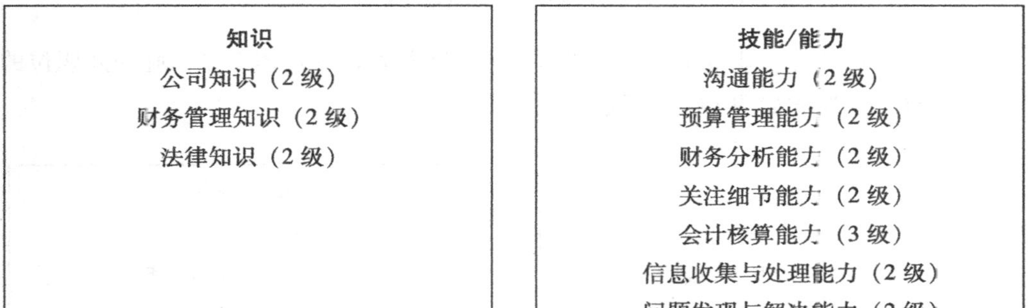

图 12-17　成本会计主管胜任素质模型

成本会计主管的任职资格条件如表 12-17 所示。

表 12-17　成本会计主管任职资格条件

关键行为与结果要求	工作标准与规范	指标界定与目标值
成本核算管理	根据企业成本核算制度，按时、保质保量完成各项成本核算工作	成本核算的完成及时率每低于____%，扣____分 及时率 = $\frac{\text{及时核算次数}}{\text{应核算总次数}} \times 100\%$
成本测算管理	及时参与企业经营成本预算、产品成本测算，及定价管理工作	及时准确测算公司经营成本，成本测算准确率每低于____%，扣____分
成本相关账目管理	及时进行有关成本的账务处理，调账等，确保相关工作完成准确、及时	账务处理不及时，每出现 1 次，扣____分
成本计划执行分析	及时进行成本计划执行情况分析，提交成本分析报告	成本分析报告提交不及时 1 次，扣____分；分析内容不科学，不准确 1 次，扣____分
成本会计原始凭证审核	审核成本会计原始凭证、记账凭证，保证其符合规定要求	成本会计凭证的准确性达到 100%，每出现 1 次差错，扣____分

12.6.4　成本会计专员胜任素质模型与任职资格

成本会计专员负责企业成本核算、成本预测、账务处理等具体工作，胜任此职位的人员应具备的能力、素质如图 12-18 所示。

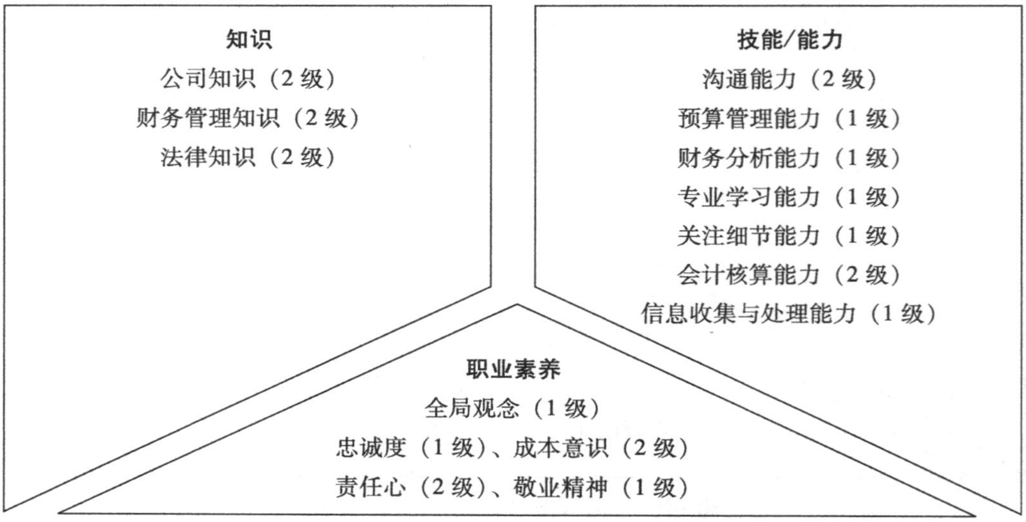

图 12-18　成本会计专员胜任素质模型

成本会计专员的任职资格条件如表 12-18 所示。

表 12-18 成本会计专员任职资格条件

关键行为与结果要求	工作标准与规范	指标界定与目标值
成本会计凭证管理	及时、规范、完整地进行成本会计凭证归档	成本会计凭证归档及时率每低于____%，扣____分；每发现缺少 1 项资料，扣____分
成本核算管理	定期、及时进行成本核算工作	每出现 1 次核算不及时，扣____分；一处不准确，扣____分
账务处理情况	及时、准确的完成相关的记账、对账及结账等账务处理工作	确保账务处理的准确，每出现一次差错，扣____分
成本报表编制	及时编制成本报表并报领导审批	报表编制每出现 1 处错误，扣____分

12.7 税务管理人员胜任素质模型与任职资格

12.7.1 税务主管胜任素质模型与任职资格

税务主管在财务经理的领导下，总体负责企业的税务相关事项。这一岗位的任职人员应具备的素质如图 12-19 所示。

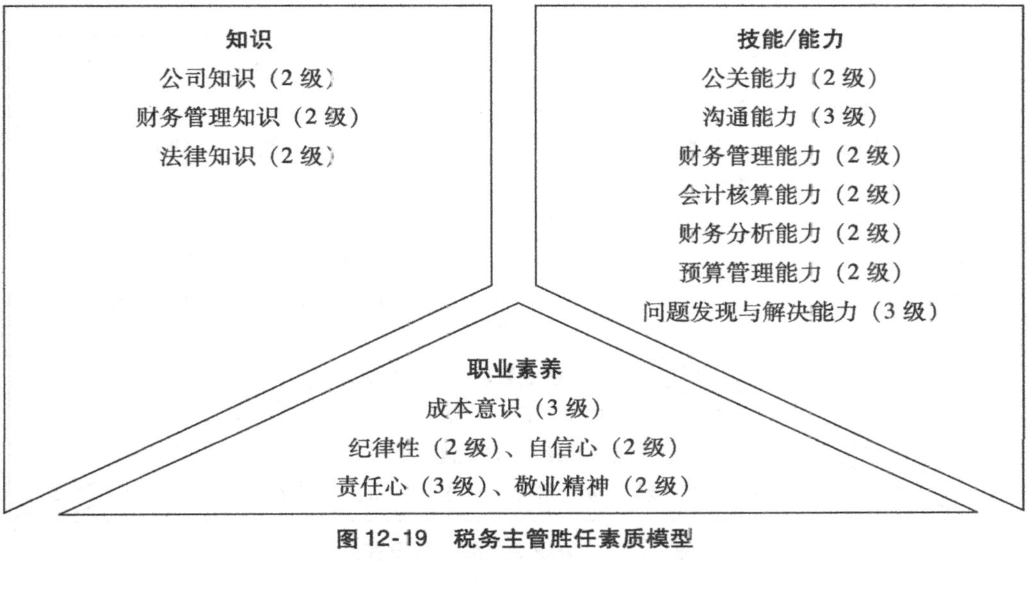

图 12-19 税务主管胜任素质模型

税务主管的任职资格条件如表12-19所示。

表12-19　税务主管任职资格条件

关键行为与结果要求	工作标准与规范	指标界定与目标值
税务计划管理	负责编制企业的年度税务工作计划，并组织实施	税务工作计划完成率每低于____%，扣____分 $完成率=\frac{实际完成工作项目数}{计划工作项目数}\times 100\%$
税款缴纳管理	检查、组织纳税申报工作，及时缴纳税款，确保相关数据准确	税款缴纳及时率每低于____%，扣____分 $及时率=\frac{及时缴纳次数}{应缴纳总次数}\times 100\%$
税务相关账务处理	及时准确处理税务相关账务	账务处理每出现1处差错，扣____分
税收筹划管理	根据企业业务发展需要及时间规定进行税收筹划工作	税收筹划按规定期限完成，每推迟1天，扣____分，筹划不可行，得分减半
风险规避合理化建议	对企业内各类业务的税收筹划及风险规避提出合理化建议	建议被采纳率每低于____%，扣____分 $建议被采纳率=\frac{建议被采纳次数}{建议总次数}\times 100\%$

12.7.2　办税专员胜任素质模型与任职资格

办税专员是企业中具体执行税金计提、纳税申报、发票管理等事务的相关人员，除应熟悉国家税务相关的法律、法规及办税流程外，还应具备会计核算能力、沟通能力等。本书据此构建的办税专员胜任素质模型如图12-20所示。

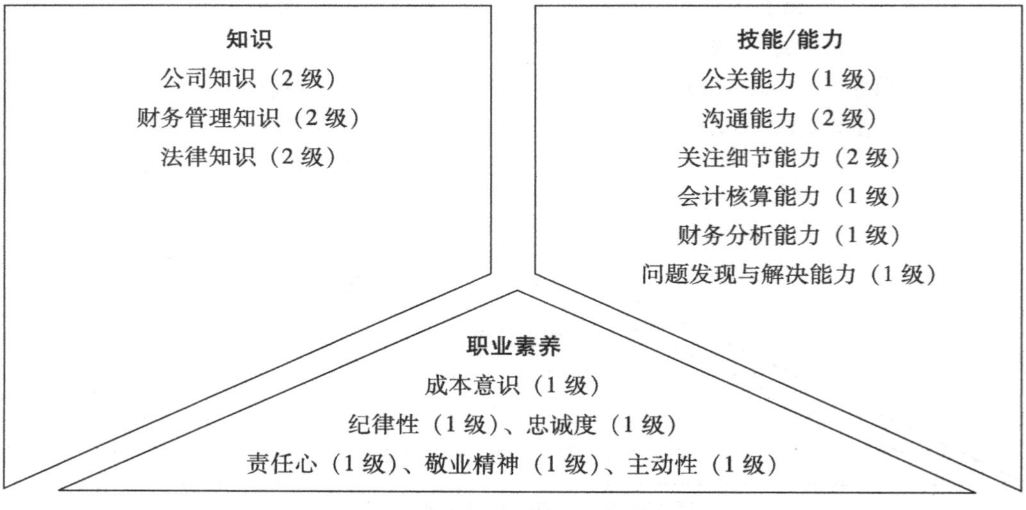

图12-20　办税专员胜任素质模型

办税专员的任职资格条件如表12-20所示。

表12-20 办税专员任职资格条件

关键行为与结果要求	工作标准与规范	指标界定与目标值
税务检查资料准备	根据税务机关要求，负责准备税务检查的相关资料	资料准备的准确率，每低于____%，扣____分；1次准备不及时，扣____分
税务报表编制	按时、准确编制各类税务报表	每出现1处错误或不及时，扣____分
纳税申报管理	严格按照税务申报流程完成纳税申报工作	税务处罚次数每出现1次，扣____分
应缴税金计提管理	正确、及时计提各种应缴税金	每出现1处错误或不及时，扣____分

12.8 融资管理人员胜任素质模型与任职资格

12.8.1 融资经理胜任素质模型与任职资格

融资经理能否较好地把握经济形势、清楚了解企业资金运作情况、选择最佳的融资方式对企业至关重要。要胜任这一职位，任职者应具备的能力和素质如图12-21所示。

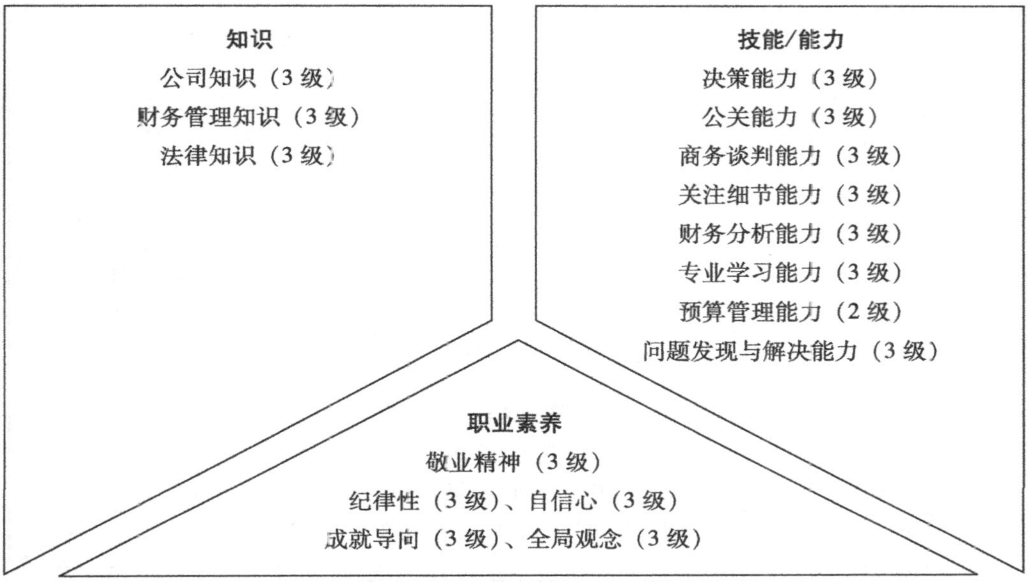

图12-21 融资经理胜任素质模型

融资经理的任职资格条件如表12-21所示。

表12-21　融资经理任职资格条件

关键行为与结果要求	工作标准与规范	指标界定与目标值
融资计划管理	组织下属编制融资计划并监督实施	融资计划完成率低于____%，扣____分
单位筹资成本控制	根据公司经营状况，合理控制公司筹资成本，确保其不超出公司预算	单位筹资成本控制率每低于____%，扣____分 $控制率=1-\left(\frac{实际产生的费用}{预算总额}\right)\times100\%$
客户满意度管理	与银行、投资机构及合作单位保持良好关系，拓展其他渠道	每出现1次客户投诉或因服务态度原因导致融资失败，扣____分
融资方案编制	依据实际资金需求，设计长期及短期资金筹集方案并组织论证其可行性	方案被采纳率每低于____%，扣____分 $方案被采纳率=\frac{方案被采纳数量}{方案总数量}\times100\%$
员工管理	审核下属提交的融资建议案并考核	考核合格率每低于____%，扣____分

12.8.2　融资主管胜任素质模型与任职资格

融资主管在融资经理的领导下进行具体的融资工作，以获得企业经营发展所需的资金，要胜任这一职位，任职者需要具备的三个层面的素质如图12-22所示。

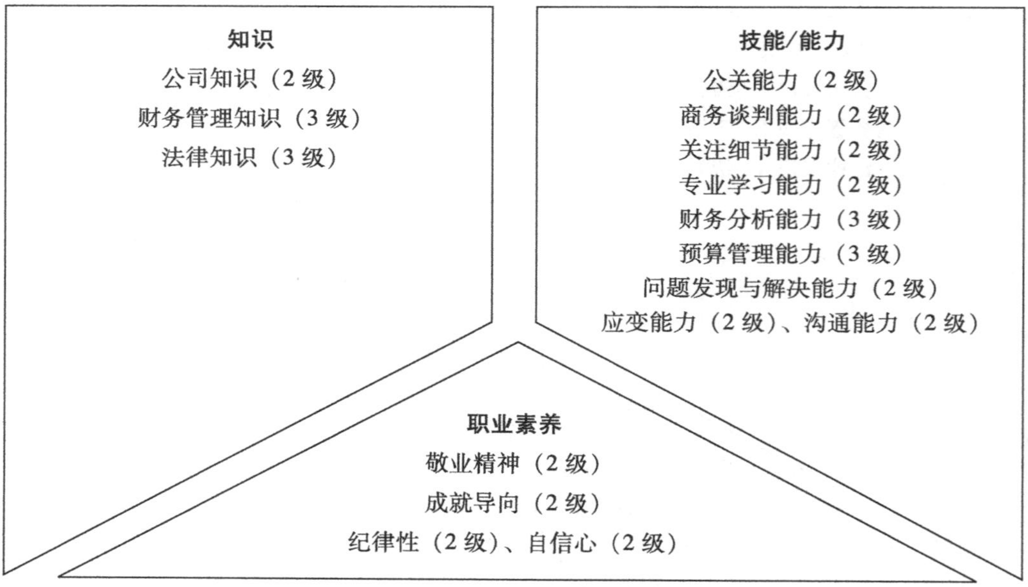

图12-22　融资主管胜任素质模型

融资主管的任职资格条件如表 12-22 所示。

表 12-22 融资主管任职资格条件

关键行为与结果要求	工作标准与规范	指标界定与目标值
融资需求提出管理	协助融资经理分析企业的财务状况，分析并评估企业的资本负债结构，及时提供企业融资要求	融资需求提出及时性，因未及时提出融资需求，每延误 1 次资金使用，扣____分
融资渠道管理	管理维护现有融资渠道，开发新融资渠道，负责筹措和调度资金	融资渠道选择适合企业，合适率每低于____%，扣____分
融资方案执行	按规定及时执行审核通过的融资方案	每推迟 1 天执行，扣____分

12.9 投资管理人员胜任素质模型与任职资格

12.9.1 投资经理胜任素质模型与任职资格

投资是企业一项重要的经营活动。从某种意义上讲，投资经理作出的投资决策正确与否，不仅关系到投资项目能否带来预期收益，而且还关系到企业整体经营的成败。因此，胜任投资经理一职的人员，需要具备如图 12-23 所示的素质。

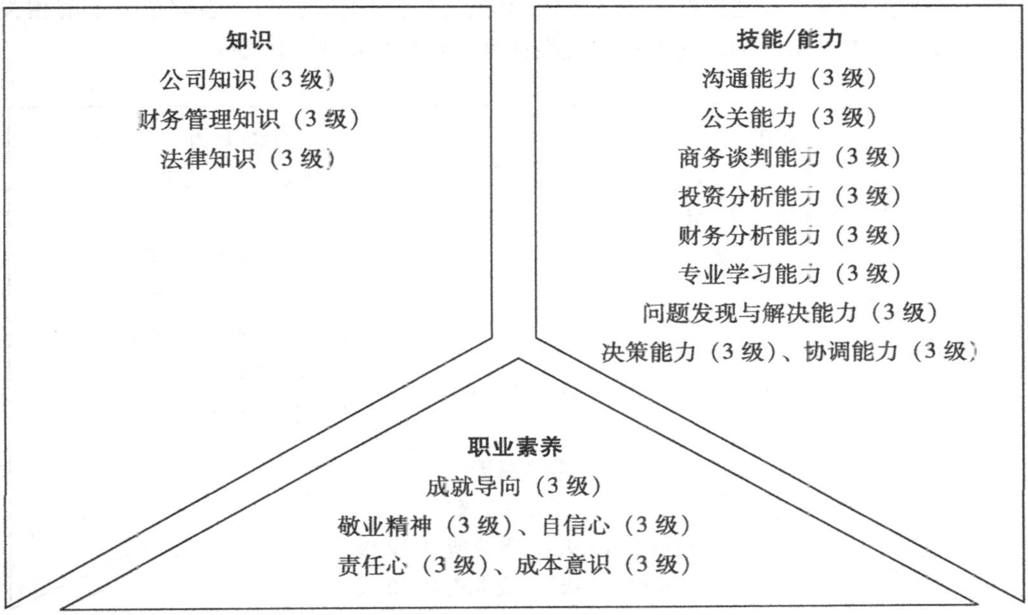

图 12-23 投资经理胜任素质模型

投资经理的任职资格条件如表 12-23 所示。

表 12-23　投资经理任职资格条件

关键行为与结果要求	工作标准与规范	指标界定与目标值
投资计划管理	根据企业发展战略要求，确定企业对内、对外投资原则、策略，制订投资计划并组织实施	计划完成率每低于____%，扣____分
投资分析管理	根据企业投资方向组织市场调查并分析调查结果，设计投资项目，进行财务预测、风险分析，编制可行性报告，为领导的投资决策提供依据	报告递交不及时 1 次，扣____分，报告分析不科学，缺乏事实依据，扣____分
投资管理体系建立	建立并完善投资管理体系及各项管理制度	体系建立不可行得分减半
客户满意度管理	投资工作人员与企业内部相关职能部门以大局为重，从整体利益出发，保持友好协作	其他部门每投诉 1 次，扣____分
员工任职资格达标率	定期对部门员工实施任职资格考核	考核达标率每低于____%，扣____分

12.9.2　投资主管胜任素质模型与任职资格

投资主管要能够很好地把握经济、政治形势，熟悉投资分析与风险评估，了解相关的法律、法规等。本书据此构建的投资主管胜任素质模型如图 12-24 所示。

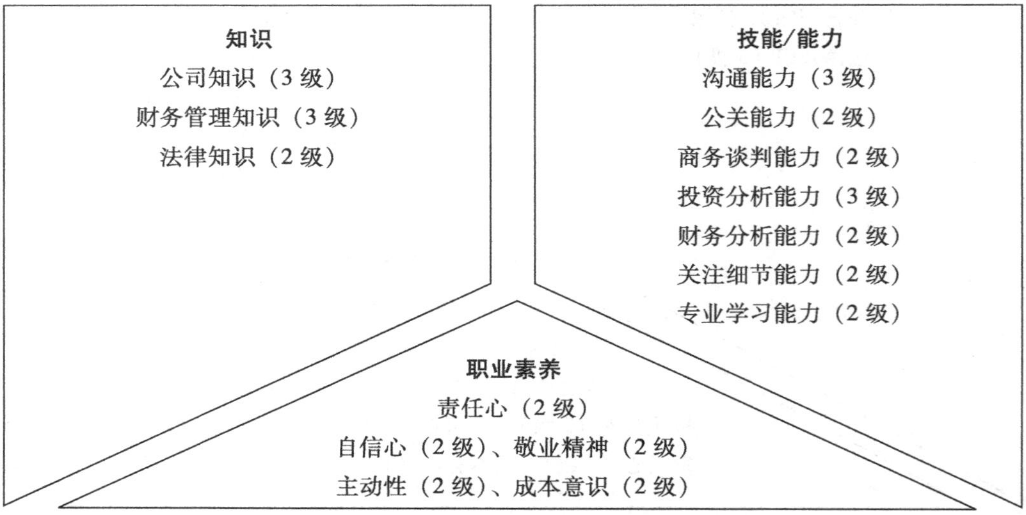

图 12-24　投资主管胜任素质模型

投资主管的任职资格条件如表 12-24 所示。

表 12-24 投资主管任职资格条件

关键行为与结果要求	工作标准与规范	指标界定与目标值
本行业市场信息收集	市场、行业信息的收集、整理及分析，发现投资机会等	信息提供不及时每出现 1 次，扣____分，每发现 1 次信息不准确，扣____分
投资分析管理	对内、外投资项目成本、利润、可行性分析及风险预测等递交报告	可行性分析报告按要求及时提交，每推迟 1 天递交，扣____分
投资方案实施	在规定的时间实施通过的投资方案	方案及时执行，每推迟 1 天执行，扣____分
投资文件资料管理	妥善管理投资文件资料，确保完整性	符合登记标准，每发现缺失 1 项，扣____分

12.10 财务分析管理人员胜任素质模型与任职资格

12.10.1 财务分析经理胜任素质模型与任职资格

财务分析经理需及时组织并准确地做好财务分析与预测工作，准时提交各类财务分析报告，向管理层报告财务预期中的问题和改进方案，进而为管理层进行企业发展战略规划、年度发展规划、投资等提供决策支持。要胜任此岗位的工作，任职者需要具备的能力和素质如图 12-25 所示。

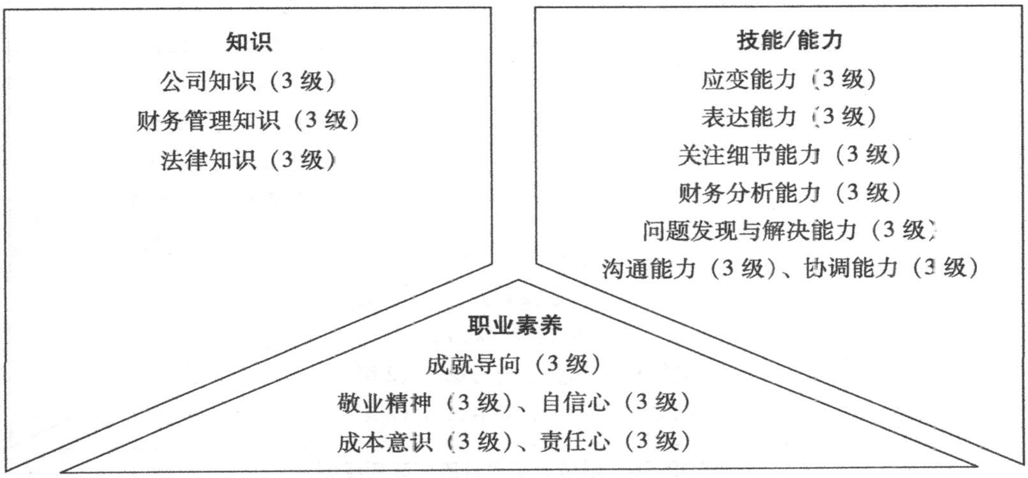

图 12-25 财务分析经理胜任素质模型

财务分析经理的任职资格条件如表12-25所示。

表12-25 财务分析经理任职资格条件

关键行为与结果要求	工作标准与规范	指标界定与目标值
财务分析规范化管理	建立、健全财务分析规范化管理体系及各项管理制度，确定明确的板块	财务体系规范化目标达成率达____%，每低于____%，扣____分
财务分析计划管理	组织编制财务分析计划，并监督实施	计划按时完成率每低于____%，扣____分
领导满意度管理	考核期内各项财务分析工作符合领导	领导满意度平均分每低于____分，扣____分
员工培训管理	定期组织部门员工实施技能培训，并进行培训效果考核	考核合格率每低于____%，扣____分 $考核合格率=\frac{培训合格人数}{参与培训总人数量}\times 100\%$
部分费用控制	合理控制部门费用，开支不超出预算	每偏离预算____%，扣____分 $偏离率=\left(1-\frac{费用实际发生额}{部门费用预算额}\right)\times 100\%$

12.10.2 财务分析主管胜任素质模型与任职资格

对企业来说，财务分析主管能否带领财务分析专员及时提供准确的财务分析报告至关重要，它将直接影响到企业的各项决策。因此，胜任财务分析主管职位的人员，除应具有较强的财务分析能力外，还应具备沟通能力、协调能力、表达能力等，具体内容如图12-26所示。

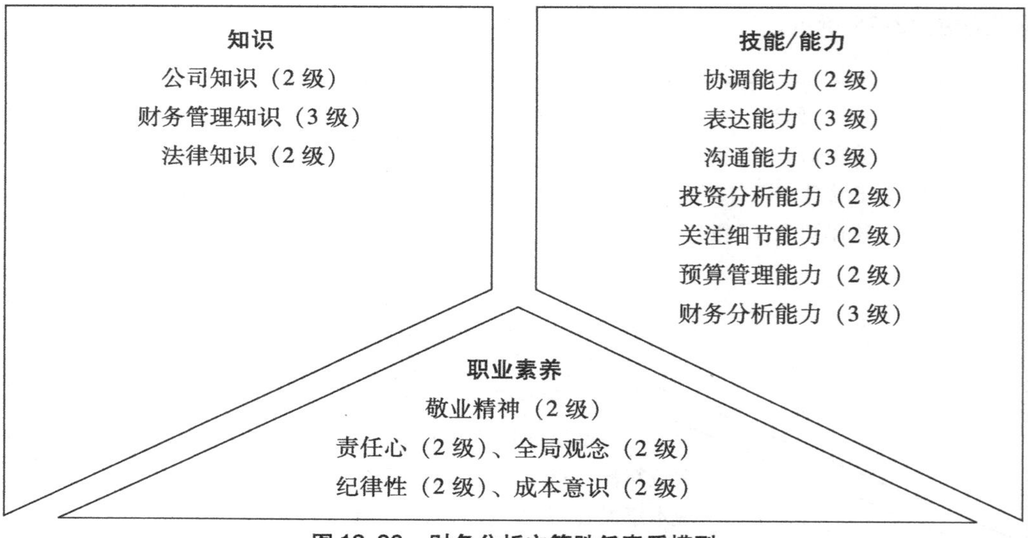

图12-26 财务分析主管胜任素质模型

财务分析主管的任职资格条件如表12-26所示。

表12-26 财务分析主管任职资格条件

关键行为与结果要求	工作标准与规范	指标界定与目标值
财务分析报告编制	根据公司要求及时编制财务分析报告	编制及时率每低于____%，扣____分
预算差异分析	准确分析预算差异，并进行预算调整	方案、建议被采纳率每低于____%，扣____分
财务收益预测管理	投资、融资项目财务收益预测、成本分析及可行性报告编制	可行性研究报告提交不及时1次，扣____分
业务部门财务分析	评估业务案例及业务部门财务情况，提出财务可行性建议	建议被采纳率每低于____%，扣____分 建议被采纳率 $= \frac{\text{建议被采纳数量}}{\text{建议总数量}} \times 100\%$

12.10.3 财务分析专员胜任素质模型与任职资格

财务分析专员主要协助财务分析主管进行财务分析工作，其工作职责包括收集财务分析所需的各类财务数据、信息资料等。胜任此职位工作的人员需要具备的能力和素质如图12-27所示。

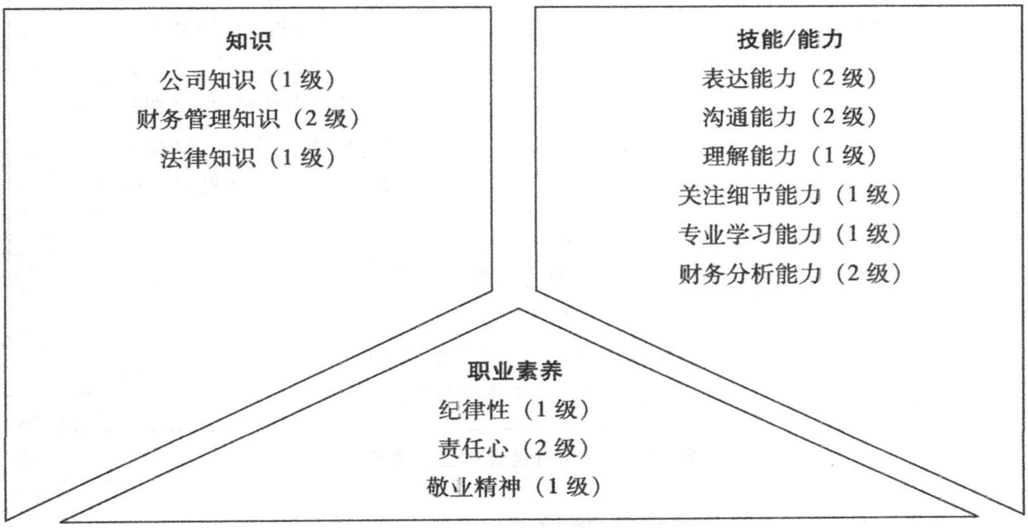

图12-27 财务分析专员胜任素质模型

财务分析专员的任职资格条件如表12-27所示。

表12-27　财务分析专员任职资格条件

关键行为与结果要求	工作标准与规范	指标界定与目标值
财务数据的收集整理	及时、准确收集财务数据	数据收集每推迟1次，扣____分
管理报表编制	根据公司要求认真编制管理报表	每出现1次数据差错，扣____分
财务分析资料管理	及时、完整地将财务分析报告归档	每出现1次不及时，扣____分；每发现1次资料缺失，扣____分

12.11　审计管理人员胜任素质模型与任职资格

12.11.1　审计经理胜任素质模型与任职资格

审计经理需要具备如图12-28所示的知识、技能/能力、职业素养三个方面的素质。

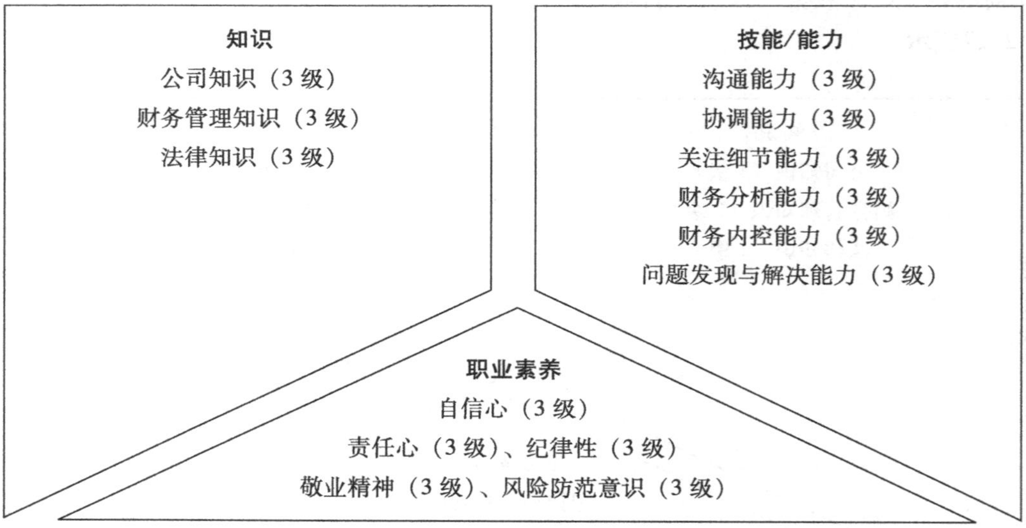

图12-28　审计经理胜任素质模型

审计经理的任职资格条件如表12-28所示。

表 12-28 审计经理任职资格条件

关键行为与结果要求	工作标准与规范	指标界定与目标值
审计工作计划管理	按照企业年度工作计划组织制订年度审计计划（包括对企业的财务、投资、预决算等审计计划），并组织实施	计划完成率每低于____%，扣____分 $完成率=\frac{实际完成工作项目数}{计划工作项目数}\times 100\%$
部门管理费用控制	控制部门费用确保部门费用使用不超出预算	费用每超出预算目标____%，扣____分
审计问题管理	及时、准确、全面地追踪检查审计问题	问题追查率每低于____%，扣____分
审计报告通过管理	准确编写审计报告争取审计报告一次性通过	一次通过率每低于____%，扣____分
领导满意度	考核期内审计工作达到领导要求的标准	满意度平均分每低于____分，扣____分
部门员工培训管理	制订员工培训计划并组织实施	计划完成率每低于____%，扣____分

12.11.2 审计主管胜任素质模型与任职资格

审计主管配合审计经理，具体执行企业的审计工作计划，落实各项具体的审计工作，胜任此职位的人员需具备的能力和素质如图 12-29 所示。

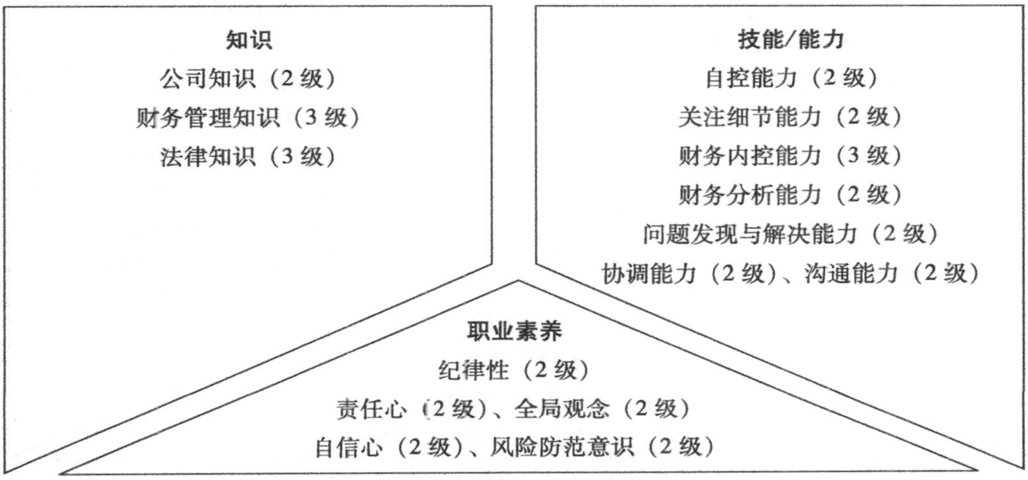

图 12-29 审计主管胜任素质模型

审计主管的任职资格条件如表 12-29 所示。

表 12-29　审计主管任职资格条件

关键行为与结果要求	工作标准与规范	指标界定与目标值
审计工作计划执行	按照计划开展企业内部各项审计工作，审查企业违规事项	违规事项漏查率每超过____次，扣____分
审计报告一次性通过率	根据审计情况，填制、提交审计报告，确保报告证据充分，一次性通过	每发现一次审计报告证据不充分，扣____分
审计问题处理跟踪	跟踪检查所发现审计问题的处理解决情况，确保相关问题妥善解决	问题追查率每低于____%，扣____分 $问题追查率 = \frac{跟踪处理次数}{发现问题总次数} \times 100\%$

12.11.3　审计员胜任素质模型与任职资格

审计员负责做好各项审计项目的基础工作，胜任此项工作需任职者具备如图 12-30所示的能力和素质。

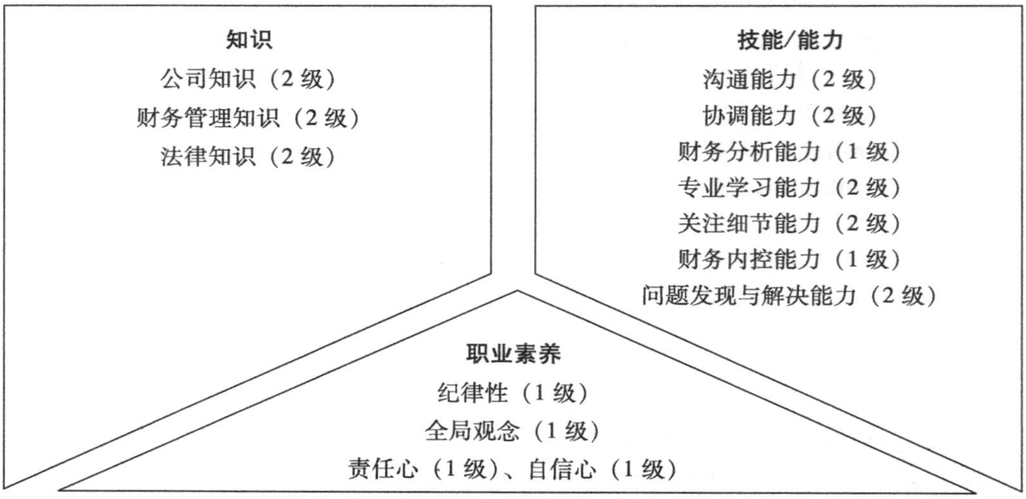

图 12-30　审计员胜任素质模型

审计员的任职资格条件如表12-30所示。

表12-30 审计员任职资格条件

关键行为与结果要求	工作标准与规范	指标界定与目标值
审计工作计划执行	按计划执行各项审计工作	每少执行1项，扣____分
审计底稿数据管理	及时准确填制审计工作底稿	每发现1次审计底稿数据出错，扣____分
审计报告归档管理	建立档案管理标准，及时完整地将报告归档，确保资料完整性和准确性	每发现1次未及时归档，扣____分，每发现1次资料缺失，扣____分
审计问题处理	对审计发现的问题及时按照领导的要求处理，并保存过程资料	审计问题处理率每低于____%，扣____分 $问题处理率=\frac{处理数量}{发现问题总次数}\times 100\%$

第13章

客服类人员胜任素质模型与任职资格

13.1 客服部管理人员胜任素质模型与任职资格

13.1.1 客服经理胜任素质模型与任职资格

本书依据客服经理的主要工作事项及对其任职资格的要求，构建了客服经理胜任素质模型，具体内容如图 13-1 所示。

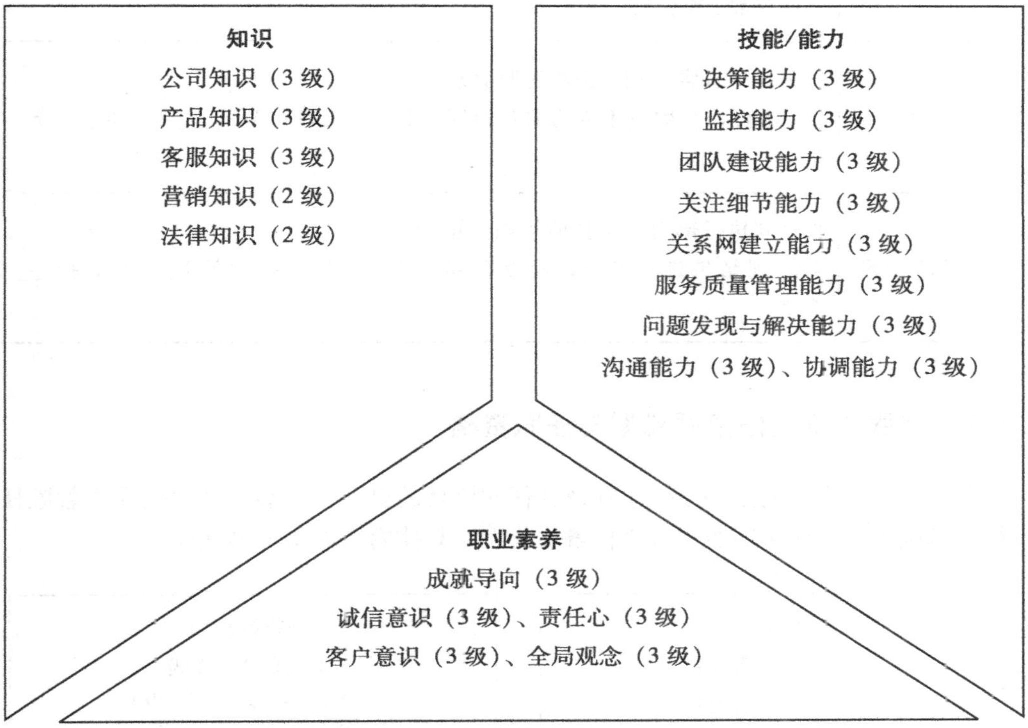

图 13-1　客服经理胜任素质模型

客服经理的任职资格条件如表 13-1 所示。

表 13-1　客服经理任职资格条件

关键行为与结果要求	工作标准与规范	指标界定与目标值
客服工作计划管理	考核期内组织相关人员制订部门工作计划，明确计划实现的目标和标准，并组织实施	计划完成率每低于____%，扣____分 计划完成率 $=\frac{\text{实际完成数}}{\text{计划项目总数}}\times 100\%$

（续表）

关键行为与结果要求	工作标准与规范	指标界定与目标值
客服预算控制	严格控制部门客户服务预算，力争不超出预算标准	预算控制率每高于目标____%，加____分 $预算控制率=\frac{费用节省额}{预算总额数}\times 100\%$
客服流程改进管理	针对目前客服工作流程进行优化和完善，制定改进目标和标准，提高客服日常工作管理效率	按计划完成流程改进数量，每少于目标数量1个，扣____分
客户管理	加强客户日常管理，提高客服满意度，确保客户数量不因为服务原因流失	客户流失率每高于____%，扣____分
部门员工培训管理	按计划执行部门员工技能培训，并对培训结果进行考核，确保全部合格	员工考核合格率每低于____%，扣____分

13.1.2 客服主管胜任素质模型与任职资格

本书依据客服主管的主要工作事项及其任职资格的要求，在参照其他优秀主管胜任行为特征的基础上，构建了客服主管胜任素质模型，具体内容如图13-2所示。

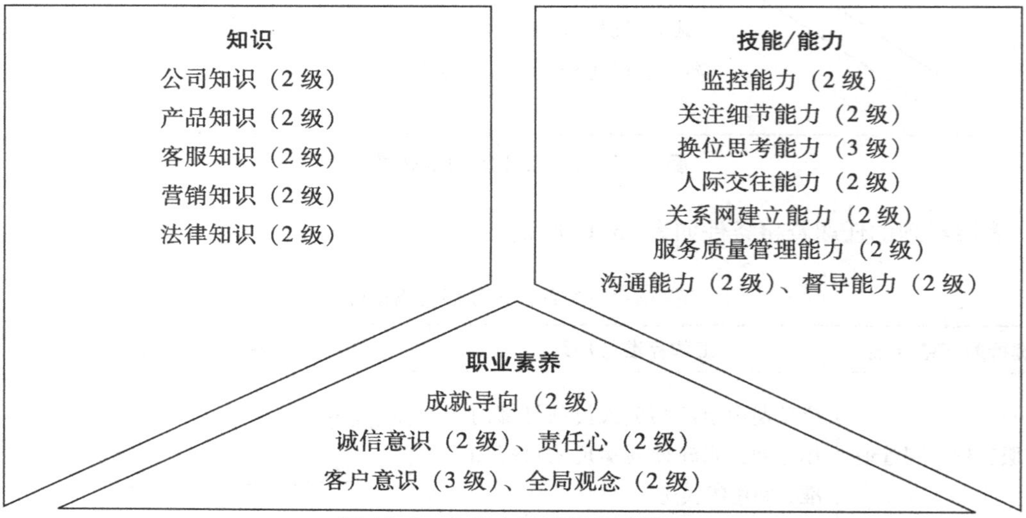

图13-2 客服主管胜任素质模型

客服主管的任职资格条件如表 13-2 所示。

表 13-2 客服主管任职资格条件

关键行为与结果要求	工作标准与规范	指标界定与目标值
客服工作计划执行	按部门客户服务工作计划执行日常客户服务工作，严格执行相关标准	工作计划完成率每低于____%，扣____分
客服流程改进管理	配合部门经理积极提出部门服务流程改进建议，确保提高部门服务质量	建议被采纳次数每发生一次，加____分
客户满意度管理	严格按照客户服务规范及标准，开展日常客户服务工作，提高客户满意度	客户服务满意度平均分每低于____分，扣____分
部门员工流动	配合部门经理积极做好部门员工思想工作，严格控制部门员工流动率	流动率每高____%，扣____分 $流动率=\frac{流动的人数}{员工平均人数}\times 100\%$
工作考核管理	积极参与公司或部门组织的各项考核工作，确保 100% 通过	考核合格率每低于____%，扣____分 $考核合格率=\frac{考核合格次数}{考核总次数}\times 100\%$

13.2 客户开发人员胜任素质模型与任职资格

13.2.1 客户开发经理胜任素质模型与任职资格

本书依据客户开发经理的主要工作事项及对其任职资格的要求，在参照同行业其他客户开发经理胜任行为特征的基础上，构建了客户开发经理胜任素质模型，具体内容如图 13-3 所示。

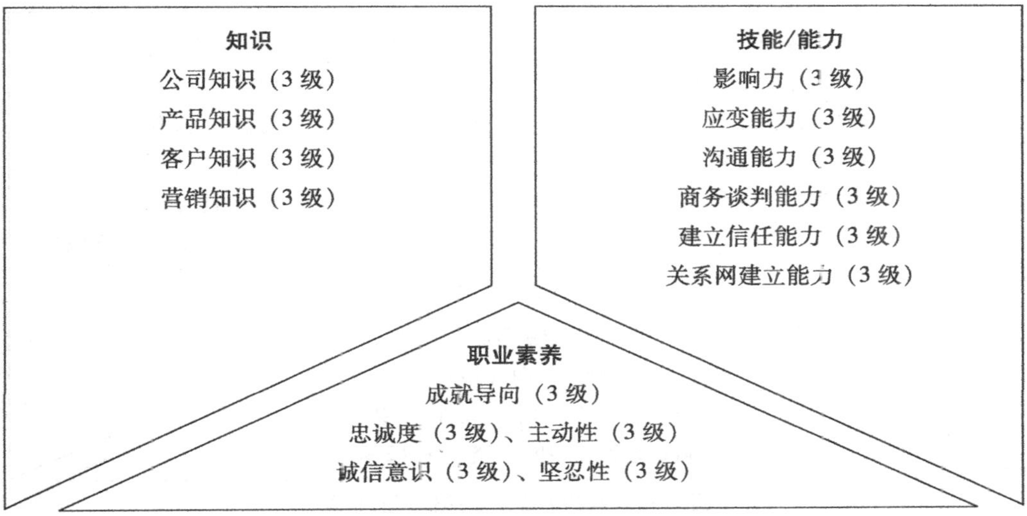

图 13-3 客户开发经理胜任素质模型

客户开发经理的任职资格条件如表 13-3 所示。

表 13-3 客户开发经理任职资格条件

关键行为与结果要求	工作标准与规范	指标界定与目标值
客户开发计划管理	根据企业的发展目标和实际情况，负责制订客户开发计划，并组织实施	计划达成率每低于____%，扣____分 $计划达成率=\frac{实际完成数}{计划项目总数}\times 100\%$
客户开发流程改善管理	明确流程改进数量标准，负责设计和改进客户开发工作流程并组织实施	每比计划完成数量少 1 个，扣____分；流程改进不符合规定标准 1 个，扣____分
客户开发成本控制	积极探索并改进客户开发优良渠道，确保在完成客户开发的前提下降低客户平均开发成本	考核期内平均每个客户开发成本每超出目标值____元，扣____分
客户满意度管理	积极参与客户服务改进工作，努力提高客户满意度	客户服务满意度平均分每低于____分，扣____分
部门员工培训管理	按计划执行部门员工技能培训，并对培训结果进行考核，确保全部合格	员工考核合格率每低____%，扣____分

13.2.2 客户开发主管胜任素质模型与任职资格

本书依据客户开发主管的主要工作事项及对其任职资格的要求，在参照其他优秀客户开发主管胜任行为特征的基础上，构建了客户开发主管胜任素质模型，具体内容如图 13-4 所示。

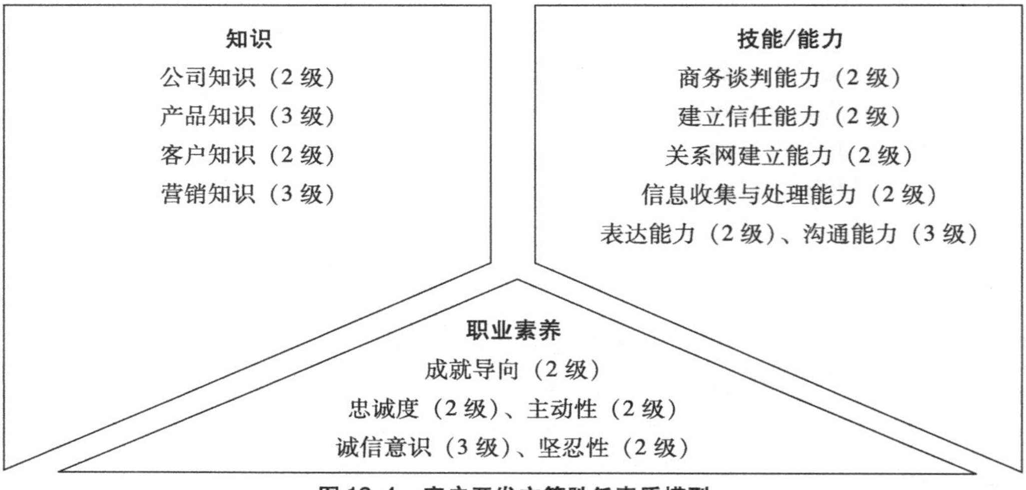

图 13-4 客户开发主管胜任素质模型

客户开发主管的任职资格条件如表 13-4 所示。

表 13-4 客户开发主管任职资格条件

关键行为与结果要求	工作标准与规范	指标界定与目标值
客户开发任务管理	根据客户开发计划，实施客户开发工作，确保任务保质保量按时完成	任务完成率每低于____%，扣____分 任务完成率 = $\frac{\text{实际完成数}}{\text{计划完成总数}} \times 100\%$
客户调查管理	具体负责客户调查计划的编制，并组织实施。指导客户开发专员编制客户调查问卷或客户调查表，并组织实施客户调查活动	客户调查计划完成率，每低于目标____%，扣____分
客户回访管理	按计划进行组织客户开发专员根据要求开展客户回访工作，对回访频率、质量进行监督、控制	客户回访工作完成率每低于目标____%，扣____分，每出现一次因回访导致的客户投诉，扣____分
客户满意度管理	积极参与客户服务改进工作，努力提高客户满意度	客户服务满意度平均分每低于____分，扣____分

13.2.3 客户开发专员胜任素质模型与任职资格

本书依据客户开发专员的主要工作事项及对其任职资格的要求，结合其他客户专员的胜任行为特征，构建了客户开发专员胜任素质模型，具体内容如图 13-5 所示。

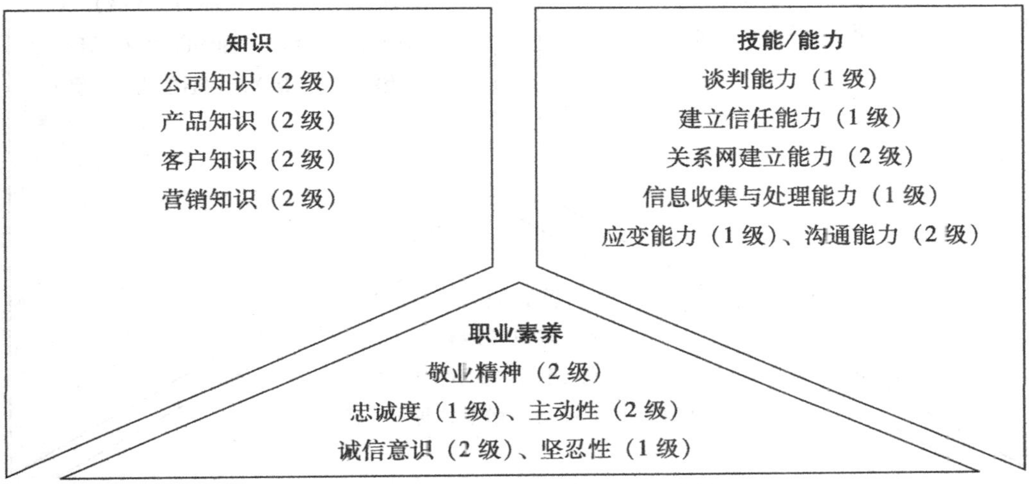

图 13-5 客户开发专员胜任素质模型

客户开发专员的任职资格条件如表13-5所示。

表13-5　客户开发专员任职资格条件

关键行为与结果要求	工作标准与规范	指标界定与目标值
新客户开发量	编制客户开发计划，经领导审批通过后实施	新客户开发数量每少1个，扣____分
客户回访次数	按计划及相关要求实施客户回访	回访率每低于____分，扣____分
客户档案管理	及时、完整地将客户档案归档	推迟归档1天，扣____分；缺少一项，扣____分

13.3　客户关系人员胜任素质模型与任职资格

13.3.1　客户关系经理胜任素质模型与任职资格

本书依据企业客户关系发展目标和运营理念，结合客户关系经理的主要工作事项及对其任职资格要求，从职业素养、知识、技能/能力三个层面出发，构建了客户关系经理胜任素质模型，具体内容如图13-6所示。

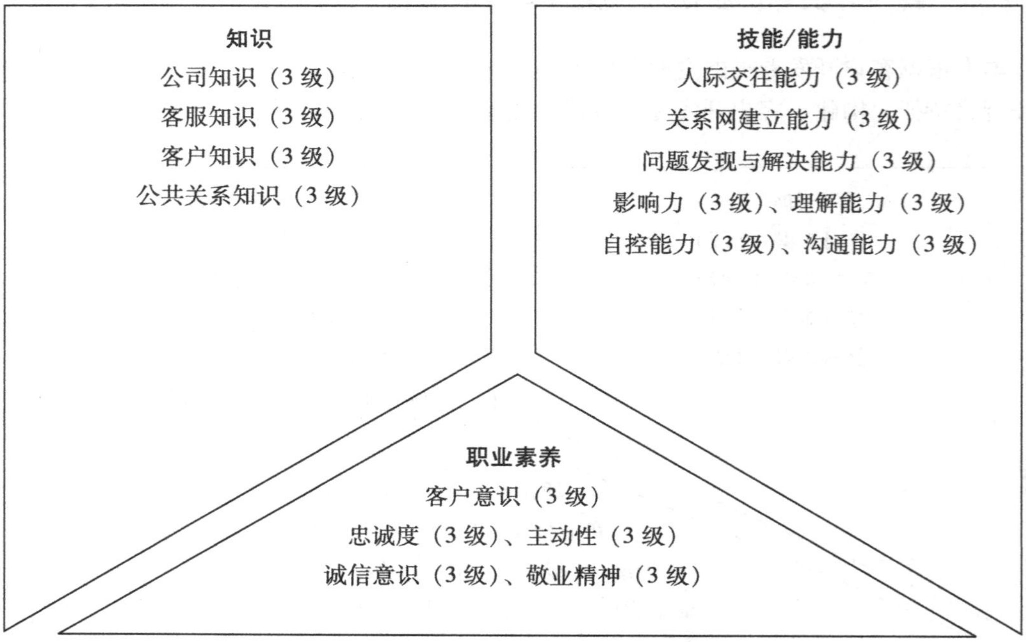

图13-6　客户关系经理胜任素质模型

客户关系经理的任职资格条件如表13-6所示。

表13-6 客户关系经理任职资格条件

关键行为与结果要求	工作标准与规范	指标界定与目标值
客户关系维护管理	负责建立客户关系管理的各项制度，并监管各项管理制度的落实、执行	制度实际建立数量，比计划完成数量每少1项，扣____分
大客户管理	定期进行大客户关系分析及科学评价，对大客户关系异常状态预警，避免大客户流失	大客户流失率每高于____%，扣____分 $大客户流失率=\frac{流失的大客户数}{考核期大客户平均数}\times 100\%$
客户关系维护费用控制	严格控制客户关系维护费用，确保客户关系维护费用不超出预算目标	预算控制率每高于目标____%，加____分 $预算控制率=\frac{预算节省额}{预算总额数}\times 100\%$
客户满意度	积极参与客户服务改进工作，努力提高客户满意度	客户服务满意度平均分每低于____分，扣____分
部门员工管理	按计划执行部门员工技能培训，并对培训结果进行考核，确保全部合格	员工考核合格率每低于____%，扣____分

13.3.2 客户关系主管胜任素质模型与任职资格

本书依据客户关系主管的主要工作事项及对其任职资格的要求，在参照其他优秀主管胜任行为特征的基础上，构建了客户关系主管胜任素质模型，具体内容如图13-7所示。

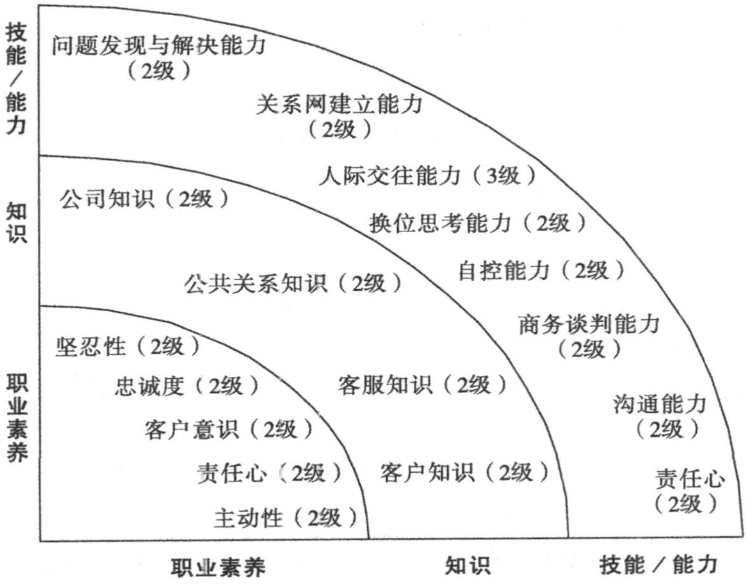

图13-7 客户关系主管胜任素质模型

客户关系主管的任职资格条件如表 13-7 所示。

表 13-7　客户关系主管任职资格条件

关键行为与结果要求	工作标准与规范	指标界定与目标值
客户关系维护任务达成	按客户维护计划及相关要求，完成客户关系维护任务相关工作	客户维护任务计划完成率每低于____%，扣____分
客户流失管理	定期进行客户关系分析及评价，对客户关系异常状态预警，避免客户流失	客户流失率每高于____%，扣____分 $流失率=\frac{流失的客户数}{考核期客户平均数}\times 100\%$
客户回访管理	按计划组织客户关系专员进行客户回访工作，对回访频率、质量进行监督、控制	客户回访计划完成率每低于目标____%，扣____分；每出现一次因回访导致的客户投诉，扣____分
客户满意度	积极参与客户服务改进工作，努力提高客户满意度	客户服务满意度平均分每低于____分，扣____分
客户关系报告管理	定期提交客户关系报告，为客户关系的维护及管理工作提参考信息和合理化建议	建议被采纳次数，每低于目标____次，扣____分

13.3.3　客户关系专员胜任素质模型与任职资格

本书依据客户关系专员的工作内容及职责，参照其他优秀员工的胜任行为特征，从职业素养、知识、技能/能力三个层面出发，构建了客户关系专员胜任素质模型，具体内容如图 13-8 所示。

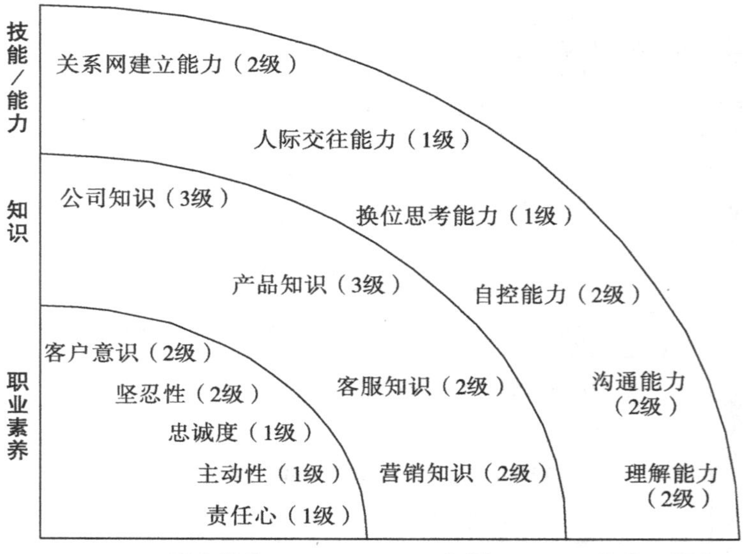

图 13-8　客户关系专员胜任素质模型

客户关系专员的任职资格条件如表13-8所示。

表13-8 客户关系专员任职资格条件

关键行为与结果要求	工作标准与规范	指标界定与目标值
客户拜访管理	按计划及相关工作要求做好客户拜访工作并做好相关记录	客户拜访率每低于____%，扣____分 客户拜访率 $= \frac{\text{实际拜访的数量}}{\text{计划拜访的数量}} \times 100\%$
客户回访管理	根据客户关系维护计划及相关工作标准做好客户回访工作	计划完成率每低于____%，扣____分；每出现一次因回访导致的客户投诉，扣____分
客户有效投诉	积极参与客户关系维护改进工作，努力提高客户维护质量，避免客户投诉	每出现一次客户有效投诉，扣____分
客户档案管理	根据客户档案管理标准及时、完整地将客户档案归档	每推迟归档一天，扣____分；每发现比标准缺失一项资料，扣____分

13.4 大客户服务人员胜任素质模型与任职资格

13.4.1 大客户服务经理胜任素质模型与任职资格

本书依据企业的战略发展目标、经营理念和文化价值观等内容，结合大客户服务经理的主要工作事项及对其任职资格的要求，从职业素养、知识、技能/能力三个层面出发，构建了大客户服务经理胜任素质模型，具体内容如图13-9所示。

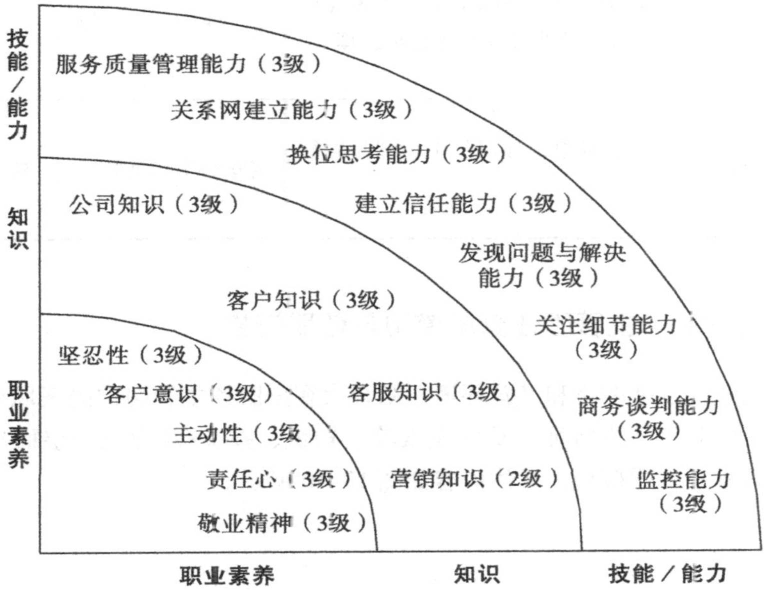

图13-9 大客户服务经理胜任素质模型

大客户服务经理的任职资格条件如表13-9所示。

表13-9　大客户服务经理任职资格条件

关键行为与结果要求	工作标准与规范	指标界定与目标值
大客户服务管理体系建立	建立、健全大客户服务管理体系、制度、服务方案以及服务规范，并监督实施	相关工作按计划要求完成，每少执行1项，扣____分
大客户开发管理	根据企业的发展目标，组织制订并实施大客户开发计划，不断拓展企业的大客户资源	任务完成率每低于____%，扣____分 $任务完成率=\frac{实际开发数量}{计划开发数量}\times100\%$
大客户维护管理	定期或不定期进行大客户回访、咨询、意见反馈，关注大客户动态并制定问题解决方案	问题解决率每低于____%，扣____分 $问题解决率=\frac{实际解决的数量}{发现问题总数量}\times100\%$
大客户服务费用控制	严格控制客情维护、开发等相关费用。确保各项工作在妥善完成的前提下费用支付不超出预算	实际发生费用额，每超出预算标准____%，扣____分
部门员工培训	按计划组织部门员工培训并进行考核	考核合格率每低于____%，扣____分

13.4.2　大客户服务主管胜任素质模型与任职资格

本书依据企业的发展战略和经营环境，结合大客户服务主管岗位的任职要求，参照同类优秀主管人员的胜任行为特征，从职业素养、知识、技能/能力三个层面出发，构建了大客户服务主管胜任素质模型，具体内容如图13-10所示。

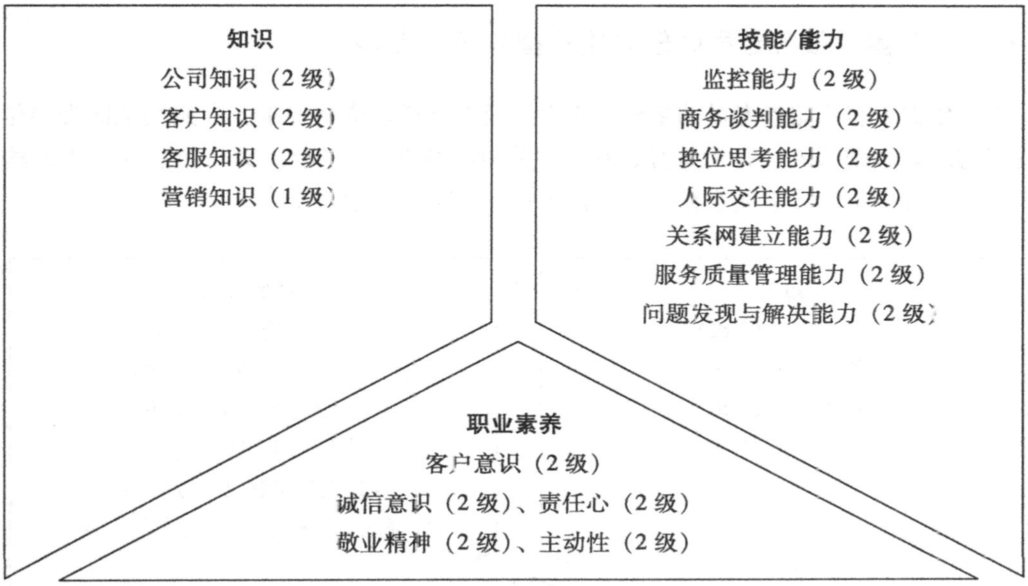

图13-10 大客户服务主管胜任素质模型

大客户服务主管的任职资格条件如表13-10所示。

表13-10 大客户服务主管任职资格条件

关键行为与结果要求	工作标准与规范	指标界定与目标值
大客户开发任务管理	根据大客户开发计划及相关要求、标准，不断拓展企业的大客户资源	任务完成率每低于____%，扣____分 完成率 = $\frac{实际开发数量}{计划开发数量} \times 100\%$
大客户调查报告管理	定期提交大客户调查报告，为大客户服务维护及管理工作提参考信息和合理化建议	合理化建议被采纳的次数，每低于目标值____次，扣____分
大客户回访管理	制订大客户回访计划，并按计划执行，关注大客户动态，发现问题及时提供解决方案	回访率每低于____分，扣____分；发现问题不汇报不解决每次扣____分
大客户满意度管理	积极参与大客户服务改进工作，努力提高大客户满意度	大客户服务满意度平均分每低于____分，扣____分

13.4.3 大客户服务专员胜任素质模型与任职资格

本书依据大客户服务专员的主要工作性质及对其任职资格要求，参照其他同类岗位人员的优秀绩效表现和胜任行为特征，从职业素养、知识、技能/能力三个层面出发，构建了大客户服务专员胜任素质模型，具体内容如图 13-11 所示。

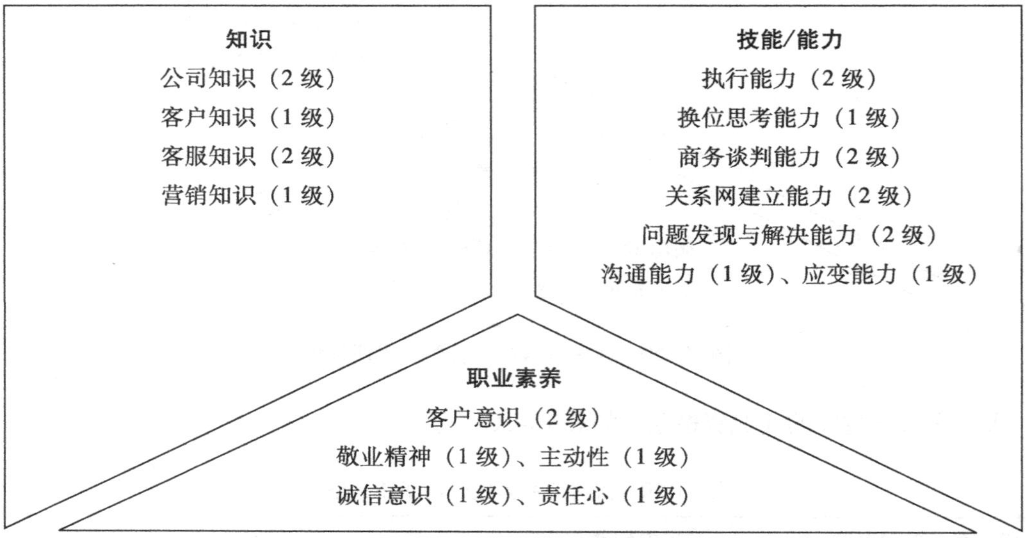

图 13-11 大客户服务专员胜任素质模型

大客户服务专员的任职资格条件如表 13-11 所示。

表 13-11 大客户服务专员任职资格条件

关键行为与结果要求	工作标准与规范	指标界定与目标值
大客户开发任务管理	根据大客户开发计划及相关要求、标准，不断拓展企业大客户资源，积极开发大客户	任务完成率每低于____%，扣____分 任务完成率 = $\frac{实际开发数量}{计划开发数量}\times 100\%$
大客户投诉管理	积极参与大客户客情维护工作，努力提高大客户服务质量，避免客户投诉	每发生 1 次大客户有效投诉，扣____分
大客户回访管理	执行大客户回访计划，关注大客户动态，发现问题及时提供解决方案	回访率每低于____分，扣____分；每发现问题不汇报、不解决 1 次，扣____分
大客户档案管理	根据客户档案管理标准及时、完整地将大客户相关资料归档	每推迟 1 天归档，扣____分；每发现比标准缺失 1 项资料，扣____分

13.5 售后服务人员胜任素质模型与任职资格

13.5.1 售后服务经理胜任素质模型与任职资格

售后服务经理胜任素质模型包含了其出色完成本职工作的核心职业素养、知识和技能/能力等要素，它全面、客观地评估了售后服务经理的工作态度、工作业绩和工作潜力，具体内容如图 13-12 所示。

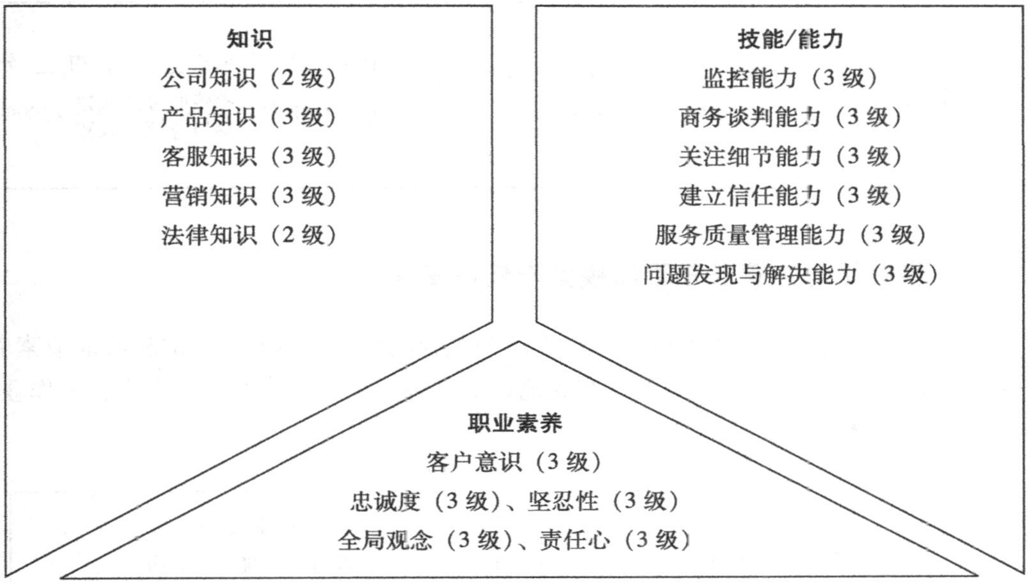

图 13-12 售后服务经理胜任素质模型

售后服务经理的任职资格条件如表 13-12 所示。

表 13-12 售后服务经理任职资格条件

关键行为与结果要求	工作标准与规范	指标界定与目标值
售后服务体系建立	建立、健全售后服务管理体系，制定售后服务规章制度，经领导审批后执行	按计划项目完成各项工作，每少完成 1 项，扣____分
售后服务工作计划	负责拟订企业售后服务工作计划和预算，经领导审批后严格执行	计划完成率每低于____%，扣____分

（续表）

关键行为与结果要求	工作标准与规范	指标界定与目标值
售后服务费用控制	严格控制售后服务相关费用，在确保任务正常完成、问题妥善解决的前提下，确保费用支出不超出预算标准	售后服务费用控制率 $=\frac{\text{售后服务费用节省额}}{\text{售后服务费用预算总额}}\times 100\%$
客户满意度管理	积极参与售后服务改进工作，努力提高客户满意度	客户服务满意度平均分每低于____分，扣____分
员工考核管理	定期开展员工各种考核管理确保员工任职合格率达到100%	任职合格率每低于____%，扣____分 任职合格率 $=\frac{\text{考核通过的人数}}{\text{参与考核总人数}}\times 100\%$

13.5.2 售后服务主管胜任素质模型与任职资格

售后服务主管胜任素质模型包含了售后服务主管出色完成本职工作的核心职业素养、知识和技能/能力三个层面，它全面、客观地评估了售后服务主管的工作态度、工作业绩和工作能力，具体内容如图13-13所示。

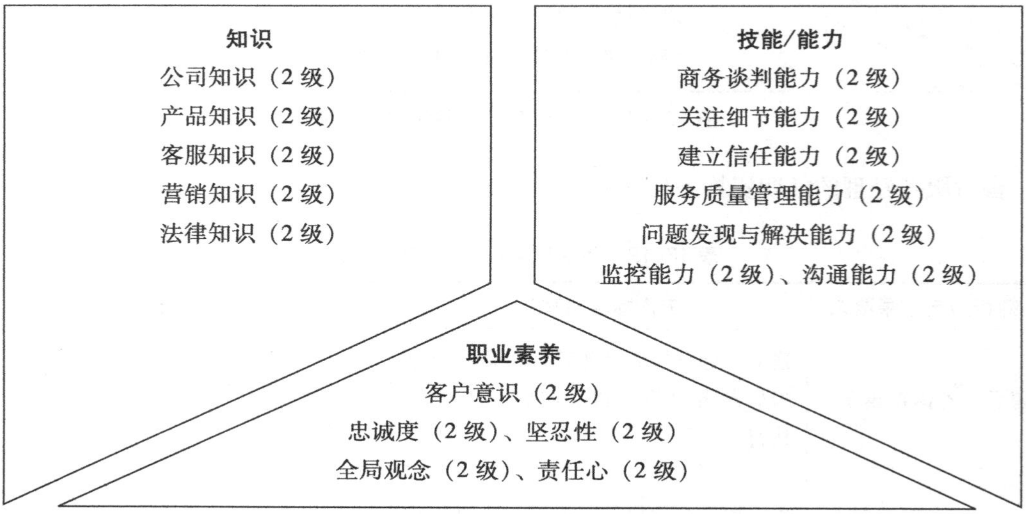

图13-13 售后服务主管胜任素质模型

售后服务主管的任职资格条件如表 13-13 所示。

表 13-13 售后服务主管任职资格条件

关键行为与结果要求	工作标准与规范	指标界定与目标值
售后服务工作计划执行	根据售后服务工作计划及相关工作标准，执行售后服务各项工作	计划执行率每低于____%，扣____分
售后服务费用控制	严格控制售后服务相关费用，在任务正常完成、问题妥善解决的前提下，确保费用支出不超出预算标准	售后服务费用控制率 $=\frac{\text{售后服务费用节省额}}{\text{售后服务费用预算总额}}\times 100\%$
售后服务回访	制订售后服务回访计划及相关要求，并组织监督售后服务专员严格实施	回访率每低于____%，扣____分；回访发现问题不汇报不解决每发生一次，扣____分
客户投诉管理	积极参与售后服务改进工作，努力提高客户满意度，避免客户投诉	客户有效投诉每发生一次，扣____分

13.5.3 售后服务专员胜任素质模型与任职资格

在明确了售后服务专员的主要工作内容和关键业绩指标后，企业需要对其工作进行合理、有效、客观的评估和考核，以帮助其明确工作努力的方向和自身不足。

本书构建的售后服务专员胜任素质模型包括职业素养、知识、技能/能力三部分，具体内容如图 13-14 所示。

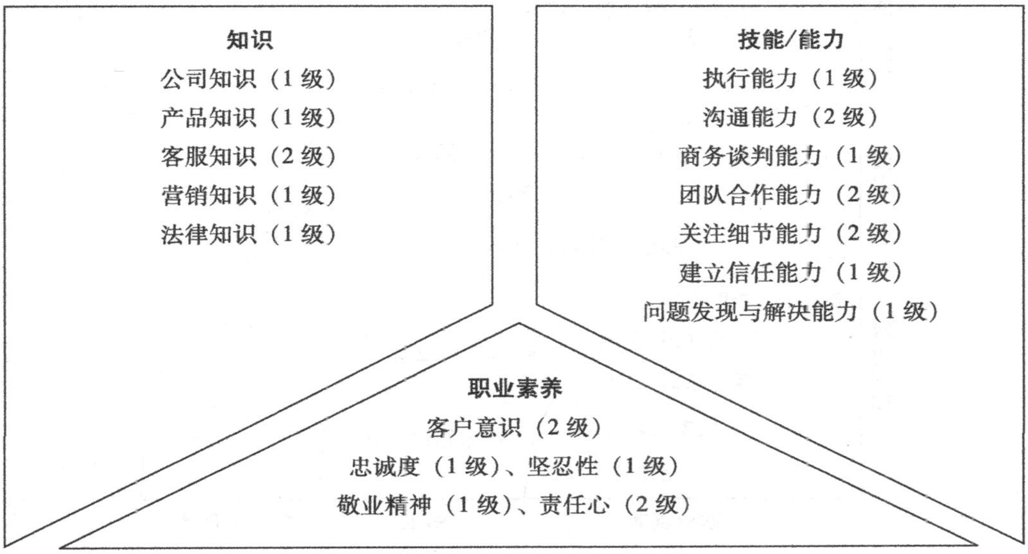

图 13-14 售后服务专员胜任素质模型

售后服务专员的任职资格条件如表 13-14 所示。

表 13-14　售后服务专员任职资格条件

关键行为与结果要求	工作标准与规范	指标界定与目标值
售后服务工作计划执行	根据售后服务工作计划及相关工作标准，执行售后服务各项工作	计划执行率每低于____%，扣____分
电话记录管理	负责接听售后服务中心热线电话并记录相关信息，确保信息记录准确、及时	表单记录每发现一处无效信息，扣____分
售后服务回访执行	执行售后服务回访计划及相关要求	回访率每低于____%，扣____分；回访发现问题不汇报不解决，每发生一次，扣____分
售后服务资料管理	根据客户档案管理标准及时、完整地将售后服务相关资料归档	每推迟一天归档扣____分，每发现比标准缺失一项资料，扣____分

13.5.4　售后维修主管胜任素质模型与任职资格

本书构建售后维修主管胜任素质模型是为了能客观、合理地评价售后维修工作，并为售后维修主管工作的改进方向提供参考。该模型包括职业素养、知识、技能/能力三部分，具体内容如图 13-15 所示。

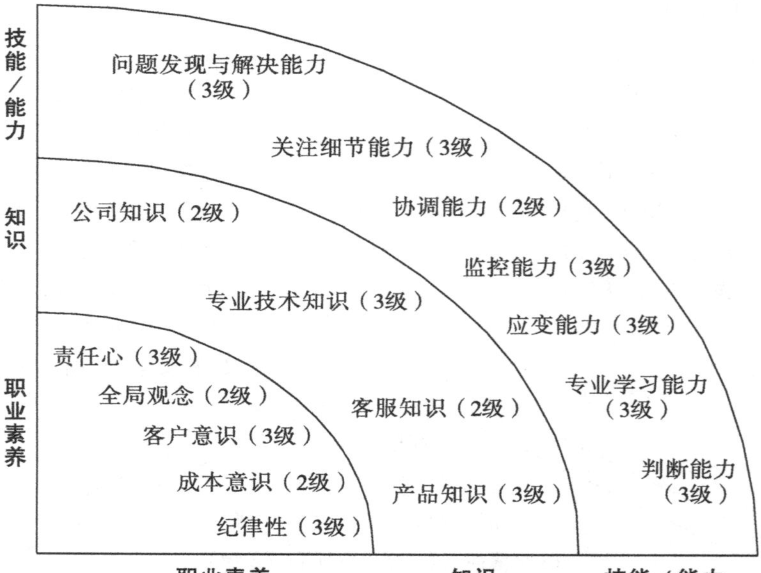

图 13-15　售后维修主管胜任素质模型

售后维修主管的任职资格条件如表13-15所示。

表13-15 售后维修主管任职资格条件

关键行为与结果要求	工作标准与规范	指标界定与目标值
售后维修费用控制	严格控制售后维修相关费用产生，在任务正常完成、问题妥善解决的前提下确保费用支出不超出预算标准	维修费用控制率每高于____%，加____分 售后维修费用控制率 $=\frac{\text{售后维修费用节省额}}{\text{售后维修费用预算总额}}\times 100\%$
售后维修流程改进管理	根据目前售后服务工作流程制度编制改进方案，方案通过后组织相关人员实施	方案被采纳率每低于____%，扣____分 方案被采纳率$=\frac{\text{方案被采纳的数量}}{\text{方案提出总数量}}\times 100\%$
客户投诉管理	准确记录客户投诉信息，并分析投诉原因，提供客户投诉解决方案	投诉问题解决率每低于____%，扣____分
报修管理	定期汇总产品故障维修统计表和维修人员工作月报表上交售后服务经理，并根据产品维修记录，编写产品质量分析报告及时反馈给相关部门	维修分析报告未提交不得分，提交每拖延1天，扣____分；报告分析内容无效、不可行，扣____分

13.5.5 售后维修专员胜任素质模型与任职资格

售后维修专员胜任素质模型包括职业素养、知识和技能/能力三个层面的内容。它是在参照绩效售后维修专员胜任素质特征的基础上建立的，借助其可以对售后维修专员的工作进行客观、全面的评价。售后维修专员胜任素质模型如图13-16所示。

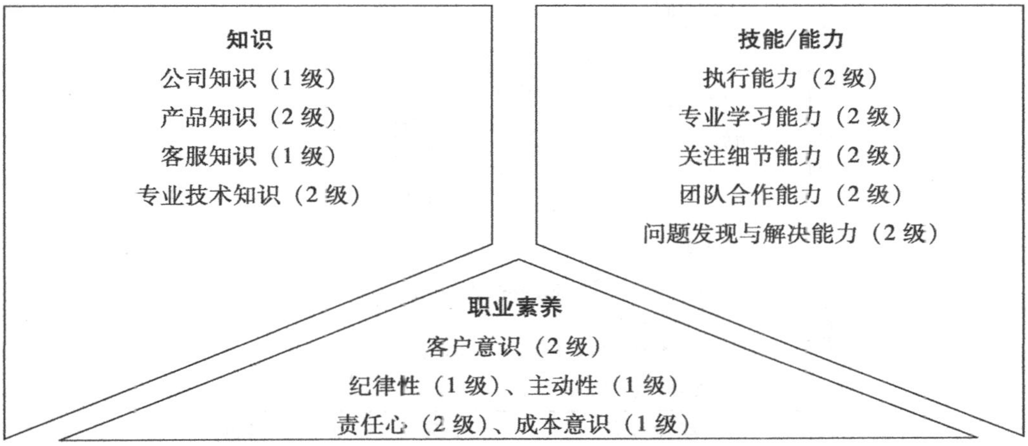

图13-16 售后维修专员胜任素质模型

售后维修专员的任职资格条件如表13-16所示。

表13-16 售后维修专员任职资格条件

关键行为与结果要求	工作标准与规范	指标界定与目标值
售后维修费用控制	严格控制售后维修相关费用产生，在确保任务正常完成，问题妥善解决的前提下确保费用支出不超出预算标准	维修费用控制率每高于____%，加____分 售后维修费用控制率 $=\frac{\text{售后维修费用节省额}}{\text{售后维修费用预算总额}}\times 100\%$
维修处理及时性管理	接到维修通知，在规定的时间内，按要求完成维修工作	每发现1次未按规定实施，扣____分
客户投诉管理	按照客户服务规范，认真执行售后维修工作，确保不出现客户投诉	每出现1次客户投诉，扣____分
维修一次达成性	事先了解故障并作出准确判断，备好相关部件、器材确保一次性修好	一次性维修成功率每低于____%，扣____分
维修资料管理	根据维修资料管理相关规定，妥善保管客户维修资料，确保资料完整性	客户维修资料每发现1次内容丢失或缺少，扣____分

13.6 客服信息人员胜任素质模型与任职资格

13.6.1 客服信息主管胜任素质模型与任职资格

根据客服信息主管的主要工作事项及对其任职资格的要求，在参照其他优秀主管胜任行为特征的基础上，构建了客服信息主管胜任素质模型，具体内容如图13-17所示。

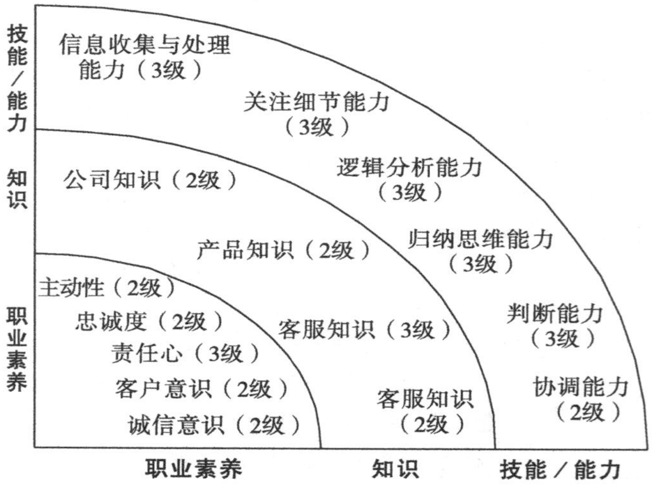

图13-17 客服信息主管胜任素质模型

客服信息主管的任职资格条件如表 13-17 所示。

表 13-17 客服信息主管任职资格条件

关键行为与结果要求	工作标准与规范	指标界定与目标值
客户信息管理系统建设	根据企业对客户信息管理的要求，建立客户信息管理系统，制定客户信息管理的各项制度，并不断对其进行修正和完善	相关工作每少建立 1 项，扣____分，建立结果不可行每项，扣____分
客户信息管理	组织客户信息专员开展客户信息收集、统计和分析工作，对工作效果和进程进行监督，确保信息有效性和完整性	根据相关标准每发现 1 条无效信息或不完整信息，扣____分
客户资料的保密性	监督客户档案保密工作的实施，确保客户档案保密制度的执行	每发现 1 次客户资料丢失事件，本项不得分
客户信息的分析报告	根据客户信息统计情况，定期提交分析报告，对客情的波动变化进行分析，并提供解决方案	方案被采纳率每低于____%，扣____分 $方案被采纳率 = \frac{被采纳的数量}{方案总数量} \times 100\%$

13.6.2 客服信息专员胜任素质模型与任职资格

本书构建的客服信息专员胜任素质模型如图 13-18 所示，它包含知识、技能/能力、职业素养三部分。

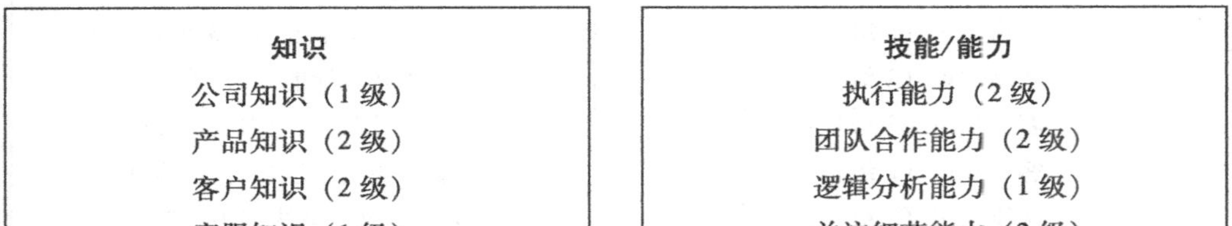

图 13-18 客服信息专员胜任素质模型

客服信息专员的任职资格条件如表13-18所示。

表13-18　客服信息专员任职资格条件

关键行为与结果要求	工作标准与规范	指标界定与目标值
客户信息管理	根据信息搜集计划开展客户信息收集、统计和分析工作，对工作效果和进程进行监督，确保信息有效性和完整性	根据相关标准每发现1条无效信息或不完整信息，扣____分
客户资料保密管理	严格按照客户档案保密工作的实施，确保客户档案保密不外泄	每发生1次客户资料丢失事件，本项不得分
客户信息的分析报告	根据客户信息统计情况，定期提交分析报告，对客情的波动变化进行分析，并提供解决方案	方案被采纳率每低于____%，扣____分 $方案被采纳率=\frac{被采纳的数量}{方案总数量}\times 100\%$

13.7　客服质量人员胜任素质模型与任职资格

13.7.1　客户服务质量经理胜任素质模型与任职资格

本书依据客户服务质量经理的主要工作事项及对其任职资格要求，构建了客户服务质量经理胜任素质模型，具体内容如图13-19所示。

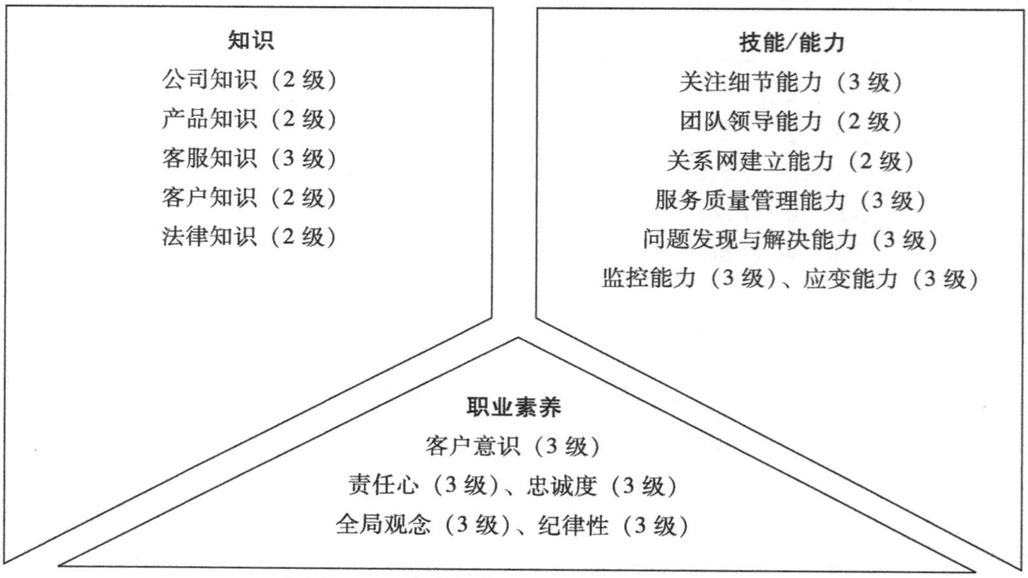

图13-19　客户服务质量经理胜任素质模型

客户服务质量经理的任职资格条件如表 13-19 所示。

表 13-19 客户服务质量经理任职资格条件

关键行为与结果要求	工作标准与规范	指标界定与目标值
服务质量监控体系建设	建立、健全客户服务质量管理体系，制定客户服务质量管理规章制度，经领导审批通过后执行	按计划项目完成各项工作，每少完成 1 项，扣____分
服务质量费用控制	严格控制服务质量相关费用，确保各项工作正常开展的费用不超出预算	预算控制率每低于____%，扣____分 $预算控制率 = \frac{预算节省额}{预算总额} \times 100\%$
服务质量改善	建立、健全客户服务质量监控体系，对客服人员的服务质量进行监督	质量改善目标达成率每低于____%，扣____分
客户满意度管理	积极参与客户服务质量改进工作，努力提高客户满意度	客户服务满意度平均分每低于____分，扣____分
员工管理	科学管理部门核心员工，及时了解其思想动态及业务状况，确保其正常发展	核心员工保有率每低于____%，扣____分

13.7.2 客户服务质量主管胜任素质模型与任职资格

本书依据客户服务质量主管的主要工作事项及对其任职资格要求，构建了客户服务质量主管胜任素质模型，具体内容如图 13-20 所示。

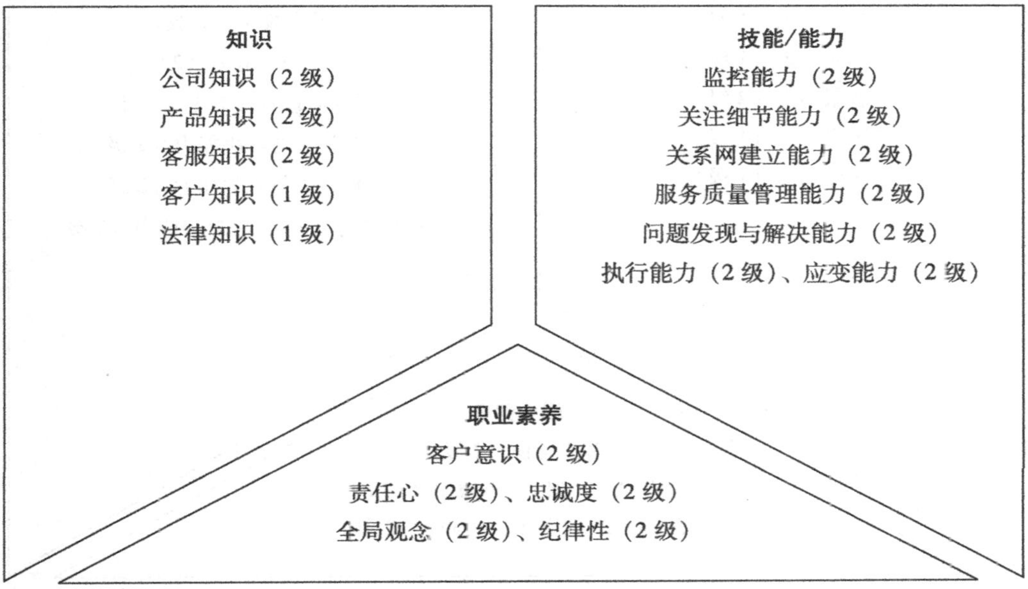

图 13-20 客户服务质量主管胜任素质模型

客户服务质量主管的任职资格条件如表 13-20 所示。

表 13-20　客户服务质量主管任职资格条件

关键行为与结果要求	工作标准与规范	指标界定与目标值
服务质量分析报告管理	针对目前质量管理体系存在的问题或不足，分析并编制改进分析报告	分析报告未按规定及时提交，每推迟 1 天，扣____分，分析不深入，不可行，扣____分
质量管理体系审核通过管理	协助部门经理建立、健全客户服务质量管理制度和评价体系后，将其贯彻落实，确保质量管理体系审核一次性通过	质量管理体系审核一次性通过率每低于____%，扣____分
服务质量改善	按要求实施客户服务质量监控体系相关工作，并监督客服专员服务质量	每发现 1 次未按相关要求实施，扣____分
客户满意度管理	积极参与客户服务质量改进工作，努力提高客户满意度	客户服务满意度平均分每低于____分，扣____分

13.7.3　客户服务质量监控专员胜任素质模型与任职资格

本书依据客户服务质量监控专员的主要工作事项及对其任职资格的要求，构建了客户服务质量监控专员胜任素质模型，具体内容如图 13-21 所示。

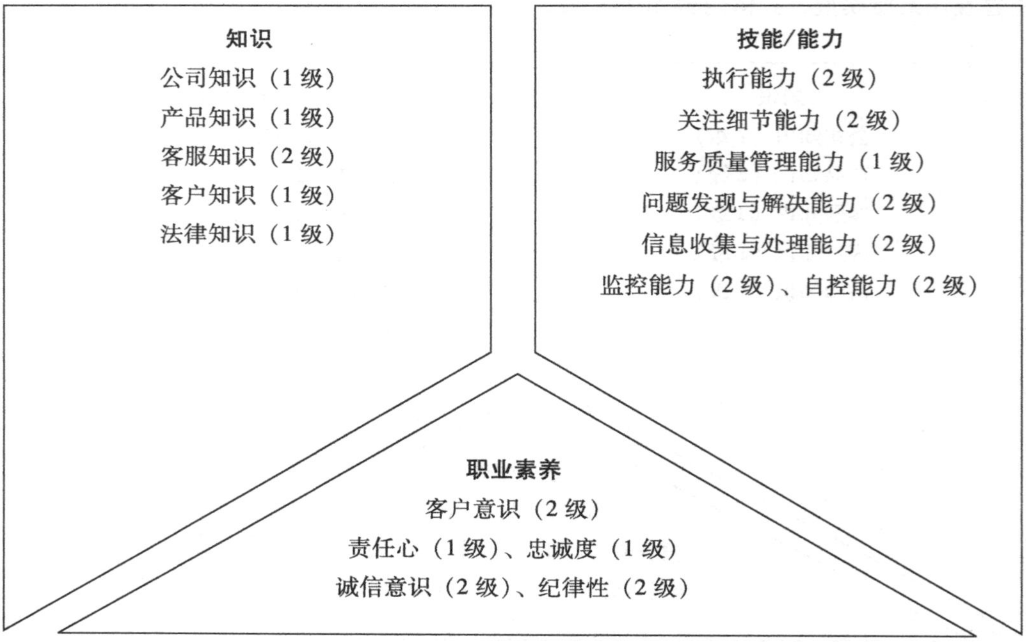

图 13-21　客户服务质量监控专员胜任素质模型

客户服务质量监控专员的任职资格条件如表13-21所示。

表13-21 客户服务质量监控专员任职资格条件

关键行为与结果要求	工作标准与规范	指标界定与目标值
服务质量报表管理	对客服人员服务质量进行跟踪和检查，并按时填制客户服务质量报表	报表编制每出现1处错误，扣____分
服务质量改善建议管理	根据客服业务和客户需求的变化，不断提出客户服务质量改善建议，促进服务质量的提高	建议被采纳率每低于____%，扣____分 $建议被采纳率 = \frac{被采纳的数量}{建议总数量} \times 100\%$
客户回访管理	定期或不定期地进行客户回访，以检查客服人员的服务质量，并填写客户回访记录	客户回访率每低于____%，扣____分 $客户回访率 = \frac{实际回访人数}{应回访人数} \times 100\%$
信息资料归档管理	收集和整理客户服务质量的相关信息和资料，并及时归档	信息资料归档不及时，每推迟1天，扣____分，资料不完整，每发现1次，扣____分

13.8 呼叫中心人员胜任素质模型与任职资格

13.8.1 呼叫中心经理胜任素质模型与任职资格

为了能更好地处理呼叫中心各项业务，完成呼叫中心各项业绩指标，呼叫中心经理一般需具备以下三个层面的素质：职业素养、知识、技能/能力（见图13-22）。

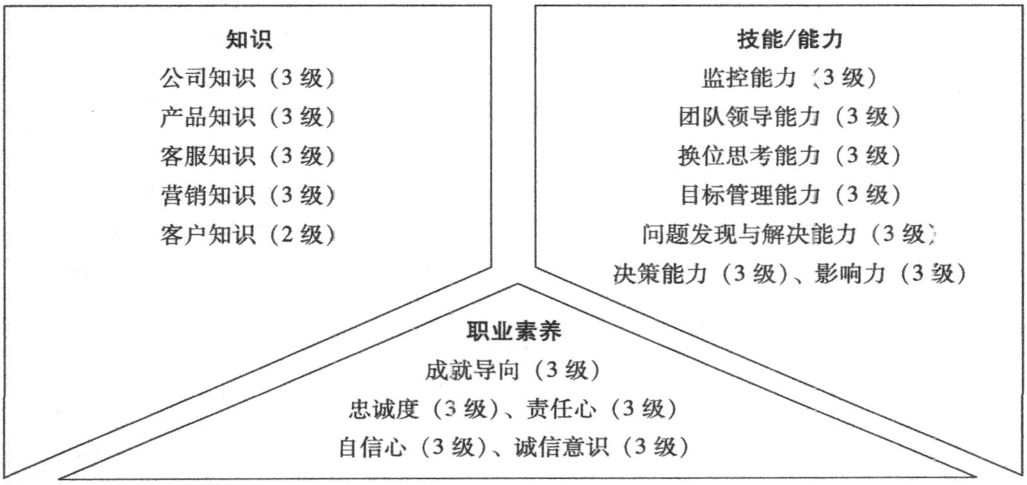

图13-22 呼叫中心经理胜任素质模型

呼叫中心经理的任职资格条件如表 13-22 所示。

表 13-22　呼叫中心经理任职资格条件

关键行为与结果要求	工作标准与规范	指标界定与目标值
呼叫中心运营计划管理	根据公司经营需要编制运营计划并组织实施	呼叫中心运营计划完成率每低于____%，扣____分
呼叫中心运营费用控制	按照预算标准控制各项开支，确保工作相关费用不超出预算	呼叫中心运营费用达成率每超出预算____%，扣____分 $费用达成率=\frac{实际发生费用额}{预算总额}\times 100\%$
运营情况分析报告管理	定期或不定期组织相关人员做好呼叫服务市场的调研工作，并撰写分析报告	分析报告未按规定及时提交，每推迟一天，扣____分，分析不深入、不可行，扣____分
客户满意度管理	积极参与部门服务质量改进工作，努力提高客户满意度	客户服务满意度平均分每低于____分，扣____分
员工管理	及时与部门员工沟通，发现问题及时解决确保核心员工保有率	核心员工保有率每低____%，扣____分

13.8.2　座席主管胜任素质模型与任职资格

本书依据座席主管的主要工作事项及对其任职资格的要求，在参照其他优秀主管胜任行为特征的基础上，构建了座席主管胜任素质模型，具体内容如图 13-23 所示。

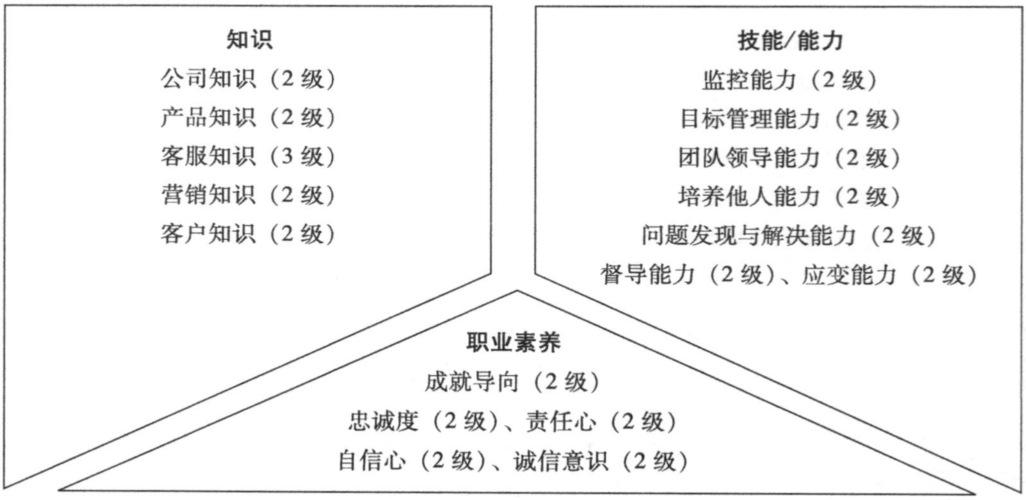

图 13-23　座席主管胜任素质模型

座席主管的任职资格条件如表 13-23 所示。

表 13-23 座席主管任职资格条件

关键行为与结果要求	工作标准与规范	指标界定与目标值
呼叫中心业务计划管理	制订人力安排计划，合理调配呼叫中心人力资源	计划完成率每低于____%，扣____分
运营数据管理	收集、整理、分析呼叫中心日常运营数据，并提交相关业绩报告	报告递交不及时每推迟一天，扣____分，报告数据存在错误的一处，扣____分
呼叫中心流程改进管理	针对目前作业系统进行评估与改进工作，提供改进方案	方案被采纳率每低于____分，扣____分 方案被采纳率 $=\frac{\text{被采纳的数量}}{\text{方案总数量}}\times100\%$
座席评价管理	负责呼叫中心座席员服务质量的监控及评价，并及时纠正其不合格行为	每发现下属座席员服务质量不达标 1 次，扣____分

13.8.3 呼叫中心座席员胜任素质模型与任职资格

本书构建的呼叫中心座席员胜任素质模型提取了呼叫中心座席员出色完成本职工作的核心职业素养、知识、技能/能力。它在参考绩优呼叫中心座席员的胜任行为特征的基础上对呼叫中心座席员的工作态度、工作业绩和工作能力进行了全面且客观的评价，具体内容如图 13-24 所示。

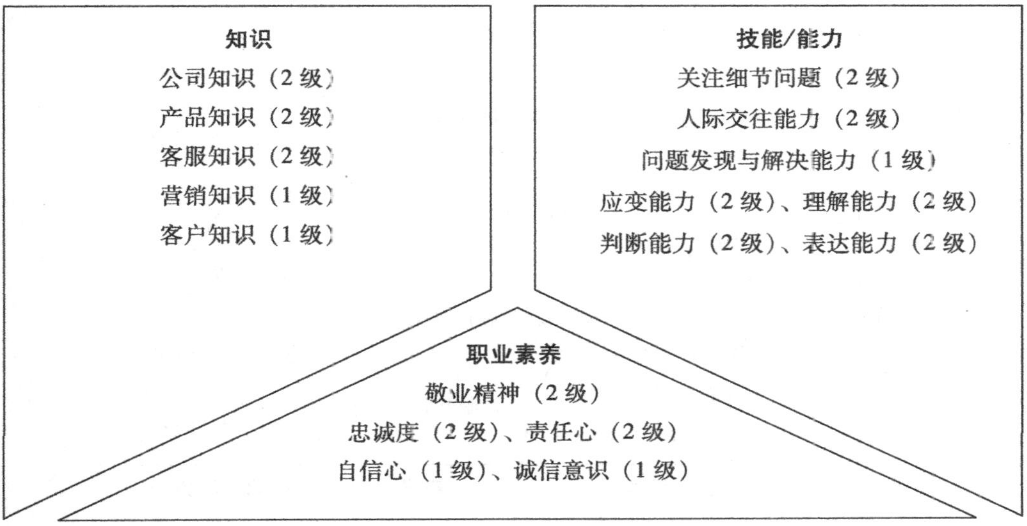

图 13-24 呼叫中心座席员胜任素质模型

呼叫中心座席员的任职资格条件如表13-24所示。

表13-24　呼叫中心座席员任职资格条件

关键行为与结果要求	工作标准与规范	指标界定与目标值
呼叫中心任务执行情况	按计划及相关工作要求，执行呼叫中心任务计划	计划完成率每低于____%，扣____分
呼叫电话处理管理	对所有呼入、呼出的电话进行记录，并对遇到的问题及时跟踪处理	每发现1次未及时处理相关问题，扣____分
客户投诉管理	按相关工作要求执行客户呼叫电话，确保不出现客户投诉	每出现1次客户投诉，扣____分
呼叫资料管理	妥善记录、保管客户呼叫记录	每发现1处记录无效信息，扣____分

13.8.4　服务培训主管胜任素质模型与任职资格

本书依据呼叫中心发展目标和运营理念，结合服务培训主管的主要工作事项及对其任职资格要求，从职业素养、知识、技能/能力三个层面出发，构建了服务培训主管胜任素质模型，具体内容如图13-25所示。

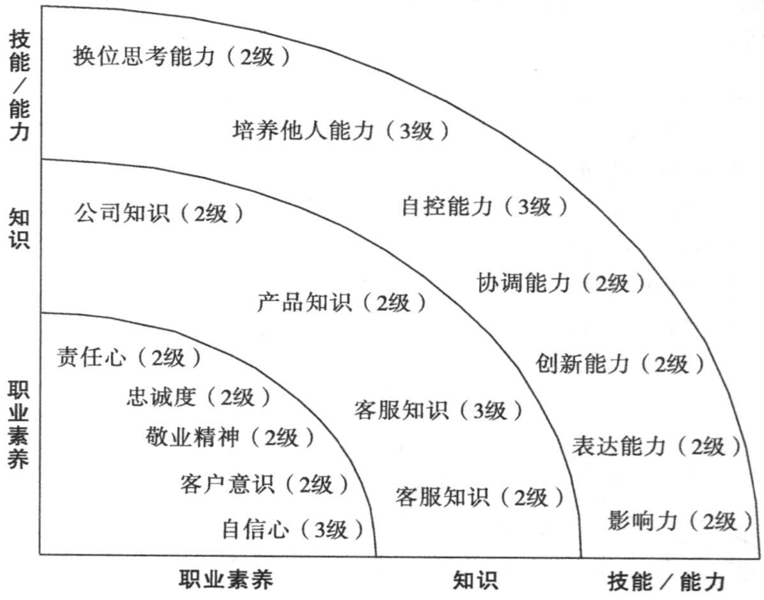

图13-25　服务培训主管胜任素质模型

服务培训主管的任职资格条件如表13-25所示。

表13-25 服务培训主管任职资格条件

关键行为与结果要求	工作标准与规范	指标界定与目标值
培训计划管理	拟订呼叫中心培训计划并组织实施	培训计划完成率每低于____%，扣____分
培训考核达标管理	对受训学员及时进行达标考核，确保培训有效	考核达标率每低于____%，扣____分 培训考核达标率 = $\frac{\text{达标人员数量}}{\text{受训人员总数量}}$ × 100%
培训效果评估报告提交	对服务培训效果进行评估，撰写培训效果评估报告	在规定的时间内递交评估报告，每推迟1天，扣____分
学员培训档案管理	负责建立学员培训档案，并进行维护和管理，确保其完整性	在规定时间内建立，每推迟1天，扣____分，档案建立不完整每缺失1项，扣____分

13.8.5 质量保证主管胜任素质模型与任职资格

本书依据呼叫中心业务运营特点及其经营环境，结合质量保证主管岗位的任职要求，参照同类优秀主管人员的岗位胜任行为特征，从职业素养、知识、技能/能力三个层面出发，构建了质量保证主管胜任素质模型，具体内容如图13-26所示。

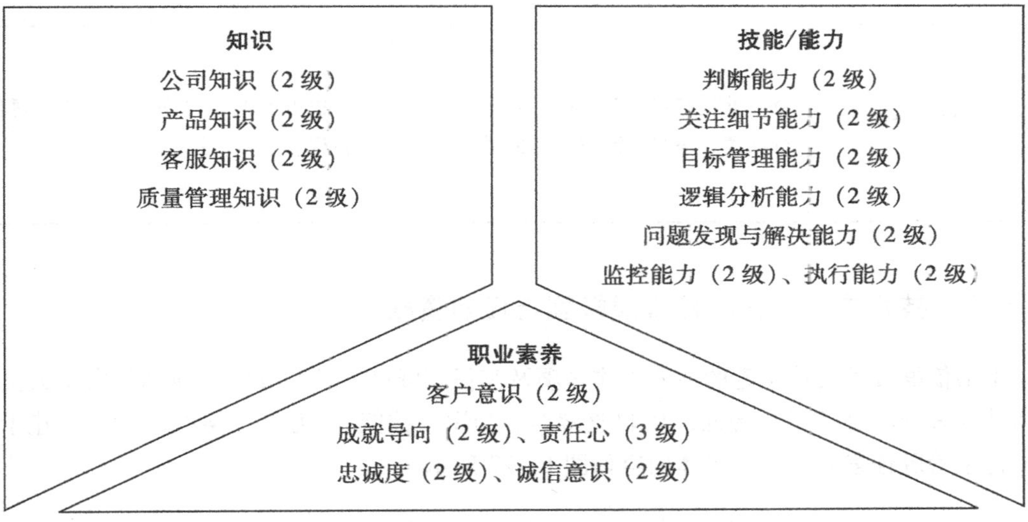

图13-26 质量保证主管胜任素质模型

质量保证主管的任职资格条件如表 13-26 所示。

表 13-26 质量保证主管任职资格条件

关键行为与结果要求	工作标准与规范	指标界定与目标值
质量监控报告编制	指导质量监控人员填制服务质量监控记录，并定期编制服务质量监控报告	服务质量监控报告编制及时率达____%，与目标相比相差____%，扣____分
质量改善方案通过性	总结、分析呼叫中心运营数据，及时对客服人员的工作表现进行评估和反馈，并制定服务质量改善方案	质量改善方案一次性通过率达____%，与目标相比相差____%，扣____分
服务质量监控记录管理	准确记录服务质量监控数据，确保数据记录的完整性和准确性	服务质量监控记录完整、准确无误
客户回访管理	按计划组织相关人员定期对客户进行回访，以评价客户对呼叫中心服务工作的满意度	客户回访率达____%，每低于目标____%，扣____分
客户投诉反馈管理	及时处理客户抱怨、投诉问题，并进行反馈、跟踪，维护客户关系	客户投诉反馈及时率达____%，每低于目标____%，扣____分

13.8.6 技术支持主管胜任素质模型与任职资格

本书依据技术支持主管的主要工作事项及其任职资格要求，参照其他同类岗位人员的优秀绩效表现和胜任行为特征，从职业素养、知识、技能/能力三个层面出发，构建了技术支持主管胜任素质模型，具体内容如图 13-27 所示。

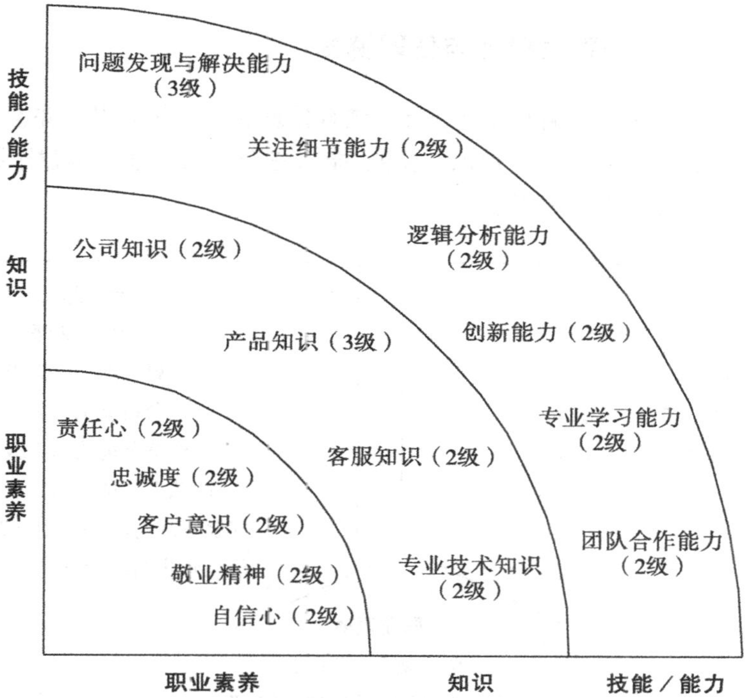

图13-27　技术支持主管胜任素质模型

技术支持主管的任职资格条件如表13-27所示。

表13-27　技术支持主管任职资格条件

关键行为与结果要求	工作标准与规范	指标界定与目标值
系统建设或改造方案管理	记录并分析呼叫中心系统的日常监控数据，提出技术建设或改造方案，不断完善运营系统	方案一次性通过率达____%，比目标每降低____%，扣____分
系统维护及时性管理	制定本企业呼叫中心系统日常维护及作业操作规范，并监督实施	系统维护及时率达____%，比目标每降低____%，扣____分
技术故障处理	负责呼叫中心软硬件、服务器等系统设施的故障排查和协调处理	技术故障处理及时率达____%，每低于目标____%，扣____分
客户服务满意度管理	与外协公司、设备厂商保持友好合作关系，不断更新和完善呼叫中心平台系统，提高客服满意度	相关部门对技术支持满意度的评分，平均分在____分以上，比目标值每提高（降低）____分，加（扣）____分

13.8.7 排班主管胜任素质模型与任职资格

本书依据呼叫中心运营战略和发展目标，结合排班主管工作职责，并参照同类岗位主管的优秀行为特征，从职业素养、知识、技能/能力三个层面出发，构建了排班主管胜任素质模型，具体内容如图 13-28 所示。

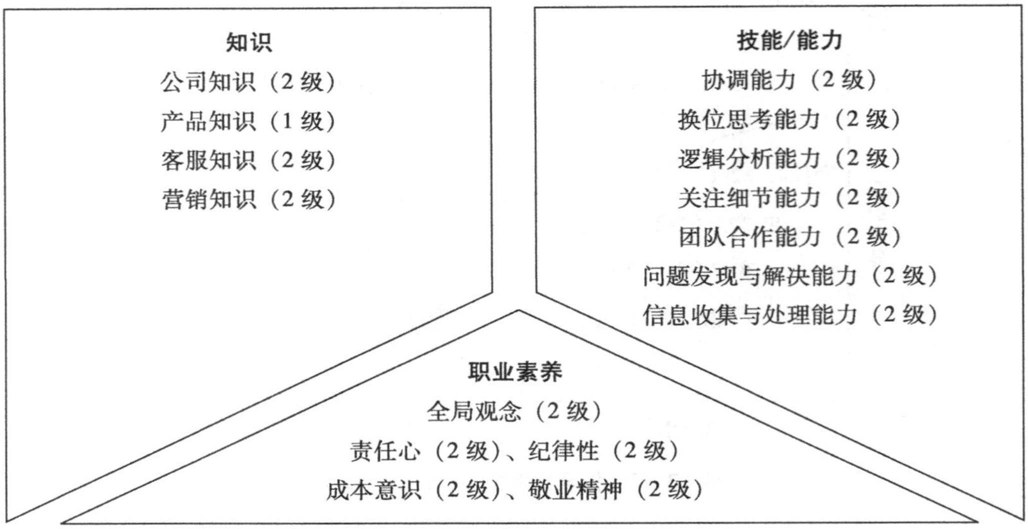

图 13-28 排班主管胜任素质模型

排班主管的任职资格条件如表 13-28 所示。

表 13-28 排班主管任职资格条件

关键行为与结果要求	工作标准与规范	指标界定与目标值
排班表编制管理	制订呼叫中心排班制度和排班计划，并负责监督实施	排班表编制及时率达____%，每低于目标____%，扣____分
话务量预测管理	组织相关人员进行呼叫中心话务量的分析和预测工作，掌握呼叫中心业务运营现状和发展趋势	话务量预测准确性，偏差小于____%，每高（低）于目标____%，加（扣）____分
座席利用管理	根据呼叫中心业务需求变化和座席员变动情况，及时更新排班表，对呼叫中心人力、座席、设备等资源统一调配和管理，提高座席等资源利用率	座席利用率达____%，比目标每提高（降低）____%，加（扣）____分

13.8.8 话务量预测专员胜任素质模型与任职资格

在明确了话务量预测专员的主要工作内容和关键业绩指标后，就需要建立话务量预测专员胜任素质模型，以便对其工作进行合理、有效、客观的评估和考核，从而帮助其认识自身的不足并找到努力工作的方向。

本书据此构建的话务量预测专员胜任素质模型包括职业素养、知识、技能/能力三部分，具体内容如图13-29所示。

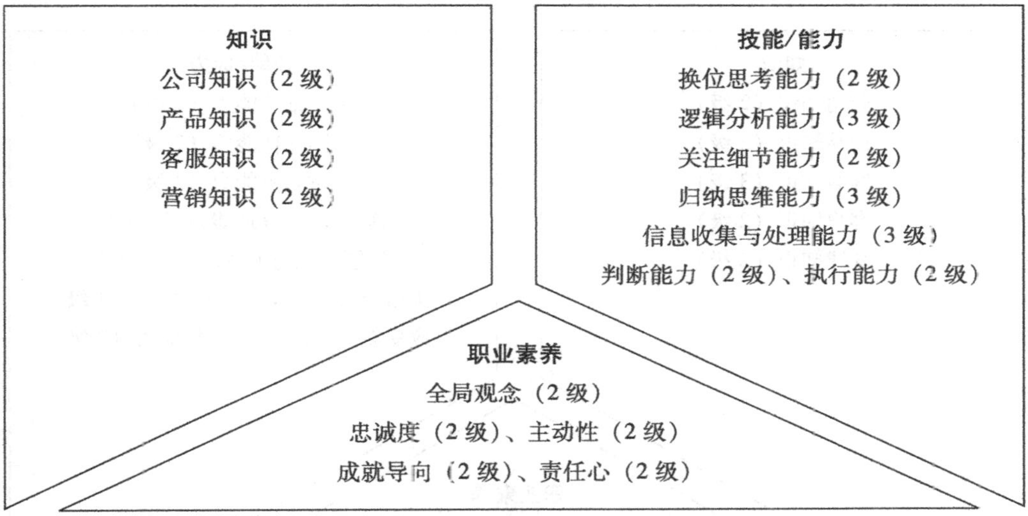

图13-29 话务量预测专员胜任素质模型

话务量预测专员的任职资格条件如表13-29所示。

表13-29 话务量预测专员任职资格条件

关键行为与结果要求	工作标准与规范	指标界定与目标值
话务量预测任务执行	按计划及相关服务标准，执行话务量预测相关工作	考核期间话务量预测任务执行率达到____%，每低于目标____%，扣____分
话务预测误差管理	分析历史数据，对未来的话务量作出合理预测分析，严格控制预测误差	考核期间，话务量预测偏差率控制在____%，每高于目标____%，扣____分
话务量预测报告管理	分析历史数据，对未来话务量情况作出预测分析，按时提交预测分析报告	考核期间，话务量预测报告提交及时率达到____%，每低于目标____%，扣____分

13.9 客户投诉处理人员胜任素质模型与任职资格

13.9.1 客户投诉主管胜任素质模型与任职资格

本书依据客户投诉主管的主要工作事项及对其任职资格的要求，在参照其他优秀主管胜任行为特征的基础上，构建了客户投诉主管胜任素质模型，具体内容如图13-30所示。

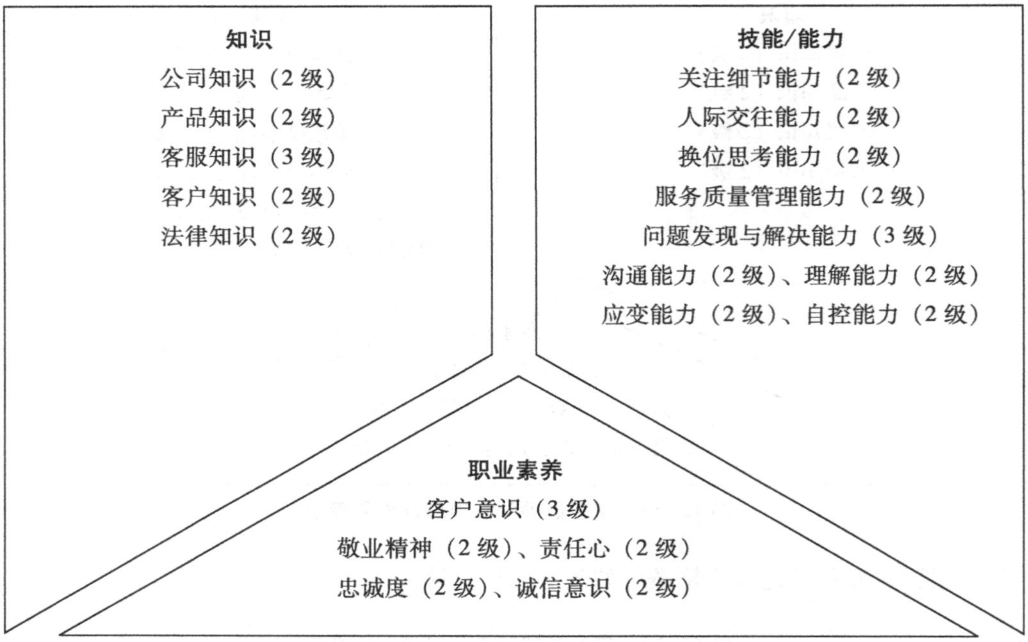

图13-30 客户投诉主管胜任素质模型

客户投诉主管的任职资格条件如表13-30所示。

表13-30 客户投诉主管任职资格条件

关键行为与结果要求	工作标准与规范	指标界定与目标值
客户意见反馈及时性管理	在规定时间内，及时反馈客户提出的意见	客户意见及时反馈率在____%以上，与预期目标相比，每低于目标____%，扣____分
客诉解决效率	在规定时间内，解决客户投诉，提高投诉解决效率	从接到投诉到问题解决时间间隔不超出____天，与预期目标相比，每超____天，扣____分

（续表）

关键行为与结果要求	工作标准与规范	指标界定与目标值
客诉解决数量	按照公司确定的要求及时受理客户投诉，并确保在规定时间处理完毕	未在承诺期限内，解决客诉次数不超过____次，与预期目标相比每超____次，扣____分
客户满意度管理	按公司规定处理客户投诉，确保处理态度、速度等让客户满意	客户满意度问卷的平均得分为____分，与预期目标相比每低于____分，扣____分
投诉回访管理	负责组织客户回访工作，以判断客户投诉处理工作的质量	投诉回访率每低于____分，扣____分 投诉回访率 = $\frac{实际回访人数}{计划回访人数} \times 100\%$

13.9.2 服务质量监督员胜任素质模型与任职资格

本书构建的服务质量监督员胜任素质模型包括职业素养、知识和技能/能力三部分，它是在参考绩优服务质量监督员胜任行为特征的基础上建立的。绩效考核时，企业可以借助胜任素质模型对服务质量监督员的工作进行客观、全面的评价。服务质量监督员胜任素质模型如图13-31所示。

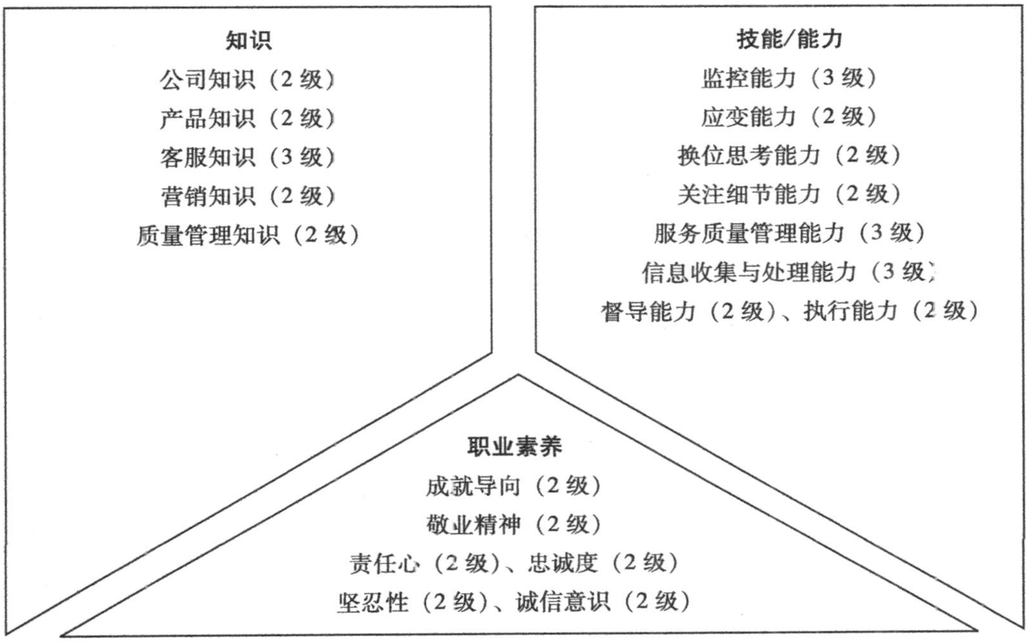

图13-31 服务质量监督员胜任素质模型

服务质量监督员的任职资格条件如表13-31所示。

表13-31 服务质量监督员任职资格条件

关键行为与结果要求	工作标准与规范	指标界定与目标值
工作计划执行	根据服务质量监督工作计划及相关标准执行日常工作	工作任务执行率达到____%，每低于目标____%，扣____分
服务质量分析报告	定期组织相关人员编制服务质量分析报告，保证报告分析的全面性与可行性	服务质量分析报告提交及时率达到____%，每低于目标____%，扣____分
监督记录资料管理	准确记录监督资料，确保数据完整性与准确性	监督记录资料完整准确率达到____%，每低于目标____%，扣____分
客户回访管理	按计划进行客户回访，以监督服务人员服务质量	客户回访率达到____%，每低于目标____%，扣____分

第 14 章

人力资源类人员胜任素质模型与任职资格

14.1 人力资源部人员胜任素质模型与任职资格

14.1.1 人力资源经理胜任素质模型与任职资格

本书依据企业实际，结合人力资源经理的工作职责，构建了人力资源经理胜任素质模型，具体内容如图 14-1 所示。

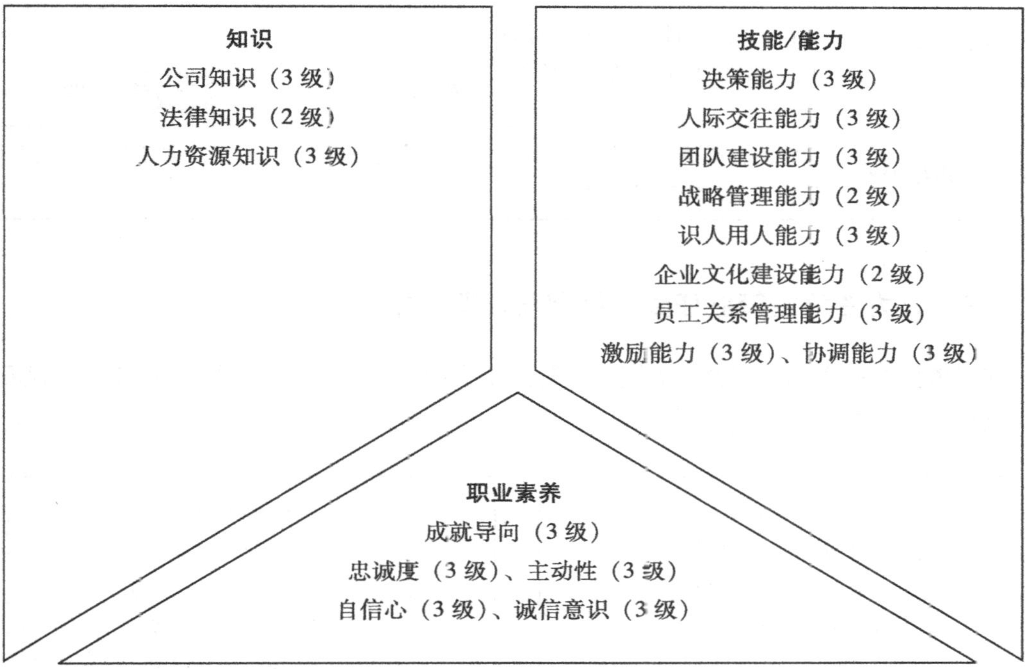

图 14-1 人力资源经理胜任素质模型

人力资源经理的任职资格条件如表 14-1 所示。

表 14-1 人力资源经理任职资格条件

关键行为与结果要求	工作标准与规范	指标界定与目标值
人力资源制度管理	制定并监督实施企业各项人力资源管理制度	制度差错率达____% $制度差错率 = \frac{制度出现差错次数}{制定制度总次数} \times 100\%$
人力资源计划管理	负责根据企业发展战略，制订并完成人力资源各项工作计划	人力资源工作计划按时完成率达____% $计划提交及时率 = \frac{计划及时提交次数}{计划应提交总次数} \times 100\%$

（续表）

关键行为与结果要求	工作标准与规范	指标界定与目标值
流程改进管理	负责人力资源各项工作流程的改进、优化	主要考核人力资源流程改进目标达成情况、流程改进效果
员工满意度管理	负责人力资源的日常管理工作，保证员工满意度，控制人员流失	企业核心员工流失不得高于____%；员工满意度在____分以上，每低于目标____分，扣____分
成本控制管理	负责制定费用控制目标，进行人力资源管理成本预算与控制	费用预算达成率不超过100%，每超过____%，扣____分 费用预算达成率 $= \frac{\text{实际支出总额}}{\text{预算总额}} \times 100\%$
部门和团队管理	制定人力资源部日常管理细则、工作规范，负责团队建设	培训计划完成率达____%，员工绩效考核平均得分在____分以上

14.1.2　人力资源主管胜任素质模型与任职资格

本书依据企业实际，结合人力资源主管的工作职责，构建了人力资源主管胜任素质模型，具体内容如图14-2所示。

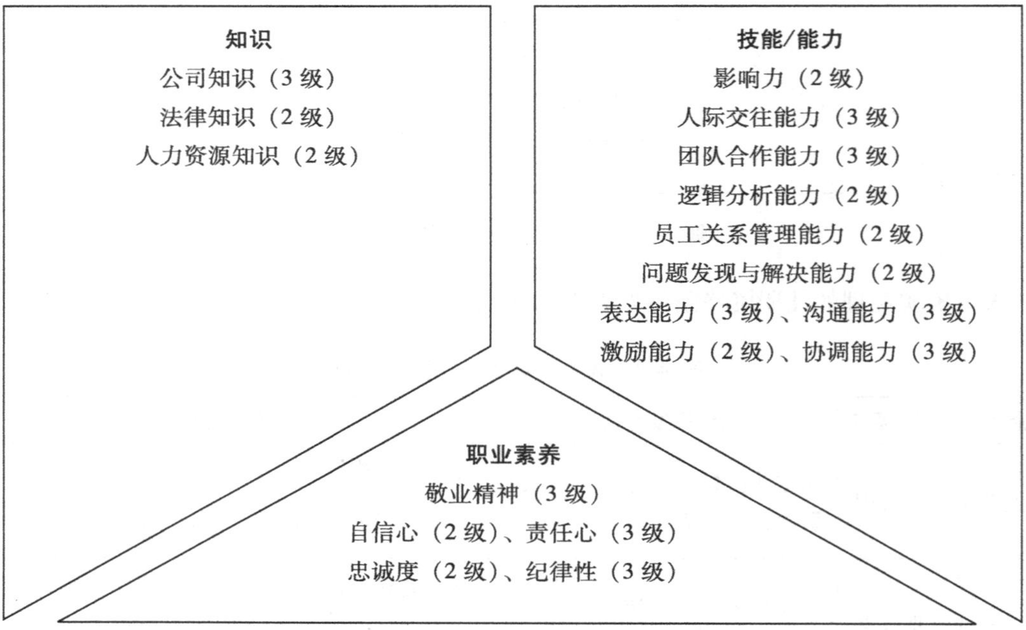

图14-2　人力资源主管胜任素质模型

人力资源主管的任职资格条件如表14-2所示。

表14-2 人力资源主管任职资格条件

关键行为与结果要求	工作标准与规范	指标界定与目标值
员工招聘管理	根据企业发展需求，汇总人力资源需求，及时招聘员工	招聘人员适岗率达____% 人员招聘及时率 = $\frac{\text{人员招聘及时次数}}{\text{人员招聘总次数}} \times 100\%$
员工培训管理	结合企业实际和员工培训需求，制订并实施培训计划	培训计划提交及时率达____%；培训计划按时完成率达____%，每低于目标值____%，扣____分
绩效考核管理	根据岗位特点，实施绩效考核，并处理考核申诉	在规定时间内完成考核工作；绩效考核申诉处理及时率达____%，每低于目标值____%，扣____分
薪酬调研管理	进行市场及企业内部薪酬调研，编制薪酬调研报告	主要考核市场调研报告分析有效性 报告提交及时率达____%
劳动纠纷管理	及时、合理、有效地处理员工的劳动纠纷事项	领导满意度平均分在____分以上 纠纷处理及时率 = $\frac{\text{及时处理的纠纷数}}{\text{纠纷}} \times 100\%$

14.1.3 人力资源专员胜任素质模型与任职资格

在同一个企业里，不同的职务和岗位对人才素质的要求也不同。图14-3所示为人力资源专员胜任素质模型。

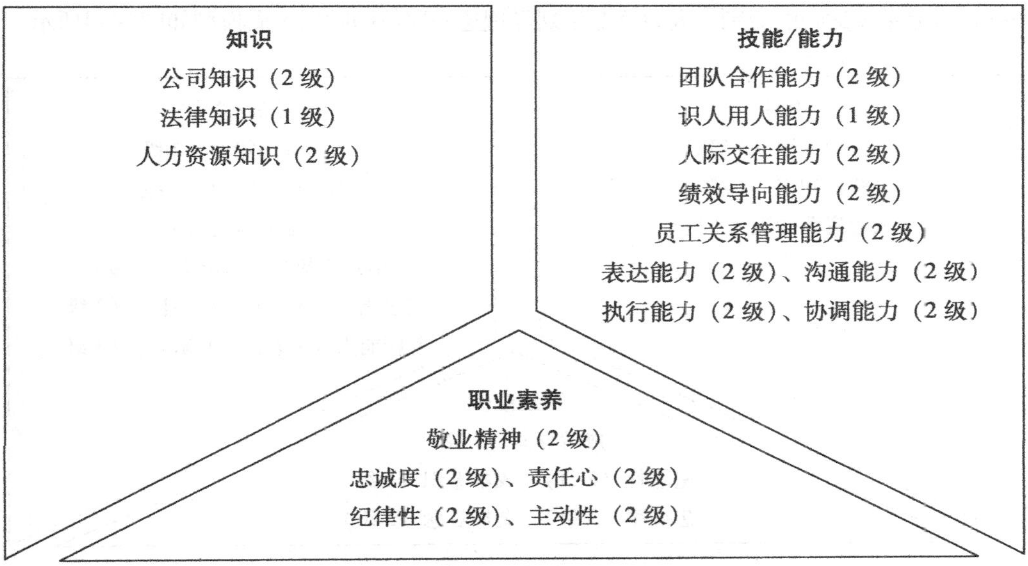

图14-3 人力资源专员胜任素质模型

人力资源专员的任职资格条件如表 14-3 所示。

表 14-3　人力资源专员任职资格条件

关键行为与结果要求	工作标准与规范	指标界定与目标值
人离职手续办理	按规定程序及时为员工办理入离职手续	主要考核入职离职手续办理的及时性与规范性 $手续办理及时率=\frac{及时办理的次数}{办理总次数}\times 100\%$
劳动合同签订	负责办理员工劳动合同的签订、变更、续订和终止事宜	劳动合同事项实际办理所用时间在____天以内 $劳动合同签订及时率=\frac{及时签订数量}{签订}\times 100\%$
社会保险办理	员工社会保险办理准确率	考核期内员工社会保险办理准确率达到____%，每低于目标____%，扣____分
人事档案管理	负责员工人事资料、部门文件等档案的归档管理	员工人事资料、部门文件等归档及时、准确，档案管理出错率为____%

14.2　人力资源规划人员胜任素质模型与任职资格

14.2.1　人力资源规划经理胜任素质模型与任职资格

胜任素质模型至少包括两个部分：一是保证获取高绩效的关键胜任素质，即员工胜任某一工作所必须具备的关键胜任素质；二是各项关键胜任素质的等级，即员工胜任某一工作在各项必备素质上必须达到的级别。人力资源规划经理这一职位的胜任素质模型如图 14-4所示。

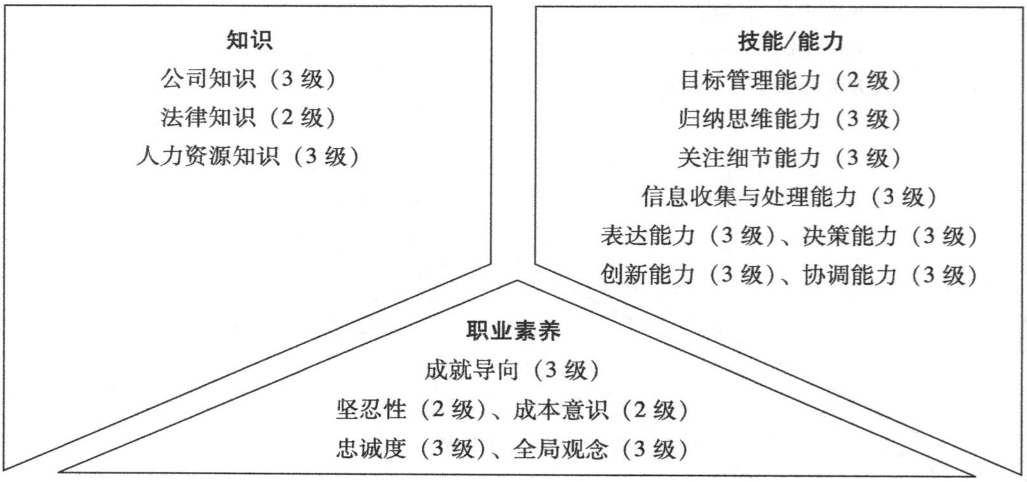

图 14-4　人力资源规划经理胜任素质模型

人力资源规划经理的任职资格条件如表 14-4 所示。

表 14-4 人力资源规划经理任职资格条件

关键行为与结果要求	工作标准与规范	指标界定与目标值
人力资源规划管理	制订人力资源战略规划，编制人力资源规划方案并组织实施	人力资源规划方案提交及时率达____% 方案提交及时率 = $\frac{\text{方案及时提交次数}}{\text{方案应提交总次数}} \times 100\%$
人力资源分析管理	整合、分析、统计和评估现有人力资源，提交人力资源分析报告	主要考核所提交分析报告质量，报告内容应准确、合理
人力资源总量管理	预测企业人力资源供应及需求数量，制订员工总量调整计划	企业人力资源预测计划提交及时率达____% 计划提交及时率 = $\frac{\text{计划及时提交次数}}{\text{计划应提交总次数}} \times 100\%$
成本控制管理	制定费用控制目标，进行人力资源规划成本预算与控制	费用预算达成率不超过 100%，每超过____%，扣____分 费用预算达成率 = $\frac{\text{实际支出总额}}{\text{预算总额}} \times 100\%$
部门和团队管理	制订部门日常管理细则、工作规范、培训计划，负责团队建设	培训计划完成率达____%；员工绩效考核平均得分在____分以上

14.2.2 人力资源规划专员胜任素质模型与任职资格

本书依据企业实际，结合人力资源规划专员的工作职责，构建了人力资源规划专员胜任素质模型，具体内容如图 14-5 所示。

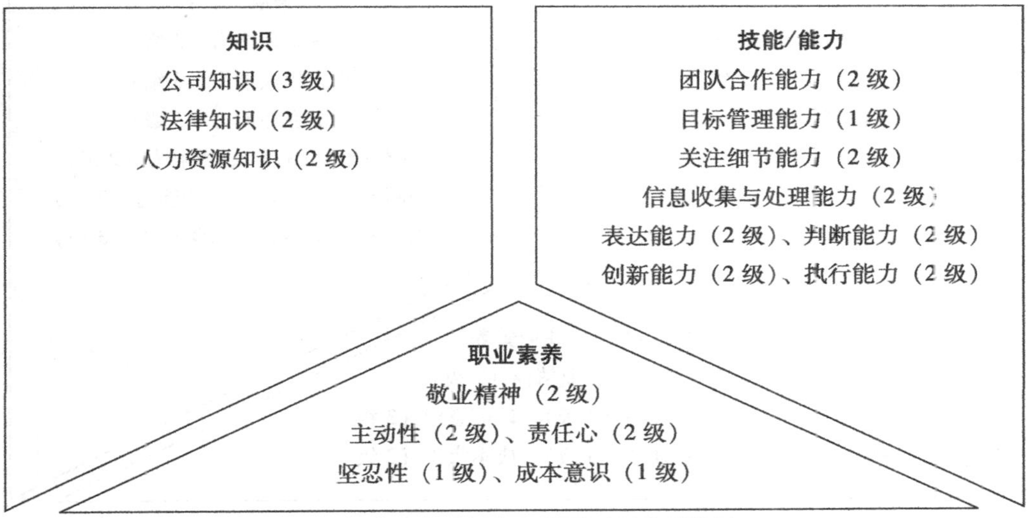

图 14-5 人力资源规划专员胜任素质模型

人力资源规划专员的任职资格条件如表 14-5 所示。

表 14-5　人力资源规划专员任职资格条件

关键行为与结果要求	工作标准与规范	指标界定与目标值
人力资源需求调查	进行企业人力资源需求调查，提交人力资源需求调查报告	调查报告准确、清晰地反映企业人力资源状况 $报告差错率=\frac{报告出现差错次数}{报告提交总次数}\times 100\%$
人员需求分析与预测	根据人力资源需求调查情况，提交人员需求分析与预测报告	报告提交及时率达到____% $报告提交及时率=\frac{报告及时提交次数}{报告应提交总次数}\times 100\%$
人力资源数据整理	收集整理人力资源使用状况相关数据，上报人力资源规划经理	及时、准确、全面的收集人力资源相关数据，领导满意度评价达到____分
资料档案管理	负责人力资源发展、规划、管理的相关资料的收集、整理及归档	整齐、有序、准确的进行文书档案归档工作，文书档案归档率达到____%

14.3　招聘人员胜任素质模型与任职资格

14.3.1　招聘经理胜任素质模型与任职资格

本书构建的招聘经理胜任素质模型包括知识、技能/能力、职业素养三部分，具体内容如图 14-6 所示。

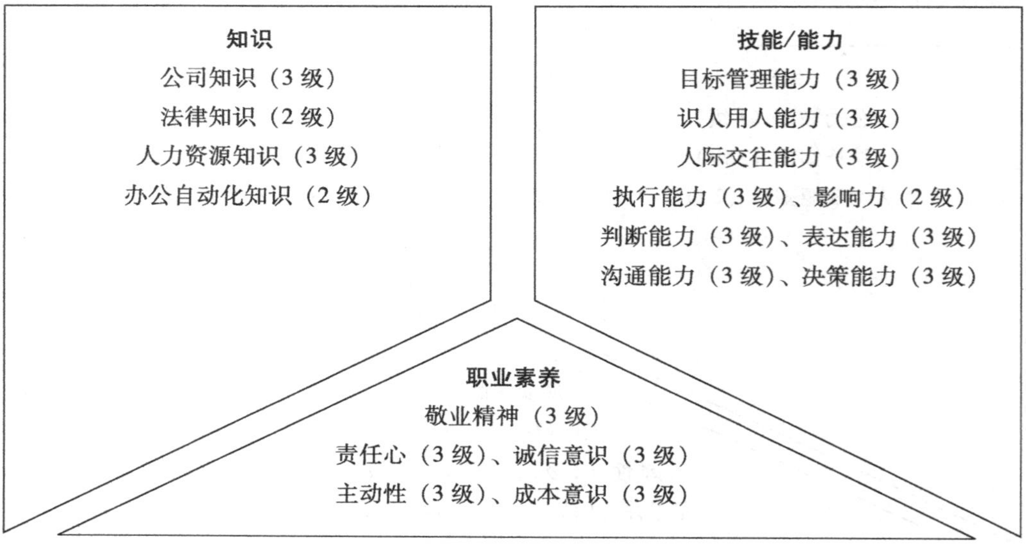

图 14-6　招聘经理胜任素质模型

招聘经理的任职资格条件如表14-6所示。

表14-6 招聘经理任职资格条件

关键行为与结果要求	工作标准与规范	指标界定与目标值
招聘制度管理	编制企业招聘管理的各项制度、操作流程并组织实施	制度和流程的书面化比率达到100% $制度差错率=\frac{制度出现差错次数}{制定制度总次数}\times 100\%$
招聘计划管理	根据企业现有人力资源总量及人员需求，制订招聘计划	招聘计划按时完成率达____% $计划提交及时率=\frac{计划及时提交次数}{计划应提交总次数}\times 100\%$
招聘渠道管理	负责本企业招聘渠道的建立、拓展与评估	招聘渠道拓展计划完成率达100%，每低于目标____%，扣____分
招聘评估管理	负责跟踪评估招聘效果，提交招聘评估报告	招聘评估报告提交及时率达到____%；招聘人员适岗率在____%以上
成本控制管理	负责制定费用控制目标，进行招聘管理成本预算与控制	费用预算达成率不超过100%，每超过____%，扣____分 $费用预算达成率=\frac{实际支出总额}{预算总额}\times 100\%$
部门和团队管理	制订部门内部日常管理细则、工作规范、培训计划，负责团队建设	培训计划完成率达____%；员工绩效考核平均得分在____分以上

14.3.2 招聘主管胜任素质模型与任职资格

图14-7所示为招聘主管胜任素质模型，它包括知识、技能/能力、职业素养三部分。

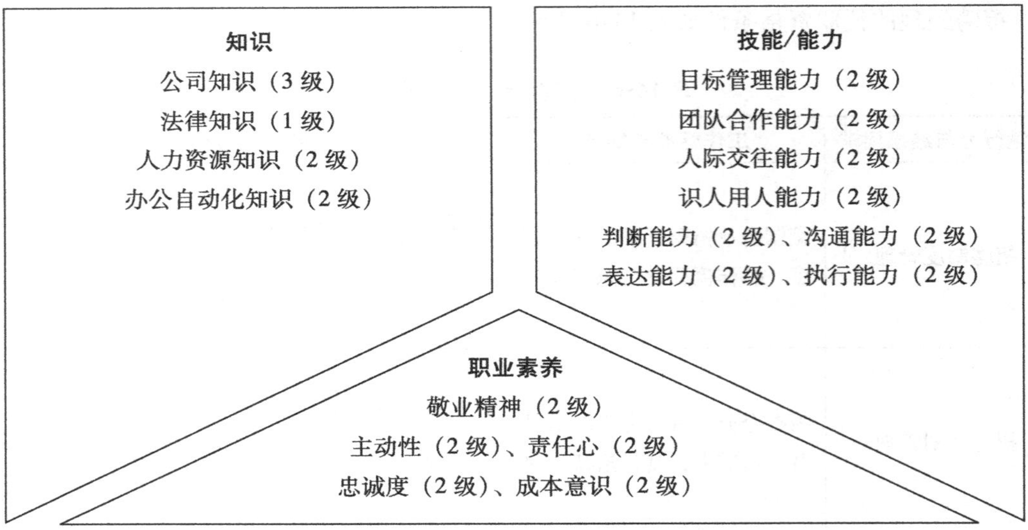

图14-7　招聘主管胜任素质模型

招聘主管的任职资格条件如表14-7所示。

表14-7　招聘主管任职资格条件

关键行为与结果要求	工作标准与规范	指标界定与目标值
招聘计划管理	根据企业人力资源需求总量，制订并实施招聘计划	招聘计划完提交及时率达____% 招聘计划完成率 = $\frac{\text{招聘计划完成数}}{\text{招聘计划总数}} \times 100\%$
招聘信息管理	负责根据招聘职位起草招聘广告信息、选择招聘渠道	招聘信息准确，出现遗漏或失误的关键条款不超过____项，每高于目标____项，扣____分
面试与甄选管理	负责组织和执行人员面试、甄选与安置工作	空缺职位的平均填补时间不超过____天 招聘完成比率 = $\frac{\text{实际录用人数}}{\text{计划招聘人数}} \times 100\%$
招聘效果评估	负责对招聘工作效果进行评估，并提交招聘效果评估报告	招聘效果评估报告提交及时率达____%；招聘部门满意度评分达到____分
人才库管理	负责根据企业人员需求，建立和完善企业人才库	人才库建设目标达成率在____%以上；人才库信息准确率达____%

14.3.3 招聘专员胜任素质模型与任职资格

图 14-8 所示为招聘专员胜任素质模型，它包括知识、技能/能力、职业素养三部分。

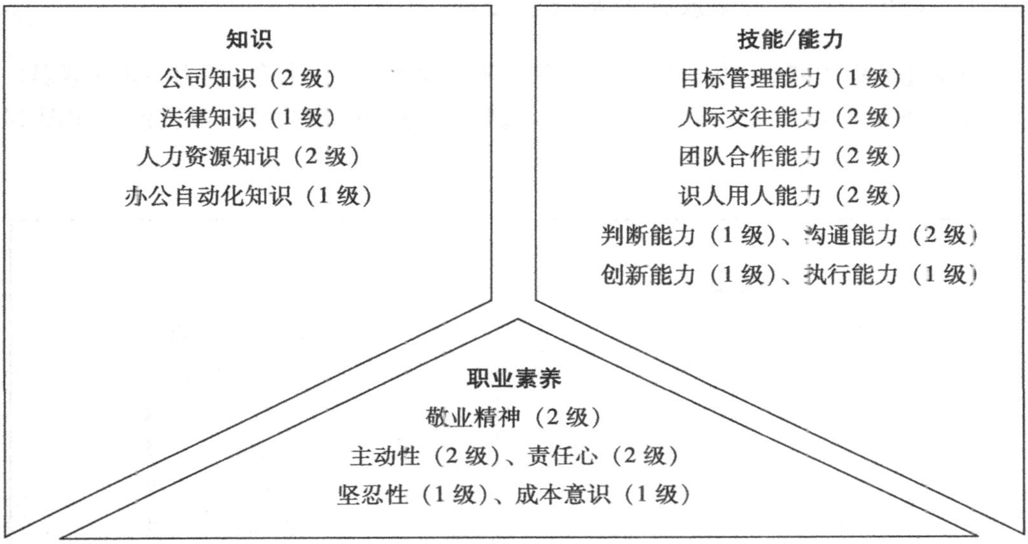

图 14-8　招聘专员胜任素质模型

招聘专员的任职资格条件如表 14-8 所示。

表 14-8　招聘专员任职资格条件

关键行为与结果要求	工作标准与规范	指标界定与目标值
招聘需求管理	汇总各部门招聘需求，上报主管	主要考核各个部门招聘需求汇总的及时性
招聘信息管理	负责根据招聘职位与招聘渠道发布相关招聘信息	招聘信息发布准确率达到____%，每低于目标____%，扣____分
招聘前期准备	负责招聘前期简历的收集、筛选、前期测评等工作	应聘比越高，说明发布招聘信息的效果越好，同时说明录用人员的素质可能较高；应聘比不低于____% $应聘比=\frac{应聘人数}{计划招聘人数}\times100\%$
招聘渠道管理	搜集招聘渠道信息，建立企业的招聘网络，并进行维护	招聘渠道维护及时、信息有效；企业招聘网站正常运作率达到____%

14.4 培训人员胜任素质模型与任职资格

14.4.1 培训经理胜任素质模型与任职资格

本书构建的素质模型详细规定了企业员工所需要的知识、技能/能力、职业素养。这三个层面能帮助员工顺利完成工作目标。培训经理这一职位的胜任素质模型如图 14-9 所示。

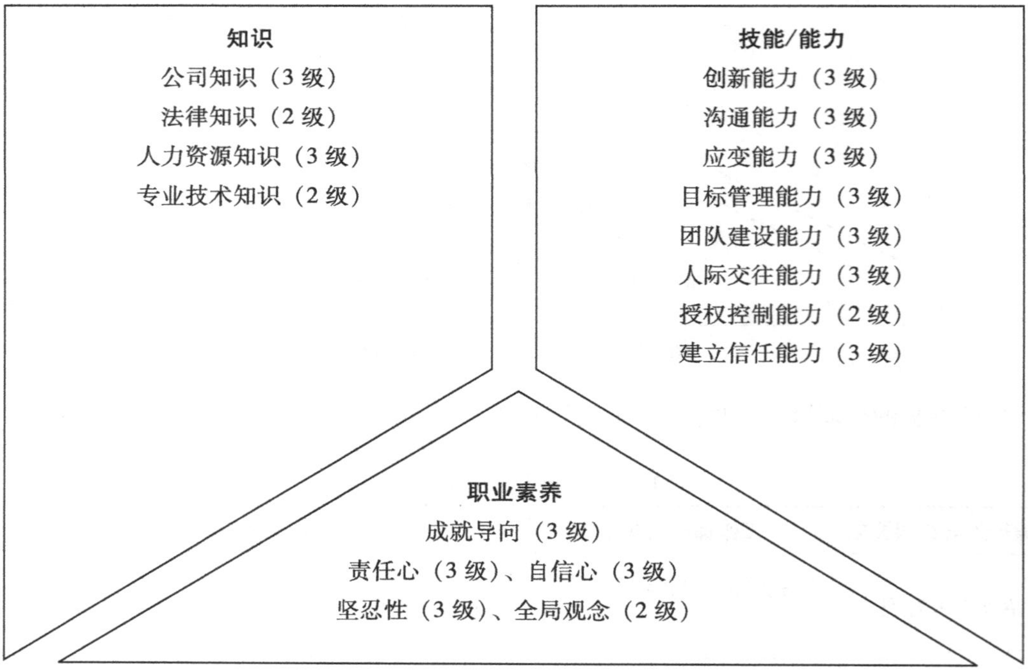

图 14-9 培训经理胜任素质模型

培训经理的任职资格条件如表 14-9 所示。

表 14-9 培训经理任职资格条件

关键行为与结果要求	工作标准与规范	指标界定与目标值
培训制度管理	负责编制企业培训管理的各项制度、操作流程并组织实施	制度和流程的书面化比率达到 100% 制度差错率 = $\frac{\text{制度出现差错次数}}{\text{制定制度总次数}} \times 100\%$

（续表）

关键行为与结果要求	工作标准与规范	指标界定与目标值
培训计划管理	根据企业战略目标，制订企业年度培训计划并组织实施	培训计划提交及时率达____% 计划提交及时率 = $\frac{\text{计划及时提交次数}}{\text{计划应提交总次数}} \times 100\%$
培训课程管理	组织开发企业内部培训课程体系，提升企业内部培训水平	培训课程开发计划完成率达____%，每低于目标____%，扣____分
培训评估管理	负责培训项目的跟进工作，在培训结束后，进行培训效果评估	培训评估报告提交及时率达到____% 培训考核达标率 = $\frac{\text{培训考核达标人数}}{\text{培训的总人数}} \times 100\%$
成本控制管理	负责制定费用控制目标，进行培训管理成本预算与控制	费用预算达成率不超过100%，每超过____%，扣____分
员工职业生涯管理	建立员工职业生涯晋升通道，实施员工职业生涯辅导计划	职业生涯辅导计划完成率达____% 计划完成率 = $\frac{\text{辅导计划实际完成量}}{\text{计划工作量}} \times 100\%$

14.4.2 培训专员胜任素质模型与任职资格

图14-10所示为培训专员胜任素质模型，它包括知识、技能/能力、职业素养三部分。

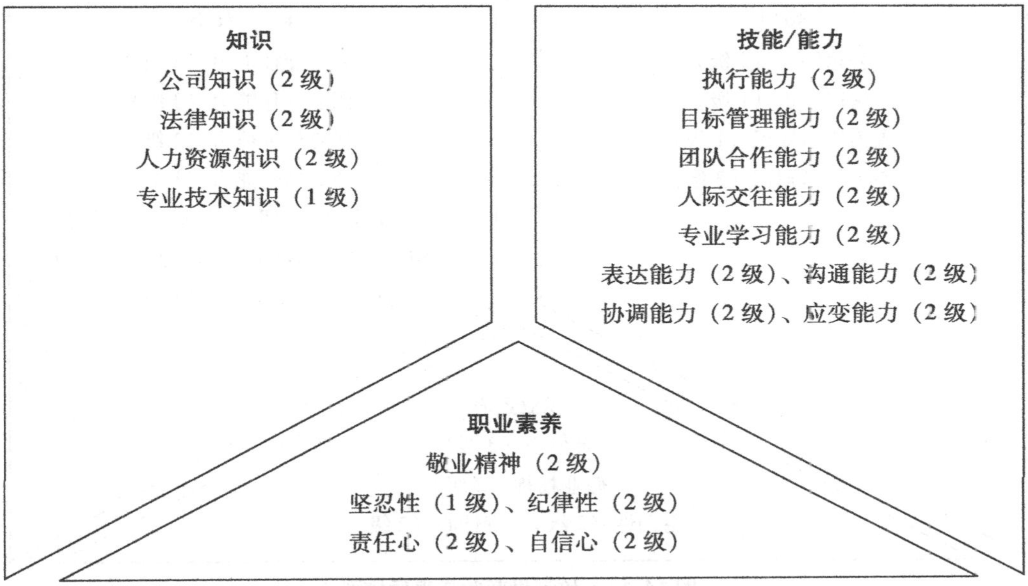

图14-10 培训专员胜任素质模型

培训专员的任职资格条件如表 14-10 所示。

表 14-10　培训专员任职资格条件

关键行为与结果要求	工作标准与规范	指标界定与目标值
培训需求管理	进行员工培训需求调查，撰写培训需求调查报告	培训需求报告内容充实、准确，培训需求调查报告提交及时率达到____%
培训计划管理	根据招聘职位与招聘渠道发布相关招聘信息	培训计划完成率达到____% $计划完成率=\frac{实际执行的培训项目数}{培训计划总项目数}\times 100\%$
培训实施管理	负责培训的前期准备工作，以及培训过程中的督导、服务	员工培训效果满意度达到____分 $受训员工覆盖率=\frac{实际受训员工数量}{企业员工总数量}\times 100\%$
培训档案管理	负责员工培训档案的维护与管理，培训教材和资料及时归档	主要考核员工培训档案完整性，以及员工的培训档案是否完整、无缺漏

14.4.3　培训讲师胜任素质模型与任职资格

胜任素质是个体完成任务、形成绩效和继续发展的前提。培训讲师这一职位的胜任素质模型如图 14-11 所示。

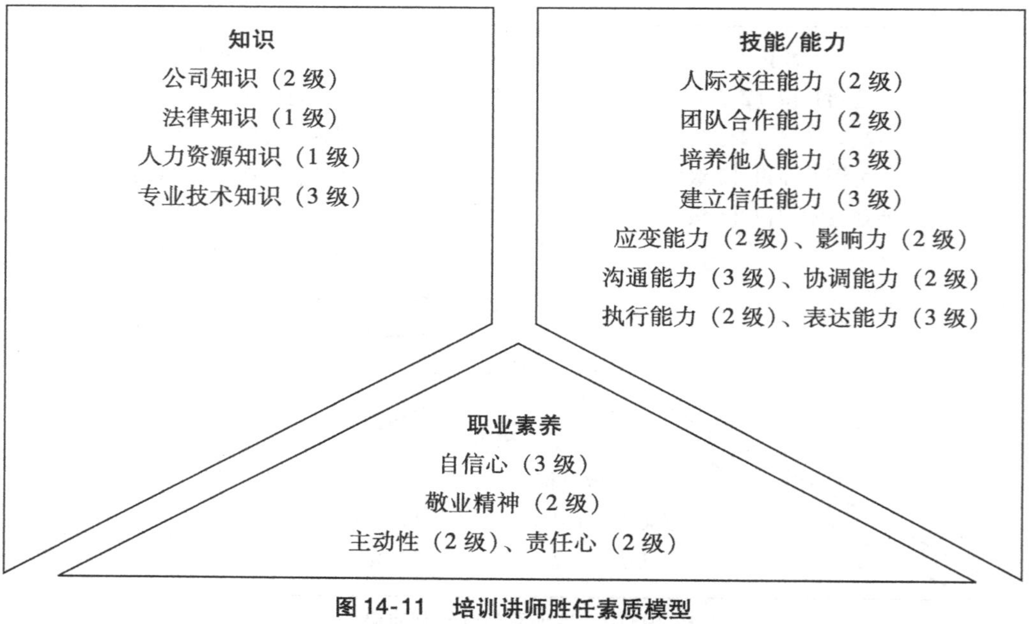

图 14-11　培训讲师胜任素质模型

培训讲师的任职资格条件如表14-11所示。

表14-11 培训讲师任职资格条件

关键行为与结果要求	工作标准与规范	指标界定与目标值
课程开发管理	根据不同岗位的培训需求，进行培训课程的开发和设计	培训课程开发完成率达到____%，每低于目标____%，扣____分
培训授课管理	根据企业培训课程设计的要求，具体负责员工管理、岗位技能等所属模块的培训授课工作	培训课堂出勤率达到____%，每低于目标____%，扣____分 授课完成率 = $\frac{\text{实行授课项目数}}{\text{计划授课项目总数}} \times 100\%$
课程改进管理	根据岗位具体特征及培训情况，提出授课改善方案	员工培训效果满意度评分达到____分 改善方案采纳率 = $\frac{\text{被采纳的方案数量}}{\text{改善方案总数量}} \times 100\%$
培训效果管理	协助并参与培训效果评估调查，提供教学质量分析报告	授课效果评估报告在规定的时间内提交 参与受训考核合格率 = $\frac{\text{考核合格次数}}{\text{考核总次数}} \times 100\%$
授课资料管理	对培训教材教案及课程相关资料进行及时整理和归档	培训资料归档及时率达到____%，每低于目标____%，扣____分

14.5 绩效考核人员胜任素质模型与任职资格

14.5.1 绩效考核经理胜任素质模型与任职资格

本书构建的素质模型详细规定了企业员工所需要的知识、技能/能力、职业素养。这三个层面能够帮助员工顺利完成工作目标。绩效考核经理这一职位的胜任素质模型如图14-12所示。

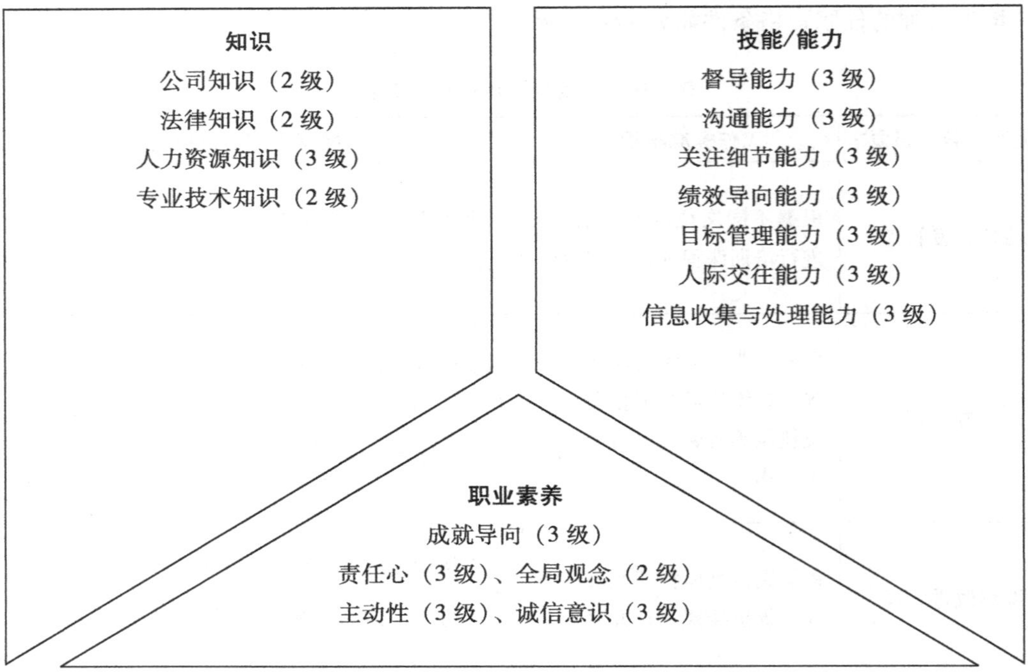

图 14-12　绩效考核经理胜任素质模型

绩效考核经理的任职资格条件如表 14-12 所示。

表 14-12　绩效考核经理任职资格条件

关键行为与结果要求	工作标准与规范	指标界定与目标值
绩效考核计划管理	根据工作目标制订并实施绩效考核计划，对考核过程进行监督	绩效考核计划按时完成率达____% 计划提交及时率 = $\frac{计划及时提交次数}{计划应提交总次数}\times 100\%$
绩效考核制度管理	制定并完善企业的绩效考核管理制度与考核流程	制度和流程的书面化比率达到 100% 制度差错率 = $\frac{制度出现差错次数}{制定制度总次数}\times 100\%$
绩效考核结果管理	组织企业各考核单位的绩效沟通工作，提高绩效考核的准确性	绩效考核数据准确率达到____%，每低于目标____%，扣____分
绩效考核申诉管理	负责员工绩效考核结果的公布，及考核申诉的处理	效考核申诉处理及时率达到____%；绩效考核处理结果满意度在____分以上
成本费用控制管理	负责制定费用控制目标，进行绩效考核管理成本预算与控制	费用预算达成率不超过 100%，每超过____%，扣____分 费用预算达成率 = $\frac{实际支出总额}{预算总额}\times 100\%$
部门和团队管理	制订部门日常管理细则、工作规范、培训计划，负责团队建设	培训计划完成率达____%，员工绩效考核平均得分在____分以上

14.5.2 绩效考核主管胜任素质模型与任职资格

图 14-13 所示为绩效考核主管胜任素质模型，它包括知识、技能/能力、职业素养三部分。

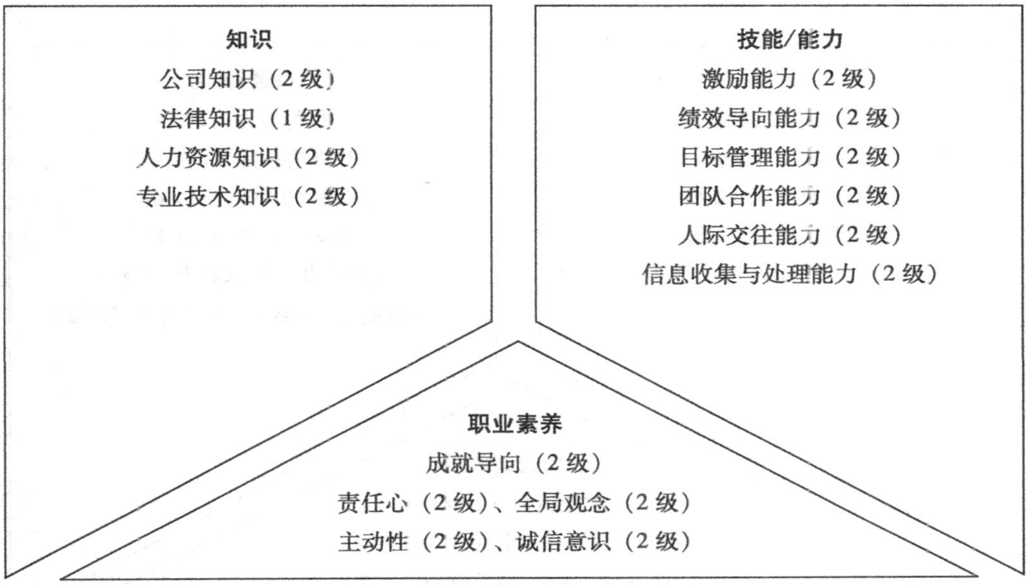

图 14-13　绩效考核主管胜任素质模型

绩效考核主管的任职资格条件如表 14-13 所示。

表 14-13　绩效考核主管任职资格条件

关键行为与结果要求	工作标准与规范	指标界定与目标值
绩效考核方案管理	编制绩效考核方案，设计企业各岗位考核表	员工绩效考核表中的缺失率不超过____%
考核实施管理	组织企业各部门实施员工绩效考核活动	员工定期考核未按时完成的次数不超过____次 计划按时完成率 $=\frac{\text{按时完成的绩效考核量}}{\text{绩效考核计划总量}}\times 100\%$
考核沟通管理	主动与各部门进行考核沟通，及时解答相关问题	未及时反馈考核结果的次数不超过____次，员工满意度评价达____分
考核成本控制	负责绩效考核管理的成本费用控制	费用预算达成率不超过 100% 成本控制率 $=\frac{\text{实际绩效考核费用额}}{\text{绩效考核预算额}}\times 100\%$
考核总结汇报	组织汇总各项考核信息，撰写绩效考核工作总结	撰写绩效考核工作总结，提交评估报告的及时率为____%

14.5.3 绩效考核专员胜任素质模型与任职资格

图 14-14 所示为绩效考核专员胜任素质模型，它包括知识、技能/能力、职业素养三部分。

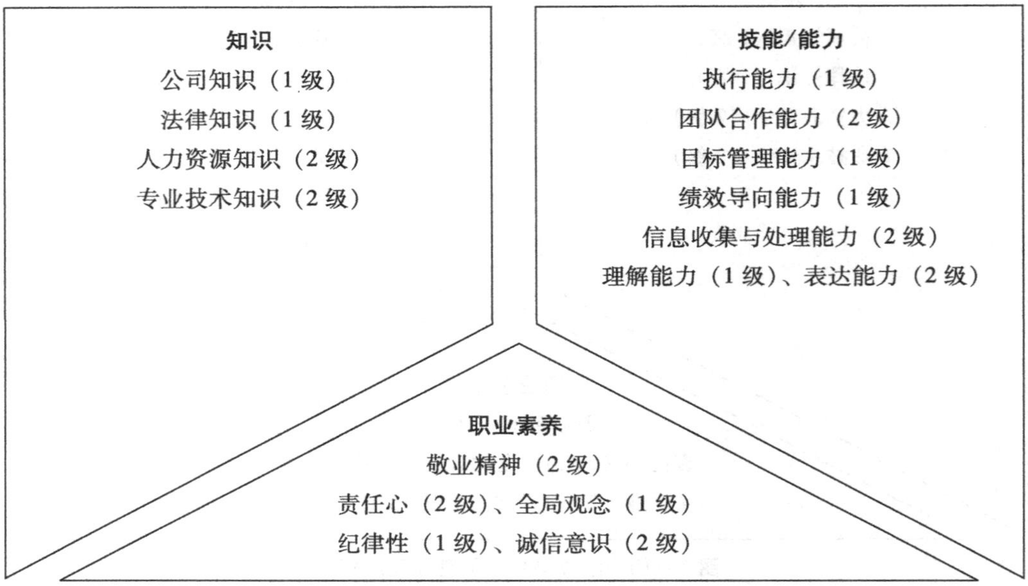

图 14-14 绩效考核专员胜任素质模型

绩效考核专员的任职资格条件如表 14-14 所示。

表 14-14 绩效考核专员任职资格条件

关键行为与结果要求	工作标准与规范	指标界定与目标值
考核计划执行	协助主管完成绩效考核计划	计划按时完成率 $= \frac{\text{按时完成的绩效考核量}}{\text{绩效考核计划总量}} \times 100\%$
考核准备工作	负责各种报告、文件的草拟、印发等考核宣传和培训工作	考核准备工作及时、全面，相关考核文件无缺漏，领导满意度评价达到____分
考核数据统计	负责绩效考核后的考核结果数据统计工作	绩效考核数据准确率达到____%，每低于目标____%，扣____分
考核信息反馈	及时向各部门员工反馈绩效考核结果	绩效考核结果反馈及时率达到____%，每低于目标____%，扣____分
考核档案管理	搜集招聘渠道信息，建立企业的招聘网络，并对其进行维护	考核档案归档及时率达到____% 档案归档及时率 $= \frac{\text{档案及时归档数量}}{\text{应归档总数量}} \times 100\%$

14.6 薪酬人员胜任素质模型与任职资格

14.6.1 薪酬经理胜任素质模型与任职资格

本书构建的素质模型详细规定了岗位所需要的知识、技能/能力、职业素养。这三个层面能帮助员工顺利完成工作目标。薪酬经理这一职位的胜任素质模型如图 14-15 所示。

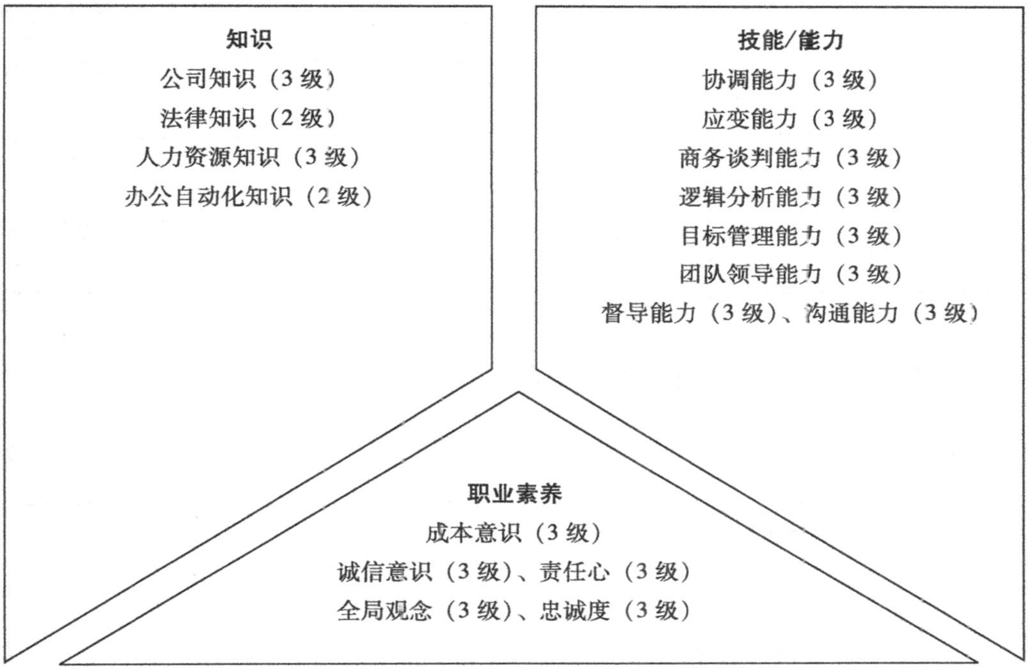

图 14-15 薪酬经理胜任素质模型

薪酬经理的任职资格条件如表 14-15 所示。

表 14-15 薪酬经理任职资格条件

关键行为与结果要求	工作标准与规范	指标界定与目标值
薪酬计划管理	根据人力资源发展规划，制订企业薪酬福利工作计划并实施	薪酬福利工作计划按时完成率达____% 计划提交及时率 = $\frac{计划及时提交次数}{计划应提交总次数}\times 100\%$

（续表）

关键行为与结果要求	工作标准与规范	指标界定与目标值
薪酬制度管理	制定企业薪酬福利管理制度、流程，建立与绩效挂钩的薪酬体系	制度和流程的书面化比率达到100% $\text{制度差错率}=\frac{\text{制度出现差错次数}}{\text{制定制度总次数}}\times 100\%$
薪酬调研管理	进行市场及企业内部薪酬调研，编制薪酬调研报告	主要考核市场调研报告分析的有效性，薪酬调研报告提交及时率达____%
人力成本核算与预测	分析企业人力成本，编制人力成本核算与预测报告	成本核算准确率达到____%，每低于目标____%，扣____分；报告提交及时率达____%
成本费用控制管理	制定费用控制目标，进行薪酬管理成本预算与控制	费用预算达成率不超过100%，每超过____%，扣____分 $\text{费用预算达成率}=\frac{\text{实际支出总额}}{\text{预算总额}}\times 100\%$
部门和团队管理	制订并实施部门培训计划，进行团队建设	培训计划完成率达____%；员工绩效考核平均得分在____分以上

14.6.2 薪酬主管胜任素质模型与任职资格

图14-16所示为薪酬主管胜任素质模型，它包括知识、技能/能力、职业素养三部分。

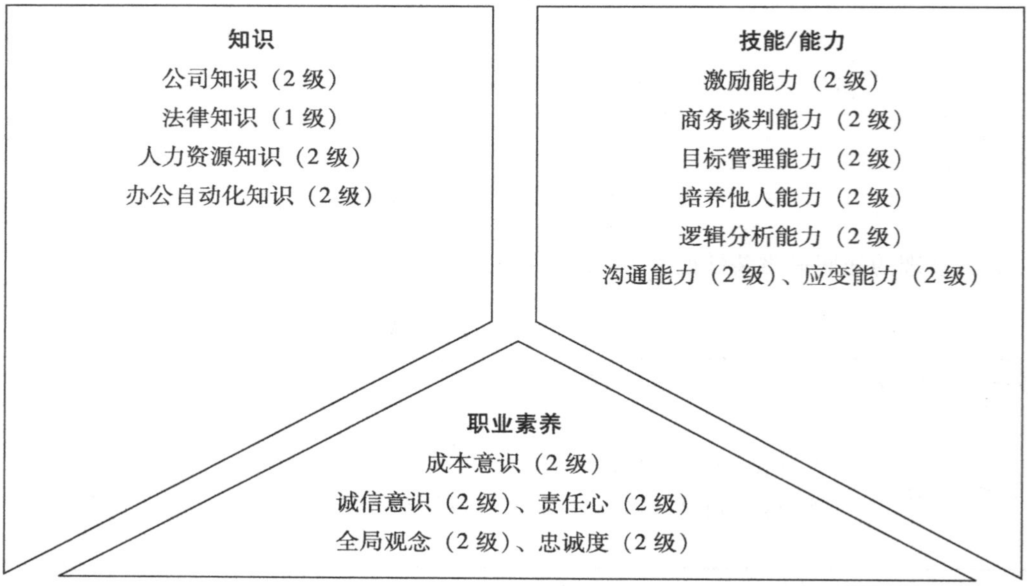

图14-16 薪酬主管胜任素质模型

薪酬主管的任职资格条件如表 14-16 所示。

表 14-16 薪酬主管任职资格条件

关键行为与结果要求	工作标准与规范	指标界定与目标值
薪酬调整管理	研究和跟踪市场薪酬变化，制订相应薪酬调整计划	提出改进薪酬方案的建议；考核期内提出的合理化建议被采纳的次数为____条
薪酬信息管理	建立薪酬调查数据库，并提供薪酬分析报告	组织收集薪酬信息和数据，信息数据准确、全面报告提交及时率达____%
薪酬异议处理	处理薪酬发放中出现的各种异议	及时处理薪酬异议的事件；实际处理薪酬异议及时率为____%，员工满意度评价达____分
人力成本控制	根据企业薪酬福利规划，进行企业人力成本控制	人工成本控制率不超过____% 企业人力成本控制率 = $\frac{\text{实际人力成本}}{\text{预算人力成本}} \times 100\%$
工资发放管理	组织编制员工工资表，以保证工资正常发放	主要考核员工工资发放的及时性与准确性 工资与奖金计算差错次数不超过____次

14. 6. 3 薪酬专员胜任素质模型与任职资格

图 14-17 所示为薪酬专员胜任素质模型，它包括知识、技能/能力、职业素养三部分。

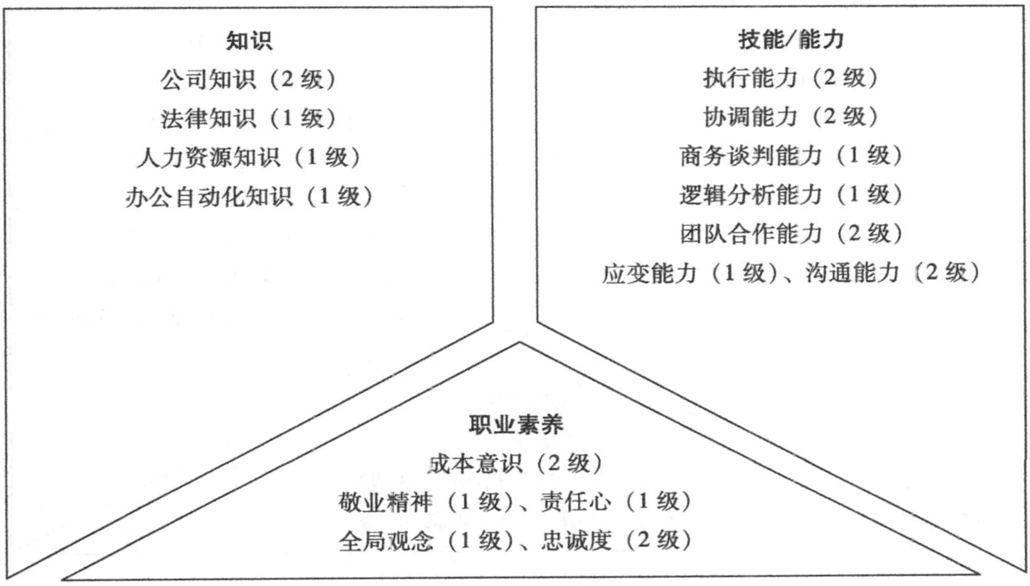

图 14-17 薪酬专员胜任素质模型

薪酬专员的任职资格条件如表 14-17 所示。

表 14-17　薪酬专员任职资格条件

关键行为与结果要求	工作标准与规范	指标界定与目标值
薪酬调研报告	调查市场薪酬水平，并编写薪酬调查报告	薪酬调研报告提交及时率达到____% $报告提交及时率=\frac{报告及时提交次数}{报告应提交总次数}\times100\%$
工资报表编制	根据企业的薪酬福利制度，及时准确地编制工资报表	工资奖金报表编制及时率达到____%；工资报表编制差错次数不超过____次，每超过____次，扣____分
社会保险管理	负责为企业员工办理各种保险等工作	核定各项保险基数的准确率达到____%，员工社会保险办理出错率为____%，每超过____%，扣____分
薪酬档案管理	及时维护薪酬档案，记录薪资调整变化，保存相关文件	考核档案归档率达到____% $档案归档及时率=\frac{档案及时归档数量}{应归档总数量}\times100\%$

14.7　劳动关系人员胜任素质模型与任职资格

14.7.1　劳动关系主管胜任素质模型与任职资格

本书依据企业实际，结合劳动关系主管的工作职责，构建了劳动关系主管胜任素质模型，具体内容如图 14-18 所示。

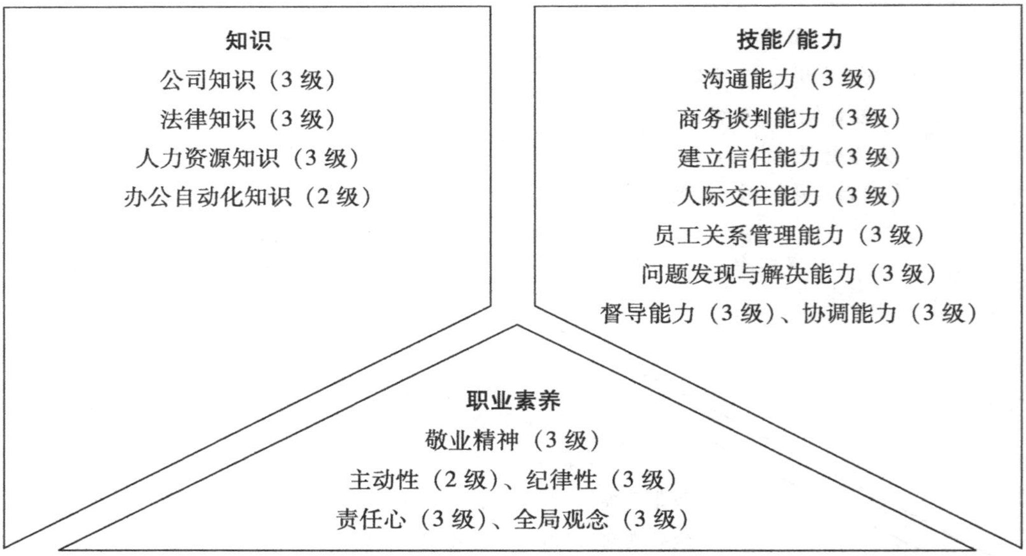

图 14-18　劳动关系主管胜任素质模型

劳动关系主管的任职资格条件如表 14-18 所示。

表 14-18 劳动关系主管任职资格条件

关键行为与结果要求	工作标准与规范	指标界定与目标值
劳动关系制度管理	参与制定劳动关系管理相关的各项管理制度、流程	制度和流程的书面化比率达到 100% $制度差错率 = \frac{制度出现差错次数}{制定制度总次数} \times 100\%$
员工劳动合同管理	管理员工劳动合同制定、解释、修订等工作	劳动合同差错率不超过____% $劳动合同签订及时率 = \frac{及时签订数量}{需签订总数} \times 100\%$
劳动异议处理	负责处理企业内的劳动争议、纠纷处理	主要考核劳动争议、纠纷处理情况 实际处理劳动异议及时率为____%，每低于目标值____%，扣____分
员工活动管理	组织开展各种有助于促进员工关系的活动	年度组织的活动活动次数不少于____次；员工对活动满意度评价达____分

14.7.2 劳动关系专员胜任素质模型与任职资格

本书依据企业实际，结合劳动关系专员的工作职责，构建了劳动关系专员胜任素质模型，具体内容如图 14-19 所示。

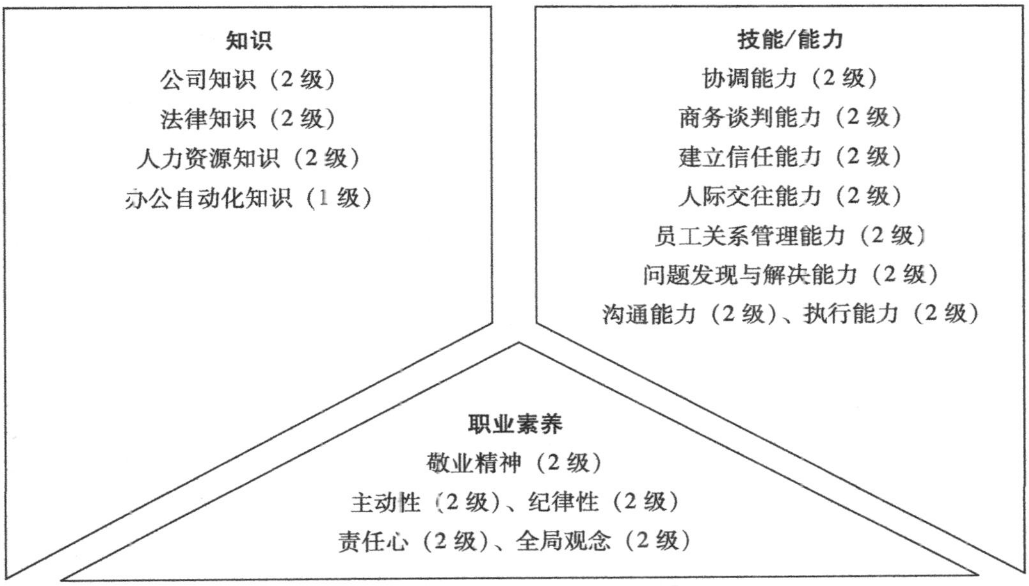

图 14-19 劳动关系专员胜任素质模型

劳动关系专员的任职资格条件如表14-19所示。

表14-19 劳动关系专员任职资格条件

关键行为与结果要求	工作标准与规范	指标界定与目标值
劳动合同管理	为企业新老员工办理劳动合同签订、续签等手续	劳动合同签订及时率达____% 劳动合同签订及时率 = $\frac{\text{及时签订数量}}{\text{需签订总数}}\times 100\%$
入离职手续办理	负责企业员工新进、调岗、离职等手续的办理	主要考核入职、调岗、离职手续办理的及时性，相关手续在规定时间内按时办理
劳动争议处理	协助完成员工冲突、投诉的受理、调查和处理工作	协助完成劳动争议的调查和处理，员工投诉处理及时率达____%，员工满意度评价达____分
员工档案管理	及时更新员工档案，相关档案资料的整理及保存	各项文档资料保存完好，无缺失 档案归档及时率 = $\frac{\text{档案及时归档数量}}{\text{应归档总数量}}\times 100\%$

第 15 章

行政类人员胜任素质模型与任职资格

15.1 行政部人员胜任素质模型与任职资格

15.1.1 行政经理胜任素质模型与任职资格

本书构建的行政经理岗位胜任素质模型参考了其他业绩优秀的行政经理的岗位胜任行为特征，综合考虑了行政经理的各个工作要项。它包括职业素养、知识以及技能/能力三个方面，具体内容如图15-1所示。

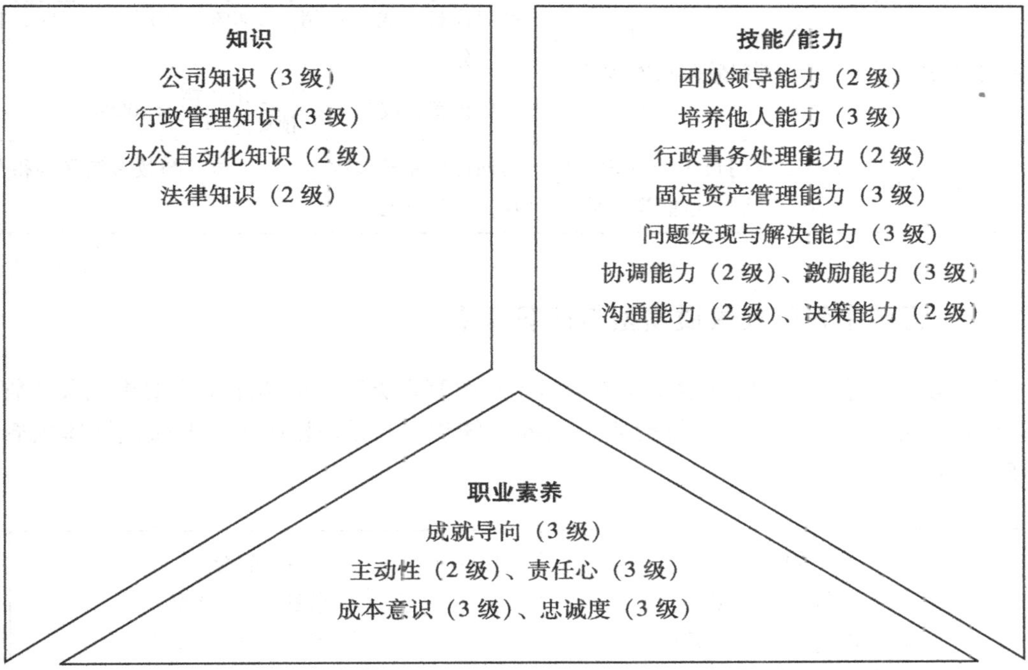

图15-1 行政经理胜任素质模型

行政经理的任职资格条件如表15-1所示。

表15-1 行政经理任职资格条件

关键行为与结果要求	工作标准与规范	指标界定与目标值
行政制度管理	制定企业行政管理规章制度、流程，并监督和检查执行情况	制度和流程的书面化比率达到100% 制度差错率 = $\frac{\text{制度出现差错次数}}{\text{制定制度总次数}} \times 100\%$

（续表）

关键行为与结果要求	工作标准与规范	指标界定与目标值
行政计划管理	制订日常行政工作计划，组织并监督工作计划的执行	行政工作计划按时完成率达____% 行政计划提交及时率 $= \frac{\text{计划及时提交次数}}{\text{计划应提交总次数}} \times 100\%$
行政费用管理	编制与执行行政预算，控制行政管理费用	行政费用预算达成率不超过____%，每高于目标____%，扣____分；预算提交及时率达____%
办公用品管理	负责行政办公设备管理，组织办公用品采购	行政办公设备完好率达____%；办公用品采购及时率达____%，每低于目标____%，扣____分
部门费用控制	负责制定费用控制目标，进行部门管理成本预算与控制	费用预算达成率不超过100%，每超过____%，扣____分 费用预算达成率 $= \frac{\text{实际支出总额}}{\text{预算总额}} \times 100\%$
部门员工管理	负责部门员工的选拔、配用、培训、考核等工作	培训计划完成率达____%，员工绩效考核平均得分在____分以上

15.1.2　行政主管胜任素质模型与任职资格

本书构建的行政主管胜任素质模型参考了行政管理类工作的通用工作要求以及主管级管理人员的胜任行为特征，它包括职业素养、知识、技能/能力三个方面，具体内容如图15-2所示。

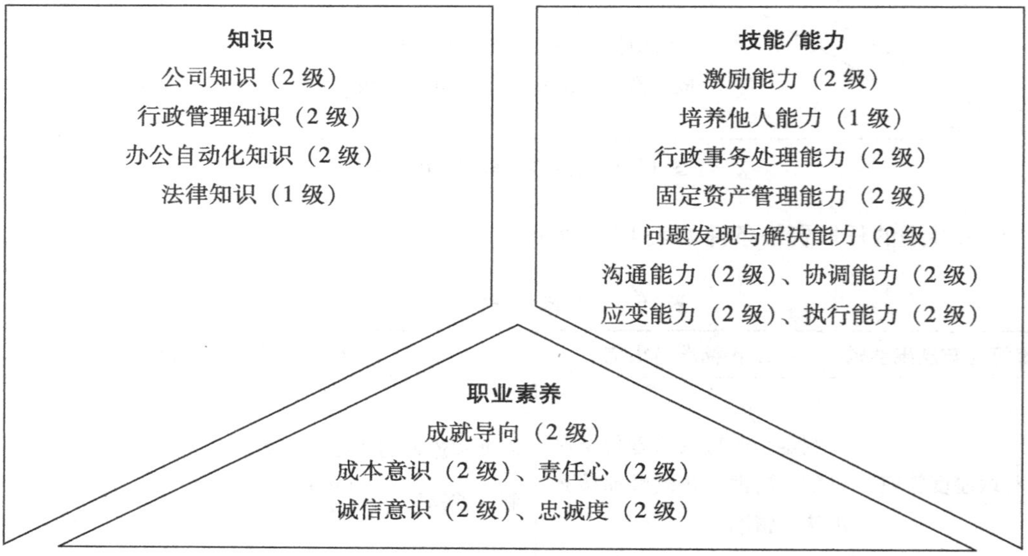

图15-2　行政主管胜任素质模型

行政主管的任职资格条件如表15-2所示。

表15-2 行政主管任职资格条件

关键行为与结果要求	工作标准与规范	指标界定与目标值
办公用品管理	负责日常办公用品和低值易耗品的购买、发放、管理等	办公用品采购及时率为____% 办公用品采购及时率 = $\frac{\text{按时采购的次数}}{\text{应该采购次数}} \times 100\%$
行政公文起草	负责行政后勤、治安保卫计划等相关公文的起草	行政公文起草及时率达到____%，领导满意度评分在____分以上
企业后勤管理	协调企业后勤工作，包括办公环境、员工食堂、宿舍等	企业办公环境、员工食堂、员工宿舍等员工满意度评分平均在____分以上
车辆调度管理	负责车辆的调度、维护与保养，控制企业交通费用	车辆调度及时率达到____%，每发生1次违规事件，扣____分；企业交通费用控制在预算以内
档案资料管理	企业印章、档案、资料的分类建档、借阅登记及保密	因对文档、相关资料及印章管理失误造成损失的状况每出现1次，扣____分

15.1.3 行政专员胜任素质模型与任职资格

本书构建的行政专员胜任素质模型以行政专员的工作职责和工作内容为基础，它同时还参考了其他优秀行政专员的胜任行为特征，具体内容如图15-3所示。

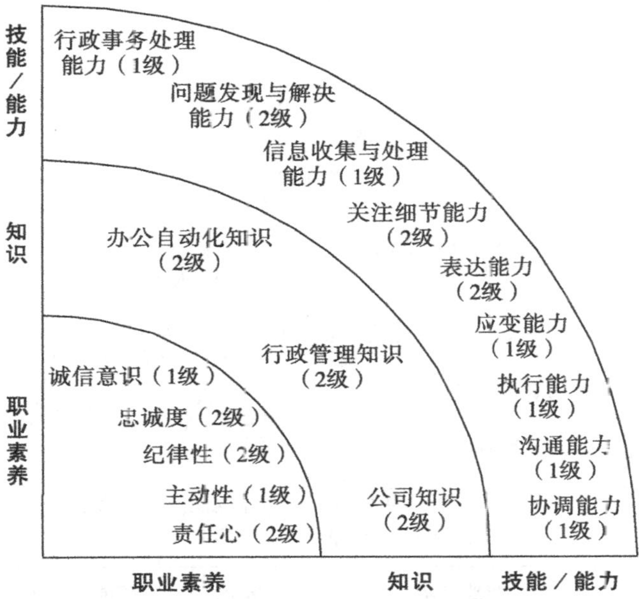

图15-3 行政专员胜任素质模型

行政专员的任职资格条件如表 15-3 所示。

表 15-3　行政专员任职资格条件

关键行为与结果要求	工作标准与规范	指标界定与目标值
办公用品管理	负责办公用品的登记、发放、维护等工作	负责办公用品的登记、发放及时率达____%；行政办公设备完好率达____%
文件传达管理	负责企业内外各种来往文件的核对、下发和传达工作	文件传达及时率达到____% $文件传达及时率=\frac{及时传达次数}{应传达总次数}\times100\%$
文件档案管理	对各种文件、文书、文档进行编码、登记、归档管理	主要对各种文件、文书、文档进行编码、登记、归档的准确性进行考核；文件归档及时率达到____%
考勤统计管理	负责员工考勤工作管理，对企业考勤情况进行汇总统计	考勤统计差错次数每出现 1 次，扣____分 $考勤统计及时率=\frac{考勤统计及时次数}{考勤应统计总次数}\times100\%$

15.2　前台人员胜任素质模型与任职资格

15.2.1　前台接待主管胜任素质模型与任职资格

本书依据前台接待主管的主要工作事项及对其任职资格的要求，在参照其他优秀前台接待主管胜任行为特征的基础上，构建了前台接待主管胜任素质模型，具体内容如图 15-4 所示。

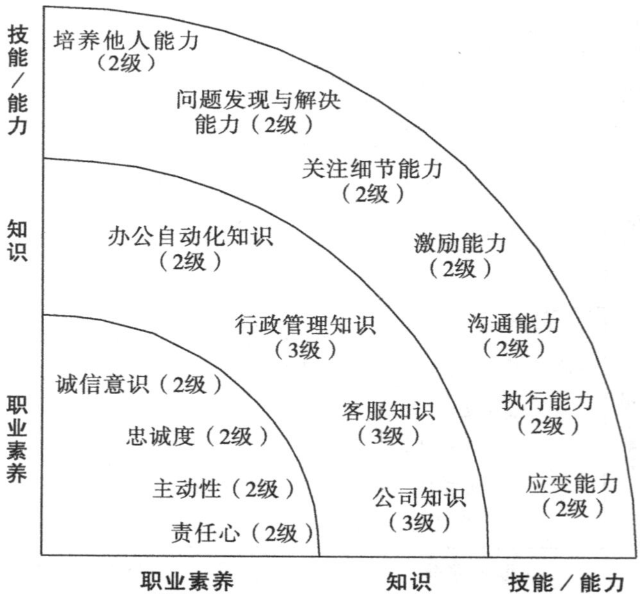

图 15-4　前台接待主管胜任素质模型

前台接待主管的任职资格条件如表 15-4 所示。

表 15-4　前台接待主管任职资格条件

关键行为与结果要求	工作标准与规范	指标界定与目标值
接待制度管理	制定前台接待各项规章制度与流程，并监督执行	制度和流程的书面化比率达到 100% $制度差错率 = \frac{制度出现差错次数}{制定制度总次数} \times 100\%$
接待计划管理	制订前台接待工作年度计划及临时性接待计划	按时提交接待工作计划，接待工作计划提交及时率达____%，每低于目标____%，扣____分
突发事件处理	负责各类前台接待突发事件的处理	前台接待突发事件处理及时率达____%；因事件处理不当造成不良影响的状况每出现 1 次，扣____分
接待费用管理	编制与执行接待费用预算，控制接待管理费用	行政费用预算达成率不超过____%，每高于目标____%，扣____分；接待服务满意度评分达到____分
部门员工管理	负责部门员工相关培训与考核等工作	培训计划完成率达____%；员工绩效考核平均得分在____分以上

15.2.2　前台接待专员胜任素质模型与任职资格

本书依据前台接待专员工作职责和企业对其素质的要求，参照其他优秀接待员的胜任行为特征，从职业素养、知识、技能/能力三个层面出发，构建了前台接待专员胜任素质模型，具体内容如图 15-5 所示。

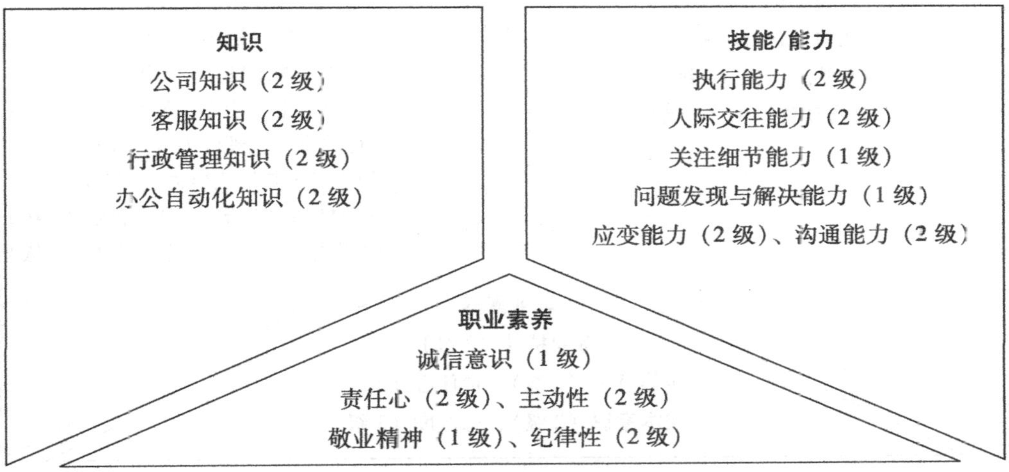

图 15-5　前台接待专员胜任素质模型

前台接待专员的任职资格条件如表 15-5 所示。

表 15-5　前台接待专员任职资格条件

关键行为与结果要求	工作标准与规范	指标界定与目标值
访客登记管理	负责前台访客、来宾的登记、接待和引见	接待记录完整、准确率达到____% 接待登记差错率 = $\frac{\text{接待登记差错次数}}{\text{接待登记总次数}} \times 100\%$
信息传达管理	负责电话、邮件、信函、报纸、杂志等的接收与传达	信息传达及时率 = $\frac{\text{及时传达次数}}{\text{应传达信息总次数}} \times 100\%$ 函件接收、转发准确率达到____%
接待环境管理	负责维护前台区域内的日常卫生和盆景植物	接待区域环境整洁度评分在____分以上，每低于目标____分，扣____分
接待档案管理	负责接待档案的整理和归档工作	保证接待资料完好、无缺失，接待资料归档率达到____%，每低于目标____%，扣____分

15.3　办公室人员胜任素质模型与任职资格

15.3.1　办公室主任胜任素质模型与任职资格

本书依据企业的战略发展要求，结合办公室主任的主要工作事项及对其任职资格要求，从职业素养、知识、技能/能力三个层面出发，构建了办公室主任胜任素质模型，具体内容如图 15-6 所示。

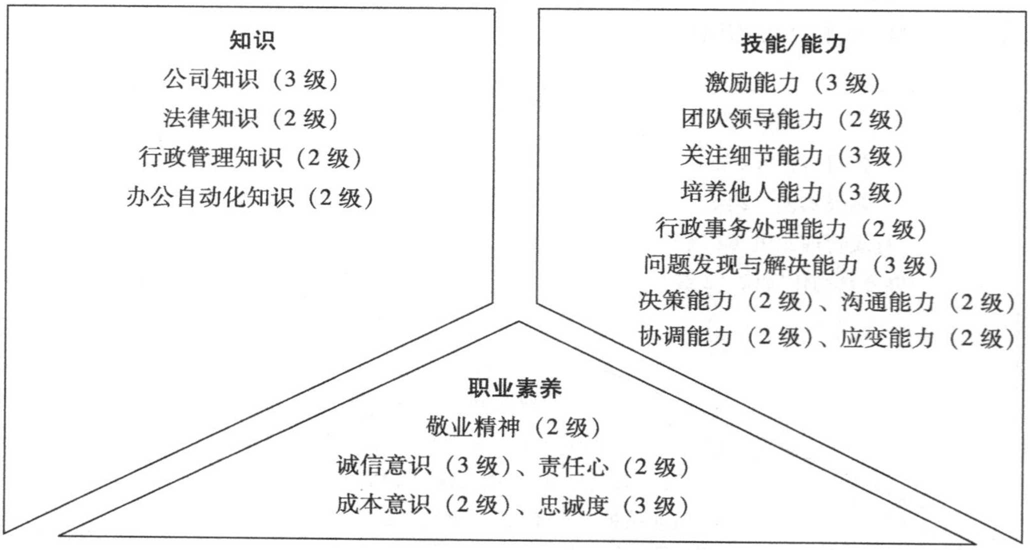

图 15-6　办公室主任胜任素质模型

办公室主任的任职资格条件如表15-6所示。

表15-6 办公室主任任职资格条件

关键行为与结果要求	工作标准与规范	指标界定与目标值
办公室制度管理	制定办公室相关管理制度与流程，并监督执行	制度和流程的书面化比率达到100% 制度差错率 = $\frac{\text{制度出现差错次数}}{\text{制定制度总次数}} \times 100\%$
工作计划管理	制订办公室年度工作计划、季度、月度工作计划并执行	办公室工作计划提交及时率达____% 计划提交及时率 = $\frac{\text{计划及时提交次数}}{\text{计划应提交总次数}} \times 100\%$
会议组织管理	负责组织和安排管理层会议，安排会议记录与整理	与会人员对会议组织的满意度评价在____分以上；会议记录准确率达到____%
企业证照管理	负责企业公章证照管理，并做好使用登记和年检工作	在规定时间内完成企业各类证照的年检工作，印章安全、完好，用印手续齐全规范，无违规用印现象
部门员工管理	负责部门员工相关培训与考核等工作	培训计划完成率达____%；员工绩效考核平均得分在____分以上

15.3.2 办公室事务专员胜任素质模型与任职资格

本书依据办公室事务专员的工作内容及职责，参照同类职位的胜任行为特征，从职业素养、知识、技能/能力三个层面出发，构建了办公室事务专员胜任素质模型，具体内容如图15-7所示。

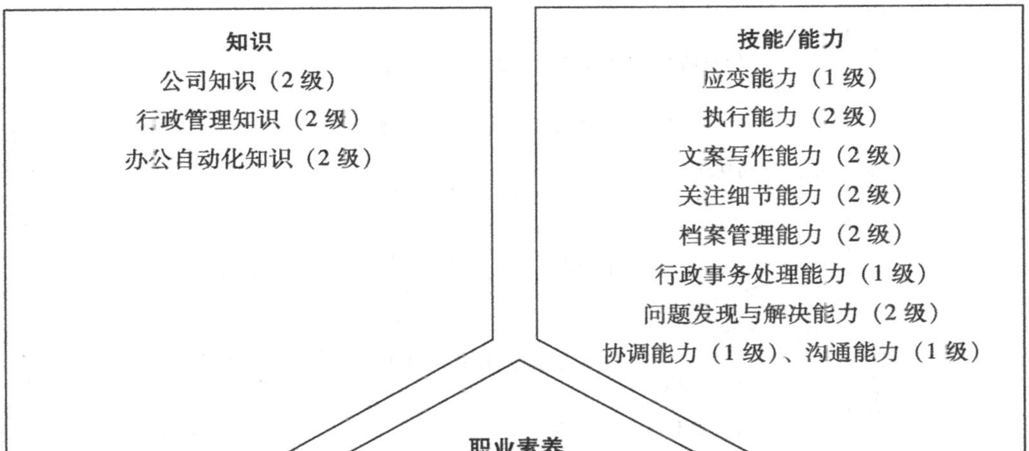

图15-7 办公室事务专员胜任素质模型

办公室事务专员的任职资格条件如表 15-7 所示。

表 15-7　办公室事务专员任职资格条件

关键行为与结果要求	工作标准与规范	指标界定与目标值
办公用品管理	负责办公用品的需求汇总，以及办公用品领用登记	负责办公用品的登记、发放及时率达____%；行政办公用品需求汇总及时率达____%
办公设备维护	负责办公设备日常使用的监督和维护	办公设备完好率达____% 办公设备完好率 = $\frac{\text{完好办公设备数量}}{\text{办公设备总数量}} \times 100\%$
会议组织管理	根据领导工作安排，组织并进行相关会议记录	会议记录完整，会议记录准确率达到____% 会议准备达标率 = $\frac{\text{服务准备达标次数}}{\text{会前服务准备总次数}} \times 100\%$
文件资料归档	负责办公文件、资料的及时整理和归档保存	保证办公文件、资料完好、无缺失，文件资料归档率达到____%，每低于目标____%，扣____分

15.3.3　行政秘书胜任素质模型与任职资格

本书依据行政秘书的工作职责和工作内容的特点，结合行政服务岗位的胜任要求，从职业素养、知识、技能/能力三个层面出发，构建了行政秘书胜任素质模型，具体内容如图 15-8 所示。

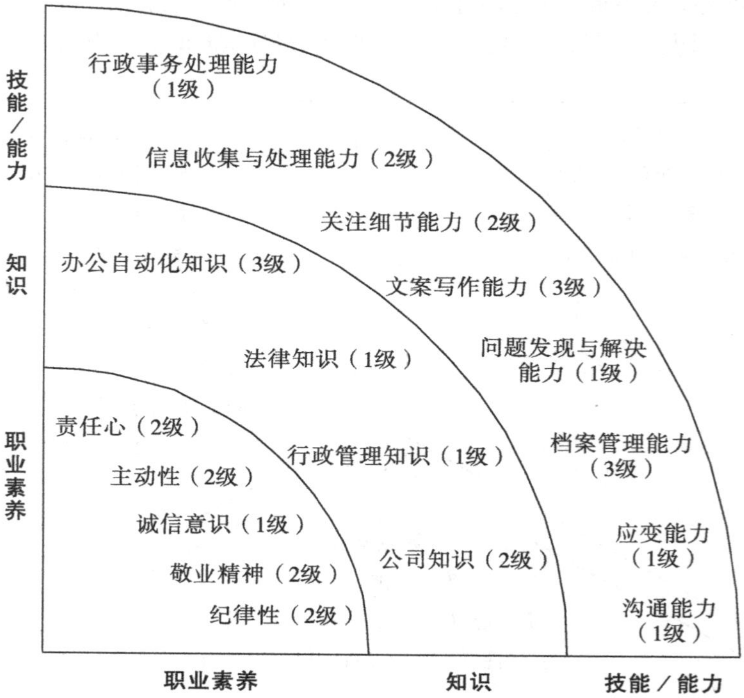

图 15-8　行政秘书胜任素质模型

行政秘书的任职资格条件如表 15-8 所示。

表 15-8 行政秘书任职资格条件

关键行为与结果要求	工作标准与规范	指标界定与目标值
文件起草管理	负责上级主管交待的行政文件及会议文件的起草工作	行政、会议文件起草及时率达到____%；领导满意度评分在____分以上
文件影印管理	负责各类文件资料的打印、复印、整理和归档工作	行政文件录入、打印、复印等能够在规定时间内完成，及时率达到____%
文件传达管理	负责企业内、外各类文件的核对、下发和传达工作	函件接收、转发准确率达到____% 文件传达及时率 = $\frac{\text{及时传达次数}}{\text{应传达文件总次数}} \times 100\%$
日程安排管理	负责协调与安排领导的工作事务及日程	合理有效的安排领导工作日程，领导满意度评分在____分以上，每低____分，扣____分

15.4 行政人事人员胜任素质模型与任职资格

15.4.1 行政人事经理胜任素质模型与任职资格

本书依据企业的发展目标、经营理念、文化价值等内容，结合行政人事经理的主要工作事项及其他优秀经理的胜任行为特征，从职业素养、知识、技能/能力三个层面出发，构建了行政人事经理胜任素质模型，具体内容如图 15-9 所示。

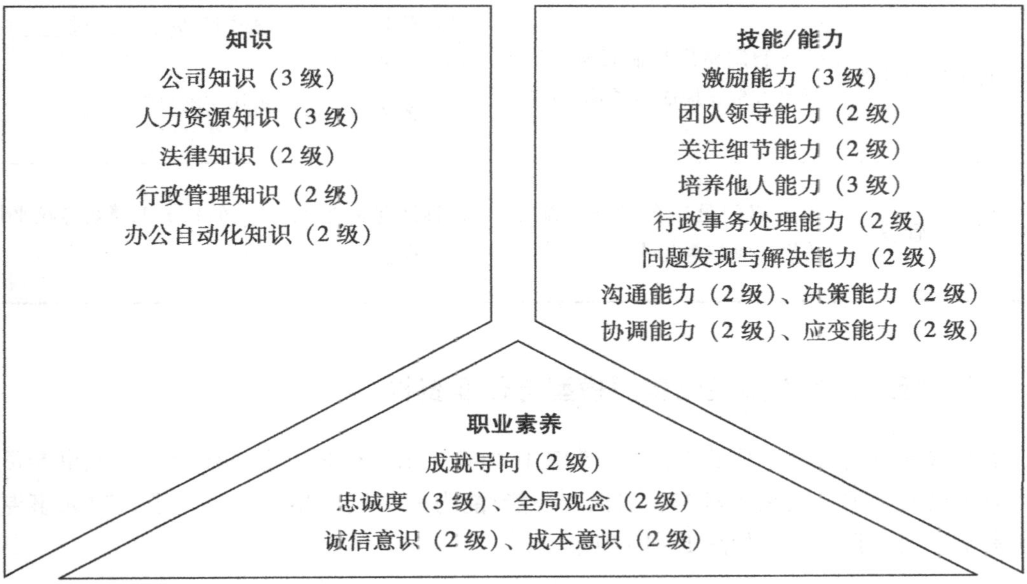

图 15-9 行政人事经理胜任素质模型

行政人事经理的任职资格条件如表15-9所示。

表15-9　行政人事经理任职资格条件

关键行为与结果要求	工作标准与规范	指标界定与目标值
行政人事制度管理	制定企业行政人事管理规章制度、流程，并监督执行	制度和流程的书面化比率达到100% $制度差错率=\frac{制度出现差错次数}{制定制度总次数}\times100\%$
行政人事计划管理	制订招聘、培训、考核等工作计划，组织并监督工作计划的执行	工作计划按时完成率达____% $计划提交及时率=\frac{计划及时提交次数}{计划应提交总次数}\times100\%$
行政协调管理	协调企业各部门及下属分公司之间的行政工作关系	行政费用预算达成率不超过____%，每高于目标____%，扣____分；预算提交及时率达____%
劳动纠纷处理	负责处理企业内的劳动争议、纠纷处理	主要考核劳动争议、纠纷的处理情况；实际处理劳动异议及时率达到____%
成本费用控制管理	负责制定费用控制目标，进行行政人事管理成本预算与控制	费用预算达成率不超过100%，每超过____%，扣____分 $费用预算达成率=\frac{实际支出总额}{预算总额}\times100\%$
部门员工管理	负责部门员工的选拔、配用、培训、考核等工作	培训计划完成率达____%；员工绩效考核平均得分在____分以上

15.4.2　行政人事专员胜任素质模型与任职资格

本书依据行政人事专员的工作职责和工作内容，结合行政人事工作对行政人事专员岗位能力提出的要求，从职业素养、知识、技能/能力三个层面出发，构建了行政人事专员胜任素质模型，具体内容如图15-10所示。

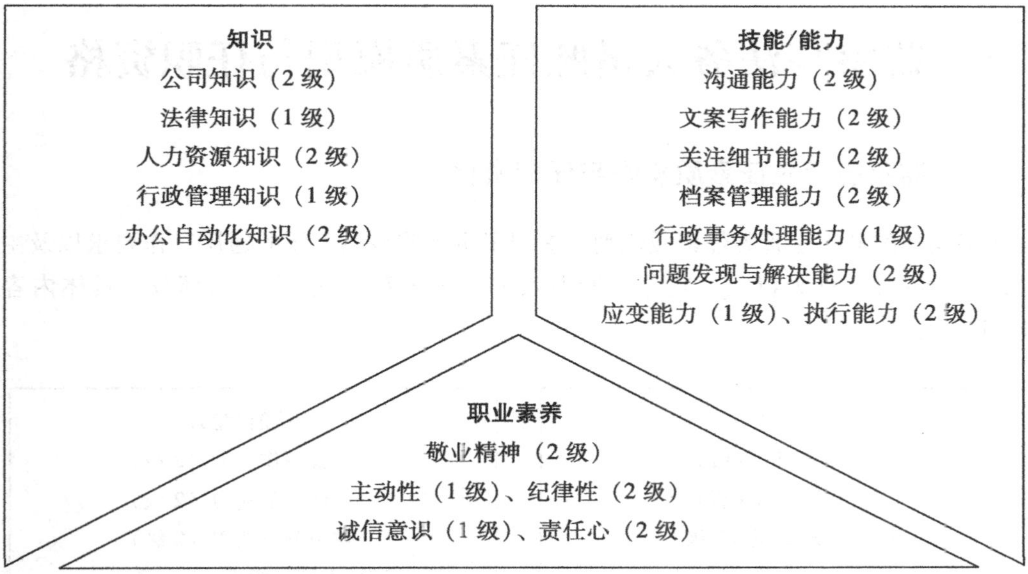

图 15-10 行政人事专员胜任素质模型

行政人事专员的任职资格条件如表15-10所示。

表 15-10 行政人事专员任职资格条件

关键行为与结果要求	工作标准与规范	指标界定与目标值
工作计划执行	协助领导完成行政人事计划	计划按时完成率 $=\frac{\text{按时完成的工作计划量}}{\text{工作计划总量}}\times 100\%$
文件影印管理	负责各类文件资料的打印、复印、整理和归档工作	行政文件录入、打印、复印等能够在规定时间内完成，及时率达到____%
考勤统计管理	负责员工考勤工作管理，对企业考勤情况进行汇总统计	考勤统计差错次数每出现1次，扣____分 考勤统计及时率 $=\frac{\text{考勤统计及时次数}}{\text{考勤应统计总次数}}\times 100\%$
入离职手续办理	负责企业员工新进、调岗、离职等手续的办理	主要考核入职、调岗、离职手续办理的及时性，相关手续在规定时间内按时办理

15.5 监察与法务人员胜任素质模型与任职资格

15.5.1 监察主管胜任素质模型与任职资格

本书构建的监察主管胜任素质模型，参照了审计监察类工作的通用工作要求以及主管级管理人员的胜任行为特征。它包括职业素养、知识和技能/能力三部分，具体内容如图 15-11所示。

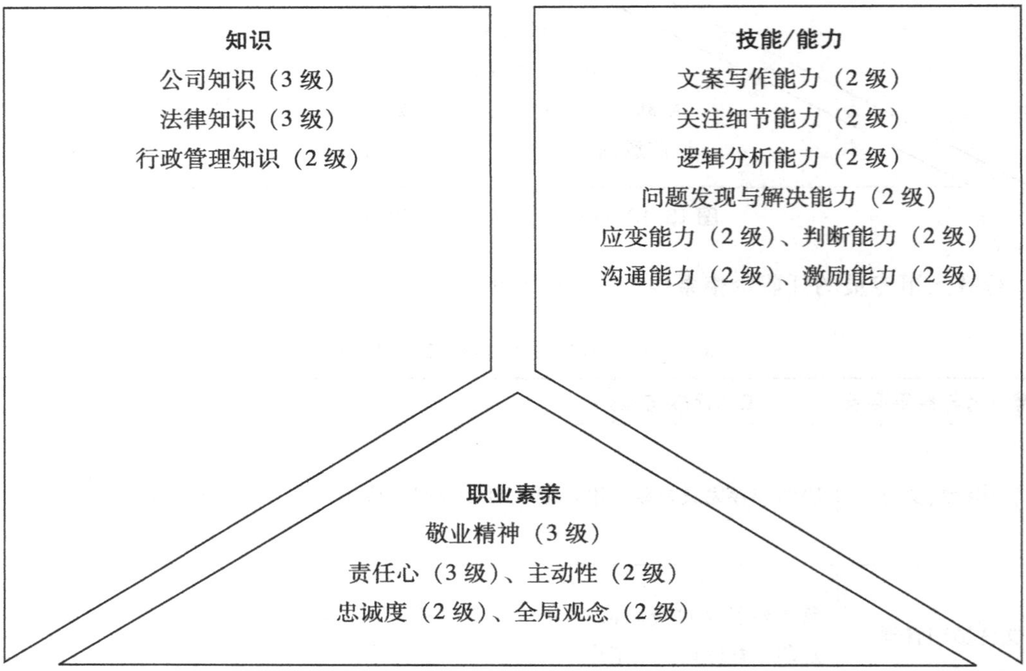

图 15-11　监察主管胜任素质模型

监察主管的任职资格条件如表 15-11 所示。

表 15-11　监察主管任职资格条件

关键行为与结果要求	工作标准与规范	指标界定与目标值
监察制度管理	制定企业监察工作相关制度与流程，并监督执行	制度和流程的书面化比率达到 100% 制度差错率 = $\frac{\text{制度出现差错次数}}{\text{制定制度总次数}} \times 100\%$

（续表）

关键行为与结果要求	工作标准与规范	指标界定与目标值
监察记录管理	负责监察各部门规章制度遵守情况，及时填写监察记录	监察记录及时率达____% $监察记录及时率=\frac{监察记录及时填写数}{监察记录应填写总数}\times 100\%$
专项监察管理	负责参与重要经济合同、项目的专项审计或监察工作	主要考核专项监察进度与效果 协作部门满意度评分在____分以上
监察报告管理	根据监督检查的结果定期编写并提交监察报告	监察报告中虚假的项目，每发现1项，扣____分 $报告提交及时率=\frac{报告及时提交次数}{报告应提交总次数}\times 100\%$
部门员工管理	负责部门员工相关培训与考核等工作	培训计划完成率达____%；员工绩效考核平均得分在____分以上

15.5.2 法务主管胜任素质模型与任职资格

本书构建的法务主管胜任素质模型能帮助企业明确法务主管在开展工作的过程中所需要的职业素养、知识、技能/能力，具体内容如图15-12所示。

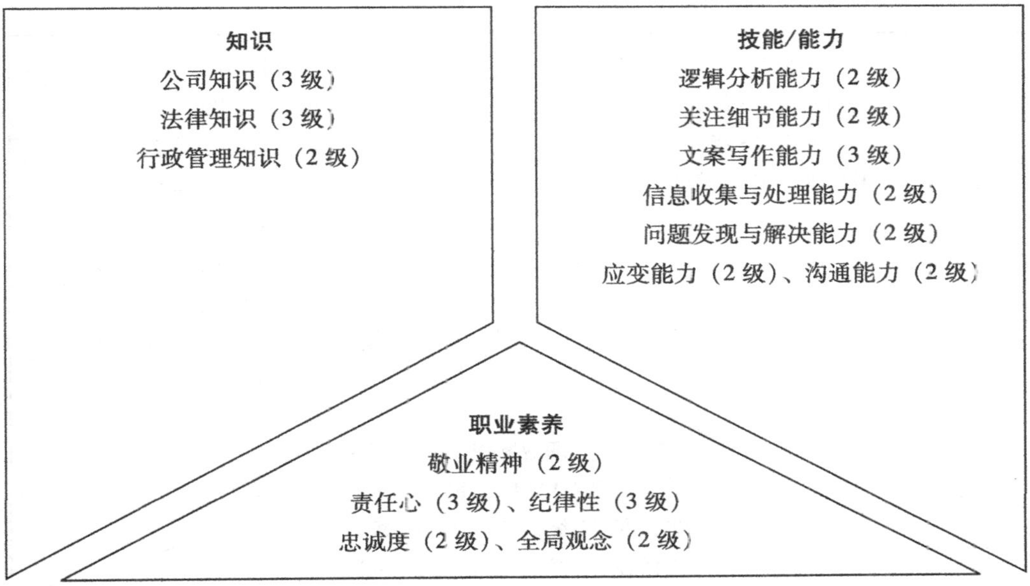

图15-12 法务主管胜任素质模型

法务主管的任职资格条件如表15-12所示。

表15-12　法务主管任职资格条件

关键行为与结果要求	工作标准与规范	指标界定与目标值
法务审核管理	审核企业各项规章制度、合同、协议等的合法性	因其负责审核的企业各项规章制度、规范、合同、协议等而引起法律纠纷的次数不超过____次
诉讼处理管理	负责处理企业各类诉讼事务，提供法律咨询服务	实际诉讼胜诉率为____% $诉讼处理及时率=\frac{及时处理的诉讼数}{诉讼总数}\times100\%$
普法培训管理	负责法律知识培训培训工作的组织与实施	普法培训计划完成率达到____% $培训计划完成率=\frac{实际参加普法培训的人数}{计划参加普法培训的人数}\times100\%$
证照、专利管理	负责企业证照的年检及商标保护、专利申请等工作	企业证照、商标注册、专利申请等业务延误办理的次数不超过____次
部门员工管理	负责部门员工的业务培训与考核等工作	培训计划完成率达____%；员工绩效考核平均得分在____分以上

15.5.3　法务专员胜任素质模型与任职资格

通过分析法务专员的工作内容，可以从中归纳出其达到绩优工作标准所需的职业素养、知识和技能/能力。本书据此建立的法务专员胜任素质模型如图15-13所示。

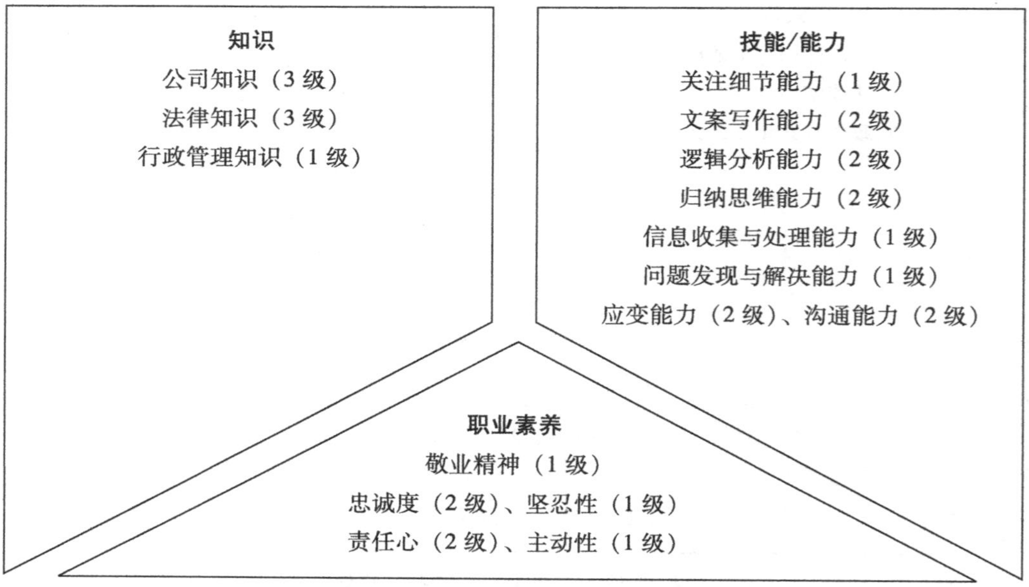

图15-13　法务专员胜任素质模型

法务专员的任职资格条件如表15-13所示。

表15-13 法务专员任职资格条件

关键行为与结果要求	工作标准与规范	指标界定与目标值
法律文书起草	负责拟定企业日常经营所需的一般法律文书	法律文书、文件起草及时率达到____%，领导对法律文书规范情况的满意度评价为____分
调查取证管理	负责诉讼、纠纷等法律事务处理的调查、取证工作	负责法律事务处理的调查、取证工作，有遗漏的情况不超过____次
普法培训管理	负责普法培训的资料准备、场地选择、人员考勤等工作	员工对法律知识培训的满意度为评分为____分 $培训完成率=\frac{实际参加普法培训的人数}{计划参加普法培训的人数}\times 100\%$
法务档案管理	负责各类法律文书、资料的归档工作	法律文书、资料等文件的归档及时率和完整率分别达到100%和____%

《员工胜任素质模型与任职资格全案》
编读互动信息卡

亲爱的读者：

感谢您购买本书。只要您以以下三种方式之一成为普华公司的会员，即可免费获得普华每月新书信息快递，在线订购图书或向我们邮购图书时可获得免付图书邮寄费的优惠：①详细填写本卡（复印有效），以传真或信件的方式发回；②登录普华公司官网注册成为普华会员；③关注微博：@普华文化（新浪微博）。会员单笔订购金额满300元，可免费获赠普华当月新书一本。

哪些因素促使您购买本书（可多选）

○本书摆放在书店显著位置	○封面推荐	○书名
○作者及出版社	○封面设计及版式	○媒体书评
○前言	○内容	○价格

○其他（　　　　　　　　　　　　　　　　）

您最近三个月购买的其他经济管理类图书有

1.《　　　　　　》　　2.《　　　　　　》

3.《　　　　　　》　　4.《　　　　　　》

您还希望我们提供的服务有

1. 作者讲座或培训　　2. 附赠光盘

3. 新书信息　　4. 其他（　　　　　　　　）

请附阁下资料，便于我们向您提供图书信息

姓　　名　　联系电话　　职　　务

电子邮箱　　工作单位

地　　址

地　　址：北京市丰台区成寿寺路11号邮电出版大厦1108室
北京普华文化发展有限公司（100164）

传　　真：010－81055644

读者热线：010－81055656

编辑邮箱：qiaoyongzhen@puhuabook.cn

投稿邮箱：puhua111@126.com，或请登录普华官网“作者投稿专区”。

投稿热线：010－81055633

购书电话：010－81055656

媒体及活动联系电话：010－81055656　　邮件地址：hanjuan@puhuabook.cn

普华官网：http://www.puhuabook.cn

博　　客：http://blog.sina.com.cn/u/1812635437

新浪微博：@普华文化（关注微博，免费订阅普华每月新书信息速递）